应用型本科国际经济与贸易专业精品系列规划教材

国际市场营销理论与实务

主　编　陈宏付

参　编　周　璐　雷权勇

包振山　朱永浩

北京理工大学出版社

BEIJING INSTITUTE OF TECHNOLOGY PRESS

内容简介

本书共15章，主要介绍了国际市场营销的基本概念和发展、国际市场营销环境、国际市场营销调研、国际市场营销战略、国际市场营销的具体策略，以及国际市场营销的计划、组织和控制等内容。每章内容主要包括学习目标、理论知识、本章小结、案例分析与课后习题。

本书针对应用型本科国际经济与贸易专业及相关工商管理类专业学生特点，重点培养学生发现问题、分析问题和解决问题的能力，着力提高学生的实践能力，可作为国际经济与贸易、市场营销等商科专业学生的教材，也可供企业从事国际市场营销的人员参考。

图书在版编目（CIP）数据

国际市场营销理论与实务/陈宏付主编．—北京：北京理工大学出版社，2018.5（2020.8重印）

ISBN 978-7-5682-5606-3

Ⅰ.①国… Ⅱ.①陈… Ⅲ.①国际营销-高等学校-教材 Ⅳ.①F740.2

中国版本图书馆CIP数据核字（2018）第098236号

出版发行／北京理工大学出版社有限责任公司
社　　址／北京市海淀区中关村南大街5号
邮　　编／100081
电　　话／（010）68914775（总编室）
（010）82562903（教材售后服务热线）
（010）68948351（其他图书服务热线）
网　　址／http：//www.bitpress.com.cn
经　　销／全国各地新华书店
印　　刷／北京紫瑞利印刷有限公司
开　　本／787毫米×1092毫米　1/16
印　　张／18
字　　数／429千字
版　　次／2018年5月第1版　2020年8月第3次印刷
定　　价／48.50元

责任编辑／刘永兵
文案编辑／赵　轩
责任校对／周瑞红
责任印制／施胜娟

前言

现代营销理论需要迅速适应经济全球化的发展。企业在开拓国际市场面对复杂的国际市场营销环境时如何适应，并找到成功进入国际市场的方法，是企业国际市场营销的主要任务。本书基于经济全球化的视角来分析国际市场和全球经济，论述企业开展国际市场营销的理论、战略和具体的方法。

本书共15章，主要内容包括导论，国际市场营销的政治和法律环境，国际市场营销的社会文化环境，国际市场营销的经济、人口、自然环境，国际市场营销的科技环境，国际市场分析，国际市场营销调研，国际市场细分战略，国际市场进入战略，国际市场竞争战略，国际市场营销的产品策略，国际市场营销的价格策略，国际市场营销的分销策略，国际市场营销的促销策略，国际市场营销的计划、组织结构和控制。每章由学习目标、理论知识、本章小结、案例分析与课后习题构成，内容编排具有较强的系统性和逻辑性，将理论性和实用性融为一体。

本书的主要特点：

1. 将现代营销理论贯穿于企业需要的国际市场营销实践。避免现有教材中要么仅重视理论探讨，要么仅从企业国际市场营销所面对的环境进行直接分析，本书力求将这两者进行有机结合。

2. 注重实用性。本书以应用型本科高校国际经济与贸易专业人才培养目标为视角，设定各章节内容和学习目标。在内容安排上重点突出国际市场营销所需要的理论与方法，同时每章末安排案例分析和课后习题，以加深学生对所学营销理论和方法的理解与掌握，符合应用型人才培养的需要。

3. 强调内容新颖。本书的编写力求反映本学科发展的最新成果，把握当前国际市场发展的新特征。比如强调企业开展国际市场营销必须树立国际战略营销观念，面对国际市场不仅考虑企业利益，还要考虑营销道德；针对互联网时代的背景，强调国际市场营销的战略和方法要适应新技术和经济的发展，在内容上和案例上更加注重在互联网条件下的企业国际营销问题。

本书编写具体分工如下：陈宏付编写第1、6、7、8、15章；周璐编写第2、3、10章；雷权勇编写第4、5、9章；包振山编写第11、12章；日本福岛大学朱永浩编写第13、14章。全书由陈宏付负责统稿。

本书在编写过程中参考了国内外有关国际市场营销方面的著作、教材及其他文献资料，吸收了其中相关成果，在此一并表示感谢，恕不一一详列。

由于编者水平有限，书中难免有疏漏之处，恳请专家、同行及广大读者批评指正，以便今后修订完善。

编　者

目 录

第1章

导 论

★学习目标

1. 了解市场营销的含义及企业经营理念的发展，掌握市场营销涉及的核心概念。

2. 了解国际市场营销的基本概念，掌握国际市场营销与国内市场营销及国际贸易的联系与区别。

3. 了解全球化发展对国际市场营销的影响，掌握国际市场营销面临的形势与任务。

经济全球化的发展使得各国企业的经营活动纳入全球经济体系，每个企业都不可避免地面临着国内竞争国际化、国际竞争国内化的局面，这都要求企业不仅要重视国内市场营销，更要重视国际市场营销，国际市场营销的作用日益凸显。国际市场营销的相关知识是企业经营人员和经济与管理专业的学生必须掌握的。国际市场营销学是市场营销学的分支学科，它与市场营销学、国际贸易学既有联系又有区别，是20世纪60年代以来在营销学的基础上发展起来的一门管理学科，它运用营销学的原理和方法，研究企业从事国际经营的问题，指导企业开拓国际市场，寻找更多的市场机会。

1.1 市场营销的基本概念

1.1.1 市场营销与市场营销学

“市场营销”一词英文为“marketing”，它有两方面的含义：作为经济活动可解释为“营销”或“市场营销”；作为一门学科，则译为“营销学”或“市场营销学”。

一般来说，自从有了市场，也就有了市场营销。所以市场营销活动与市场的产生和发展是紧密联系的，但是市场营销学成为一门独立的学科，则是20世纪以来逐步形成和发展起来的。

市场营销的含义随着企业营销实践活动的发展而发展。在20世纪初，企业营销主要局限于流通领域的推销和促销活动，随着经济的发展和企业管理实践能力的提高，特别是全球买方市场的出现，企业营销活动的范围不断扩大，营销的含义也扩大了。许多组织机构和学者从不同角度给出了市场营销的定义。1985年美国市场营销协会提出，市场营销是为了创造交易和满足个人与组织的目的，而对主意、产品和服务的创意、定价、促销和分销进行计划和实施的过程。美国著名营销学家菲利普·科特勒认为，营销最好的定义应该是指一种社会和管理的过程。在这个过程中，个人和集体通过创造、提供，以及与他人交换产品和价值，获得其所需的和能满足其欲望的东西。也有学者认为，营销是一种以使消费者满意来取得利润的艺术。还有学者指出，营销就是在适当的地点、适当的时间，以适当的价格、适当的信息沟通和促销手段，将适当的产品和服务出售给适当的消费者。总体来看，这些定义都强调的是通过市场交换满足消费者的需要，从而实现组织的目标。

市场营销学是研究企业营销活动及其规律的一门学科，是在不断总结企业营销活动的成功经验与失败教训的基础上建立起来的，其产生和发展是与企业的营销实践、企业经营观念的发展相适应的。一般认为，市场营销学主要研究企业如何满足消费者的需求与欲望，有计划地组织企业的营销活动，通过交换将产品或服务从生产者传递到消费者，以实现企业经营目标。

1.1.2　市场营销涉及的核心概念

现代营销学认为，需求是企业营销活动的出发点，不管学者们从哪个角度对市场营销进行定义，都必须理解与营销活动密切相关的一组核心概念，这组概念包括：需要、欲望和需求，产品，价值、成本和满意，交换和交易，关系和网络，市场，营销者与顾客。这些概念可用图1-1来表示。

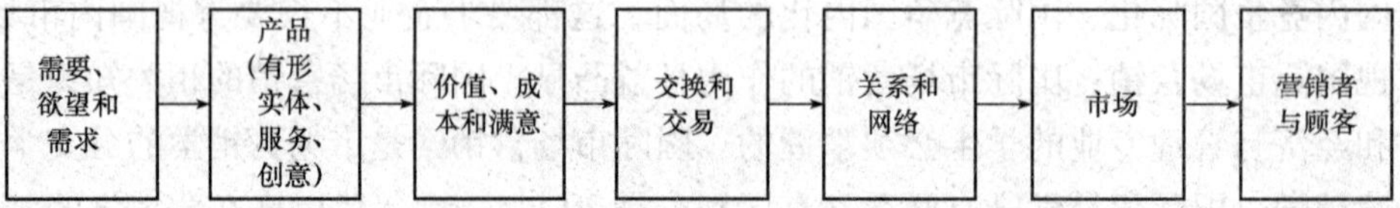

图1-1　市场营销涉及的核心概念

1. 需要、欲望和需求

人类的各种需要和欲望是市场营销的出发点。人们需要食品、空气、水、衣服和住所来维持生存。除此之外，人们对娱乐、教育和其他种种事物也有着强烈的欲望。对需要、欲望和需求在认识上需要加以区别。

人类的需要是指没有得到某些满足的感受状态。人类的需要是丰富而复杂的，主要包括生存需要，如食物、衣服、住所、空气、安全等；社会需要，如归属感、影响力、情感、社交等；个人需要，如知识、自尊、自我实现等。这些需要不是由企业营销活动创造出来的，而是客观的人类生理要求和社会存在。

欲望是指对具体满足物的愿望。欲望建立在不同的社会经济、文化和个性等基础之上。需要对人类整体而言，具有共性，如渴思饮和寒思衣。欲望则对消费者个体而言，具有个性。个人的需要因其所处的社会经济、文化地位和个性等不同而异，这种有差异的需要就是欲望。欲望和需要是有差别的，例如，人们买牙膏，从表面上看是对牙膏的欲望，但实质是洁齿、防龋的需要。如果某一生产者生产出一种新品牌牙膏，售价更低，洁齿、防龋的功能更强，消费者将有对新品牌牙膏的欲望，但实际需要仍然相同。生产者常常只是关注消费者表现出来的对产品的欲望，而忽略了掩盖在欲望下面的实质性需要。各类社会组织会不断激发人们形成种种欲望。

需求是指有能力购买并且愿意购买某个具体产品的欲望。当具有购买能力时，欲望便转化为需求。小轿车作为一种便捷的交通工具，对于很多人来说都需要。但对没有购买能力的人来说，小轿车的需要只是一种欲望，只有对具有足够支付能力的消费者来说才是需求。在市场经济条件下，并非所有的人类需要都能转化为需求，也并非所有人的欲望都能得到实现。人类欲望无限，而购买能力有限。当价格一定时，消费者选择购买具有最大满足效用的产品，购买效益的高低决定着市场需求的实现程度。市场需求是企业营销活动的中心，市场需求处于经常变化之中。消费者收入和价格是影响市场需求变化的两个最基本因素。一般而言，需求同收入成正方向变化，同价格成反方向变化。价格一定，当消费者收入增加时，购买力和市场需求数量也会增加，选择性增强，反之亦然。收入一定，价格上升，市场需求下降，价格下降，则市场需求增加。

2. *产品*

人们靠产品来满足他们的需要。产品是任何能满足人类某种需要的东西。一个产品由三个因素组成：有形实体、服务和创意。例如，一家餐厅提供的产品包括各类菜品和酒水（有形实体），同时还提供服务（安排座位，烹调、销售过程）和创意（如节省顾客的时间，具有特色的环境设计）。可见有形实体是为顾客提供服务的载体，服务和创意是通过其他载体，如人、场地、活动、组织和观念等来提供的。我们可以到音乐厅欣赏歌星唱歌（人），可以到公园游玩（场地），可以到室外散步（活动），可以参加俱乐部活动（组织），或者接受一种新的意识（观念）。市场营销者要切记，销售产品是为了满足消费者需求，如果只注重产品而忽视消费者需求，就会患“市场营销近视症”。

3. *价值、成本和满意*

在可能满足某一特定需求的一组产品中，消费者如何选择主要是根据对满足其需求的产品的价值进行评价而决定的，价值是消费者对产品满足其需求的能力的评价。产品全部效能（或理想产品）的标准如何确定？例如，某消费者到某地去可供选择的交通工具有自行车、摩托车、汽车等。这些可供选择的产品构成了产品的选择组合。又假设某消费者对交通工具有速度、安全、舒适及节约成本等方面的不同需求，这些构成了其需求组合。这样，每种产品能满足其不同需求，如自行车省钱，但速度慢，欠安全；汽车速度快，但成本高。消费者要选择一个最能满足其需求的产品。为此，应将产品按满足其需求的程度进行排列，从中选择出最接近理想的产品，它对消费者效用最大。例如，消费者到某目的地所选择理想产品的标准是安全、速度，他就可能会选择汽车。消费者选择所需的产品除考虑价值因素外，产品价格高低亦是考虑因素之一。如果消费者追求价值最大化，他就不会简单地只看产品表面价格的高低，而会考虑每一元钱能产生的最大效用，如一部汽车的价格比自行车昂贵，但由于其速度快，相对于自行车更安全，效用更大，从而更能满足其需求。

4. 交换和交易

人们有了需要，从而企业将产品生产出来，产品只有通过交换才能使市场营销产生。人们通过自给自足或自我生产方式，或强行取得，或通过乞求的方式获得产品，都不是市场营销，可见，交换是市场营销的核心概念。所谓“交换”，就是通过提供某种东西作为回报，从某人那里取得所要的东西的行为。交换是一个过程，而不是一个事件。如果双方正在洽谈并逐渐达成协议，称为“在交换中”。如果双方通过谈判并达成协议，交易便发生，交易是交换的基本组成部分。交易是指双方价值的交换，它是以货币为媒介的，而交换不一定以货币为媒介，它可以是物与物交换。交易涉及几个方面，即两样有价值的物品，双方同意的条件、时间、地点，还有用来维护和迫使交易双方执行承诺的法律制度。

5. 关系和网络

在市场营销实践中，企业都会重视同顾客、分销商等建立长期、信任和互利的关系。而这些关系要靠不断承诺及为对方提供高质量产品、良好服务及公平价格来实现，靠双方加强经济、技术及社会联系来实现。良好关系的建立可以减少交易费用和时间。处理好企业同顾客关系的最终结果是建立起市场营销网络。市场营销网络是由企业同市场营销过程的协同者建立起来的牢固的业务关系。

6. 市场

市场是由一切有特定需要，并且愿意和可能从事交换来使需要得到满足的现实顾客和潜在顾客所组成。一般来说，市场是买卖双方进行交换的场所。但从市场营销学的角度来看，卖方组成行业，买方组成市场。行业和市场构成了简单的市场营销系统。现代市场经济中的市场是由诸多种类的市场及多种流程结合而成的。生产商到资源市场购买资源（包括劳动力、资本及原材料），转换成商品和服务之后卖给中间商，再由中间商出售给消费者。消费者则到资源市场上出售劳动力从而获取货币来购买产品和服务。政府从资源市场、生产商处购买产品，支付货币，再向这些市场征税及提供服务。因此，整个国家的经济及世界经济都是由各种市场组成的复杂体系。

7. 营销者与顾客

在营销活动中，如果一方比另一方更主动、更积极地寻求交换，我们就把前者称为营销者，后者称为顾客。市场营销者既可以是卖方，也可以是买方。

1.1.3 市场营销观念的发展

市场营销观念又称市场营销哲学，是企业开展市场营销活动、解决各种营销问题的指导思想。企业市场营销活动的开展，总是在一定的营销观念的指导下进行的。营销观念具有时代特色，在一定时期内，一种营销观念一旦形成，就会成为全社会在这一时期经营活动的行为准则。现代企业营销者应树立一种符合当代经济、科技、文化及市场变化潮流的准则，能指导企业的实际市场营销工作，促进企业赢得顾客和市场的现代市场营销观念。市场营销观念的发展过程是一个不断演变与充实的过程，按其出现的时代背景可分为以企业为导向、以顾客为导向、以社会利益为导向的营销观念。

1. 以企业为导向的营销观念

（1）生产观念。流行于20世纪初的生产观念是一种以企业为导向的传统观念。它以生产为中心，主要存在于欠发达的生产市场。在20世纪20年代前，资本主义社会生产力相对落后，市场趋势是需求大于供给的卖方市场，因而企业经营思想不是从消费者需求出发，而是从企业生产出发。生产观念是以产品生产为中心，以提高效率、降低成本、增加销售量。例如，早期福特公司宣称："不管顾客需要什么颜色的汽车，我只有一种黑色的。"显然，当时的生产观念是一种重生产、轻市场营销的商业哲学。

我国在计划经济体制下，由于市场产品短缺，企业不愁其产品没有销路，工商企业在其经营管理中也奉行这种生产观念。

（2）产品观念。产品观念是以产品的改进为中心，以提高现有产品质量和功能为重点的营销观念。这种观念认为，消费者会欢迎质量最优、性能最好、功能最多和具有某种特色的产品，企业应致力于生产高质量的产品，并不断加以改进。它产生于市场产品供不应求的"卖方市场"趋势下。最容易滋生产品观念的环境，莫过于当企业发明一种新产品时，此时企业最容易产生"市场营销近视症"，即将注意力主要放在产品上，两眼向内看，一手抓管理，一手抓质量，而不是放在市场需求上，在市场营销管理中缺乏远见，只看到自己的产品质量好，而看不到市场需求在变化。美国哈佛大学的西奥多·莱维特教授指出，产品观念导致"市场营销近视症"。"市场营销近视症"是指企业管理者在市场营销中缺乏远见，只注重其产品质量，认为只要生产出优质产品，顾客就必然会找上门，而不注重市场需求的变化趋势。

（3）推销观念。推销观念产生于20世纪20年代末至50年代前期。推销观念表现为"我卖什么，顾客就买什么"。它认为，消费者通常表现出一种购买惰性或抗衡心理，如果听其自然的话，消费者一般不会大量购买某一企业的产品，因此，企业必须积极推销和大力促销，以刺激消费者大量购买本企业的产品。在1920—1945年，由于科学技术的进步、科学管理和大规模生产的推广，产品产量迅速增加，逐渐出现了市场产品供过于求、市场趋势由卖方市场向买方市场过渡的现象，尤其在1929—1933年的特大经济危机期间，大量产品销售不出去，迫使企业重视采用广告术与推销术来推销产品。卖主之间竞争激烈的新形势使许多企业感到，即使有物美价廉的产品，也未必能卖得出去，企业要在日益激烈的竞争中求得生存与发展，就必须重视推销技术的运用。

2. *以顾客为导向的营销观念*

以顾客为中心的营销观念又称为市场营销观念，市场营销观念是以满足顾客需求为出发点，即"顾客需要什么，就生产什么"。在20世纪50年代以后，社会生产力迅速发展，市场趋势表现为供过于求的买方市场，同时，个人收入迅速提高，有可能对产品进行选择，企业之间竞争加剧，许多企业开始认识到，必须转变经营观念，才能求得生存与发展。市场营销观念让企业以顾客的需求为导向，不断研究市场，开发新产品或服务，通过营销策略的4P［Product（产品）、Price（价格）、Place（渠道）、Promotion（宣传）］组合和实施来赢得顾客，最后通过满足顾客需求获得利润。

市场营销观念的出现，使企业经营哲学发生了根本性的变化，也使市场营销学发生了一次革命。

市场营销观念与推销观念有明显的区别。主要表现在：

（1）营销重点不同。市场营销观念是以市场为出发点，推销观念则以企业为出发点。

（2）营销目的不同。市场营销观念是以顾客需求为中心，推销观念则以产品为中心。

（3）营销手段不同。市场营销观念是以协调市场营销策略为手段，推销观念则以推销术和促销术为手段。

（4）营销程序不同。市场营销观念是以满足消费者需求来创造利润，推销观念则以扩大消费者需求来创造利润。

可见，市场营销观念的四个支柱是：市场中心、顾客需求、协调的市场营销和利润。推销观念的四个支柱是：工厂、产品导向、推销、赢利。

3. 以社会利益为导向的营销观念

（1）社会营销观念。20 世纪 70 年代，以顾客为导向的市场营销观念已经不能完全满足企业的长期生存和发展需要。人们逐步认识到顾客需求并不总是与消费者利益和社会利益一致的，比如，香烟能够满足吸烟者的需求，但是吸烟有害健康，鼓励吸烟和对烟草进行促销都是对消费者和社会有害的行为。清洁剂行业为了满足人们对衣服增白的偏爱，推出了增白剂产品，但这种产品污染了水域，杀死了鱼虾，并且破坏了自然界的再生系统。1971 年，科特勒等人提出了社会营销观念，该观念强调企业既要考虑消费者的需求，也要关注消费者、企业和整个社会的长期共同利益，甚至在某种程度上，对这些问题的考虑远比满足消费者需求和获得利润更重要。社会营销观念认为，企业的任务是确立各个目标市场的需要、欲望和利益，并通过保护消费者利益和提高社会福利的方式，比竞争者更有效、更有力地向目标市场提供能够满足其需要、欲望和利益的物品或服务。社会营销观念要求市场营销者在制定市场营销策略时，要统筹兼顾三方面的利益，即企业利润、消费者需求的满足和社会利益。这一新观念使企业又增加了“社会责任”这一新的责任。

（2）绿色营销观念。“可持续发展”的概念是绿色营销观念的重要思想基础。20 世纪以来，生产力以空前的速度发展，人类创造了前所未有的物质财富，极大地提高了人类的物质生活水平，推动了人类文明进步。但是，伴随着科技的发展和生产力水平的提高，出现了一些在世界范围内触及全人类当前或未来利益，并将危及人类文明的存在和发展的全球性问题：河流、空气严重污染，耕地大面积沙漠化，森林遭到乱砍滥伐，灾难性污染事故时有发生，酸雨，温室效应，臭氧层遭破坏。20 世纪 60 年代，西方一些学者提出了与社会营销观念有相似之处的绿色营销观念，随着时代的发展，这一观念被越来越多的人所接受，有人甚至认为这一观念将成为 21 世纪市场营销的主流。可见绿色营销就是指在绿色消费的驱动下，企业从保护环境、反对污染、充分利用资源的角度出发，通过研制产品、利用自然、变废为宝等措施，满足消费者的绿色需求，实现企业的营销目标。

1983 年，联合国提出了“综合发展观”，即把发展看作在自身条件的基础上，包括经济增长、社会转型、自然协调、生态平衡等多方面因素的综合发展过程。在这些保持生态平衡的新思路的基础上，生态学家和环境学家们提出了“可持续发展”观念，进而使联合国在《21 世纪议程》中将“可持续发展战略”确定为人类发展的总目标，得到了世界上许多国家的认可。

保护消费者权益运动和消费者“绿色消费”意识的觉醒，是绿色营销观念产生的又一思想基础。随着商品经济的发展，企业为广大消费者提供了日益丰富的物质生活资料，大大提高了人们的物质生活水平。但是，一些企业利欲熏心，生产和推销假冒伪劣产品，为追求利润而忽视了企业应当承担的社会责任和应遵守的道德准则，损害消费者身心健康，破坏消费者的生活环境。为了保护社会和广大消费者的利益，西方国家在20世纪30年代兴起了保护消费者权益的运动，不仅迫使企业生产高质量且有益于健康的产品，而且要求企业在生产产品和消费者在消费产品时，要有利于环境保护。同时，广大消费者的“绿色消费”意识逐渐觉醒，他们从自己的生活实践中体会到，工业文明日益发展导致的对环境的破坏，已经极大地影响了人类的生活质量和身心健康，如果任其发展，将会导致人类灭亡。因此，必须加强对环境的保护。消费者“绿色消费”意识的觉醒，直接影响着消费者自己的消费行为，同时也驱使企业不仅要提高环保意识，树立绿色观念，而且要改进生产技术，生产那些从生产到消费全过程对生态环境无危害或危害极小的产品，提供节约资源、有利于环境保护的服务，即树立起绿色营销观念。

（3）关系营销观念。关系营销观念指企业通过识别、建立、保持和加强与顾客和其他利益相关者的关系，履行承诺和实现交换，使各方互惠互利，实现各自目标。与其他营销观念相比，关系营销观念所含的营销目标大大扩展，它不仅是通过满足顾客需求使企业赢利，而且要为顾客、供应商、中间商等所有利益相关者提供价值，进而使本企业实现价值。20世纪90年代，越来越多的企业认识到，以企业合作赢得优势、开展竞争是现代企业营销制胜的关键。

（4）整合营销观念。从20世纪90年代起，在顾客期望和市场竞争的驱动下，企业的经营和顾客的沟通呈现出由外向内的发展趋势。1993年，美国D·E·舒尔茨教授等人出版了《整合营销传播》，提出了营销观念发展的最新趋势，自此整合营销被认为是“21世纪企业制胜的关键”。

整合营销是一种通过对各种营销工具和手段的系统化结合，并根据动态复杂的环境进行即时性动态修正，以使交换双方在交互沟通中实现价值增值的营销理论与营销方法。

整合营销强调从与消费者沟通的本质意义上展开促销活动，强调从顾客角度出发的4C组合，而不是以从企业角度出发的4P来进行营销策略安排。4C即有欲望和需求的消费者（Customer）、消费者获取满足的成本（Cost）、消费者购买的便利（Convenience）、消费者与企业的有效沟通（Communication）。企业与消费者通过平等的双向沟通，清楚消费者需要什么，把自己的真实资讯如实传达给消费者，并且根据消费者的信息反馈调整自身，如此循环，实现双赢，彻底摒弃那种强加于他人的促销行为。整合营销致力于将广告、促销、公关、直销、CI（企业形象识别系统）、包装、大众媒体等多种沟通方法整合成统一的通道，从而产生清晰、连贯的信息和强劲的传播效果，发挥更有力的沟通作用，核心思想是将与企业市场营销活动有关的一切传播活动一元化，使企业能够将统一的传播资讯传达给消费者，即营销传播的一元化策略。

（5）大市场营销观念。20世纪70年代末期以来，西方发达国家产品过剩，由于市场有限，国内、国际市场上的竞争日益激烈；另外，资本主义各国持续的滞胀和经济不景气，促使许多国家的政府加强了对经济生活的干预，贸易保护主义回潮，贸易摩擦越来越频繁。在这种情况下，即使企业的产品适销对路，市场营销组合中的其他因素安排适当，这种产品也未必能够销售出去，企业可能因此而失败。为了保证营销的成功，企业就不能消极被动地依从和适应外部营销环境，而必须采取适当而有效的措施，积极主动地影响外部营销环境，使之朝着有利于企业的方向转化，并在一定程度上对其加以控制，为己所用。再有，随着科学技术的迅速发展，消费者不了解或不知道的新技术、新产品必然会日益增多。因此，企业不能只是消极被动地适应消费者的需求，而必须积极主动地采取适当的措施，引导、改变或者创造消费者需求。只有这样，才能实现潜在交换，扩大销售，更好地满足目标顾客日益发展的需求。正是在上述背景之下，科特勒在20世纪80年代中期提出了大市场营销这一新的营销观念和营销战略思想。

大市场营销观念是以市场需求为中心，以引导需求、创造需求为宗旨的营销哲学。所谓大市场营销，是指企业为了成功地进入特定市场，并在那里从事业务经营，在策略上协调地使用经济的、心理的、政治的和公共关系等手段，以博得各有关方面的支持与合作的活动过程。企业在市场营销中，首先是运用政治权力（Political Power）和公共关系（Public Relations），以打开市场。然后，运用传统的4P组合去满足该市场的需求，进一步巩固市场地位。因此，大市场营销观念也被称为政治中心论，其主要内容是，企业不应消极被动地顺从和适应外部营销环境，而必须采取适当和有效的措施，积极主动地影响外部环境，促使其向着有利于企业的方向转化，并在一定程度上对其加以控制，以确保营销的成功。

1.2　国际市场营销内涵及特点

1.2.1　国际市场营销与国际市场营销学的含义

国际市场营销是在市场营销的基础上发展起来的。最初的市场营销只是针对国内市场，产品也只是为了满足国内的需求。后来，随着生产技术的发展和企业管理的进步，劳动生产率大大提高，国内市场出现供过于求的状况，于是企业开始向国外出口，由最初的偶然性的出口行为发展到主动开拓国际市场，国际市场营销逐步发展起来。由此可见，国际市场营销是一个国家国内市场营销在空间上的扩展，是企业进行的跨国界的市场营销活动。一般认为，所谓国际市场营销是指针对商品和劳务流入一个以上国家的消费者手中进行的计划、定价、促销和引导而获取利润的活动。

国际市场营销学是研究以国外顾客需求为中心，探讨从事国际市场营销活动的国际企业经营销售管理的科学。具体而言，是研究企业如何从国际市场的顾客需求出发，依据国内外不可控的环境因素（人口、经济、政治、法律、社会文化及竞争环境），运用企业可控因素（即产品、定价、分销及促销），制订、执行及控制国际营销计划，实现企业营销目标。

1.2.2　国际市场营销的产生和发展

1. 国际市场营销的产生

第二次世界大战以后，随着战争创伤的恢复，世界经济得以迅速发展，国际分工更加精细，国际贸易也发生了巨大变化，传统的以自然资源为基础的分工逐步发展为以现代工艺和技术为基础的分工。国际专业化分工得到进一步深化，生产国际化和资本国际化的深度和广度继续扩大，区域性经济组织，如北美自由贸易区、东南亚联盟、欧洲经济共同体、石油输出国组织等地区国际经济集团相继形成，并在国际经济与贸易中发挥着重要作用。

在国际经济交流日益频繁和不断扩大的情况下，工商企业纷纷把在国内市场上行之有效的现代市场营销学的基本理论和方法直接引入国际经济贸易活动中，经过市场营销学专家的整理、总结和发展，便形成了国际市场营销学。被认为揭开国际市场营销学序幕的是克莱姆（R. L. Kramer）教授，1959 年，他把国际市场营销理论系统化，为企业跨国营销管理、战略规划与监督控制提供了科学的理论依据和实践指导。随着国际贸易的发展，经济一体化趋势越来越明显，企业开始注意国外市场，从简单的出口发展到对外直接投资，跨国公司大量兴起，国际市场营销成为企业成败的关键因素。

第二次世界大战后跨国公司的兴起和发展是国际营销发展最直接、最主要的原因。国际营销的迅速发展离不开科学技术迅猛发展，生产力水平不断提高，国际分工和合作进一步加强，国际经济关系依赖度加深等因素。跨国公司追求高额的利润，积极在国外投资、兴建工厂，成立子公司。作为一个国际化的生产体系，跨国公司与外界进行交换，内部子公司与子公司、子公司与母公司的交换都具有跨越国界的性质。也就是说，跨国公司不仅最深入、最广泛地进入了国际市场，而且把本来是外部的国际市场转变为公司的内部市场。这样，跨国公司内外一切产销活动都完全同国际市场紧紧联系在一起。跨国公司的市场营销是最典型的国际营销，也正是跨国公司的蓬勃发展直接地推动了现代国际营销的蓬勃发展。

2. 国际市场营销的发展

企业国际市场营销的发展同世界经济一体化及本国市场经济的发展也是紧密相连的，其发展演变经历了一个过程，即出口营销阶段—国际营销阶段—全球营销阶段。从目前现实来看，众多国家的企业仍处于国际营销阶段，少数发达国家的跨国公司已进入全球营销阶段。

（1）出口营销阶段。在这个阶段，企业拥有一定的出口产品到他国市场的能力。随着企业生产能力的大幅度提高，产品供给远远超过了国内市场的需求，所生产的产品除了能满足国内市场的供应外，还可以绝对满足国外市场的需求。企业可以雇用国外的中间商或国内的海外业务中间商，或者在重要的国外市场拥有自己的销售公司。这些企业的生产和经营的中心虽仍是满足国内市场需求，但随着海外需求的增加，公司会经常根据国际市场的需求，调整产品品种，增加生产能力，以满足国际市场的需求。

（2）国际营销阶段。在这个阶段，企业在全球范围内寻求市场，有计划地将产品销往许多国家市场。由于在该阶段国际市场营销活动有了较高的水平，从事国际市场营销的企业拥有雄厚的资金、成熟的技术和先进的管理，企业将不同国家和地区视为一个个相互独立的市场，认为不同的市场需求特征各不相同。因此，这时不仅需要国际市场营销，而且需要在境外生产产品，满足当地消费者的需求，以积极进取的姿态参与国际竞争。此时的企业成为国际的或跨国的营销公司。

（3）全球营销阶段。在这一阶段，企业将包括国内市场在内的世界视为一个市场，是国际市场营销的高级阶段。企业通过制定全球化的标准，保证公司获取规模效益。决定市场细分的因素是收入水平、使用方式或其他一些常常超越国家的因素，而企业的采购、生产经营及组织机构的设置和管理都是从全球角度出发。例如，可口可乐在20世纪90年代中期进行了改革。起初，所有国际分部都向负责国际经营业务的执行副总裁汇报，该执行副总裁以及负责美国国内业务的副总裁向总裁汇报。新的组织则由六个国际分部组成——五个可口可乐分部和一个可口可乐食品分部，美国经营单位的盈利占20%左右，并已降级为公司全球六个国际经营单位中的一个分部。

3. 企业国际市场营销的观念

国际市场营销观念是指用来指导企业从事国际市场营销活动的指导思想，它为企业行动指出方向。处于不同营销阶段的企业，对国际市场和国际经营有着截然不同的观念，从而形成了特定的营销，这些观念会影响企业的营销计划和管理，影响营销组合等国际业务活动的开展。

（1）国内营销延伸观念。企业将营销活动的重心仍然放在国内市场，实行民族中心主义和本国市场导向，将开展国际市场营销活动放在次要地位。因此，企业就把在本国市场所使用的策略、方法、途径和人员用于国际目标市场，国际市场是国内市场的附属和延伸。持有这种观点的企业参与国际化的程度只处于国际营销的第一阶段或者第二阶段，其对外营销是为了消化过剩的产品，因此对外营销属于间接的或者是被动的。但随着企业从事国际营销活动的增多，经营经验不断积累和丰富，企业慢慢重视国际市场的需求及其变化，并深入开展研究，用理论指导实践，从而逐渐取得成功，使国际市场越做越大。

（2）国别营销观念。企业在开展国际市场营销活动之后，发现世界各国市场需求有很大的不同，为了适应各国市场的不同需求，必须实行国别市场营销战略，即针对每一个国家分别制定适合当地的营销战略，用不同的产品策略、定价策略、分销策略和促销策略，满足各国顾客的不同需求。拥有国别市场观念的企业往往处于国际市场营销的第三阶段。在这一阶段，企业以多中心为导向，认为国际市场是非常不同的市场，企业在目标国市场上拥有较大的自主权，彼此之间较少甚至根本没有联系和协调。它们强调的是只有适应每一个国家市场都存在的差异性和特殊性，才能满足国际市场的需求，才能获得成功。

（3）全球营销观念。企业以目标市场开展全球营销活动。全球营销的主要依据是认为世界市场趋同，企业应在全球市场上寻求共性，实行跨地区或跨国家营销标准化的方式，但又要兼顾全球不同国家、地域文化的差异性。因此，企业实行统一的营销策略，兼顾实行本土化营销策略。在这一阶段，企业实行以地区为中心的导向，产品战略强调的是适应、扩展和创新。随着现代通信技术和网络技术的发展，世界上任何一个地方的人几乎都可以在同一时间接收同样的信息，人们对产品的偏好也开始趋同，这就表明一个企业可以进入一个全球统一的市场。但是，适当运用差异化、地方化的国别观念来适应国际市场细分也是十分必要的。例如，美国的可口可乐公司在全球市场推出同种包装、同种口味的可口可乐，但是为了适应中国消费者的口味，推出了冰红茶、果粒橙等饮料。又如，宝洁公司生产的“尿不湿”实行的是全球营销，但是对于所生产的洗衣粉则根据不同国家居民的不同洗衣方式（如埃及人洗衣时要经过泡、煮、漂白、清洗等一系列步骤），采取了国别营销策略。

1.2.3 国际市场营销与国内市场营销的关系

1. 国际市场营销与国内市场营销的相似点

（1）理论基础相同。国际市场营销学与市场营销学的理论基础是经济学的基本原理，吸收了哲学、数学、现代管理学、统计学、组织行为学、社会学、心理学、会计学等学科的内容，都是边缘学科，都属于管理科学的范畴。

（2）营销观念相同。国际市场营销与国内市场营销都是以市场观念为指导原则，要求企业把满足消费者的需求作为自己的中心任务，消费者需要什么产品就生产什么产品。把“顾客至上”“一切为了顾客的需求”“哪里有顾客的需求，哪里就有机会”作为座右铭。观念上的一致性对企业开展国际与国内营销活动提出了相同的要求。

2. 国际市场营销与国内市场营销的主要区别

（1）国际市场营销面对的市场环境更加复杂。国内市场营销在本国范围内进行，企业面对的是比较单一的市场环境结构，国内的政治、经济、法律、文化、科学技术和自然条件等环境是企业所熟悉的。国际市场营销是在他国市场与全球范围内展开的，世界上各国政治、经济、法律、文化、科学技术和自然条件等宏观环境及同行业竞争对手等微观环境各不相同，千差万别。面对如此多层次的、复杂的环境结构，企业在进入国际市场之前应慎之又慎。

（2）国际市场营销面对的不确定因素更多。国际市场营销面对的是多层次的、复杂的环境结构，而且环境因素不是一成不变的，这就使得国际市场营销相对国内市场营销要面对更多的不确定因素。

①产品总需求量的不确定性。国际市场对企业产品的总需求量与国内市场相比，难以调查和预测，不容易确定。

②消费者需求特性的不确定性。企业对自己的产品，特别是一般的消费品，很难了解国际市场上谁是主要的购买者，只能通过中间商间接地了解，很难保证得到及时的、不失真的信息。因此，企业对产品的国际市场需求状况及其变化趋势、消费者的购买动机、消费者心理、对产品的评价等很难确定。

③竞争者采取的竞争策略的不确定性。国际市场竞争者众多，竞争激烈，参与竞争的各方都采取各具特色的竞争策略，以期取得市场竞争的优势地位，但企业很难知道竞争对手采取什么样的竞争策略。

④产品价格的不确定性。产品进入目标市场国市场时，由于市场上产品众多，竞争激烈，消费者可能对先期进入市场的竞争对手的产品产生消费偏好，企业一时很难制定既使消费者愿意接受，又使企业有利可图的价格，这需要企业进行广泛和深入的市场调查才能确定。

⑤促销媒介的不确定性。由于各国政策法律环境、社会文化环境各不相同，企业很难选择比较恰当的促销媒介，同时对媒介促销所产生的经济效益和社会效益也难以评估。

⑥分销渠道的不确定性。由于各国具有不同的分销结构、消费者购买习惯以及对分销渠道限制的法律规定和政策规定，企业很难对分销渠道进行正确的选择。

（3）国际市场营销方案选择更具有多样化。国际市场是由国别市场组成的，各国市场营销环境千差万别，其差异远大于国内市场中不同地区市场之间的差异。这就决定了在国际市场开展营销活动，不可能采用统一的营销方案，必须针对不同国家和地区，分别制定不同的营销方案，以迎合不同目标市场的需求。比如，中国机械制造企业向美国、欧盟、中东和南美地区销售自己的产品，就必须针对不同市场制定不同的产品策略、价格策略、分销策略和促销策略，使企业的国际市场营销方案多样化。不仅如此，国际市场营销环境还经常变化，如国际政治局势的变动、各国经济政策和法律条文的变化、各国国民收入的变化等，这些因素的变化很难预测。这些对开展国际营销的企业提出了更高的要求，要求企业在制定国际营销规划时，必须有多种方案，以应对各种不测。

（4）国际市场营销的难度更大。相比国内市场营销，国际市场营销的难度更大，难度主要表现在以下三个方面。

①国际市场营销具有更大的风险性。比如，东道国的政权更替、政策突变、外敌入侵、汇率波动、投机活动、国际欺诈等，使国际市场营销风险增加。

②国际市场竞争激烈。只要有利润的地方就存在激烈竞争，各国的同行企业都为了追逐利润而聚集到同一个市场中，竞争者众多，竞相采用更高明的竞争策略，企图突破目标市场国的各种贸易保护措施，不管是价格竞争策略，还是非价格竞争策略，只要是适合使用的策略都会用到。在当今国际市场上，采用以优取胜、以信誉取胜、以服务取胜、以顾客满意取胜的策略是国际市场营销策略的发展趋势。

③国际市场营销方面的人才缺乏。对开展国际市场营销的人员要求更高、更严格，要求他们了解国际市场的形势和发展趋势，掌握国际市场调查、市场行情分析和预测的方法，熟知国际惯例和相关法律，熟悉目标市场国的市场环境，特别要了解其社会文化环境，能灵活运用产品、价格、分销和促销策略，能用外语与交易对方谈判等，所有这些都增加了开展国际营销的难度。

1.2.4 国际市场营销与国际贸易的关系

1. 国际贸易是国际市场营销的先导

国际贸易活动在先，国际市场营销活动在后。人们在开展国际贸易活动的实践中，形成了比较成熟的国际贸易理论（其中国际分工和世界市场理论、生产要素禀赋论、人力资本论、技术差距论和偏好相似论等是对贸易实践经验的总结与升华），这些理论不仅对贸易活动有指导作用，对国际市场营销活动也同样有指导作用。正是在这些理论和此后产生的市场营销理论的指导下，国际市场营销活动才在世界范围内广泛地开展起来。起初，发达国家的企业通过对外贸易获得廉价的原料、燃料、辅助材料、机器和设备等，降低了生产成本，增加了产品在国际市场上的竞争力；通过产品的出口，使生产规模扩大，再通过技术创新，使劳动生产率提高，并进一步降低生产成本，其产品的竞争力不断得到提高；通过对外贸易获得了超额利润。发达国家利用雄厚的财力、先进的技术、强大的军事力量和政治力量，在国际组织中获得了更多的发言权，对国际贸易拥有更大的主动权，并逐渐取得了控制权和垄断权，获取了更多的超额利润。参与国际贸易的发达国家的企业不断发展壮大，资本积累得越来越多，它们通过资本输出，就地设厂，开始采取新的国际营销方式，成为全球营销战略的一个重要组成部分。它们利用各个国家经济发展水平的差异、自然资源的差异、劳动力充裕程度与价格的差异，与其较高的技术水平、经营管理能力相结合，并绕过关税壁垒，利用各国的销售渠道，将产品推向目标市场国市场，甚至垄断该国市场，获得了丰厚的垄断利润。比如，美国福特汽车公司通过先前的国际贸易和后来的国际市场营销，不断发展壮大，在20世纪20年代成为一个包括生产焦炭、生铁、钢材、铸件、汽车零部件、装备及运输、销售、金融等领域的“同业联合”企业，拥有7.2万名工人，是美国当时最大的企业之一，它的产品遍及世界各个市场。

2. 国际市场营销是国际贸易的组成部分

在当代国际市场营销中，跨国公司是主力军，跨国公司在国外设立子公司，利用当地的资源就地生产和销售，包括返销一部分产品回母国。跨国公司的母公司与各子公司之间关系密切，母公司除在所在国组织生产、销售和出口外，还要协调各子公司就地生产、销售和出口。跨国公司的母公司和各子公司的出口部分，分别属于所在国出口贸易的组成部分，当然也是世界贸易的重要组成部分。各子公司就地生产、销售的生产经营活动，是母公司的国际市场营销活动的一部分。跨国公司在全球范围内从事生产经营活动，不仅增加了东道国的国际贸易量，也增加了母国的国际贸易量。母公司主要是以核心技术、关键零部件向其各子公司出口，出口贸易量相当可观，使国际贸易量增加。

3. 国际市场营销与国际贸易的区别

国际市场营销与国际贸易是当代国家与国家之间经济联系的主要形式，两者既有联系，又有区别。两者的区别如表1-1所示。

表1-1　国际市场营销与国际贸易的区别

项　目		国际市场营销	国际贸易
行为主体		企业	国家
产品跨越国界		是	是
行为动机		公司利润	比较利益
信息来源		公司记录	国际收支平衡表
市场活动	买卖行为	有	有
	仓储与运输	有	有
	定价	有	有
	产品开发	有	一般没有
	产品促销	有	一般没有
	渠道管理	有	没有
	市场调研	有	一般没有

（1）经营主体的区别。国际市场营销的经营主体是企业，企业与企业之间开展产品和劳务的跨越国界的交换，买主可能是政府、企业和个人，也可能是本企业所属的子公司或分支机构。国际贸易的经营主体是国家，国家是国际贸易的组织者，国际贸易是国家与国家之间产品和劳务的交换，具体交换工作是由一国对外贸易部门或对外贸易公司代表国家去执行和完成的。

（2）商品流通的形态不同。国际市场营销的商品流通形态具有多样化的特征，产品可以跨越国界，也可以不跨越国界。比如，可以在本国生产，向国外销售；也可以在国外生产，向其他国家销售；还可以在国外生产，就地销售。而国际贸易的商品流通形态是跨越国界的，参加交换的产品和劳务必须从一国转移到另一国。国际市场营销与国际贸易的这一区别，反映在统计数据上也有差异。西方国家海外企业营业额都计入公司记录中，但不计入国际贸易的统计数字中，使国际市场营销总额大于国际贸易总额。

（3）经营动力或行为动机不同。从事国际市场营销的主体是企业，它是自主经营的经济实体，追求利润最大化是其宗旨。所以，获取利润是它从事国际市场营销的动力。国际贸易的主体是政府，政府以拥有资源条件的不同，根据企业生产同一种商品在不同国家存在成本费用的差异进行交换，政府出面同其他国家进行多边或双边谈判，或达成协议，使该国以最少的资源换取他国一定的商品，或者以一定的资源换取他国更多的商品。国与国之间的这种比较利益的存在，是国际贸易得以进行的动力。

（4）评价经济效益的信息来源不同。评价不同的经济活动效益，有不同的信息来源。评价国际市场营销活动效益的信息来源主要是公司的账目及有关经营记录；评价国际贸易效益的信息来源主要是一个国家的国际收支平衡表。

（5）国际市场营销作业流程比国际贸易更复杂。国际市场营销活动既涉及产品购销、产品定价、产品分销，又涉及市场调研、新产品开发、产品分销渠道的管理、产品仓储及运输、产品促销等活动；而国际贸易活动的流程始于订单或合同，如出口作业开始于接到进口商的订单，结束于将商品送达外国进口港或交货给国外中间商，在此过程中仅涉及产品购销、定价和实体分配等。两者相比，国际市场营销作业流程复杂得多，客观上要求开展国际市场营销的企业有更强的主动性和创造精神，才能开拓国际市场，为企业在国际市场上获得利润。

1.3 全球化与国际市场营销

企业开展国际市场营销活动，无论对于国家还是企业都具有重要的意义。当今企业开展国际市场营销活动最重要的背景是经济全球化。经济全球化的不断加深给企业的国际市场营销活动提供了新的机遇和挑战。

1.3.1 经济全球化背景下的国际市场营销

1. 经济全球化的含义及主要特征

经济全球化是指通过贸易、资本流动、技术创新、信息网络和文化交流，使各国经济在世界范围内高度融合，形成相互依赖的关系。经济全球化主要表现在世界范围内的贸易自由化、生产的国际化、金融的一体化。企业开展国际市场营销活动，特别要关注市场的全球化及生产的全球化。

（1）市场全球化。市场全球化是指原先各国和地区分离的市场合并成一个巨大的全球市场的过程。这种市场的全球化主要由三个因素所推动。首先，国际贸易壁垒的降低使得商品在全球范围内进行贸易；其次，交通运输成本的下降，贸易自由化所导致的关税、配额等壁垒的降低；最后，消费者的偏好也在不断趋同，比如现在世界各地众多消费者都在使用花旗信用卡、苹果的手机，吃麦当劳的汉堡包，喝可口可乐和星巴克咖啡，用宜家的家具，这些常常被当作偏好趋同的典型例子。

但值得注意的是，市场的全球化并不意味着国内市场就一定会从属于世界市场，事实上在许多方面，不同国家之间仍然存在着巨大的差异，比如，消费者的口味和喜好、分销渠道、文化价值观念与法律法规，等等。这些差异意味着企业需要不断地调整产品营销策略，以做到"入乡随俗"。

事实上，在市场全球化方面，体现最明显的还不是消费品市场，因为在消费品市场中，不同国家消费者的偏好差异往往还是非常明显的。市场全球化最集中的体现是工业品原料和中间品市场。这些市场包括铝、石油等原材料市场，微处理器、计算机芯片以及商用喷气式飞机等工业品市场，甚至包括股票或债券等金融市场。

在市场全球化的环境下，两家企业可能在全球多个国家直接进行竞争。比如，可口可乐和百事可乐的竞争是全球性的，而汽车行业的福特和丰田，飞机制造业的波音和空客，其竞争也是在世界范围内无处不在。企业在世界不同国家里相互竞争的同时，也带去了各自的技术、产品、理念、文化，这也反过来使得各国市场变得越来越相似。因此，在很多行业，现在已经没有必要再谈论"美国市场""欧洲市场""中国市场"了，有的仅是一个统一的"全球市场"。

（2）生产全球化。生产全球化是指企业从世界各地采购货物和服务，以利用不同国家在生产要素（如劳动力、能源、土地、资本）成本和质量上的差异。其最主要的是，组织者是跨国公司，它们利用自身强大的资本和实力在全球范围内进行资源配置。比如，波音公司的飞机生产是一个典型的例子。我们所熟知的波音 777 客机，其机身由 8 家日本供应商提供，舱门和机翼由新加坡供应商提供，起落架由意大利供应商提供。事实上，一架波音 777 客机的价值的 30% 都是由外国公司提供的。

另一个例子是我们所熟悉的苹果手机。众所周知，中国鸿海精密工业股份有限公司（即"富士康"）是全球最大的苹果手机生产商，提供了全球 90% 以上的苹果手机。但是，如果我们仔细研究苹果手机的生产，就会发现苹果手机远非"美国制造"或"中国制造"这么简单。苹果手机的组成部件来自世界不同国家：手机的闪存与触摸屏来自日本，应用处理器来自韩国，摄像头与 GPS 接收器来自德国，蓝牙来自美国，仅是最终的组装环节在中国。因此，生产的全球化实际上是将产品生产的不同环节在地理上分散开来，在全球范围内形成了一个巨大的价值链，每个国家负责从事产品某些环节的生产活动。在这个价值链上，每个国家所贡献的"增加值"也有所不同。以苹果手机为例，其生产成本为 178. 96 美元。其中，日本贡献了 59. 25 美元，德国贡献了 28. 85 美元，韩国贡献了 22. 96 美元，而中国在最后的组装环节仅贡献了 6. 5 美元。这意味着生产的全球化对各国在国际商务活动中的利益分配也会产生巨大的影响。

在生产全球化的环境下，有时已经很难界定一个产品究竟是"美国货"还是"韩国货"和"日本货"了。生产全球化的盛行已经造就了一大批"全球货"。但是正如市场的全球化一样，企业也不应对生产的全球化过于乐观。事实上，还存在各种各样的因素使得企业不能在世界范围内最优地组织生产。这些障碍包括正式和非正式的国家之间的贸易障碍、对外直接投资的障碍、运输成本以及一些国家存在的经济和政治风险。尽管存在这些障碍，总的来说全球化生产的大趋势仍然无法逆转。

2. 经济全球化的驱动力

经济全球化背后有两个重要的宏观驱动因素：一是阻止商品、资本和要素流动的贸易壁垒在第二次世界大战结束以后不断降低；二是技术变革，特别是在最近的几十年里发生在通信、信息处理和交通运输技术方面的突破性变革。

（1）贸易壁垒的不断降低。20 世纪 20—30 年代，世界大多数国家对国际贸易和外商投资（FDI）存在着极大的限制，其中一个典型的例子是对制造品征收很高的进口关税。这些关税的最主要目的是保护国内产业免受国外竞争。然而，这一政策带来的最终结果往往是其他国家的报复行为，即各国都抬高对其他国家的进口关税水平。

在这一背景下，世界上一些主要国家意识到只有建立一个独立的国际组织，才能促进全球范围内贸易壁垒的降低。因此，关税及贸易总协定（GATT）应运而生，而关税及贸易总协定就是我们所熟知的世界贸易组织（WTO）的前身。全球关税水平在 GATT 创立之后实现了全球范围内的下降。大多数国家从 20 世纪 20 年代的 20%~40% 的关税水平，降到了目前的 2%~4% 的水平，削减力度非常大。在削减关税等贸易壁垒的同时，许多国家也在积极地放开对外商投资的限制。根据联合国的数据，1992—2009 年，九成新出台的关于外商直接投资的法律法规都为外商投资创造了更加宽松的环境。中国在加入 WTO 以后，也在很大程度上放开了对外商投资的限制。

需要说明的是，各国贸易壁垒的不断降低并不是自然而然发生的，而是国际组织协调的结果。事实上，虽然贸易壁垒已不可能倒退到 20 世纪 20—30 年代的水平，但短期内贸易壁垒的提高仍是有可能并实际存在的。当前随着全球新兴市场的发展，一些发达国家新贸易保护主义有所抬头。比如，在 2008—2009 年的全球金融危机期间，许多国家由于害怕就业和产出的剧烈下降，纷纷对贸易采取了一系列的临时保护措施。此现象的出现都对企业的国际贸易和国际市场营销活动造成了严重威胁，尤其对发展中国家造成了不平等的贸易。

（2）技术变革。现代信息技术是推动经济全球化的根本动力。现代技术发展的核心是信息技术的发展。过去 30 多年来，信息技术取得了革命性发展。随着卫星、光纤以及无线技术的应用，通信技术所能传播的信息量飞速增长。还有一个重要的发明是微处理器，随着技术发展，微处理器的成本不断下降，但运算速度不断上升。这带来了通信成本的急剧下降。1930—1990 年，伦敦与纽约之间 3 分钟的电话费用从不可思议的 224 美元降到了 3 美元，而到 1998 年，这一费用已经降到了 36 美分。20 世纪 90 年代以来，互联网的普及同样极大地推进了全球化的进程。1990 年，世界上使用互联网的人数还不到 100 万；根据国际电信联盟在 2016 年的数据，全球将近 50% 的人口已经用上了互联网。对于企业营销而言，互联网创造了许多新的商机，如电子商务。互联网的出现使得全球范围内已经没有了地区和时区对人的限制。消费者和生产者可以实现全球范围内的方便对接，生产者可以在全球范围内联系到合适的供应商。这使得消费和生产在全球范围内进行变得更为容易，从而极大地促进了全球化的发展。

3. 国际市场营销活动面临经济全球化的挑战

（1）企业要转变经营哲学，从只重视国内营销转为重视国际营销，自觉树立全球化的营销思维，积极主动地开拓国际市场，这是企业面临经济全球化的生存与发展的必由之路。因为在经济全球化面前，任何企业无论是否直接进入国际市场，都会面临国际竞争者的竞争，只有积极转变经营指导思想，才能使企业的经营活动赶上经济全球化的步伐。

（2）企业在开拓国际市场时，必须对国际市场进行调研，了解和熟悉各国及各地区的营销环境，如经济环境、社会文化环境、政治和法律环境等，以便有针对性地制定营销战略与策略。

（3）企业要学会根据国际目标市场特点来制定国际营销组合策略，必须摒弃传统的只依靠单个营销手段的价格策略来开展竞争的方式，而要依靠营销整合来发挥企业在国际市场中的竞争优势。

（4）要求对企业组织结构进行调整。目前我国企业多为小型、分散、低效的组织形式，即使是已组建的大型企业集团其效益高的也不多，这种状况不能适应经济全球化的发展。因而必须组建大型企业集团，发展跨国企业及跨国银行，造就一批具有强大国际竞争力的企业“航空母舰”，以加强我国参与国际竞争的主导力量。

1.3.2 国际市场营销面临的任务

在经济全球化背景下，企业从事国际市场营销的主要任务是根据国内外不可控制的环境因素，运用企业可控制的因素，制定出国际市场营销的战略目标并加以实现。由于面临国内及国外不确定的环境因素，因此，国际市场营销任务较国内市场营销任务更复杂，完成此任务的难度更大。

图 1-2 说明了国际市场营销者面临的总体环境。第一层（最里层）是企业营销决策领域的可控因素；第二层是企业营销决策不可控的国内环境因素，主要包括政治因素、法律因素、经济因素及竞争因素；第三层是企业营销决策不可控的国外环境因素，主要包括政治因素、法律因素、经济因素、竞争因素，以及技术水平、分销结构、地理与基础设施及文化因素；第四层（最外层）是各具体国家的不可控环境因素，表示的是企业开展业务的每个国家的市场大多是不同的，一家企业经营涉足的外国市场越多，要应付的外国环境可能出现的不可控因素也就越多，通常解决一国市场问题的方法并不适用于另一国市场。

1. 企业可控因素

企业可控因素是企业营销管理者能够控制的范围，即营销管理者能根据外部环境的变化，尤其是市场需求的变化，结合企业发展目标，巧妙地制定产品策略、价格策略、分销策略及促销策略。企业必须根据外部环境的变化，不断调整可控因素，以适应国际市场的变化。

2. 企业不可控因素

（1）国内不可控因素。主要是政治因素、法律因素、经济因素及竞争因素。这些因素对企业国际营销产生直接的影响。

政治因素和法律因素主要涉及政府立法和外贸政策，如关税和外汇政策。如果出口关税低，则有利于本国企业出口产品的竞争；如果进口关税高，则有利于保护国内市场而不利于外国产品的进入。外汇汇率变化也影响国际市场营销任务的制定，如果本国汇率高，出口产品价格会提高，而削弱出口产品的竞争力；如果汇率下降，货币贬值，对增强出口产品的竞

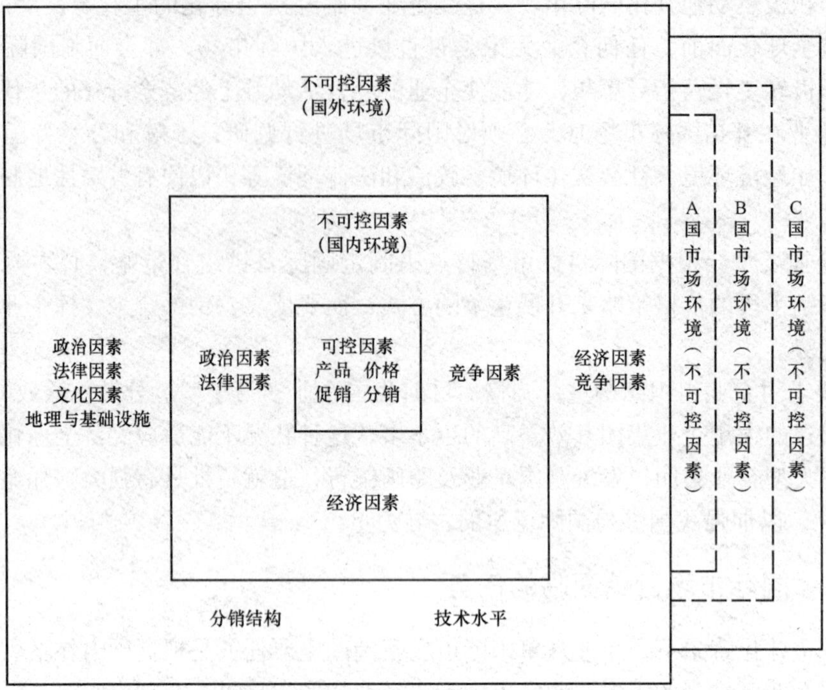

图 1-2 国际市场营销面临的总体环境

资料来源：［美］菲利普·R·凯特奥拉. 国际市场营销学［M］. 15 版. 北京：机械工业出版社，2012.

争力有积极作用，但同时使进口减少，即影响购买国外产品的数量。

就国内经济因素而言，如果国内经济状况不佳，会限制对外投资及向国外购买；如果国内经济繁荣，会扩大对外投资及增加对外购买。

就国内竞争因素而言，当国内市场竞争激烈时，意味着国内市场已饱和，从而促使企业积极寻觅国外市场；当国内市场需求旺盛时，竞争不激烈，企业不愿进行跨国经营。

（2）国外不可控因素。除了国内不可控因素外，国外不可控因素也是不确定性的重要来源，这些因素是国际营销者在确定营销任务时必须考虑的。这些因素将在营销环境各章节进行探讨。

国际营销者在制定营销任务时，不仅应对各国营销环境的共性进行了解和分析，更重要的是应对每个国家的营销环境进行分别研究，掌握各国环境的差异，以制定出适应不同国家的营销策略。

本章小结

经济全球化的发展促使我国企业正在加快走向国际市场，企业国际化经营中需要面对复杂多变的外部环境。在国际市场营销中，企业要应对可能的风险和不确定性，就要提高从事国际市场营销的能力，国际化经营的企业不但要掌握基本的市场营销理论，还要对不同国家和地区的市场有所了解。掌握国际市场营销理论和方法，是企业国际化取得成功的必要前提。

在国际环境中开展国际市场营销，必须了解国际市场营销与国内市场营销的区别，认识国际市场营销与国际贸易的联系和不同。企业跨国经营活动的发展经历了从出口营销到国际化营销，再到全球化营销的过程。在不同的发展阶段，企业国际市场营销的指导思想也有所不同。在经济全球化发展的过程中，企业国际市场营销面临着机遇和挑战，企业必须根据国内外不可控因素，综合运用可控因素，制定企业营销战略目标并加以实现。

案例分析

中国电子商务：从买全球到卖全球

从超级都市到边远乡村，从中国到世界各地，越来越多的人开始享受中国电商带来的安全与便捷。

如果说基于地缘或政治的物理阻隔或将促使新孤立主义抬头——也有人称之为反全球化的政治思维复活，那么中国电商则提供了另一个现实，那就是在互联网技术和思维的驱动下，商业、商品和商人通过市场规律和法则实现了跨境、跨领域和跨经济实体的自然流动。

买全球

2015 年被视为“双 11”全球化元年，更加强调“买全球”。据公开数据显示，2015 年“双 11”，有 4 万多家商户、3 万多个品牌和 600 万种货品参与，包括来自美国、日本、韩国等 25 个国家和地区的 5 000 多个海外大品牌。当天全球完成交易的国家和地区达到 205 个。2016 年的“双 11”只用 9 个半小时就超过了 2015 年“双 11”全天的销售额，第二次参加“双 11”的梅西百货，仅 5 分钟就突破了 2015 年“双 11”全天销售额；美国第二大零售商 Target 首战“双 11”就取得骄人成绩，不仅拿下了全球 VR 购物第一单，其母婴类等多种商品成了天猫国际上领跑的爆款。

除了天猫，首次代表跨境电商行业全面参战的网易考拉海购，可谓是以“新兵”亮相。但网易考拉海购硬是创造了许多新的纪录：23 分钟超过 2015 年“双 11”全天销售额，1 小时突破 1.5 亿元销售额，当天成交新客户达到全年峰值，等等。

中国消费者的巨大需求也正促使越来越多的境外商家进军中国电商平台。

澳大利亚柯蓝集团是一家生产化妆品、保健品、奶粉的企业，公司 6 年前在天猫上开设了明星品牌香娜露儿的官方旗舰店。以该公司最畅销的产品绵羊油为例，目前年产量 100 万瓶，其中一半都销往中国，而在中国销量的 80% 是在线上实现的。

越南南部平阳省一家腰果出口企业的经理阮金河认为，阿里巴巴电子商务平台可以方便和有效地将小企业与全球买家和合作伙伴联系在一起。2008 年，这家公司在阿里巴巴注册，一年后升级为金牌供应商。目前公司的国外市场已经拓展到美国、加拿大、俄罗斯、乌克兰、土耳其、菲律宾、阿联酋等众多国家和地区。

在泰国，更多的商家则在摩拳擦掌，准备在中国电商平台上开设直营店。该国正大集团正计划将自有品牌泰国茉莉香米通过天猫国际海外旗舰店销售给中国消费者。

随着中国消费者的消费升级，中国年轻消费者越来越喜欢尝试新的品类和新的品牌，他们愿意购买更多有特色的海外商品。相信不久的将来，中国年轻消费者的消费观将成为全球的潮流，而这股潮流将会改变全球的产业结构或者贸易结果，从而影响跨国公司、跨国品牌的全球定价策略。

卖全球

在“买全球”之外，“卖全球”把中国大陆市场和海外市场连在一起。

阿根廷主流媒体《国家报》报道：“阿根廷邮政部门派送的居民网购包裹中，约80%的货物都来自中国。”来自俄罗斯的Sabrina Levi完成了人生第一次网络购物，在阿里巴巴速卖通平台给自己的孩子购买了一套拼插积木玩具。武汉市的卖家梁龙，则把自家的2016新款童装卖到了远在1.58万千米之外的巴西马拉卡南。据速卖通的数据显示，2016年“双11”当天，速卖通平台为全球消费者提供了超过1.1亿种商品，共产生3 578万笔订单，全天交易共覆盖230个国家和地区，共有621万名国际“剁手党”参与，无线订单成交占比58%，较2015年同日增长68%，创下历史最高纪录。

从“买全球”到“卖全球”意味着中国电商开展国际业务的支付、物流等基础设施都更为完善，打通了消费市场的“网上丝绸之路”。

（资料来源：姜华山．从买全球到卖全球［J］．企业观察家，2016（12）：46－48.）

讨论与分析：

1. “买全球”到“卖全球”反映了哪一方面的全球化现象？请具体分析。
2. 哪些因素可以解释中国电子商务的迅速发展？
3. 企业面对互联网的发展，如何开展营销工作？

课后习题

一、单选题

1. 国际市场营销学的研究中心是（　　）。

A. 实现企业利益最大化　　B. 追求成本最低
C. 促进国与国之间的友谊　　D. 国外顾客需求

2. 国际市场的构成除了人口和购买力外，还有（　　）。

A. 生产资料　B. 购买场所　C. 购买欲望　D. 产品

3. 在全球营销阶段，企业导向是（　　）。

A. 以地区为中心的导向
B. 国内市场导向
C. 以多中心主义和目标市场国市场为导向
D. 以原产地为导向

4. 开展国际市场营销的主要力量是（　　）。

A. 大型国企　B. 跨国公司　C. 中小民营企业　D. 政府机构

5. 关于国际市场营销学和市场营销学的关系，不正确的是（　　）。

A. 理论基础不同　B. 经营理念不同　C. 都属于管理学　D. 都是边缘学科

6. 国际市场营销学是市场营销学的（　　）。

A. 主要内容　B. 理论基础　C. 组成部分　D. 分支学科

7. 在企业国际市场营销的发展过程中，最后一个阶段是（　　）。
A. 国内营销阶段　B. 出口营销阶段　C. 国际营销阶段　D. 全球营销阶段
8. 从营销理论的角度而言，企业市场营销的最终目标是（　　）。
A. 满足消费者的需求　B. 获取利润
C. 求得生存和发展　D. 把商品推销给消费者
9. 把与顾客及相关利益者建立长期合作关系作为核心内容的营销是（　　）。
A. 关系营销　B. 绿色营销　C. 大市场营销　D. 社会营销
10. 市场营销的核心问题是（　　）。
A. 生产　B. 分配　C. 交换　D. 促销

二、多选题

1. 在国际市场营销与国际贸易的对比中，关于经营主体的描述正确的是（　　）。
A. 国际市场营销活动的主体是企业
B. 国际市场营销活动的主体是国家
C. 国际贸易活动的主体是国家
D. 国际贸易活动的主体是企业
E. 国际贸易活动的主体是企业和个人
2. 以下属于国际市场营销中可控因素的是（　　）。
A. 产品因素　B. 价格因素
C. 分销和促销因素　D. 政治和法律因素
E. 基础设施因素
3. 经济全球化的主要表现有（　　）。
A. 市场全球化　B. 生产全球化　C. 贸易自由化　D. 金融国际化
E. 人才流动全球化
4. 社会营销观念的核心是正确处理（　　）之间的关系。
A. 企业　B. 供应商　C. 顾客　D. 中间商
E. 社会利益
5. “市场营销近视症”主要表现是（　　）。
A. 企业经营目标的狭隘　B. 只注重产品质量
C. 企业经营以利润为目标　D. 企业经营从顾客需求出发
E. 企业经营缺少战略目标

三、名词解释

1. 市场营销
2. 国际市场营销
3. 大市场营销观念
4. 绿色营销观念
5. 整合营销观念

第2章

国际市场营销的政治和法律环境

★学习目标

1. 了解国际市场营销的政治环境的构成及其对国际市场营销活动的影响，掌握政治风险的防范。

2. 了解国际市场营销的法律环境的构成，掌握国际市场营销争端的解决措施。

企业开展国际市场营销活动面对的营销环境非常复杂，其中政治和法律环境对于企业国际营销影响重大。企业跨国营销面临各国不同的政治制度、法律制度及政策，面临国内法律及目标国法律，还面临如何解决国际市场营销中争端的问题。企业在开展国际市场营销之前，必须尽可能地估量目标国占支配地位的政治气候和法律，了解目标国政府实现国家目标的方针、对外商的基本态度和政策，避免与其法律相抵触。

2.1 国际市场营销的政治环境

2.1.1 国际市场营销的政治环境的构成

政治环境，指在特定社会中影响和限制各类组织和个人的政治制度、国家政策方针、政府机构和政治集团等所构成的大背景。国际市场营销的政治环境极其复杂，包含了各种现象和条件，主要包括两个方面：一是国际政治环境；二是目标市场国的政治环境。

1. 国际政治环境

国家是国际法的最重要的主体，也是国际交往中最基本的单位。国家作为国际关系的基本主体在影响国际政治局势的同时，也受到国际政治局势的影响。当前，和平与发展仍然是时代的主题，世界多极化和经济全球化的趋势继续在曲折中发展，科技进步日新月异。这些情况为各国发展带来了新的机遇，也带来了很多新的挑战，这些挑战包括影响和平与发展的不稳定、不确定性因素，如地区冲突、恐怖主义、南北差距、环境恶化、贸易壁垒等。

影响国际政治环境的因素主要是国际政治局势、国家间的关系和民族主义。

（1）国际政治局势。国际政治局势的变化和国家之间关系的变化会对世界经济产生直接的影响。和平的政治局势有利于世界经济的发展，政治局势的动荡会直接影响经济领域的稳定。在诸多影响和平发展的因素中，地区冲突是非常突出且长期悬而未决的问题。例如，2014 年俄罗斯因为与乌克兰的冲突而受到欧盟制裁，俄罗斯总统随后宣布放弃修建为欧洲出口天然气的“南溪”管道，导致欧盟能源短缺。

在国际政治局势中，目前影响最大的当属国际恐怖主义。恐怖主义是 21 世纪人类面临的新的突出问题。恐怖主义并没有一个准确的全球性的定义，美国国家反恐报告将恐怖主义定义为有预谋的、出于政治目的把暴力袭击的目标锁定为非战斗人员的政党和秘密组织的行为。

从 2001 年 9 月的纽约，到 2005 年 7 月的伦敦，再到 2011 年的巴基斯坦，近年来，全球范围内的各种恐怖主义活动不仅没有随着打击力度的加强而消失，反而不断增加，而且有逐渐扩大的趋势。恐怖主义活动带来的损失是巨大的，不但有大量人员伤亡，而且会造成直接的、巨大的经济损失。例如 2005 年 7 月 21 日伦敦地铁爆炸案，给英国的旅游业带来的损失超过 3 亿英镑。2011 年 4 月，恐怖组织的头号人物本·拉登在巴基斯坦境内被美军击毙。这一消息对于各国的反恐活动无疑是一针强心剂。各国分析人士普遍认为，本·拉登之死并不能从根本上解决恐怖主义问题。相反，伴随着他的死亡还有可能出现新一轮的恐怖主义行动。如果恐怖袭击得不到有效控制，对原油市场的影响肯定不小。2015 年 11 月 20 日联合国安全理事会一致通过决议，强烈谴责极端组织制造的恐怖袭击，呼吁国际社会“采取一切必要措施”打击恐怖主义。联合国安全理事会全票通过了这一决议。

近年来，针对外国公司和外国人的恐怖袭击越来越多，有些中东地区的恐怖组织除了绑架外国人质外，还直接以外国的经济实体为打击目标。对于投资者来说，恐怖袭击会增加企业的运营成本。美国的公司常常是恐怖袭击的首选对象。近年来，我国工程师等工作人员在巴基斯坦、肯尼亚及阿富汗等地遭遇当地武装组织的袭击，应该引起我国企业的足够重视。

（2）国家间的关系。国家间的关系是另外一个重要的国际环境因素。国家间的关系可以体现为友好合作的关系，也可以体现为敌对的关系。在与本国有友好合作关系的国家投资，往往会获得一些如出口、税收、外汇方面的优惠。如果国家之间的关系为敌对状态，则双方往往会有一些限制措施，如限制国际投资。各国都是出于自身利益和发展的需要决定同外国的关系，因此国家间的关系是不稳定的。国际市场营销活动受国家关系的变化影响巨大，有时这种影响是突如其来的。

（3）民族主义。民族主义是一种意识形态，这种信念是建立在国家、民族的划分和民族同一性的基础上。民族主义也指某些民族为实现特定的理想而采取的极端民族主义运动。民族的划分建立在特定的标准上，包括共同的语言、共同的文化、共同的价值观以及民族认同感。经济领域的民族主义表现在很多方面，如限制进口、限制关税及其他贸易壁垒。

2. 目标市场国的政治环境

国际法上的国家概念包含四个要素，即必须有定居的居民、确定的领土、对居民和领土进行管辖的政府和国家主权。主权是国家的基本属性，是国家独立自主地处理内外事务的权力。一国政府有权通过制定政策、法律对国家进行管理。政治活动会影响一国内部的政治环境，从事国际市场营销的人员只有对目标市场国的政治环境有基本的了解和掌握，才能够更好地制定策略、调整策略，并取得预期的效果。一般来说，影响国际市场营销的目标市场国的政治环境包括该国的政治制度、政治稳定性、政策连续性、行政对经济的干预和行政效率等。

（1）政治制度。政治制度是指在特定社会中，统治阶级通过组织政权以实现其政治统治的原则和方式的总和。它包括一个国家的阶级本质、国家政权的组织形式和管理形式、国家结构形式和公民在国家政治生活中的地位。狭义的政治制度主要指政体，即政权的组织形式。不同国家的政权组织形式不同，因此各个国家管理国家事务的机构设置也不同。行使管理国家职能的是行政机构，也就是通常所说的政府。政府的管理职能一般通过设置各种机构管理政治、经济、外交、军事及社会生活的各个方面来实现。国家管理经济的机构的设置直接决定国家采用何种方法管理经济事务，了解政府管理经济的机构设置、规章尤其重要。

在考察各个国家不同的政治制度的同时，我们应该认识到，国家间政治制度的不同会导致国家间的对立，进而影响国家之间的经济交往与合作。最典型的例子就是20世纪分别以美国和苏联为首的两大国家集团的对抗，其相互遏制、相互竞争的局面不仅使国际局势变得不稳定，更阻碍了世界经济的交流与合作。

（2）政治稳定性。政治稳定是国家生存和发展的先决条件，没有稳定的政治就谈不上经济的发展。如果不同国家间或同一国家中不同利益集团的利益冲突上升到暴力阶段，就演变成无规律的、革命性的运动，如战争、起义等。这不但会造成工厂、公路、港口等设施的毁坏，还会影响国家的国际形象，直接影响有关国家的经济发展，影响国际贸易和国际投资。2011年爆发的利比亚战争给在利比亚投资的外国投资者带来了巨大的损失，很多在建项目不得不停工，中国企业的损失超过2 000亿元人民币。这对利比亚未来的经济恢复有很多负面影响。外国投资者如果要继续投资，必须得到利比亚现任政府的承诺，保证政治的稳定性，并对未来可能发生的给投资者造成的损失承担赔偿责任。即便如此，考虑到利比亚的国内形势的不稳定性，外国投资者也往往会对在利比亚投资变得更加谨慎。

（3）政策连续性。政府政策的连续性直接影响到外国投资者的信心和投资方式。国家保持政策长期稳定对于吸引海外投资有积极的促进作用。我国自改革开放以来，一直将鼓励外国投资作为基本的经济政策。40年来，政府保持了外商投资政策的连续性和稳定性，使得外国投资者对我国的投资政策建立了信心，在中国投资的数额逐年增加。

（4）行政干预。政府对经济的干预程度是另外一个重要问题。政府和企业之间既相互依赖，又相互牵制。一般来说，政府对经济干预过多会妨碍市场对经济的调节，影响和限制企业在市场中的活动。改革开放之前，我国企业受到的行政干预过多，企业的活力受到严重的制约。政府用行政手段对经济进行适当干预有助于稳定市场秩序、维护良好的经营环境、保护经营者的利益。

（5）行政效率。政府行政效率高会促进外国投资的进入，政府行政效率低下会加大企业的运营成本，影响企业的收益。我国在改革开放之初，为吸引外资采取了一系列提高政府效率的措施，简化外资进入的程序，加快外资进入的步伐。

国际市场营销的特点决定了它受国际政治环境和目标市场国的政治环境影响巨大，所以对于从事国际市场营销的企业和人员来说，掌握国际政治环境的动向，了解目标市场国的政治环境非常必要。

2.1.2　政治环境对国际市场营销活动的影响

企业在进行全球经营活动的过程中，会遭遇来自相关国家的政治风险。政治风险包括各种冲突和可能使外国公司收益下降与正常运作产生困难的政府政策的变化，如进入风险、经营风险和转移风险等。

1. 进入风险

在全球经济联系日益紧密的今天，很多国家的某些市场仍然是不开放的，要进入该目标市场国的这些市场十分困难。例如，由于政治的原因，朝鲜长期严格限制外国资本进入，市场开放极其有限；即使允许外资进入的国家，某些领域也是禁止外资进入的。又如，很多国家都禁止外资进入广播电视市场。有些国家的开放是逐渐的，企业即使能够进入，也要面临目标市场国苛刻的准入条件，目标市场国政府常常要求投资者与当地企业合作、使用当地原料、进行出口销售等。国际市场营销活动必须遵循目标市场国的规定，在制定进入目标市场策略时必须考虑目标市场国的风险。

2. 经营风险

企业在国际市场营销中，可能遭遇的经营风险主要有没收、征用、进口限制、税收控制和价格控制等。没收是最严重的政治风险，它是指国家没有补偿地占有外国公司财产的行为。20 世纪 50 年代，许多经济不发达国家对银行业、能源及公共设施等领域的外国资产进行没收，以此作为经济增长的方式。

国家对外国投资者干涉的方式从不合法的、无补偿的没收，过渡到合法地、有偿地占有外国公司的财产，这种方式就是征用。国家通过将外国公司国有化的方式获得经营权。但是对于投资者来说，即使能够从目标市场国获得补偿，也并不愿意失去对企业的所有权和经营权。

征用和没收的目的是直接获得资本，加快本国工业化进程。但是目前，很多国家也意识到了这样的方式所取得的效果并不如所预期的好。现在各国普遍采取更加间接和柔和的方式对外国资本进行控制和干涉，包括进口限制、税收管制、价格控制等，其目的在于保护脆弱的本国工业，但给外国投资者带来了经营方面的风险。

国家实行进口限制的主要目的是支持本国相关产业。从 2014 年下半年开始，越南陶瓷协会建议提高中国产瓷砖的进口关税，以保护其国内生产企业。越南陶瓷协会认为，本国生产的瓷砖销量下降主要是受到来自中国廉价产品的冲击所致，越南瓷砖生产企业建议对进口的中国瓷砖按面积而不是按进口价征税，以达到限制进口的目的。进口限制也有宗教和文化的原因，如阿拉伯国家就禁止进口酒类、猪肉制品以及麻醉药。

政府也可能采用税收控制的手段对外国公司征收过多和非常规的税。在国家经济困难时期，为了公众的利益，国家常常实行价格控制。这种价格控制主要用于药品、食品、燃油等重要商品，以保障居民的基本生活。

3. 转移风险

外汇管制是政府对进出本国的资金的一种限制，被认为是保护本国国际收支平衡的有效手段。大多数发展中国家仍然实行外汇管制，外汇失去控制会给很多发展中国家带来经济危机，外汇管制会给外国投资者带来投资利润和资本转移出目标市场国的困难，导致投资者利润的损失。因此，投资者必须将外汇管制带来的利润转移风险考虑在内。

2.1.3 政治风险的防范

1. 政治风险发生前的应对措施

政治风险尽管具有很大的不确定性，但在一定程度上是可以预测和防范的。政治风险的背后是一系列相互作用的社会、政治、经济因素，具有一定的规律性。因此，国际经营的决策者们都要分析各种因素运动与发展的趋势，进而有可能在风险发生前采取一些预防性措施，以减少风险发生带来的损失。

政治风险防范措施主要包括以下几个方面：

(1) 评估政治风险。评估政治风险就是对东道国的政治环境进行全面、系统和客观的考察。进行评估时应当运用多种方法，互为补充，如要咨询专家，对专家的选择一定要有代表性，不能局限于某一小部分人。进入国际市场前进行有效的东道国评估可以减少行动的盲目性，找到风险与收益的最佳结合点。

(2) 建立风险预警系统。东道国的政策和政府行为会随时间的变化而变化。比如当一国处于发展起飞阶段时，急需资金以弥补国内资金缺口，政府往往会采取各种优惠政策吸引外资。然而随着该国经济实力增强，外资在经济部门中的逐渐渗入可能会引发越来越强烈的民族主义情绪。迫于国内公众压力的政府有可能改变政策，由欢迎一切外资转为设置壁垒，有选择地允许外资进入，同时还会对国内已存在的外资企业采取不利行动。实际上，变化虽然会带来风险，但也可能会带来机遇。有效的风险监控系统能够使国际企业在风险到来之前赢得采取预防措施的时间，在机遇到来时及时抓住机遇。

(3) 购买保险。保险是一种对社会经济生活中的风险进行补偿的服务活动，国有化、战争等政治风险都可以投保。例如，美国的海外私人投资公司（OPIC）、英国的出口信贷保证部（ECGD）、日本通商产业省的海外投资保险部、中国人民保险公司（PICC）等保险机构都提供此类保险。一些私人保险机构，如美国的北美保险公司（ICNA）和纽约保险交易所（NYIE），也有这方面的业务。

通过对处于政治风险区域的资产进行保险，企业可以集中精力管理自身的正常业务。因此，大多数发达国家出售政治风险保险产品，对本国公司的海外资产进行保险，最典型的是美国的海外私人投资公司。该公司向美国投资者提供对因没收、货币的不可兑换和政治暴力（即战争、革命或暴动）等特定政治风险而造成的损失的保险。符合条件的投资必须是一项新投资或对一项已有设施的实质性扩展，而且必须得到东道国政府的支持。除此之外，美国海外私人投资公司还提供商业收入险，如果国外政治暴力中止了美国企业在该国的营运，通过投保该保险可以达到保护美国投资者的目的。

(4) 融入东道国经济体系。外国公司与东道国各界的矛盾背后往往牵扯着利益因素。如果外资企业能加强与东道国利益上的融合，那么产生矛盾和风险的可能性就会降低。主要措施包括：适当提高当地职员在公司持有股份的比例；在资金融通上适当地依赖当地金融机构；在原料、零部件的采购上适当优先当地企业等。

(5) 塑造良好的企业形象。国际企业在东道国出色的公关活动，有助于在企业和东道国公众、政府及媒体之间创造一种和谐、相互体谅、相互促进的融洽状态，强化东道国各界对国际企业的理解和认同，缓和民族主义和排外情绪，最终营造一种十分有利的经营氛围。相关措施包括：社会福利和公共事业捐款，主动承担社区建设的责任等。

(6) 分散风险。如果东道国市场潜力可观，但具有一定政治风险，可以通过和当地政府就可能发生的风险提前达成协议，予以规避；或者将经营风险进行分散，也能起到一定作用。

2. 政治风险发生后的补救措施

尽管国际企业采取了这样或那样的预防措施，但政治风险还是有可能发生的。这时最重要的一点就是采取补救措施，减少损失。

在东道国政府突然实施国有化、征用与没收等强制性的政策时，国际企业可以用法律武器来解决与东道国政府的争端，保护自己的利益，特别是在双方曾经签订有投资保护协定，或双方是某一多边投资贸易保护协定的缔约方的情况下，采取法律手段更为有效。国际企业必要时也可以采用外交手段，还可以求助于一些国际投资管理机构进行裁决，如解决投资争端国际中心（ICSID）。

近年来，随着世界政治、经济局势的发展与区域一体化趋势的推进，多数情况下的政治风险更多地表现为较为缓和的形式，如进口限制、外汇管制、税收管制等。当价格控制、提高关税等限制性措施出台后，国际企业应当注意分析其走向，如果发现有进一步升级与恶化的趋势，那么就应当采取一种逐步撤退的方式，以减少损失。撤出东道国时要有序而从容，最为关键的事项是处理好资金的转移问题，通过转移价格、利润汇回、停止母公司的贷款支持等方式尽快将资金转移到较为安全的地方。

2.2　国际市场营销的法律环境

2.2.1　国际市场营销的法律环境的构成

政治环境的变化经常会引起法律环境的变化。对企业来说，法律环境是社会中一切法律、法规及政府规章的结合。国际市场营销所面临的法律环境包括两个方面：一是国际法律环境，二是目标市场国的国内法律环境。国际法律环境由各种国际条约组成，而目标市场国的法律环境则包括一个国家内部的各种法律、法规。如果出现了国家签订的国际条约与该国国内法律规定不一致的情况，还要根据各国的具体规定来确定适用哪种法律。

1. 国际法律环境

目前，对国际市场营销影响较大的国际经济法主要包括两个方面：一是与国际贸易相关的立法，如WTO的《技术性贸易壁垒协议》《反倾销协议》等；二是保护知识产权的立法，如《保护工业产权巴黎公约》《保护文学艺术作品伯尔尼公约》《商标国际注册马德里协定》及《与贸易有关的知识产权协定》等。

（1）与国际贸易相关的立法。近年来，一些发达国家以提高检疫标准、增加检测项目为手段限制他国产品进入本国市场，其保护本国产业的趋势越来越明显，很多国家设置了名目繁多的技术性检验检疫措施，严重影响了一些发展中国家产品出口。以茶叶为例，欧盟宣布禁止使用的农药从旧标准的29种增加到了新标准的62种，部分农药残留合格标准比旧标准提高了100倍以上；又如蜂蜜，欧盟提出蜂蜜中的氯霉素含量不能超过0.1ppb①，也就是说10万t蜂蜜里氯霉素含量不能超过1g；2002年1月，日本以我国蔬菜有2.8%抽检不合格为由，对我国农产品强化检查了一个月，过去只抽查6种农药残留，现在要查40多种。

主要的国际贸易方面的限制有以下几种：

一是直接限制的贸易壁垒。贸易壁垒是指为保护国内市场和国内产业，国家在国际贸易领域采取的一系列对正常的国际贸易起阻碍作用的措施。虽然在世界贸易组织的规则中明令禁止配额、许可证和高关税等贸易保护措施，但对于国家为保护人类的健康和安全、环境等对进口货物采取规定配额、许可证等传统贸易保护措施是不禁止的，加上各个国家在主观上存在贸易保护的意识，对进口商品进行直接限制仍然是很多国家所采取的贸易壁垒形式。

二是技术性贸易壁垒。技术性贸易壁垒指一国或一个区域组织因维护国家或区域安全、保障人类健康和安全、保护动植物健康和安全、保护环境、防止欺诈行为、保证产品质量等而采取的技术法规、标准、合格评定程序等措施，是强制性或自愿性的技术性措施。这些措施对其他国家或区域组织的商品、服务和投资进入该国或该区域产生影响，它是非关税壁垒的重要组成部分，并成为发达国家限制市场准入的重要手段。英国食品标准机构就曾经以发现酱油中有致癌物质为由，禁止进口来自中国、泰国等地的酱油。在国际市场营销活动中，企业必须面对越来越多的技术性贸易壁垒的考验。作为企业，在充分认识到技术性贸易壁垒带给企业的重大影响的同时，应该从自身做起，了解规则，提升技术，制定符合国际要求的产品质量标准，才能突破技术性贸易壁垒的限制。

三是反倾销。国际贸易保护的另一种形式是反倾销。WTO《反倾销协议》中的“倾销”是指在正常的贸易过程中，一项产品以低于其正常价值的价格出口到另一个国家或地区，从而给进口国或地区的国内或地区内相关产业造成实质性的损害。运用反倾销协议的基本目的在于纠正不公平贸易，保证公平竞争的自由贸易。但是，不正当使用反倾销制度，或者随意运用反倾销制度会阻碍国际贸易的正常开展。近几年来，我国成为世界上接受反倾销调查最多的国家，成为“反倾销”的最大受害者。

（2）保护知识产权的立法。知识产权是智力成果的创造人或工商业标记的所有人依法享有的权利的统称。知识产权大致可分为版权和工业产权两种类型。版权即著作权，是指基于文学艺术和科学作品依法产生的权利。工业产权包括商标权和专利权等其他用于工业领域的财产权。知识产权的保护是国际经济交往的重要内容，国际上成立了专门的组织，签订了一系列公约对知识产权进行保护。近年来，品牌的价值已经被众多的企业所认同，对于从事国际市场营销的企业来说，对自己的商标进行保护不但关系到企业的产品，更关系到企业的形象和生死存亡。无论是商标权、专利权还是著作权，都属于无形财产，统称为知识产权。

① ppb：十亿分之一。

相关的国际公约包括《成立世界知识产权组织公约》（WIPO）和 WTO 的《与贸易有关的知识产权协定》（TRIPs）。两者保护的知识产权的范围虽然不完全相同，但两者通过签订合作协议，加强合作，最大限度地保护了知识产权。TRIPs 于 1995 年开始生效，对其成员提出了对七个方面的知识产权进行保护的最低要求，这七个方面的知识产权是：著作权与邻接权、商标权、地理标志权、工业品外观设计权、专利权、集成电路布线图设计权、未披露的信息专有权。

《保护工业产权巴黎公约》首次确立了国际工业保护的范围和总体框架。

《保护文学艺术作品伯尔尼公约》将作者的人身权利和财产权利共同纳入国际保护范畴。

《商标国际注册马德里协定》和《商标国际注册马德里协定有关议定书》是关于商标国际注册的国际性协定，为商标境外注册提供途径和依据。

在国际市场营销活动中，知识产权保护不仅仅是企业的事情，还与国家管理机关有关，更需要国家之间的合作。只有国家之间进一步合作，加大全球范围内知识产权的保护力度，才能更好地创造良好的国际法律环境，才能真正保护知识产权，维护权利人的利益。

2. 目标市场国的国内法律环境

虽然有针对国家之间或其他实体之间交往的国际规则，但国际市场营销活动归根到底要深入某一个国家或地区，而由于历史、地理和文化等原因，各国的法律并不相同。世界上有四大法系：普通法系、成文法系、伊斯兰法系和马克思社会主义法系。

普通法系，又称英美法系，主要见于英国、美国、加拿大、澳大利亚等国家。普通法系非常重视程序法的内容。如果企业参与普通法系的国家的诉讼，除了需要了解实体法的内容，更要了解程序法的内容。

成文法系，又称大陆法系，从古代的罗马法发展而来。德国、法国、日本是大陆法系国家的典型代表。成文法系的基本特点是以确定法典为主要法律渊源。

以上两种法系的差别是显而易见的。例如，在确定公司的国籍时，不同法系的国家采用不同的标准。普通法系的国家认定公司的国籍一般采用成立地说，即以公司注册登记的国家为公司的国籍；而成文法系的国家则采用住所地说，即以公司实际运营的和管理所在的国家为该公司的国籍。

伊斯兰法系的国家主要是信奉伊斯兰教的国家。其法律和宗教戒律有很多相同之处，涉及生活的方方面面。例如，伊斯兰教的戒律中有禁止饮酒和赌博的规定，这些规定同样是法律。在多数信奉伊斯兰教的国家，酒的交易是被严格禁止的。企业在进入伊斯兰法系的国家之前，宗教戒律是必须了解的内容。

马克思社会主义法系就是通常所说的社会主义法系，因法律体系的制定遵守马克思主义理论而得名。苏联解体之后，我国成为世界上最大的社会主义国家。我国提出“建设有中国特色的社会主义”和“依法治国”的主张，积极立法，以适应不断发展的国际形势。

国际市场营销人员有必要在了解最基本的法律问题的基础上，进一步了解各国法律的差异。以营销组合为例，目标市场国的法律对营销组合影响很大。首先是产品，各国对产品的质量、包装都有不同的规定。与此相关的法律就有消费者权益保护方面的法律、产品质量法等。其次是定价，各国都制定有相应的价格法以调控价格。例如，我国对石油、水、电等关系国计民生的重要物资都实行价格调控。再次是分销，很多国家对产品销售的方式进行控制，有些国家禁止上门推销。我国也有禁止传销的法律规定。最后是促销，各国的广告法就是典型的对促销有影响的法律。例如，我国的广告法就禁止发布烟草广告；美国法律禁止广告中使用比较级的词。

2.2.2 国际市场营销争端及解决方式

国际商业活动错综复杂，难免发生争议。国际市场营销争端的解决方式主要有协商、调解、仲裁和诉讼。

1. 协商

协商指国际市场营销争端的当事人或其代理人通过直接的友好谈判，对所发生的争端达成一致意见，从而使争端得到解决的一种方式。协商解决国际市场营销争端具有明显的优势，首先，可以保持和增进争议双方的友谊，有利于双方今后的业务往来。其次，可以使问题得到较快的解决。再次，可以节省费用。最后，有利于协议的执行。

2. 调解

调解指国际市场营销争端的当事人在第三者的主持下，通过谈判、对话，对所发生的争端达成一致意见的一种解决争端的方式。调解的主要特点是由第三方充当争议双方的调解人，主持双方的谈判。调解的一般做法是由第三方首先分别征求双方当事人对争端的意见，然后根据双方的意见提出一个或若干个解决问题的方案供当事人选择，在双方意见趋于一致的情况下，召集当事人达成协议。国际市场营销争端的调解可以分为民间调解、官方调解、仲裁机构调解和司法调解。民间调解一般由律师机构、商会以及其他民间组织或争议双方一致信赖的某个人或机构充当调解人。官方调解由政府机构充当调解人。而司法调解则由法院在审理案件过程中进行调解。采取官方调解、仲裁机构调解和司法调解时要注意，一旦通过调解达成协议，即具有法律效力。如果未达到实施期限当事人即予以推翻，其协议在仲裁或判决时也会被认真考虑。

3. 仲裁

国际市场营销活动中的仲裁称为国际经济仲裁或国际商事仲裁，指双方当事人在争端发生前或发生后达成协议，自愿把他们之间的争端交给双方都同意的、具有仲裁权的第三者裁决，其结果对双方当事人都有约束力的一种解决争端的方式。仲裁的优点是程序简便，费用较少，处理及时，气氛也较好，而且具有一定的法律效果。国际上主要的常设仲裁机构有国际商会仲裁院、解决投资争端国际中心、斯德哥尔摩商会仲裁院、苏黎世商会仲裁院、美国仲裁协会、伦敦仲裁院。中国国际贸易促进委员会也有常设的国际贸易仲裁院，受理外贸和海事仲裁案件。

4. 诉讼

国际市场营销争端的当事人以诉讼方式解决争端必须按照法院所在国家法律规定的程序进行。当事人起诉后，法院在审查当事人的基本诉讼资格后，按照管辖地原则决定受理或不受理。采取诉讼方式解决争端的优点是法律约束力强，而且当其他手段都不能解决问题时，可以作为最后的解决手段。缺点是诉讼的时间较长，费用也比较高。

这里有几个重要的问题需要考虑：

（1）法庭和法律的选择问题。国内法律只适用于一国之内。如果涉及国际营销，那么就面临如何选择合适的法庭和合适的法律的问题。没有一项国际法适用于国际营销，而且也没有一个法庭能够执行这样的法律。海牙国际法院只能敦促有关国家出庭，如果这些国家拒绝出庭，那它也毫无办法。当两个不同国家的当事人发生商务争端时，最重要的问题是要明确诉诸哪种法律。如果交易双方没有对仲裁事项有共同协议，一旦发生纠纷，国际市场营销人员就将面临两种选择：以签订合同所在地的法律为依据，或者以合同履行所在地的法律为依据。一般来说，如果合同中没有写明以何地法律为依据，多以签订合同所在地的法律为依据。为了降低不确定性，避免不必要的矛盾，国际市场营销者在签订合同时应该写明裁决方式。发生争端，双方可以通过友好协商解决，如果协商解决不了，一方必须诉诸更坚决的行动，很多国际商人宁愿通过仲裁解决，也不愿采取诉讼方式。

（2）诉讼问题。有很多原因使企业不愿在法院打官司，这除了花费大、拖延时间长和使事件恶化外，还有以下一些原因：①害怕产生不好的名声，以致影响公共关系；②害怕受到外国法院的不公正待遇；③害怕泄密。

企业在发生国际商务争端时往往愿意通过协调、调解和仲裁等方式解决问题。协商和调解是争端双方达成妥协的非正式方式。如果这两种方式都失败了，那么就需要仲裁或诉讼等激烈的手段。如上所述，诉讼存在种种不利之处，因此，在国际商务中广泛使用的是仲裁。

（3）仲裁问题。仲裁一般可以避免诉讼的缺点，裁决快、费用少，而且由于仲裁过程隐蔽并且不存在敌意，所以对商誉没有破坏性影响。由于仲裁具有调解的特点，所以国际商务争端中大约有三分之一的案件在裁决之前就通过当事人直接对话解决了。由于仲裁者不以法官身份出现并且经验丰富，所以仲裁结果比较公正，也易于被当事人接受。仲裁期间，允许当事双方一面争议一面继续做生意，所以避免了更大的损失。仲裁的依据不是法律条文，而是事实，争端双方也因此不必诉诸对方国家的法庭。正因如此，仲裁在解决国际商务争端中的作用越来越大，甚至在斯德哥尔摩还成立了解决东西方贸易争端的仲裁机关。

随着采取仲裁方式的国家越来越多，仲裁已树立了能执行法庭裁决的形象。例如，1974 年美国联邦最高法院决定支持仲裁的裁决权力。该法院称，争端双方必须服从仲裁的结果，不得将案件随意上诉至美国法庭。其他国家对国际商务争端大都倾向于采取仲裁的方式解决。

仲裁的程序简单、直接。如果国际企业希望一旦发生争端通过仲裁解决，那么只需要在合同中注明仲裁条款即可。仲裁的优点使它已成为解决商务争端广受欢迎的方式。20 世纪 80 年代中期以来，国际仲裁有了新的发展，主要表现在两个方面：第一，联合国国际贸易法委员会（UNCITRAL）系统地阐述了关于仲裁的典型法案。这一法案依据的是各国情况，综合了各国的仲裁规则，从而形成了一种统一的国际标准。第二，受理仲裁案件的机构数量有了增加。巴黎国际商会是世界主要的仲裁机构，但是近年来，纽约、伦敦、日内瓦、斯德哥尔摩、百慕大、香港、吉隆坡等城市的仲裁庭也越来越重要。世界银行国际投资争端解决中心（ICSID）也是重要的仲裁机构，特别是当政府成为商务争端方时，它的作用尤其突出。我国国际经济贸易仲裁委员会自 1954 年成立以来，受理过不少案件，积累了不少经验，逐步得到国际的信任，是我国企业依赖的主要仲裁机构。虽然仲裁不是包治百病的灵丹妙药，但是不管怎么说，仲裁仍是解决商务争端的最佳选择，据国际商会称，其裁决只有 8% 存在异议或得不到执行。

本章小结

国际市场营销的政治环境极其复杂，既包括国际政治环境，又包括目标市场国的国内政治环境。政治环境对国际市场营销的影响主要表现在进入风险、经营风险、转移风险等方面。如何预测、规避及减少政治风险，对从事国际市场营销的企业来说尤其重要。树立良好的企业形象、与目标市场国政府的互利合作是有效地规避及减少政治风险的方式。

法律环境包括国际法律环境和目标市场国国内法律环境。国际法律环境包括各种国际条约，目标市场国国内法律环境包括该国内部的各种法律、法规。世界上的法系大体分为普通法系、成文法系、伊斯兰法系和马克思社会主义法系。不同法系的法律有不同的规定，了解不同法系之间的差异对从事国际市场营销的企业来说尤为重要。如果在国际市场营销中出现了争端，企业可以通过协商、调解、仲裁或以司法的途径解决。

案例分析

苹果在巴西几近失去“iPhone”商标权

因巴西电子制造商 IGB Electronica 已拥有 iPhone 商标权，巴西专利监管部门于 2013 年拒绝了苹果公司的商标注册申请。这对于苹果公司意味着可能会在巴西这个增长迅猛的智能手机市场，面临成本高昂的法律纠纷。

IGB Electronica 多年前年前申请了 iPhone 商标。IGB Electronica 更为人熟知的是该公司的品牌名称 Gradiente。巴西国家工业产权机构称，苹果公司已经对这一情况提出异议，认为 IGB Electronica 没有在 5 年的窗口期内使用 iPhone 这一商标，因此不符合巴西公司商标法的有关规定。

巴西国家工业产权机构评估了苹果公司的异议申请。IGB Electronica 必须在 60 天内证明该公司的确使用了 iPhone 品牌。与此同时，巴西国家工业产权机构已经将软件开发和服装等领域的 iPhone 商标授权给苹果公司使用。

倘若巴西国家工业产权机构在 60 天内驳回苹果公司的申请，这家美国电子巨头或许不会立刻在巴西停售 iPhone，但却可能会面临知识产权诉讼。法律专家表示，这意味着解决纠纷的成本高昂，而且可能耗费数年时间。

IGB Electronica 早在 2000 年就申请了 iPhone 注册商标，比苹果公司提交申请并发布热销智能手机早了 6 年。IGB Electronica 于 2008 年 1 月获得了这一商标。

按照当地法律的规定，只要该公司在获得商标权后的 5 年内生产一款用 iPhone 命名的产品，便可以在 2018 年前独家使用该商标。但该公司似乎直到 2012 年 12 月才推出了一款符合要求的产品，此时距离最后期限只有几个星期。IGB Electronica 当时推出了一款名为 iPhone Neo One 的智能手机。

据悉，iPhone Neo One 只能通过该公司的网站或是在圣保罗一家购物中心的店面购买。IGB Electronica 的 iPhone Neo One 采用谷歌安卓（Android）操作系统，售价为 304 美元，而 iPhone5 在巴西的最低售价高达 1 220 美元。

对于在巴西陷入的窘境，苹果公司有所预估，其曾在年报中警告称，随着公司的发展壮大，面临的知识产权诉讼也在不断增多，今后可能会继续增多。按照最坏的情况来考虑，无论侵权指控是否成立，该公司可能都要支付赔偿或版权费，或者有可能被迫在巴西停止其产品的推广和销售。

据法国媒体 2013 年 9 月 25 日报道，巴西法院裁定巴西科技公司 IGB Electronica 不再独自享有 iPhone 商标权，美国苹果公司也可以在巴西使用 iPhone 商标推出产品。法官在法庭上表示，两家公司在巴西都可以合法使用该商标。但法官同时指出，美国苹果手机 iPhone 是世界著名产品，客户是冲着苹果公司产品的效能和优点而购买 iPhone 手机的，如果允许 IGB Electronica 毫无限制地使用 iPhone 商标，对苹果公司是不公平的。

（资料来源：吴琳琳. 苹果在巴西或失去“iPhone”商标权［N］. 北京青年报，2013-02-15.）

讨论与分析：

1. 美国苹果公司在巴西陷入窘境的原因是什么？
2. 此案例对于企业拓展海外市场有何启示？

课后习题

一、单选题

1. 国际市场营销活动中可能遇到的最严重的政治风险是（　　）。
   A. 征用　　B. 国有化　　C. 没收　　D. 合营
2. 禁止用比较级的字眼，如“较好”“最佳”等广告语的国家是（　　）。
   A. 法国　　B. 英国　　C. 美国　　D. 德国
3. 国际商务纠纷的解决途径有（　　）。
   A. 调解、谈判和诉讼　　B. 调解、诉讼和仲裁
   C. 调解、谈判和仲裁　　D. 诉讼、审判和仲裁
4. （　　）是指政府将外国投资收归已有，但给予一定形式的补偿，对外国投资者来说并非自愿出售。
   A. 征用　　B. 没收
   C. 本国化　　D. 国有化
5. 能导致企业的经营利润和资本不能自由汇出或抽出的政治风险是（　　）。
   A. 出口管制　　B. 进口限制
   C. 外汇管制　　D. 税收管制
6. 为了防范政治风险，跨国企业通常采用当地化政策，下列企业行为不属于该策略的是（　　）。
   A. 有限招聘当地工人　　B. 赞助当地大型文化娱乐活动
   C. 利用当地资源生产　　D. 企业产品优先满足当地市场的需求
7. 协商、调解、仲裁共同的特点是（　　）。
   A. 都有第三方的参与　　B. 相对于诉讼，耗时长、费用高
   C. 有利于维持当事各方的友好关系　　D. 结果都具有法律效力

8. 关于国际法律，下列表述不正确的是（　　）。
   A. 国际法是国家之间的法律，用于调整国与国之间的关系
   B. 目前，没有适用于全球的大法，也没有适用于全球的商法
   C. 国际法是不能通过国家之间的协议或认可来制定的
   D. 国际法的执行只能通过相关国家单独或集体采取强制措施来保证
9. 下列说法正确的是（　　）。
   A. 国际上有国际立法机构，也有国际法的执行机构
   B. 国际上没有国际立法机构，但有国际法的执行机构
   C. 国际上有国际立法机构，但没有国际法的执行机构
   D. 国际上既没有国际立法机构，也没有国际法的执行机构
10. 政府在国际经济中的参与程度的主要影响因素是（　　）。
   A. 产业集中度　　B. 市场开放程度
   C. 政府权力大小　　D. 该国的国际地位

二、多选题

1. 国际市场营销中的政治风险主要包括（　　）。
   A. 国有化　　B. 没收　　C. 征用
   D. 税收管制　　E. 外汇管制
2. 下列属于普通法系的国家主要有（　　）。
   A. 美国　　B. 英国　　C. 法国
   D. 埃及　　E. 印度
3. 下列属于成文法系的国家主要有（　　）。
   A. 美国　　B. 德国　　C. 英国
   D. 日本　　E. 法国
4. 国际商务活动错综复杂，商务纠纷在所难免，一旦发生纠纷，解决方式主要有（　　）。
   A. 逃避　　B. 调解　　C. 诉讼
   D. 仲裁　　E. 战争
5. 国际市场营销的法律环境主要包括（　　）。
   A. 国际贸易惯例与条约　　B. 保护知识产权的立法
   C. 东道国的法律制度　　D. 保护公平竞争的立法
   E. 保护消费者利益的立法

三、名词解释

1. 政治风险
2. 价格管制
3. 外汇管制
4. 法律风险
5. 国际仲裁

第3章

国际市场营销的社会文化环境

★学习目标

1. 了解社会组织与社会责任的概念。
2. 了解文化的含义和特征，掌握文化的构成要素。
3. 了解文化分析、文化适应与文化变迁对企业国际市场营销活动的影响。
4. 了解文化差异对国际市场营销的影响。

在复杂多变的国际市场，文化差异直接影响着企业营销活动的开展，在国际市场营销活动中，文化的影响无处不在，企业必须重视对东道国文化环境的研究。本章主要介绍文化的含义及特点、文化的构成要素、文化适应、文化变迁等内容，并阐述文化差异对企业的国际市场营销产生的影响。此外，本章对社会环境也做了一些说明，阐述了社会组织的具体形式以及企业在国际市场营销中的社会责任和营销道德问题。

3.1 国际市场营销的社会环境

3.1.1 社会组织与市场营销

社会组织是指导人与人之间相互联系的方式，它确定了人们的社会角色与关系形态。最基本的社会组织形式是家庭亲属关系，还有共同区域中人们的社会联系、各种社会阶层和相关群体等。

1. 亲属关系

家庭是社会的基本单位，亲属关系是社会组织的最基本组成部分。家庭又有核心家庭和扩展家庭之分。核心家庭是指父母与未婚子女组成的家庭；而扩展家庭则是包括更多的直系乃至旁系亲属的家庭。研究家庭形式是因为许多产品是以家庭为单位来购买的，如洗衣机、电冰箱、淋浴器等。在核心家庭中，丈夫或妻子或是孩子对不同产品购买拥有不同的影响力。当代家庭规模普遍缩小，传统的大家庭日渐减少，在一些不发达国家中，家庭规模还是很大，如一些非洲国家的家庭多是几十口人在一起生活，这种家庭的成员之间因亲属关系而产生的联系比较紧密，对营销活动的影响较大。

2. 相关群体

由亲属关系再扩展开，就是各种类型的共同区域中的社会关系形成的相关群体。所谓相关群体也称参考群体，是指能够直接或间接影响消费者购买行为的个人或集体。

相关群体有三种形式：一是主要群体，包括家庭成员、亲朋好友和同窗同事。主要团体对消费者的购买行为产生直接和主要的影响。二是次要群体，即消费者所参加的工会、职业协会等社会团体和业余组织。这些群体对消费者购买行为产生间接的影响。三是期望群体，通常是由对某个名人、影星、歌星或球星的崇拜所形成的群体，消费者虽不属于这一群体，但这一群体成员的态度、行为对消费者有很大影响。相关群体对消费者购买不同商品的影响是有区别的。一般来说，消费者购买引人注目的产品（如汽车、服装等）受相关群体的影响较大，而购买使用时不太引人注意的产品，如洗衣粉等，则不受相关群体的影响。

相关群体对消费者行为的影响表现在三个方面：一是示范性，即相关群体的消费行为和生活方式为消费者提供了可供选择的模式。二是仿效性，相关群体的消费行为引起人们仿效的欲望，影响人们对商品的选择。三是一致性，即由仿效而使消费行为趋于一致。相关群体对购买行为的影响程度视商品类型而定。

不同国家的消费者往往都有相关群体，国际市场营销者应当了解和分析相关群体的特点，有针对性地开展营销活动。

3. 社会阶层

每个国家的全体居民均分为若干社会阶层，社会阶层的划分总是与经济收入相联系的，经济收入不同，形成的市场购买力也不一样。同一阶层的个人收入相仿，也具有相似的购买力，各个阶层对市场上各种商品的需求虽有变化，但总体上是稳定的。因此，社会阶层是市场细分的重要依据之一。例如，北欧各国，人均收入普遍较高，社会福利也较多，分配比较平均，阶层划分就不大明显。但是，多数国家包括美国这样的发达资本主义国家及更多的不发达国家，其阶层划分、贫富差距还是很明显的。国际市场营销者应分析社会阶层状况，以制定合理的营销策略。

美国的社会学者从市场需求和购买行为的角度，对美国的社会阶层做了代表性分析，这种分析对国际市场营销者来说很有启发。他们认为，美国的社会阶层可分为六个，其需求特点和购买行为各不相同。比如，上上阶层主要是大富豪、大商人、大企业家或金融家、高级职员，不足总人数的1%。中下阶层主要是小店主、公务员、教师、技师、企业职员、警察、邮政人员及一部分蓝领，是美国的第二大阶层。下下阶层主要是蓝领工人、手工业者、商业职员等，是美国第一大阶层。不同社会阶层的人，购买动机和购买行为有很大区别，国际市场营销者必须针对不同社会阶层的需求制定不同的营销策略。以上关于社会阶层与购物倾向的分析，适用于一部分商品和服务，而一般生活用品，如普通食品、卫生用品等，社会阶层之间的区别则不太大。

社会学认为，一个社会集团的力量强弱并不取决于人数的多少，而取决于其组织程度。显然，和社会其他群体相比，农民是组织化程度最低的一群人，因此，在社会博弈中，他们总处于失语状态并一再成为利益的牺牲者；而在政治参与程度方面，远低于他们在总人口中的比例，农民地位的边缘化对农民的权利维护无疑不利。要消除这种城乡差距，在经济层面上，“调整国民收入分配格局”“以工业反哺农业、以城市支持农村”固然非常重要，但从公民权利层面着手，弥合消费差距背后的权利差距则更为根本，也更为关键。

3.1.2　社会责任与营销道德

企业社会责任观念起源于美国，并于20世纪30年代在学术界形成了企业社会责任思想。斯蒂芬·P·罗宾斯的《管理学》把社会责任定义为“一种工商企业追求有利于社会的长远目标的义务，而不是法律和经济所要求的义务”。所谓企业社会责任，是指企业在创造利润、对股东负责的同时，还应承担起对劳动者、消费者、环境、社区等利益相关者的责任，实现企业与相关区域的统筹、协调发展，企业与社会的和谐、可持续发展，企业利益和社会发展的双赢。

从伦理学的角度分析，在市场营销中，当前企业主要存在五种不道德行为：贿赂、强制、欺骗、窃取、歧视。这些不道德行为产生的原因首先是行为人不顾他人权益的自利动机；其次是信息不对称（易产生“逆向选择”和“道德风险”）；最后是垄断的存在。

在国际市场营销中，企业作为现代社会的重要组成部分，具有经济和伦理的“双重属性”。企业不仅是作为经济实体的“经济人”，也是作为伦理实体的“道德人”。企业承担社会责任、遵守伦理规范并不排斥企业追求正当的经济效益，一个真正对社会负责任的企业既要追求利润，又应遵守法律、重视伦理。企业社会责任和伦理是企业立足于社会的根本，企业的第一目标是生存，其次才能考虑利润。

对血汗工资制度的揭露和抵制运动在全球开展已经有很长的历史了，然而，恶劣的工作环境、严重的超时加班、普遍的欠薪事件、对雇员职业健康和工作场所安全问题的漠视之类的社会责任缺失却总是不乏其例。

现代企业主们对“企业社会责任”的理解不尽相同：有的把实践企业社会责任当成是经营活动中的点缀；有的把企业社会责任理解为捐款、做善事；有的认为企业社会责任的价值在于提升品牌的知名度、美誉度；有的把对企业社会责任的认识上升到“社会营销”的层面，认为是提升企业竞争力的一部分。不管怎样的认识，都有它的社会文化背景，因而对于同一种现象，不同的人看法却不相同。一些跨国公司不约而同地将在中国开展的公益事业锁定在三个领域：儿童教育、环保、体育事业。柯达、可口可乐、诺基亚、安利等公司都有对自身社会责任的战略定位，2006年10月15日，由万科、招商银行、IBM等13家国内外知名企业和媒体共同发起的中国企业社会责任同盟在北京大学宣告成立。中国企业的社会责任实践从此摆脱了“无组织、无纪律”的状态，迈向了更高的境界。马云说过：“财富的本意是帮助别人赚钱。”这正是企业家社会责任的体现，企业家的社会责任不同于他们的社会响应，也更不同于法律规定的企业家的社会义务。

3.2 国际市场营销的文化环境

3.2.1 文化的含义及特征

1. 文化的含义

荷兰管理学教授杰尔特·霍夫斯泰德把文化称作“大脑的软件”，认为文化是人类思想和行动的指南，是解决问题的工具。被称为“人类学之父”的爱德华·伯内特·泰勒于1971年在其代表作《原始文化》中给文化下的定义是：“文化是一个复合的整体，其中包括知识、信仰、艺术、道德、法律、风俗以及作为社会成员而获得的其他方面的能力和习惯。”罗伯克·西蒙兹于1989年给文化下的定义是：“文化是指一个社会规定人的行动的社会规范及式样的总的体系。”

文化有广义和狭义之分。广义的文化是指人类在社会历史实践过程中创造的物质财富和精神财富的总和。狭义的文化是指社会的意识形态以及与之相适应的礼仪制度、组织结构、行为方式等物化的精神。说到底，文化就是人类的全部知识和习俗的总和，既包括精神的内容，也包括物质的内容。总之，除了政治、经济以外的一切东西，都可归入社会文化的范畴。文化是人们行为的基准和规范，文化促使社会绝大多数成员通过某种过程而共同拥有它，团队共同的文化会形成组织的共同愿景。

2. 文化的特征

（1）文化是通过后天学习获得的。文化不像人的肤色、头发等是与生俱来的，而是通过后天学习获得的。

（2）文化具有可继承性。文化是在长期历史发展过程中形成的，并保留在一个民族的现实生活中。其形成过程说明文化具有继承性。没有文化的继承，就没有文化的积累。

（3）文化具有一定的强制性和约束力。文化的强制性通常是要与文化要求的行为和思维模式保持一致，一旦相互抵触，这种强制性就会体现出来。法国社会学家埃米尔·杜尔干曾说：“没有人强迫我与本国人讲法语，但我却不可能有其他的选择，否则只会以悲惨的失败告终。”正是文化的强制性，约束着不同国家和民族文化能够在较长时期内保持相对的独立性和差异性。

（4）文化是不断变迁的。文化虽具有一定的约束力和强制性，保持着自身的特征，但是，不同国家和民族的文化特征，都在潜移默化中发生着变化。特别是20世纪物质文化的发展使得国家之间、地区之间的信息沟通和贸易往来、文化交流不断加强，促进了不同文化之间的渗透和借用，文化的趋同性日益凸显。例如，西装在世界许多国家的商务活动中成为标准服装；代表美国快餐的麦当劳、肯德基在世界许多国家得到了青少年群体的青睐；不管是美国、德国还是日本、中国，青年人对牛仔装的喜好程度相差不大。

3.2.2　文化的构成要素

文化是一个有着丰富内涵的结构体系，其中包括许多相互联系、相互制约的基本要素。从组织的角度来看，美国学者彼得斯和沃特曼认为有七个基本要素：战略、结构、体制、人员、技能、行为方式、共同价值观。其中，前三个是文化中的硬件要素，后四个是软件要素。

从结构层次上可以把文化分为表层文化、中层文化及深层文化，而从表现形态上可以把文化分为物化文化、管理文化、制度文化、生活文化、观念文化。这些多种多样的文化，由以下八个要素构成：精神、观念、价值观、道德、伦理、素质、行为、制度。

从知识层面上可以把文化分为两类：一类是关于某一文化的事实知识，这种知识较为明显，如各国的图腾文化、各民族的风土人情等；另一类是解释性知识，即全面地欣赏、理解、诠释不同文化特征间细微差异的能力，如时间观、人生感悟、价值观等。因此，要想高效地去营销，必须深入了解这两类文化。

综合以上的不同分类，在国际市场营销中可以根据以下文化要素进行分析。

1. 物质文化

物质文化是指人类创造的物质产品，包括生产工具和劳动对象，以及创造物质产品的技术。它与社会组织和社会经济活动紧密相连，物质文化不是所有物质形态的单纯存在或组合，自然状态下存在的物质，不属于物质文化的范畴。物质文化是人类发明创造的技术和物质产品的现实存在和组合，不同物质文化状况反映不同的经济发展阶段以及人类物质文明的发展水平。原始森林不属于物质文化的组成部分，人类营造的防护林体系则属于物质文化范畴。物质文化不单单指“物质”，更重要的是强调一种文化或文明状态。

物质文化决定人们的生活方式。“鸡犬之声相闻，老死不相往来”的生活方式是由较低的物质文化水平决定的。物质文化环境对国际市场营销的影响是多方面的。例如，在广告促销方面，东道国传播媒介的方式和完善程度，直接影响促销方式和效果。家用电器在发达国家销路很好，但在电力缺乏的国家则购者寥寥。

2. 语言

语言是反映社会文化的一面镜子，在国际市场营销过程中，要与顾客、中间商、供应商、雇员、政府官员进行沟通，作为一个成功的国际市场营销者，必须能灵活使用当地的语言。其重要性不仅体现在意思表达上，更重要的是体现一种亲切感。对于外国营销者来说，所有必须学习的文化要素中，语言也许是最难掌握的。例如，对商标和广告语言的粗心翻译不仅会词不达意，而且可能表达相反的意思：“White Elephant Au”，本意想表示白象牌汽车配件，但“White Elephant”是“无用而累赘”之意；“Pansy Men’s Clothing”，本意想表示“紫罗兰男装”，但在俗语中“Pansy”有“同性恋者”之意；还有，“百事可乐”的广告词“‘百事可乐’使你精神振奋”译成德语时却成了“从坟墓里活跃起来”。因此，通晓当地语言还应谋求在国外环境中的本国人的帮助，这是国际市场营销取得成功的细节因素，切不可马虎。

语言除了口头表达方式之外，还有肢体表达方式，如体态、手势、面部表情等。在不同的文化环境中，非语言表达出来的意思及内容会有差异，例如，在一般情况下，点头表示肯定的意思，而摇头表示否定的意思，但在北欧左右摇摆则表示肯定的意思。还有触摸鼻子的手势在英国表示“小心”的意思，而在意大利表示“正在受骗”的意思。“OK”的手势在法国通常表示“正在做徒劳的事情”，而在希腊则表示与性行为有关的意思。因此，国际市场营销者不仅要了解东道国的语言表达的真正含义，还要了解非语言沟通手段，即手势和面部表情所代表的真正含义。

语言表达的不一定是说话者原本的意思，其有很复杂的文化背景，如话只说七分，有城府，善于倾听，这就是中国人的典型文化。“道可道，非常道。名可名，非常名。”而在文化背景相对简单的国家，话只说七分会被认为是“不诚实”的表现。

3. 美学

美学，即关于美和审美体验的观念，是文化的重要组成部分。“美”包括各类文学艺术中的不同表现形式，如音乐美、绘画美、雕塑美、形体美、舞蹈美、戏剧艺术美、文学形象美等；审美是人们对各种事物的美的体验，如对色彩、设计等的美感欣赏。不同国家和地区，不同阶层、性别、趣味的人有不同的审美观。美学的内容是非常丰富的，这里只讨论对国际市场营销较有影响的几个问题。

（1）设计。国际市场营销过程涉及产品、包装及有关建筑设施等的设计。国际市场营销者必须了解目标市场国人们的审美倾向，切不可以本国人的审美观臆测，若把本国人认为美而当地人不认为美的设计运用到向该目标市场国出售的产品及包装上，必然导致营销活动的失败，甚至伤害当地人的感情，使自己的产品很难进入该国市场。比如，历史上一些西方传教士在东方国家所做的建筑设计，因不了解也不尊重当地文化和审美情趣，而遭到谴责。在许多地方，西方人建造的教堂不受欢迎，教堂被看作西方文化侵略的象征。

在美学领域，虽有某些国际性或普遍性的审美观，但在不同国家和民族中，不同性别、不同阶层、不同宗教信仰的人，又都有自己独特的审美标准、方法和习惯。以时装为例，审美观的地域性、民族性、传统性就很明显，如日本时装既有古典传统又善于标新立异，美国时装色彩变化大、花枝招展、鲜艳照人。所以做服装国际营销的人必须深入了解和研究文化，在设计上要适合各国各地区的特点，才会有好的营销成果，同时还要考虑到多种因素带来的人们审美观的变化。

人们审美观不同，消费行为也会表现出不同，审美观受多种因素的影响，如各个国家或地区的风土人情、信仰不同导致审美有差异，个人的经历等也在不同程度上影响着审美观。

（2）色彩。色彩是人的视觉感受，色彩的审美在不同国家、不同民族之间有相同之处，也有不同之处。例如，西方人多用黑色表示哀悼，东方人用白色作为丧服的主色；西方人结婚，新娘要穿白色婚纱，东方人却以红色作为喜庆的主色调。人们对不同的色彩赋予了不同的意义和感情象征。这种对色彩的审美倾向，与国际市场营销，特别是商品及其包装的颜色选择关系极大，若选了不合适的产品或包装色彩，可能会失去许多买主，而如果变换一下色彩，就能打开销路。

不同的色彩偏好会产生不同的消费行为，这就要求营销者依据不同地区的“色彩”文化来灵活地进行产品和服务的销售，尤其要注意避免进入误区。

（3）音乐。音乐美是美学感受的一种形式，不同国家、不同民族的音乐体现了不同的文化。因此，国际市场营销者也要对不同国家的人民对音乐的偏好，以及这些偏好对营销活动的影响进行分析和研究。国际市场营销者不必是音乐家，但要在目标市场国推销商品、进行广告宣传，在选择背景音乐时，一定要慎重，应多听有关专家和各方面代表人物的意见。一般来说，选用当地人熟悉的音乐做广告，会起到较好的效果，因为人们总是乐于接受“乡音”。也可以适当采用一些异国风情的曲调，这些曲调可能会激起消费者的冲动性购买，从而收到良好的效果。

总之，目标市场国的美学观念深刻影响着国际市场营销活动的成效，所以，必须深入了解和研究有关的一系列美学问题，并在制定营销方案的各个细节和各个方面予以充分考虑。

4. 教育

教育包括正式教育和非正式教育两种形式。正式教育是指在学校受到的教育，非正式教育包括在家庭或社会所受到的教育。社会教育水平的高低与消费结构、购买行为有着密切的关系。一般来说，受教育程度高的消费者对于新产品的鉴别能力较强，购买时的理性程度也较高，容易接受文字宣传的影响，受教育程度低的消费者则相反。

由于所受教育不同，人们的消费观念和消费模式会有很大差异。例如，中国传统教育中有许多崇尚节俭的内容，接受这种教育的人们在消费模式上就会比较节俭。受过现代科技教育的人，一般能很容易且很快地接受新技术、新产品；在人均收入水平相仿的国家，往往由于教育水平的差异，教育的内容、结构和侧重点的不同，形成不同的消费模式。

国际市场营销者进行营销不仅应了解和适应东道国的教育特征，还应当充当“教育者”的角色，即通过营销活动，特别是新产品、新技术的推广，来促进东道国教育水平、技术水平、审美观念和现代化意识的提高。

5. 宗教

宗教是文化中最为敏感的因素，宗教对一个国家的经济发展、市场状况都有深刻的影响，营销人员必须了解不同国家和地区的主要宗教形式及其特点。世界有三大宗教：基督教、伊斯兰教和佛教。

基督教：基督教约有10亿信徒，主要包括天主教和新教，新教对经济的影响更为重要。

伊斯兰教：伊斯兰教约有7.5亿信徒，伊斯兰教的信徒被称作穆斯林。伊斯兰教告诫持有财产的人运用财产时要正当、节俭和符合社会利益。此外，伊斯兰教还强调履行合同义务、遵守诺言和不说谎话的重要性。

佛教：公元前600年，印度王子乔达摩·悉达多在印度创立佛教。目前，佛教约有2.5亿信徒，其中大部分分布在中亚和东南亚、中国、韩国和日本。按佛教的教义，人生充满苦难，苦难无处不在，苦难来源于人们享乐的欲望。

宗教对国际市场营销活动的效果起着很重要的作用。

第一，宗教节日。各种不同的宗教都有自己的宗教节日。例如，圣诞节、复活节、开斋节、宰牲节、逾越节等。在基督教国家，由于在圣诞节有互相交换礼物的风俗习惯，因此，一般情况下中间商的年销售额中约三分之一是在这一期间实现的。

第二，宗教禁忌。不同的宗教往往有自己的清规戒律。

第三，宗教机构。宗教机构对市场营销也有很深刻的影响。例如，如果宗教机构认为一种产品或技术对人们的宗教信仰产生威胁时，就会利用教权压制这种产品或技术的传播和推广。相反，如果宗教机构认为某种产品或技术对其有利时，则会鼓励信徒购买。

第四，宗教派别。每一个国家或地区都存在着不同的宗教和派别，不同的宗教和派别对市场有不同的需求。例如，印度有些邦既有印度教徒，又有穆斯林，食品营销商必须有区别地开展营销活动。

第五，宗教习俗。利用不同宗教的习俗，以及由此引起的对某些商品的特殊需要，可以创造某种绝好的营销机会和市场。例如，日本精工手表公司推出自动鸣叫并可在任何地区指示圣地麦加方向的手表，受到了伊斯兰教国家和地区的消费者的欢迎。

6. 价值观和生活方式

（1）价值观。价值观是个人或集体追求的一种愿景，也是个人或集体追求的目标。价值观可分为集体主义价值观和个人主义价值观。国际市场营销者在制定营销战略时，必须考虑到由文化价值观引起的不同消费群体的购买行为差异。

（2）生活方式。人们的生活方式具体表现为活动（Activities）、兴趣（Interests）、观点（Opinion），即 AIO。同一个文化圈、同一个社会阶层、同一个职业的人们，所具有的生活方式也有差异。不同生活方式的消费群体往往对商品的选择是不同的。

3.2.3 文化差异对国际市场营销的影响

不同的国家、民族、地区具有各自的社会文化特征，文化对国际市场营销具有重要影响。

1. 文化渗透在国际市场营销活动的各个方面

在国际市场营销活动中，产品要根据各国文化特点与要求设计，价格要根据各国消费者不同的价值观念及支付能力确定，分销渠道要根据各国不同文化与习惯选择，促销广告要根据各国文化特点设计。

2. 文化影响消费者的价值观念和消费行为

受不同文化的影响，不同国家或地区的消费者的生活方式和消费习惯具有较大的差异。如在饮食、服饰、居住、婚丧、信仰和节日等方面存在差异，对图案、颜色、数字和动植物等有不同的喜好等。

3. 文化影响一个国家的商业习惯

一个国家的商业习惯与该国的文化是密切相关的，商业习惯也是文化环境的组成部分。国际市场营销活动离不开与东道国商务人员打交道，这就要求国际市场营销人员一要懂得不同国家的文化与商务习惯，二要及时适应东道国的商业习惯。

3.2.4 文化分析、文化适应与文化变迁

1. 文化分析

美国著名的营销专家菲利普·卡特奥拉认为，从事国际市场营销的人员应该具备市场文化的两种知识：事实性文化知识和领悟性文化知识。事实性文化知识是关于某一特定文化的事实，这些知识基本上可以通过观察、阅读有关书籍、与该文化群体的某些成员交谈等方式来获得。领悟性文化知识，即理解不同文化特征之间差别的能力。获得领悟性文化知识比事实性知识更难，领悟性文化知识只有通过较长时间的体验才能获得。一个成功的国际市场营

销人员必须对文化的差异非常敏感，必须具有分析本国文化与他国文化差别的能力，以便能客观地看待、评价和认识他国文化。欧洲独立经营者协会曾以“未来型经理应该具备哪些素质”为题进行过调查，调查结果显示，其中一个必备的素质就是“对异国他乡文化的敏感性”。这就是说，认识文化差异对于国际市场营销至关重要。认识文化差异可以建立在文化分析的基础上，换句话说，文化分析有利于国际市场营销者更好地认识文化差异。

概括起来，对文化差异的分析存在三种不同的观念：第一种是民族中心观念，即认为本国文化价值具有优越性，国内畅销的产品或服务在国际市场同样受欢迎。许多美国公司就有这种民族中心观念。第二种是民族同化观念，即认为本国文化价值观可以得到其他文化的认同与接受，国内畅销的产品或服务经过企业的营销努力也可在国外市场打开销路。第三种是东道国中心观念，即认为不同民族文化存在明显差异，国内畅销的产品或服务难以保证在国外市场获得成功。这三种观念会对国际市场营销战略造成影响，由此也会带来不同的营销效果。通常由第一种观念主导的企业更倾向于在国外市场推行文化渗透战略，如可口可乐公司；而由第三种观念主导的企业则倾向于推行文化适应战略；由第二种观念主导的企业介于二者之间。这三种观念很难说谁好谁坏，必须视具体的营销环境而定。但是总的来说，文化分析要尽量克制文化优越感，不能认为自己的文化比其他文化都优越，否则容易故步自封。要注意减少文化优越感对经营决策的影响。

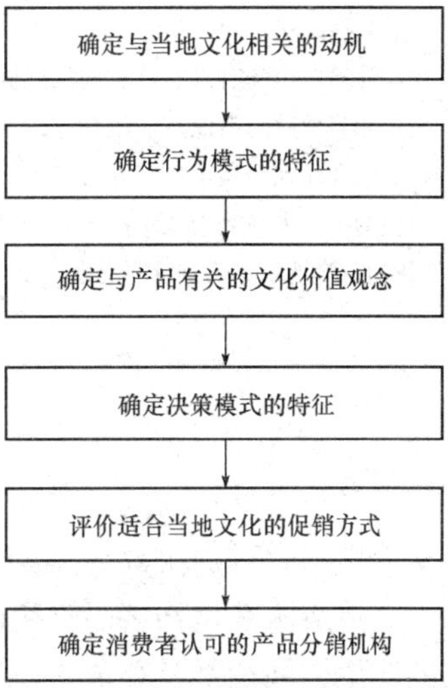

图 3-1　消费者行为跨文化分析纲要

从国际市场营销的角度来评估文化差异，往往着重于对消费者的态度、动机、信念和行为的分析。恩格尔等人提出的消费者行为跨文化分析纲要分为六个方面。从图 3-1 中可以看出，恩格尔的消费者行为跨文化分析纲要试图将文化特征和营销决策结合起来，他认为仅了解当地文化的价值观是不够的，应当分析企业产品或服务是否与当地文化的价值观念发生直接或间接的冲突。对广告构思、主题、内容或表现手法等方面的评估，是要确定其在当地文化环境中的可行性。

对文化差异信息的收集，可以借助长期观察和现场考察两种方式。长期观察就是要求营销人员长期生活在目标市场特定的文化环境中，目的是深入了解当地的文化特征和生活模式。长期观察有利于获得领悟性文化知识。现场考察就是要求营销人员利用目标市场来搜集与当地文化有关的特定信息。这种方法对于收集事实性文化知识效果较好。通常来说，长期观察对于全面深入了解当地文化是有利的，但在实践中往往行不通。因此，对文化差异的分析更多的是通过现场考察这一途径来完成的。为了更好地发挥现场考察的作用，在考察之前准备一些分析工具是有必要的。表 3-1 是一份文化分析清单，跨国企业通过对这份清单的回答，可以更清晰地确定从事国际市场营销或在目标市场国从事国际市场营销是否是一项可行的事业选择。如果你对所有的问题都回答“是”，那么说明你跨越了第一道也是最基本的商业障碍。如果你对不止一个问题回答“不”，那么你得慎重考虑是否应该立即开展跨国营销这个问题。

文化分析能够为营销组合提供指南。文化因素影响促销方式的选择。一般来说，在高度个性化以及权力距离小的市场，促销吸引力应当面向个人，促销中的模式也应当是非正式的和友好的。而在低度个性化的市场，促销的重点则应放在新产品的社会可接受性方面。当然，在低度个性化市场营销有时可利用全球的或者国外的文化特色，包括个性化文化特色。文化因素也会影响渠道选择。在强调个性化的社会，企业倾向于根据客观标准选择渠道合伙人，而在不强调个性化的社会，企业更喜欢与那些可成为自己朋友的渠道商打交道。德国公司在谈判时可能希望对方考虑周全、系统和做好充分准备，但这样却很教条，因此缺乏柔性和妥协性，他们太强调效率。在墨西哥，对手可能喜欢在生意之外提一些私人问题，这意味着他们更注重社会化和相互间的博爱、真挚、忠诚和友好。还有，必须接受当地在办事速度和商务习惯上的差异。

表 3-1　文化分析清单

问　　题	是	否
1. 我们是否有足够的信心了解当地市场？	□	□
2. 当地市场具备经济成功的潜力吗？	□	□
3. 我们有没有合适的人力资源熟悉当地的语言？	□	□
4. 我们是不是发现当地市场富有诱惑力？	□	□
5. 我们对当地市场的文化（包括语言、宗教信仰、价值观念、教育、社会组织、物质文化等）了解吗？	□	□
6. 我们在当地市场有没有可靠的代理机构？	□	□
7. 我们和当地政府有没有达成默契的共识？	□	□
8. 我们的产品在当地市场有没有市场前景和竞争力？	□	□
9. 我们的工作人员到当地工作感到舒服吗？	□	□
10. 我们在当地市场的预期目标是什么？	□	□
……		

2. 文化适应

为了能在全球市场的竞争中游刃有余，国际企业必须对各国文化的偏好、差异有所掌握，从而做出合理的决断，稍有不慎，会使得国际企业处于非常被动的局面，甚至会对品牌、产品造成永久性伤害。产生于潜意识中的文化盲点是很难被察觉到的，而一旦文化的误解真的产生，往往都是在成为事实之后，已无挽回的余地。因此，对文化的主动适应过程在他国进行营销决策时就显得非常重要了。迪士尼乐园在法国遭遇失败以后被迫取消禁止在法国迪士尼乐园内饮酒的规定，表面上看这是一种无奈的选择，但从国际市场营销的角度看，却是一种文化适应。同样，麦当劳公司在印度推出的素菜食品也是一种文化适应。国际市场营销中的文化适应是指企业在制定国际市场营销决策时，充分考虑目标市场国的文化特点，使决策在实施过程中不但不触犯当地的文化传统、生活习俗、宗教信仰等，而且比竞争对手能更好地满足当地消费者的需求，以取得竞争优势。

文化适应可分为产品适应、机构适应和个人适应。产品适应是指企业改进产品或重新设计产品以适应目标市场的文化特征。机构适应是指企业对组织结构和运作程序加以调整或者重新规划，以适应目标市场的文化特征和社会传统。例如，由于中国人有午休的习惯，美国在华投资企业允许员工有午休时间。文化适应中最重要的部分是个人适应。个人适应是个人对当地文化的适应，是指个人运用当地文化的价值观念和行为准则来评价事物、做出决策和采取行动。个人文化适应包括文化的方方面面，如时间观念、财富观念、创新观念、家庭观念、社会行为以及娱乐活动等。例如，在欧美国家，你可以由太太陪伴出席对方邀请的家庭晚宴，但在伊斯兰文化国家就不能这样做。

文化适应对于国际营销企业的重要性不言而喻，但在实践中做到这一点却很困难。造成困难的重要原因之一在于企业营销人员在个人适应中自觉不自觉地采用了自我参照准则。詹姆斯·A·李认为，自我参照准则是一种对自身文化价值的无意识参考，是国际商务产生问题的根源。例如，美国人赴约迟到时会感到不安，并为此向对方道歉，因为守时是美国人的行为准则。若他到了阿拉伯国家，与对方约好谈判时间，也会下意识地依据自我参照准则而准时赴约。但如果对方迟到，他就会不高兴或者生气，并期望对方向他道歉。但在伊斯兰文化里，人们的时间观念比较淡薄，约定的时间仅是个大致的时段，如上午 9 时的约会应理解为上午 9 时以后的一段时间。如果依照自我参照准则做出反应，常常会导致文化冲突。虽然理解自我参照准则并不困难，但要真正认识并能克服这一准则却是比较困难的，因为自我参照准则往往是在无意识状态下发挥作用。例如，中国人常常以向客人敬烟表示礼貌和友好，这实际上已经成了一条自我参照准则。但这种行为却使一些外贸公司付出过代价。1985 年，我国某烟草公司去美国参加一大型展销会，带去大量香烟准备在开幕式上用于招待，并进行促销性质的免费散发，结果遭到抵制。再加上香烟不适合美国人的口味，结果在这次展销会上一笔生意也没谈成。这就是无意识状态下自觉使用自我参照准则造成的结果。正是这种无意识的自我参照准则，造成了文化适应的障碍。可见，文化适应的过程在某种程度上也可以说是克服自我参照准则影响的过程。为此，詹姆斯·A·李提出了在文化适应过程中克服自我参照准则影响的四个步骤：

（1）确定本国文化特征、习惯及规范的问题或目标。

（2）确定东道国文化特征、习惯及规范的问题和目的，并做中性评价。

（3）在问题研究中避开自我参照准则的影响，认真检查自我参照准则是如何使得问题复杂化的。

（4）在避开自我参照准则影响的条件下，重新确定和解决问题，以达到最好的效果。

需要指出的是，强调文化适应并非要求国际市场营销企业在经营观念、营销决策和行为举措等方面完全参照当地文化的价值观念和行为准则，更不是去模仿对方的思维方式和行为模式。文化适应要求企业在国际市场营销活动中注意消除自我参照准则的影响，加深对不同文化价值观念和行为准则的理解，培育兼容，吸收不同文化的精神，而不是放弃自我。

文化差异往往还伴随着文化冲突。从宏观角度看，文化冲突主要包括两大类：一是文化继承与创新过程中的文化冲突；二是文化交流与整合过程中的文化冲突。对国际企业而言，进行跨国营销时需注意以下几点：

（1）在产品开发时，首先应考虑目标国市场的需求，同时还必须注意东道国市场文化传统对产品的要求。

（2）品牌是企业宝贵的无形财富。在实施跨文化品牌策略时，在品牌 LOGO 的设计、名称的确定和翻译等方面必须注意目标国市场文化对品牌的巨大影响，必须符合当地的传统习俗和价值观，否则会对企业的营销活动造成严重后果。

（3）包装对商品销售的影响起着很大的作用，精美的包装往往有利于商品的销售，且能够为商品塑造良好形象。但由于不同国家的消费者对文字、图案和颜色等方面有着不同的要求，因此在包装设计中必须尊重东道国市场消费者对包装的不同要求，针对不同的风俗习惯设计不同的包装。例如，针对英国市场的包装设计应注重英国市民消费文化传统的传承，以体现该国悠久的历史文化；针对德国市场的包装设计应有理性设计的传统特征，以体现德国人严谨的哲学思维方式；针对法国市场的包装设计应有一种融设计与艺术精神于一体的特色，以体现法国人对浪漫情怀的追求和眷恋；而针对日本市场的包装设计应既要融合大量的日本传统视觉因素，又能够体现出时代感，以体现重视传统，显示该国经济的发达。

（4）产品在采取尾数定价和整数定价等心理定价策略时，应考虑东道国人们对数字的喜爱和禁忌。例如，印度的穆斯林喜欢6、7、8，而不少印度教教徒则不喜欢6和8，因为在印度占星术里，第6宫预示疾病，第8宫则代表死亡。在法国，人们喜欢7、13、6和9。在过去，13对法国人来说也代表着不幸和宿命。但是由于13具有的神秘性，现在的法国人不再忌讳这个数字，反而认为这是一个能够给自己带来奇迹的数字。在德国，人们非常喜欢4。在德语里面，4发音为“vier”，音近于“vie”（多），代表越来越多。在韩国，人们喜欢3和7。在泰国，人们喜欢9而讨厌6。此外，泰国人还比较喜欢重叠数，如“1717”“8989”“4477”等。

（5）广告是很多企业在跨国营销活动中经常采取的一种促销手段，跨国文化差异在广告中也会得到体现，应引起高度重视。例如，国内外在酒类广告中就存在明显的文化差异，西方的酒类广告大多强调以自我为中心的文化，注重个性的张扬，而国内的酒类广告大多极力渲染亲情、友情和爱情。

3. 文化变迁

前面介绍了文化适应，实际上是要求国际市场营销企业做出改变以避免文化冲突，但文化适应是建立在东道国文化改变困难或改变需要支付高昂成本这一前提之下的。事实上有些文化是可以改变的，而且客观上文化也无时无刻不在发生变化。

以前日本人生活节俭，拼命存钱，现在，越来越多的日本人考虑的是如何消费享受，“消费热”一浪高过一浪。20世纪80年代可称为日本人的“3C”时代，即追求汽车（Car）、彩电（Colour TV）和冷气机（Cooler）。进入20世纪90年代，日本人又把需求动向转向“3V”，即假期（Vacation）、别墅（Villa）和出国访问（Visit）。以前，日本人为成为一家企业的正式职工、忠诚于该企业而自豪，现在不少年轻人却宁愿做工资高、福利待遇低的临时工，现干现拿，谁也不欠谁，来去自由，过去从不用发布招人启事的大公司，如松下、三菱，现在也只能屈尊求贤，发布广告招聘劳力。尽管日本女性地位仍然很低下，但新一代女性独立意识越来越强，她们不想结婚，住单人公寓，舍得花钱买高档消费品。精明的商人已在东京环境幽雅处兴建起专门租给单身女性的套间公寓，专为女性服务的酒吧、咖啡馆也应运而生。

美国人的文化一直对许多国家产生重大的影响，但是数十年来，美国人的价值观、生活方式也在发生着相当大的变化。中国台湾学者林建山把它制成了一个对照表。从表3-2中的价值取向来看，比较值得重视的是人们已从普遍制度化的忠诚转向个人潜能的发挥与个人的满足，这主要体现在对休闲的偏爱、享乐主义、模仿导向、对安全感的需要等。对于营销人员来说，提供节省时间的、安全可靠方便的服务和商品都会增强企业的竞争力。例如，提供

24 小时服务，接受支票付款，提供系列配套产品、保鲜膜、方便食品等。

表 3-2　美国人价值观、生活方式的改变

序号	传统取向	现代取向
1	物质价值	生活品质与社会价值
2	公司忠诚度	个人利益为上
3	越大越好	小即美
4	快速扩张成长	缓慢稳健成长
5	生意终归是生意	生意是一种社会责任
6	延后满足	立即满足
7	付现金	信用赊账
8	节俭	滥用
9	利润是企业的成绩单	社会贡献是企业的成绩单
10	辛勤工作、奉献	安逸、便利、过好日子
11	宗教信念	涉世信念
12	独立进取	安稳
13	男主外，女主内	职业妇女与单身女性
14	丈夫主导家庭	夫妇共同主导家庭
15	父母权威与价值观	群体威严与价值观

特别需要提醒的是，随着世界环境保护热的兴起，越来越多的消费者正在自觉地接受环保观念，审美观、价值观发生了巨大的变化。例如，如今德国大学毕业生寻找工作时问的一个问题是，你公司的产品污染环境吗？世界最大的企业埃克森石油公司一艘油轮泄漏石油的事件导致全美四分之一的消费者认真考虑抵制该公司的产品。出口柚木及红木家具制品到欧美市场的企业，可能就会受到环保专家的质询，因为消费者和权威人士都在关心热带雨林滥伐这一世界性问题。

这就是说，文化虽然是一个相对稳定的要素，但并不是静止不变的。这带给国际市场营销企业的启示是，文化适应其实只是国际市场营销的一个策略，改变文化、推动文化变迁式的文化渗透也是国际市场营销的有效手段。而且从长期看，这才是获取利润和竞争优势的最佳手段。美国家乐氏公司（Kellogg's）的成功也说明了这一点。Kellogg's 公司一直想把早餐制品介绍到习惯不吃早餐或消费者很少喝牛奶的国家。经过认真分析后，Kellogg's 公司发现，改变这些国家的消费习惯是完全可能的。Kellogg's 公司进行了大量的调研，发现在早餐的被重视程度、习惯和规范上，美国、法国、巴西存在很大的区别。于是 Kellogg's 公司采取了不同的促销方式。在法国，Kellogg's 公司的商业广告是向消费者强调营养；而在巴西，为了打进市场，Kellogg's 公司采用肥皂剧的形式做电视广告，因为巴西人喜欢模仿这类电视节目中的人物，由此获得了成功。以上例子说明，东道国文化的某一部分是可以人为改变的，即消费者的某种需求是可以人为改变的。这对营销公司而言意味着市场和利润。

但是文化改变必然遭遇阻力。大多数文化都有民族中心主义倾向。也就是说，人们对本民族的文化有着一种强烈的认同感，并自觉不自觉地贬低其他文化中陌生和未知的部分。民族中心主义会导致对本民族文化的优越感，对其他民族文化的劣等感或新奇感，使得文化吸收过程更为复杂。

文化对于新思想、新技术或新产品产生阻力有多种原因。即使客观上需要革新，如果人们认识不到这种需要，没有这种要求，也仍然会遇到文化阻力。由于当地的环境条件限制，或由于本身的复杂性超过了有效运用和理解能力，新的思想会遭到抵制。由于受到一些重要准则、习俗或信仰的限制，有些革新也可能被抵制。文化的各个方面是互相关联的，新思想必然取代某些旧习俗。当触犯到神圣不可侵犯的部分，与传统相抵触时，被抵制的可能性就更大。

当然，阻力是可以克服的。文化是动态的、变化的，当阻力慢慢被克服时，就会被人们忘却，人们会逐渐认识变化的需要，理解一度认为十分复杂的新思想，逐步吸收新文化。一旦认识到某种需要，即使是社会机构也不能阻止接受新思想。某些思想、方法或新产品，只需要几个月就可以克服障碍。而某些思想和方法，则要通过数十年或几个世纪才会被接受。由于介绍到其他文化中的许多产品和营销计划要遇到阻力，所以经营者了解创新过程是至关重要的。经营者不能等待几个世纪或数十年，而必须在财力允许的范围内和预期获利周期内取得收益。研究有计划地引起社会观念变化的社会学家提出了一个可行的方法和见解，尽管历史上多数文化借鉴以及由此而引起的变化都不是事先有意安排的，但某些有计划引导的变化，却会使社会变化加速发生。

那么，如何有计划地引导文化变迁呢？通常可分两步进行：第一步是测定有哪些文化因素与创新相抵触并形成阻力；第二步是把这些阻碍因素变成促进因素而刺激变化。在向另一文化介绍一种创新（文化渗透）时，市场营销者有两种选择：要么等待，要么促进其变化。前者希望等待最后的变化会证明创新是有价值的；后者包括介绍一种思想或产品，审慎地克服阻力以引起变化，加快接受的速度。

文化变动推动了营销行为的变化，但国际市场营销的努力也会促进文化的变革，当一个企业将新产品、新技术或新的生产方式引进某一市场时，其实已有改变该市场物质文化的意图，是文化变迁的开始。咖啡、牛奶、面包和奶酪是西方人的主食，但是在麦当劳、雀巢等公司长期不懈的努力下，东方人的饮食结构也在发生变化。经营汉堡包的快餐店脱颖而出，人们把吃麦当劳看作一种对舶来品的享受，从中可见营销努力对观念变化的影响。

另外，互联网逐渐催生出网络亚文化。传统媒体时代，受众用报纸、广播、电视、艺术等平台营造亚文化圈子并进行身份确认；新媒体时代，受众则是用数字化技术和符号创造新的亚文化。在传统的媒体环境中，亚文化的产生与发展较为缓慢，受到的局限较多，媒体信息容量的限制使受众的意见不能完全显现。而在新媒体环境中，亚文化传播在虚拟社区中交流信息、彰显自我。社会的每一个成员都有接近、使用大众媒体（特别是网络）的权利，信息准入的门槛大大降低，原本不具有话语权的人通过新媒体发挥主动性和创造力，大胆表达特殊爱好与兴趣，发表不同于大众常识的独特感受与价值观，从而形成了不同于主流价值观与审美取向的亚文化群体。

在网络虚拟的空间与情境中，人们可以构建一个新的身份与角色，甚至“虚拟人生”。“虚拟人生”通过运用数字技术对现实世界进行了网络化的“合法消解”，凭借无限的想象力与技术力量优势，将人们的生活置于一种“超现实”之中。只要愿意，网民们就可以进行跨时空的虚拟交流，人们的行为结构在虚拟空间中被重构了。网络世界自由、开放、宽容、打破地域限制，在现实社会中受到限制的观念、行为被受众移植到虚拟空间中，使其成为网络亚文化繁殖的土壤。新媒体环境中的文化创造都打上了“个性”的烙印，张扬个性成为文化的主要价值理念。企业在营销中必须认识到这种个性主义的张扬，在产品设计、广告传播等营销活动中进行针对性营销。

本章小结

社会文化环境是影响国际市场营销的核心因素。文化是一个复合的整体，其中包括地理、历史、物质文化、语言、美学、道德、价值观、风俗以及作为社会成员而获得的其他方面的能力和习惯。物质文化是指人类创造的物质产品，它决定着人们的生活方式；语言文字是各文化要素中最具特色、区别最明显的一个要素；美学是指关于美和审美体验的观念，设计、色彩、音乐等美学因素都影响企业的国际市场营销活动；由于所受教育不同，人们的消费观念和消费模式有很大差异，教育水平、宗教和社会结构都在一定程度上制约着国际市场营销活动的开展。文化是运动变化的，人们在解决社会问题过程中，会借入一些被认为是有用的其他文化，文化的变化既给企业带来了机遇，也带来了挑战。文化的变化会遇到各种阻力，营销者必须有意识、有计划地促进文化变化。此外，社会责任与伦理的定位将直接影响国际市场营销的方向和质量，是评价国际市场营销绩效的标准。

案例分析

入境还得先问俗

通用食品公司曾耗资数百万美元，竭力向日本消费者兜售有包装的蛋糕糊。等到该公司发现只有30%的日本家庭有烤箱的事实时，公司的营销计划已经实施大半，于是陷于骑虎难下的境地。克雷丝牙膏在墨西哥使用美国式广告进行推销，一开始就败下阵来。因为墨西哥人不相信或者根本不考虑预防龋齿的好处，哪怕是符合科学道理的广告宣传对他们也毫无吸引力。

豪马公司的贺卡设计精美，并配以柔情蜜意的贺词，历年来风行世界。但豪马公司的贺卡在最为浪漫的国度——法国却难以打开局面，原因很简单，浪漫的法国人不喜欢贺卡上印有现成的贺词，他们喜欢自己动手在卡片上写心里话。

通用食品公司的唐牌饮料一开始便在法国遭遇失败。唐牌饮料是早餐橘子汁的替代产品，在美国市场，通用食品公司经过大力促销后，唐牌饮料占领了相当部分的原来橘子汁占领的市场，取得了巨大的成功。但是通用食品公司未考虑到法国人很少喝橘子汁。作为橘子汁的替代产品，唐牌饮料在法国自然也就没有了市场。

凯洛格公司的泡波果馅饼曾在英国失利，因为英国拥有烤面包电炉的家庭比美国要少得多，而且英国人觉得这种馅饼过于甜腻，不符合他们的口味。

有的企业在国外营销失败后，针对当地的营销环境重新设计产品或通过改变广告策略来达到促销目的，从而取得了巨大的成功。

荷兰飞利浦公司发现日本人的厨房比较狭小，便缩小了咖啡壶的尺寸来打开市场，同时该公司发现日本人的手比西方人的手要小，于是缩小了剃须刀的尺寸，经过这些改进，该公司才开始在日本赢利。

可口可乐公司曾试图将2升的大瓶可口可乐打入西班牙市场，但是销量很小，美国可口可乐公司总部派员调查后认为，大瓶可口可乐滞销是因为在西班牙很少有人用大容量的冰箱。于是其停止了销售大瓶可口可乐的计划，改为在西班牙境内销售小瓶可口可乐，结果大获成功。

麦当劳公司打入日本市场时进行促销，设计了“小白脸麦当劳”的滑稽形象做广告，结果失败。原因是白脸在日本意味着死亡。于是其改用“麦当劳叔叔”的广告形象，结果当年该公司的营业额就翻了4倍。

讨论与分析：

从上述案例中你能得到什么启示？

课后习题

一、单选题

1. 属于社会文化环境因素的是（　　）。

A. 人口状况　　B. 风俗习惯　　C. 国际关系　　D. 国际争端

2. 在华侨中流行一种说法，认为龙分吉龙和凶龙两种。吉龙生五爪，生三爪、四爪的是凶龙。这就要求我国龙形图案地毯生产商要对进口国的（　　）因素了如指掌。

A. 经济环境　　B. 技术环境　　C. 政治法律环境　　D. 社会文化环境

3. 我国熊猫电子集团以熊猫作为商品的商标在很多国家都受到欢迎，但是在伊斯兰国家却销售不佳，这是由于（　　）因素造成的。

A. 民族亚文化　　B. 宗教亚文化　　C. 地理亚文化　　D. 语言亚文化

4. 关于教育，下列说法不正确的是（　　）。

A. 教育是世界各国传播文化科学知识的重要手段

B. 教育与消费理念关系不大

C. 教育可以传播生产和生活经验

D. 教育是社会文化的组成部分

5. 在国际市场营销中，下列说法不正确的是（　　）。

A. 企业应积极适应东道国文化

B. 企业产品的设计、包装、促销策略应更多地注入本国的文化元素

C. 企业应尽可能避免与东道国文化产生冲突

D. 企业需要广泛地了解消费者，零距离地认识东道国文化

6. 国际企业在开拓国际市场时，对东道国的文化应（　　）。

A. 完全被动地适应　　B. 不顾一切去改变

C. 抓住时机主动改变　　D. 视而不见

7. 关于不同国家和地区对音乐的偏好，下列说法不正确的是（　　）。

A. 中国历史悠久，民族乐器广泛流传　　B. 西方国家流行交响乐

C. 在巴西最流行摇滚乐　　D. 美国人比较喜欢民谣

8. 下列做法不正确的是（　　）。
   A. 对于教育水平高的人，产品应该做工更加精细、外形优美
   B. 在国民教育水平较高的国家不宜使用印刷品广告，而应采用广播和电视广告
   C. 对那些高科技产品，应该使用生动有趣的广告
   D. 在国民教育水平较低的国家不宜使用印刷品广告，而应采用广播和电视广告
9. 关于社会阶层，下列说法不正确的是（　　）。
   A. 世界上每个国家都存在社会阶层
   B. 有的国家社会阶层明显，有的国家不明显
   C. 北欧国家社会阶层非常明显
   D. 相同社会阶层的人消费方式基本相同

二、多选题

1.（　　）等属于国际市场文化环境分析的内容。
   A. 社会组织　B. 物质文化　C. 语言
   D. 国际关系　E. 教育
2. 价值观是人们评价事物的标准，国际市场营销人员分析价值观念时要注意分析（　　）等。
   A. 财富观念　B. 时间观念　C. 血缘关系
   D. 风险意识　E. 习俗
3. 文化分析主要是对消费者的（　　）。
   A. 态度分析　B. 动机分析　C. 信念分析
   D. 行为分析　E. 收入分析
4. 文化的特征是（　　）。
   A. 后天习得的　B. 具有强制性　C. 具有适应性
   D. 不断变化的　E. 具有可继承性
5. 以下属于文化构成要素的有（　　）。
   A. 物质文化　B. 语言　C. 教育
   D. 价值观和生活方式　E. 宗教

三、名词解释

1. 社会组织
2. 社会责任
3. 价值观
4. 文化适应
5. 文化变迁

第 4 章

国际市场营销的经济、人口、自然环境

★学习目标

1. 了解影响国际市场营销活动的相关国际经济组织，掌握不同经济发展阶段国家的市场特点。
2. 了解金融与外汇环境对企业开展国际市场营销的影响。
3. 掌握全球不同国家和地区的人口资源状况。
4. 了解国际市场营销的自然资源环境，理解国际市场营销与生态环境保护的关系。

一国的经济、人口和自然环境决定了一国的市场容量和规模，并影响着国际企业进入一国市场的发展。企业在决定进入一国市场时必须对国际市场营销中的经济、人口和自然资源环境进行分析。

4.1 国际市场营销的经济环境

4.1.1 全球经济环境概述

全球经济环境是各种直接或间接影响和制约国际市场营销活动的经济因素的集合，是影响国际市场营销的重要环境因素，直接关系到市场现状及其变动趋势。研究国际市场，首先必须对全球经济状况有所了解。第二次世界大战后形成的两极格局，在维持了 40 多年之后，由于苏联解体和东欧剧变而终结。经过 20 世纪最后 10 年的演变，世界经济环境有了新的变化，“一超多强”的世界经济格局正在形成：美国成为世界唯一的超级经济大国，中国通过改革开放已成为当今世界第二大经济体；世界经济区域化、集团化的趋势日益明显。当今全球经济的发展主要表现为四个特征：国际投资与国际贸易的迅速发展，各国经济之间相互依赖性增强，市场竞争程度提高，各国关系的复杂性提高。这些环境特征深刻地影响着跨国公司的结构、行为和绩效，从而影响国际营销企业的行为和绩效。

1. 国际投资与国际贸易的迅速发展

第二次世界大战以后，尤其自20世纪90年代以来，国际贸易和投资迅速增长，国际贸易年均增长速度比世界经济增长速度快，高出约4个百分点，而国际直接投资（FDI）年均增长速度高于国际货物贸易增长速度，大约高出一倍。FDI产生的贸易创造效应大于贸易替代效应，成为贸易与经济增长的助推器。

2. 各国经济之间相互依赖性增强

各国之间、跨国公司之间的产品、服务及资本的贸易，创造了相互依赖的全球经济。由于国际贸易与国际投资的增长及信息产业发展等诸多因素推动着经济全球化的发展，各国经济之间的相互依赖性日益增强。当今一国经济的高速发展是同其他国家紧密联系在一起的，任何一个国家均不能脱离世界而孤立发展。例如，当某国经济不景气时，不仅限制了本国经济的进一步发展，而且影响该国的对外贸易及国际投资。又如，当某国发生通货膨胀或汇率变动时，会影响到对外贸易效益及企业的竞争力，进而影响他国的贸易。再如，一国的环境污染会波及周边国家，甚至全球。

3. 市场竞争程度提高

由于各国实施或扩大对外开放方针，越来越多的企业跨越国界从事全球经营，因而提高了国际市场竞争程度，如在汽车产业方面，过去美国、日本和德国是国际汽车市场的主要角色。如今，韩国也加入了这一竞争行列，马来西亚也进入了国际汽车市场，从而使国际汽车市场竞争日趋激烈。在其他行业，如计算机、医疗设备、化学仪器、农机具等行业，在国际市场上也存在着激烈的竞争。市场竞争程度的提高驱使企业寻求更好的方法去满足国际目标市场的需求，企业主要集中采用产品、价格、分销、促销及售后服务等营销策略，来提高企业的竞争优势。

4. 各国关系的复杂性提高

国际贸易与国际投资规模的扩大，各国经济相互依赖增强，全球竞争加剧，使全球经济变得更加复杂，并相互交错在一起。最典型的事例是美国的次级债务危机，不仅影响本国经济及金融，而且影响了全球的贸易和金融。

4.1.2　全球性国际组织与市场营销

1. 世界贸易组织（WTO）

世界贸易组织成立于1995年1月1日，总部设在瑞士的日内瓦。世界贸易组织是由1947年成立的关税与贸易总协定（GATT）演变而来的。自关税与贸易总协定成立以来，共主持了8轮多边贸易谈判。持续时间最长的一轮叫乌拉圭回合谈判，该回合从1986年开始，长达7年半，其重要成果之一就是创立了世界贸易组织（WTO）。世界贸易组织制定了一整套国际贸易规则，促进了第二次世界大战后国际贸易的发展。该规则坚持的基本原则：成员之间的贸易实行非歧视贸易（含最惠国待遇和国民待遇原则）、贸易自由化原则、可预见的和不断增长的市场准入程度、促进公平竞争、鼓励发展和经济改革。在关税与贸易总协定和世界贸易组织的主持下，成员的关税税率在不断下降，这无疑促进了世界贸易的发展。

世界贸易组织的基本职能：制定和规范国际多边贸易规则；组织多边贸易谈判；解决成员之间的贸易争端。世界贸易组织是全球最大的多边贸易组织，至2015年7月，世界上有162个国家和地区加入了世贸组织，其成员之间的贸易额占到了世界贸易总额的95%以上。世界贸易组织的存在对跨国企业有重要意义。例如，如果营销主体的所在国（地区）或者目标市场国（地区）是世贸组织成员，那么它就必须按照世贸组织制定的规则处理贸易争端及农产品、纺织品、服务贸易和知识产权等问题，否则可能造成经济甚至政治上的重大损失；同时，WTO对服务业也给予了很大关注，尤其是对于银行、保险、电信等行业的市场进入壁垒问题。服务业中的跨国企业将从服务贸易壁垒的进一步降低中获取竞争优势。总体来说，世界贸易组织的基本规则对开展国际市场营销活动是有利的。

2. 国际货币基金组织（IMF）

国际货币基金组织成立于1946年3月，其主要职能是就有关汇率政策、与国际收支经常项目有关的支付及货币的可兑换性等问题确立一套行为准则，从而抑制通货膨胀，增加世界贸易环境中的稳定因素；向纠正或避免国际收支不平衡发生的成员融通资金；为成员提供进行磋商并就国际货币问题达成协作的论坛。国际货币基金组织在稳定世界货币体系及促进全球经济健康发展等方面发挥了重要作用。例如，1997年爆发的东南亚金融危机，由于国际货币基金组织的大力支持使得这场危机得到了相对有效的控制。

3. 世界银行（WB）

国际复兴开发银行简称“世界银行”，它成立于1945年12月，总部设在美国华盛顿，其最高权力机构是理事会。其主要宗旨是，为生产性投资提供便利，协助成员的复兴与开发；通过保证私人贷款和投资收益的方式，促进私人对外投资，以支持农业、教育、人口控制和城市发展；为了保持国际贸易的长期平衡发展，维持国际收支的平衡，采取鼓励国外投资、开发成员生产资源等措施；在提供贷款保证时，应同其他方面的国际贷款相配合。世界银行将资本金及发行债券所得的资金，分别通过直接或间接长期贷款的方式来满足成员对长期资本的需求，其主要贷款对象是中等收入国家，主要投向各种基础设施和能源开发项目，如发电站项目、公路建设等项目。世界银行的贷款改善了落后国家的基础设施状况，对改善国际经济环境有重要作用。

世界贸易组织与国际货币基金组织、世界银行被并称为当今世界经济体制的“三大支柱”。

4.1.3 全球经济体制与经济周期

1. 经济体制

经济体制是一国宏观经济环境最基本的特征。世界各国的经济体制按资源配置手段的不同分成两大类：一类是市场经济体制，依靠市场调节配置资源；另一类是计划经济体制，以行政指令进行资源调配。但在现实生活中，这两种极端形式，即单纯的市场经济体制或单纯的计划经济体制是不存在的。绝大多数国家处于这两种形式之间，采取混合的经济体制，即在某些行业可以存在竞争，而在其他行业则全部或部分地受到控制。不同的经济体制对企业的国际市场营销提供了宽严程度不同的全球经济环境，从而使企业所面临的国际市场营销环境的复杂程度也不相同。

2. 经济周期

经济周期描述的是市场经济生产和再生产过程中周期性的经济现象，一般是经济扩张与经济紧缩交替更迭、循环往复。经济周期按照时间长短可分为短周期、中周期和长周期，每个周期又可以划分为繁荣、萧条、危机和复苏等阶段。在现实经济生活中，经济周期的发展阶段会发生比较复杂的变化，不可能完全与经济学家的分析一致。但是，经济呈周期性规律变化的客观现象是存在的，在全球经济的发展过程中总会有相对的上升和下降阶段。

经济周期对国际市场营销的影响主要表现在：在繁荣和复苏阶段，经济活动频繁，投资和消费旺盛，经济呈现快速增长，政府的宏观政策也比较宽松。因此，就一般情况而言，企业从事国际市场营销的机会较多。当然，经济繁荣和复苏阶段又分别有各自的经济特点。比如，复苏阶段的市场机会较多，而随着市场的发展和竞争加剧，繁荣阶段的市场机会明显少于复苏阶段。

4.1.4　不同经济发展阶段国家的市场特点

一个国家的经济所处的发展阶段不同，居民收入的高低不同，消费者对产品的需求也就不一样，从而会直接或间接地影响国际市场营销。因此，对不同经济发展阶段的国家，应采取不同的市场营销策略。划分经济发展阶段通常会用到美国著名经济学家罗斯托的“经济成长阶段论”。罗斯托认为经济发展应分为六个阶段。

（1）传统社会阶段。处于这一发展阶段的国家往往生产力水平低下，尤其未能采用现代科学技术从事生产。处于这一阶段的国家，以农业经济为主，农村人口占绝大多数，识字率低，人口素质差，因此这是一个十分有限的国际营销市场。

（2）起飞前夕阶段。起飞前夕阶段是向经济起飞的过渡时期。在此阶段内，现代科学知识开始应用于农业及工业生产方面，国民的教育及保健亦受到重视，各种交通运输、通信及电子设施逐渐建立，但是规模还较小。

（3）起飞阶段。在这个阶段，国家经济稳定增长，各种社会设施及人力资源的运用已达到一定的水平，农业及各种产业的现代化水平不断提高，规模逐渐扩大。这类国家工业发展具有一定的规模，工业占国民生产总值的比重越来越大，往往需要进口先进的机器设备等，完善自己的工业体系，因此会逐渐限制和减少对工业制成品的进口。

（4）趋向成熟阶段。在此阶段，国家经济持续增长，工农业基本实现现代化，国家和企业更多地参与国际经济活动。这些国家进出口规模都很大，是国际营销规模较大的市场。

（5）高度消费阶段。在这一阶段，公共设施完善，生活质量全面提高。注重服务行业，个人收入激增，可支配收入高，整个经济进入大量生产、大量消费的阶段。

（6）追求生活质量阶段。从高度消费阶段向追求生活质量过渡是人类社会发展中，继起飞后又一个重大的“突变”，其意义在于这是人类历史上第一次不再以有形产品的数量来衡量社会成就，而以劳务形式反映“生活质量”的程度作为衡量社会成就的新标准。

一般说来，前三个阶段的国家是发展中国家，而达到后三个阶段的国家，则是发达国家。国际企业应该根据目标市场国所处的经济发展阶段，采取相应的国际营销策略。例如，发展中国家对产品的需求侧重功能和价格，而发达国家则更关注品牌和特色。

4.1.5 金融与外汇环境对国际市场营销的影响

现代企业的经营活动离不开金融环境的支持。从资金的筹措、投资方式的选择到赊账的回收都需要良好的金融环境，良好的金融环境能使企业的投资与运营变得更加顺畅，并对企业的经济效益产生重大的影响。国际金融市场是国际企业融资、筹资的重要市场。外汇使得商业经营可以跨越一国货币的界限，但是它也为国际企业带来特定的金融风险，对公司的市场机会、金融资源和价格政策产生直接影响。

1. 国际金融环境对国际市场营销的影响

（1）影响产品的国际市场竞争力。企业国际市场营销需要有良好的国内国际金融环境，以利于企业融资、投资。但环境的变化是不以企业的意志为转移的，特别是外汇汇率每时每刻都在发生着变化，引发出各种风险，需要企业认真对待，这就是国际市场营销环境与国内市场营销环境的一个重大区别所在。例如，1997 年开始的东南亚金融危机迅速波及日本、韩国及俄罗斯，造成汇率急剧变化，使这些货币对美元的比率急剧下降。中国坚持人民币不贬值，在保持外汇收入不因货币贬值减少购买力的同时，却因为人民币坚挺削弱了中国产品的国际市场竞争力。

（2）影响企业的营销策略。外汇汇率变动带来的风险对国际市场营销活动的影响是多方面的，如对产品价格、产品销售量与销售收入、市场占有率等方面的影响。国际企业必须从财务收益、市场占有率及市场营销等方面综合考虑，及时调整经营战略以适应汇率变化，既要保持在国际市场的适度占有率和销售额，又要减少因汇率变动给企业带来的财务风险和经营损失。

（3）影响企业的海外投资。当一国货币升值时，该国货币的购买力相对上升，该国企业愿意到海外进行投资；而外国企业则因其国家货币的购买力相对下降，到货币升值国进行投资的积极性降低。反之，当一国货币贬值时，外国货币的购买力相对上升，有利于吸引外国企业去该国进行新的投资；而本国企业因本国货币的购买力相对下降，一般不太愿意去海外进行新的投资。随着国际经济交往的扩大、各国经济相互渗透的加深及国际投资和融资领域的不断拓宽，国际短期资金融通的需求增加，国际货币市场应运而生。

国际外汇市场是国际专门进行外汇买卖的场所，在该市场内交易的主要是期限在 1 年以内的国际短期金融工具。各国因货币制度不同，在国际履行支付义务时，必须解决各国货币之间兑换的问题，国际外汇市场便应运而生。外汇市场是世界上最大的国际金融市场，入市交易者有进口商、出口商、证券商、中央银行、外汇经纪商、商业银行。

2. 外汇风险的类型及管理

外汇风险也称为汇率风险，是指在国际外汇市场上或一定时期的国际经济交易中，因汇率或利率的突然变化，可能给交易的任何一方或持有外汇资产和负债的政府、企业和个人带来的经济收益的损失。外汇风险是国际企业在从事国际市场营销活动过程中，以外币定值或衡量的资产与负债、收入与支出，以及未来经营活动的现金流的本币价值，因货币汇率的变动而引起涨落的潜在可能性。

（1）外汇风险的类型。

第一，交易风险。交易风险是指在以外币计价成交的交易中，由于外币与本国货币的比值发生变化而引起收益或亏损的风险。对国内绝大多数从事国际市场营销的国际企业来讲，主要表现形式仍是出口，因此，最常见、最主要的汇率风险是交易风险。交易风险往往在以下几种情况下发生：以即期或延期付款为支付条件的商品或劳务的进出口，在货物已装运或劳务已提供，而货款或费用尚未收到这一期间，外汇汇率变化所发生的风险；以外币计价的国际信贷活动在债权债务清偿前承受的汇价变动的风险；本期外汇合同到期时，由于汇率变化，交易某一方可能要拿出更多的或较少的货币去换取另一种货币的风险。以信用为基础、以延期付款为支付条件的商品或劳务的进口或出口就存在交易风险，出口商承担出口收入外币贬值的风险，而进口商承担进口支出的外汇升值的风险。另一种交易风险发生在以外币计价的国际投资和借贷活动中。如果是对外投资，即以本国货币投资于某种外币资产，当投资本息收入的外币贬值时，投资的实际收益就会减少甚至亏损。如果是对外筹资或借债，则筹资人或借款人就将承担借入货币与还款来源货币之间汇率变动的风险，这种风险与上述对外投资中可能发生的风险正好相反。

第二，折算风险。折算风险也称为会计风险或转换风险，是指国际企业在填报会计报表时，因汇率的变化引起资产负债表上某些项目价值变化的风险。母公司为了把在海外用外币计算的资产、负债、收入和费用，合并到本国货币账户内，必须把上述用外币计量项目的发生额按本国货币重新表述，也称折算的重新表述，而且必须按母公司所在国政府或公司自己规定的章程进行。

第三，经济风险。经济风险是指由于汇率的突然变动，引起公司或企业在未来一定时间内收益发生变化的潜在性风险。经济风险会直接影响国际企业在海外的经营绩效或投资效果。分析经济风险主要取决于预测能力，这将直接关系到企业的生产、销售和融资等方面的决策是否正确。

第四，储备风险。储备风险是汇率变动导致的国家或企业所持有的外汇储备价值发生改变的风险。每一个国家为平衡其国际收支，都持有一定的外汇储备。企业或公司为应付国际收付的需要，也往往有一定数量的外汇储备。在汇率波动的情况下，储备币种过于单一，就可能招致外汇储备风险。因此，在外汇储备中币种应适当多一些，币值趋硬的货币比例应高一些，而且应随时注意货币汇率动向，随时调整储备结构，从而使储备风险减小到最低限度。外汇风险的存在使得经济活动具有更大的不确定性，因此需要通过外汇风险管理措施来尽可能地排除由于汇率变动而造成的财务损失。

（2）外汇风险管理。目前国际企业正处在一个实行浮动汇率的国际货币体系的环境中，美元、日元、欧元、英镑等主要货币之间的比价时刻发生着变化。外汇风险是国际市场营销金融环境中最普遍、最严峻的风险，汇率波动的损失和盈余具有时间短、金额大、预测难的特点。为此，国际企业要勇于和善于面对复杂的外汇风险，通过自身的努力来利用这种风险或减少风险可能带来的经营损失。外汇风险管理主要有以下几种方法：

第一，预测法。预测法主要是通过各种预测手段，如德尔菲法、相关分析法和时间序列法等定性及定量分析方法来预测汇率变化的趋势，选择有利币种来规避风险并从中获利。但是，由于影响汇率变化的因素相当复杂，而且在国际贸易和国际金融活动中，使用何种货币往往需要由双方决定，币种选择余地往往不大，即使预测正确，通常也很难实现通过选择币种来避险。

第二，调整价格法。若进口商坚持以其本国货币作为计价货币，出口商就会增加外汇风险。此时出口商可适当调高出口报价以弥补因使用对方货币可能受到的损失。当然，这要根据市场交易的情况，若是竞争激烈的买方市场，则报价提高要非常谨慎。基于同样的原因，一个进口商，由于接受以出口商所在国的货币作为计价货币，且这种货币为“硬货币”，则进口商应以此压低对方的出口报价，用以补偿接受对方的货币汇率上升的风险。

第三，划拨清算法。划拨清算法是在一定时期内，双方的经济往来用同一种货币来计价，而且每一笔交易的数额只在账面上划拨、只在规定的期末进行清算的外汇风险管理方法。通过这种安排，大部分交易额可以相互冲销，不需要进行实际支付，所以能在很大程度上规避汇率风险。

第四，易货贸易法。采用易货贸易法，交易双方直接进行等值贸易交换，无须支付外汇，自然也就可以有效地规避汇率风险。但是这种方法要求双方的贸易额相等，使用也不够灵活。例如，一家俄罗斯公司希望购进中国的针棉织品，但无外汇，中国企业也不希望售出针棉织品后得到用途有限的“软货币”——卢布，该公司可能会同意以木材作为交换，双方都以瑞士法郎结算，于是用针棉织品换木材，双方都无外汇风险。易货贸易靠单个中、小企业是难以实现的，因为双方都难以找到恰好自己愿意接受的交换货物。但对组织起来的贸易协会、外贸公司、大型采购集团则还是有可能的，并且是相当有利可图的。

第五，出口信贷。出口信贷可以分买方信贷和卖方信贷两种。卖方信贷是由出口商的开户银行向出口商垫付货款，出口商从银行得到出口信贷以后，可以立即将外币兑换成本币，这时出口商就同时拥有一笔进口商所欠的外币债权和自己欠开户银行的外币债务，不会因汇率变化而受损。买方信贷则是由出口商所在地银行直接向进口商贷款，或通过进口方银行向进口商贷款，进口商就利用这笔贷款向出口商支付货款，实际上是将出口商的汇率风险转嫁给了银行。

第六，早收迟付和早付迟收法。早收迟付和早付迟收又称为推后清算和提前清算，是指在国际收付中，根据对支付货币汇率变动的预测，提前或推后收付有关交易货款，以消除汇率风险。如果预计某国货币将贬值，就应该推迟支付使用该国货币的进口货款，提前清算使用该国货币的出口货款。如果预计该国货币将升值，就应该提前支付使用该国货币的进口货款，推迟清算使用该国货币的出口货款。

第七，福费廷交易法。福费廷交易法主要用在延期付款的大型设备贸易中，出口商把进口商承兑的、期限在半年到5年的远期汇票无追索权地出售给出口商所在地银行，借以提前取得贷款，实际上是将汇率风险转嫁给了出口方银行。

第八，套头交易。套头交易是指从事国际业务的企业在拥有一笔预期外汇收入或支付时，为了规避汇率风险，同时在远期外汇市场上卖出或买入一笔相同数额的外汇。利用套头交易，既不会因为汇率变化而获得额外赢利，也不会因为汇率变化而遭受损失。

第九，远期外汇保值。利用远期外汇市场进行保值，是指买卖双方在成交以后并不立即进行交割，而是约定在将来某个日期进行交割的外汇买卖。这实际上是把一段未到期时间内的浮动汇率变成了固定汇率（即成交时的远期汇率），从而达到规避外汇风险的目的。规避汇率风险也可以运用外汇期货和期权保值。

第十，保值条款法。保值条款法是指交易双方为了避免汇率风险而在合同中订立适当的保值条款，如黄金保值、第三国货币保值、“硬货币” 保值等。

4. 2　国际市场营销的人口环境

国际企业必须密切注意市场人口环境方面的动向，因为市场是由那些有购买欲望并且有购买能力的人（即潜在的购买者）构成的，在其他条件相同的情况下，一个国家或地区的人口越多，消费品市场需求量和市场规模就越大。

4. 2. 1　人口总量

人口总量是指一个国家或地区人口的总数，人口总量决定潜在购买者的规模，进而决定市场规模，作为企业营销活动对象的顾客就建立在人口的基础上。第六次人口普查的资料显示，中国有 13. 4 亿人口，市场规模巨大，对日用生活消费品的需求形成了巨大市场。正因如此，中国改革开放后吸引了大批外国企业特别是欧、美、日的企业前来投资，中国市场已向世界开放，为世界各国企业提供了巨大的机会。

据联合国有关组织统计，世界人口 1950 年为 25 亿，1960 年为 30 亿，1970 年为 37 亿，1980 年为 45 亿，1985 年为 48 亿，1990 年为 52 亿，20 世纪末达到了 60 亿。据世界银行预测，世界人口到 2030 年将达到 88 亿，到 2050 年将可能突破 100 亿大关，达到 119 亿。可见，世界人口正在不断增多，全球市场规模正在不断扩大。随着人口大国政府对人口增长的控制及人们对待生育的观念的改变，世界人口的增长率将减慢，但人口总量会继续增长。

全球各地区的人口规模不尽相同，亚洲的人口最多，约占世界人口的一半，北美只占 5%。另外，世界各国人口差距也很大，到目前为止，世界上有 10 个国家人口超过 1 亿，分别是中国、印度、美国、俄罗斯、印度尼西亚、巴西、日本、巴基斯坦、孟加拉国和尼日利亚。从总体来讲，这些国家都是具有很大开发潜力的目标市场。

世界上大多数人口集中在低收入国家和中等收入国家，这个比例大约为 80%，而高收入发达国家人口约占 20%。人口规模的这一状况将深刻地影响全球的就业形势和市场状况。例如，现在大量制造业的半熟练工作岗位正在从发达国家流向发展中国家，而且这一潮流还将继续发展。拥有大量不断增长的人口的低收入国家，如菲律宾、印度、孟加拉国、印度尼西亚、肯尼亚和尼加拉瓜等国家，其低工资的状况也不会很快得到改善。而来自这些国家的低成本、劳动密集型的产品仍将对高收入国家的同类产品形成市场竞争压力。

4. 2. 2　人口增长率

人口增长率与国际营销的市场关系密切。从动态角度来看，人口增长率是预测市场规模变化的主要依据之一。如果一个国家的人口总量较大，但人口增长率低，甚至负增长，那么从长远看，这个市场的开发潜力会相对变小；如果一个国家的人口增长很快，它对食品、服装和住房的需求会越来越多。

随着世界科学技术的进步、生产力的发展和生活条件的改善，人类的平均寿命大大延长，死亡率大大下降；发展中国家的人口出生率上升，人口迅速增加。到目前为止，全球人口已经达到65亿，全世界人口增长率为15%左右，发展中国家高达21%左右，世界人口每10个人中有8个人生活在亚非拉国家，因此这些国家和地区将是今后的国际市场营销的主要潜在市场。

著名经济学家马尔萨斯曾预言，人口的快速增长将导致世界上没有站脚的地方。尽管这有些危言耸听，但世界人口的增长速度长期以来是社会经济的中心问题。据估算，世界总人口增长一倍所需要的时间为41年，欧洲人口翻倍需178年，北美洲需95年，亚洲需40年，非洲只需24年。世界不同地区人口增长速度差异极为悬殊，除地理因素的影响外，经济发展水平也是重要原因。全球市场规模的扩大若以人口增长为标准，则拉动这种趋势的主要是亚非拉发展中国家。人口增长最快的地方恰恰是那些最缺乏资源养活过多人口的国家和地区。如果人口增长率超过了经济增长率，就会导致人均收入降低，购买力下降，市场规模反而会萎缩。发展中国家人口的迅速增长可能会促使其国内市场规模有所扩大，但其市场商品档次却难以提高。另外，如果人口增长对粮食供应和各种资源的供给形成过大的压力，生产成本就会剧增而使利润下降。

伴随社会经济的发展，所有国家的人口增长率都呈降低的趋势。但是，世界人口仍然在继续增长，这意味着世界市场继续发展，市场需求量进一步扩大。有所不同的是，发展中国家人口增长过快，经济收入低，市场需求压力很大，商品供给短缺，物价上涨，给跨国企业开展国际市场营销提供了良好的商机。而发达国家人口增长缓慢，商品供应丰富，经济收入高，消费者对产品和劳务的要求更高。所以，在发达国家进行国际市场营销可能会比在发展中国家更困难。

4.2.3 人口分布

世界各国及国内各地区的人口密度相差很大。在19世纪60年代工业革命以前，世界上70%的人居住在农村，现在许多国家的人口则主要集中在一些大中城市。西欧、日本等80%以上的人口居住在城市。人口越密集的地方，对商品的需求量就越大；人口稀少的地方，对商品的需求相对就会减少。人口分布状况对产品需求、促销方式、分销渠道都会产生不同的影响。例如，美国人口最稠密的地方是大西洋沿岸、五大湖边缘和加利福尼亚沿海地区，这些地区也是美国大城市所在地。这些地区对食物的消费量相对较少，对汽车的需求量却明显高于其他地区，而且还是贵重皮货、化妆品和艺术品的集散地，这里商品促销活动较为集中，信息传播快，宣传媒介多。国际市场营销企业在选择分销渠道方案时，只需找少数实力强、资信好的代理商就可以了。

需注意的另一个方面就是人口的转移。发达国家的人口转移与发展中国家有显著区别，在发达国家，人口由农村向城市转移的过程已基本结束。当前，由于城市工业带来污染和拥挤，人们纷纷向城市郊区迁移。这种人口迁移特点值得国际市场营销企业关注。因为，与农村向城市迁移的人口相比，这类迁移人口构成的是高质量的消费市场，对服饰、高级汽车及度假消费的需求很大。而发展中国家正好相反，农村人口的涌入，使许多城市人口规模大到“令人不能接受的程度”。有关资料表明，1950—1970年，发展中国家的城市人口增加了391%。发达国家的人口移动会增加交通工具、郊区住宅和其他商业设施的需求。发展中国家农村人口向城市转移使低收入贫民的数量大幅度增加，在有的发展中国家，贫民窟的居民占城市人口的 1/3 以上，大部分居民得不到起码的供水和卫生保障。可见，国际企业在选择分销渠道方案时，必须考虑农村人口迁移的高发时段、迁移方向、消费质量等各方面因素。认真分析研究人口分布的变化，有利于提高国际市场营销活动中企业产品功能的适应性，增强产品的分销渠道及促销手段的有效性。

4.2.4　人口结构

人口结构主要包括年龄结构、性别结构、家庭结构等。它们是影响最终购买行为的重要因素，决定着市场消费结构、产品结构和产品需求类型。

1. 年龄结构

消费者的年龄对市场营销来说，意味着收入的多少、家庭大小，以及对商品的不同需求和对产品的不同价值观。实质上，人口的年龄结构包含着不同年龄消费者的审美差异、购买心理和消费兴趣差异等重要信息，它是企业划分市场的依据之一，并在很大程度上影响着企业的市场营销组合。世界人口年龄结构变化有两个主要特征。

（1）人口老龄化。世界人口平均寿命在延长，许多国家的人口趋于老龄化，老年人市场在扩大。西欧国家每 7 个人中就有 1 个老年人。例如，英国、法国、德国已进入了老龄化社会，即 60 岁以上老年人口已占到社会总人口的 10% 以上。我国第六次人口普查显示，60 岁及以上人口占总人口的 13.26%，比 2000 年人口普查上升 2.93 个百分点，其中 65 岁及以上人口占 8.87%，比 2000 年人口普查上升 1.91 个百分点，可以看出我国也已进入老龄化社会。人口老龄化趋势，使得对医药、滋补品、眼镜、助听器、人寿保险等老年人用品和服务的需求迅速增加，而对时装、化妆品、住房、家具、体育用品、玩具及一般食品等产品的需求量日益减少，而所谓的“银发市场”日益呈现生机。因此，开拓老年人市场应当引起国际企业的高度重视。

（2）出生率下降，但婴幼儿的绝对数量仍在增加。自 20 世纪 60 年代以来，西方发达国家的人口出生率一直下降。广大发展中国家人口出生率也趋于下降，但总量仍然在增长，世界上大多数婴幼儿都将集中在发展中国家。婴幼儿市场需求的质量层次会有很大提高。即使是在发展中国家，父母也都愿意付出更大的代价去培养孩子，婴幼儿产品和服务市场前景仍然一片光明。不同国家和地区的人口年龄分布相差很大，一般来说，发展中国家存在高出生率、较高死亡率，人的寿命较短，所以比发达国家的人口年龄相对年轻。

2. 性别结构

男女性别上的差异，不仅造成市场需求上的差异，也使两者的购买动机、购买行为、消费模式形成了很大差异。由于女性多操持家务，家庭生活用品多由女性购买，再加上女性有许多专用商品，所以妇女用品可设立专门商店销售，很多家庭用品和儿童用品也可纳入妇女用品市场。目前，西方国家人口结构随着总人口年龄的老化，男性比例正在下降，原因是女性比男性寿命长。估计到 2030 年，75 岁以上的女性要比同龄男性多一倍。第二次世界大战以后，许多国家的妇女就业率显著增加，社会地位日益提高，妇女的购买行为发生变化，对于那些减轻和代替家务劳动的家用电器、高级服装及旅游、娱乐、休闲等商品和服务的需求，较之以往大大提高。比较典型的是，出现了方便食品和一次性产品的多样化和大众化趋势。

随着妇女就业率的增加，妇女参与家庭购买决策的权力和范围逐步加大。例如，在美国，30%的购买保险的决定由妇女做出，60%的购买家电的决定由男士做出。因此，国际企业必须注意两性差异，根据不同性别消费者的特点，有针对性地开展国际市场营销活动。

3. 家庭结构

家庭既是社会的细胞，也是商品购买和消费的基本单位。一个国家或地区家庭单位的多少，以及家庭成员数量、家庭成员结构和家庭决策方式对市场需求的影响很大。家庭结构包括家庭成员数量、家庭成员结构和家庭决策方式等因素。西方国家和少数发展中国家的家庭结构比较简单，家庭规模较小，一般家庭的平均人口在4人以下，老年人也习惯于脱离子女独居。而在某些落后、封闭的国家，家庭生活方式极为原始，如有些国家的家庭人口可达二三十人。由于家庭结构的差异，对某些商品而言，如计算机、手机、汽车、电视机、电冰箱、洗衣机，在一个人口少的国家可能比在一个人口多的国家更有市场潜力；同时，家庭规模可产生集合购买力，在某些家庭规模较大的贫穷国家或地区，可能存在高档消费品的潜在市场。例如，在墨西哥城郊区的贫民窟中，许多家庭拥有高档消费品和汽车。

在西方国家，非家庭住户在迅速增加。他们对产品需求呈现出不同的特点，必须引起国际企业的足够重视。非家庭住户有三种形式：一是单身成年人住户。包括未婚、分居、丧偶、离婚的人，其中半数以上是妇女。这种住户需要小型精巧、新颖别致的产品，如较小的公寓房间，较小的包装食品，廉价小巧的陈设品、日用品及家具等。二是几人同居户。这种住户是由未婚、离婚、丧偶的男女混住而成的，他们只是暂时同居，需要较便宜的、简易的家庭用品和陈设品，很多是从租赁商店租来的。三是集体住房户。大学生、流动建筑队、勘探队成员等住在一起共同工作、共同生活。他们大多需要普通的生活日常用品、小型家电、方便食品、体育用品和生活化的文化娱乐服务等。

4.3 国际市场营销的自然环境

目标市场国的自然环境对国际企业开展营销活动影响很大，国际企业要使自己生产的产品和提供的服务打开目标市场国的市场，满足该国消费者的需求，必须考虑产品和服务能否适应目标市场国的自然环境，否则很难实现企业的目标。

4.3.1 自然环境概述

自然环境主要包括一国所处的地理位置，以及国土范围内的地形地貌、气候条件及所拥有的自然资源等。国际市场营销的自然环境是指企业从事国际市场营销活动过程中所面临的对国际市场营销产生影响和制约作用的各种自然地理因素的集合。每个国家都有其独特的自然地理环境，在地理位置、地形地貌、自然资源、气候条件等方面各不相同，这些自然条件直接或间接地影响国际企业从事国际市场营销。因此，研究自然环境对国际企业开展国际市场营销意义重大。

1. 自然资源

通常人们把自然资源定义为自然界提供的满足人类生存发展需要的所有东西，包括能源、矿物、水土与森林等，是人们取自自然界的自然物质。自然资源分为三类：一是“无限”资源，如空气、水等；二是有限但可以更新的资源，如森林、粮食等；三是有限但不可再生的资源，如石油、锡、煤、锌等矿物。

一国自然资源的丰富程度和开发利用程度对其经济发展的水平、规模、速度及进出口商品的规模与结构有重大影响。自然资源充裕的国家可以凭借丰富的自然资源储备而获得大量财富，从而成为经济上比较富裕的国家。在第二次世界大战之前，中东地区的石油资源还未被开发，被列为世界上最贫穷的地区之一。而 20 世纪 60 年代以后，中东地区的石油资源被探明和开发，石油开采一跃成为支柱产业，该地区的经济也得到了飞速发展，人均国民收入跃居世界前列。

能源及矿产资源的开采利用是现代技术发展的基础，对于从事生产和商务活动的企业来说，能源和矿物等自然资源具有非常重要的战略意义。石油等能源缺乏，可能会导致企业生产停止，甚至影响整个国家经济的运行。石油是被许多国家当作一种政治力量使用的，并由此引发了经济竞争和政治行动。许多国家的产业和政府机构开始寻找新能源和新的能源替代物，从而催生了一些新的行业和产业。壳牌、埃克森等公司都致力于寻找开发新能源。能源的匮乏和供求失衡也迫使许多企业在生产经营活动中注重节约能源、开发新的节能产品。

地球上自然资源的分布具有地形上的偶然性，各个国家资源多寡不均，对资源的需求与国内市场的供给也不一致。这不仅对人们的日常生活和消费产生了影响，同时也引起了价格的变化，制约着企业在本国与他国开展生产与经营。自然资源影响到了世界经济和贸易发展的格局。许多国家的对外直接投资也把开发、利用他国自然资源作为拓展海外业务的重要领域。例如，西方发达国家的跨国公司在海湾地区持续增加投资，想开采和利用海湾国家的石油资源；增加在某些国家或地区的投资，是为了利用当地廉价和丰裕的生产原料。自然资源也日益成为许多国际市场营销企业评估目标市场潜力的一个重要因素。

2. 气候条件

气候条件是自然环境中的另一个重要方面。气候条件对工农业生产、交通运输业的发展及社会经济生活的方方面面都有深刻影响。气候恶劣的地方人类定居点少，气候宜人的地方往往人口众多。

世界银行的研究表明，大部分热带国家欠发达状况多是由热带气候引起的。持续高温及缺乏冬季低温来限制杂草、病毒、寄生虫的繁殖和生长，造成了庄稼毁坏、家畜死亡和人类感染疾病。从某种程度上而言，气候比任何其他因素都更加在身体上和经济上限制人们的行为。不同市场中的气候差异可以对产品组合产生重要影响。例如，温和气候条件下设计的内燃机需要额外的冷却性能来抵御热带更高的温度；多灰尘条件下运行的机器需要特别的防尘保护；高湿度下易变质的货物需要特别的包装；等等。

对于从事国际市场营销活动的企业来说，要充分了解产品在目标市场国的使用环境和使用条件。比如有些食品需要特殊的仓储条件，如果温度不合适，会导致食品腐烂变质。有些机械产品在不同的气候条件下的性能和运行效果也不同，对温度、湿度、气压等都有一定的要求，如果忽略这些因素，很可能造成产品不能正常使用。例如，在加拿大，由于一年中有四五个月的降雪天气，政府为了保证道路交通安全，在地面上撒下大量含盐的沙子防滑。汽车的保险杠、侧门杆因此被盐锈蚀，导致汽车的供油系统漏油和电路损坏。英国的劳斯莱斯公司发现了这一情况，对出口到加拿大的汽车做了一定的防盐锈蚀处理，以使本公司的产品适应该国的情况。又如，蒙特利尔等大城市常常会因为突降大雪而与外界隔离，货物运输会被延误3~4天，因此，当地企业的再订购点和安全存货水平一般都高于正常水平。再如，在加纳，产品既要适应沙漠地带极端炎热与干燥的气候，又要适应热带森林地区的连绵阴雨。欧洲大陆的气候差异使西门子公司对其洗衣机甩桶做出更改，由于德国及斯堪的纳维亚地区晴朗的天气较少，销往这些国家和地区的洗衣机甩桶转速不得低于1 000转/分，这样人们就免去了衣物不易晾干的烦恼；而在意大利和西班牙，由于阳光充足，洗衣机甩桶转速只需500转/分。此外，气候还影响到产品的运输、包装和储存。例如，卷烟过滤嘴的长度就应该考虑到目标市场国的气候条件，寒冷气候条件下的过滤嘴应加长，以免人们戴手套吸烟时将手套烧着。

3. 地理位置

地理位置是指一个国家或地区在地球上所处的空间区位。地理位置的不同决定了各个国家或地区的自然禀赋和条件的差异。恶劣的气候与地理环境使得许多原本就很贫穷落后的国家雪上加霜，由于水利灌溉设施缺乏，天气干旱，洪涝成灾，水土流失及沙漠化，导致土地肥力下降。频发的自然灾害使这些国家难以采取有效的预防措施，加剧了经济的落后和生活的贫穷。

地理位置还决定了一个国家或地区与其他国家或地区的地缘关系。国际市场营销是一种跨越国界的活动，涉及不同国家或地区之间的接触与联系。地理位置因素在很大程度上影响和制约着这种接触和联系的难易。地理上的接近通常是国家间贸易的主要原因。例如，美国的最大贸易伙伴加拿大、第三大贸易伙伴墨西哥，都与其交界，交货更快、运费更低、服务成本更低等因素促使许多美国公司在边境的墨西哥一方设立工厂。处于同一地理区域的国家或地区具有相同或相似的政治、经济、文化，由此决定了居民消费习惯、生活方式等方面的相似性，在同一地理区域内开展国际市场营销活动就具有比较便利的条件，这也是区域化日益盛行的原因之一。例如，欧盟、北美自由贸易区等区域性贸易集团的形成，地理上的接近是不可忽视的主要因素。

4. 地形地貌

地形指一个国家的地表特征，如高山、平原、沙漠、水体等造成了国与国之间及一国不同地区之间在经济、文化、政治及社会结构上的差异。各国的地形条件不同，决定或影响了交通运输、生产、消费等条件的差异。例如，平原地区的陆运网络比较发达，交通便捷，生产资料、产品的运输比较容易，成本较低；而在山区或地形复杂的地区，交通运输不便带来了运输成本的上升；在沿海沿江地区，海上航道和通航河流为交通运输提供了天然的便利条件。又如海拔对食品的影响：如果海拔超过3 000英尺（1英尺≈0.304 8米），蛋糕的烘烤说明就必须修改；而内燃机在5 000英尺的地方会明显失去动力，需要使用更大的引擎。

地形地貌是影响一国人口的地理分布、市场规模大小、语言、通信、分销等与营销活动密切相关的因素的重要环境条件。高山、沙漠、热带森林隔离了市场和不同区域之间的交流及贸易活动，平地则促进了不同地区的经济贸易往来。例如，日本国土狭小，资源匮乏，人口多半集中在东京、大阪等大中城市，这些城市也是工业高度集中的经济中心。在人口更密集的国家或地区，产品营销的成本更低，有更多的劳动力可供雇用，市场规模更具有吸引力。每个地区都有自己独特的产业、气候、文化、方言。俗话说“一方水土养一方人”，生活在不同地理区域的居民有着不同的生活方式、消费习惯、风土人情，继而影响到国际市场营销战略和策略。

4.3.2 自然环境对国际市场营销活动的影响

一个国家或地区的自然地理环境会不同程度地影响企业的国际营销活动，有时这种影响对企业的生存和发展起决定性作用。企业要避免由自然地理环境带来的威胁，最大限度地利用环境变化可能带来的市场营销机会，就应不断地分析和认识自然地理环境变化的趋势，根据不同的环境情况来设计、生产和销售产品。

1. 自然环境影响经济贸易发展

世界经济贸易发展的经验表明，在高纬度和低纬度地区，气候过于严寒或过于湿热对经济贸易发展都不利。一般而言，沿海地区交通便利，信息来源和沟通广泛而迅速，生产要素流动性大，开展经济贸易活动比内陆地区更为便利，经济贸易也相对发达。

进入海外市场从事生产和经营的企业需要将自然环境作为考察和评价目标市场的一个重要指标。因为在具有不同自然条件的国家或地区，经济发展程度和人们的生活水平有一定的差异，这会影响到开展国际市场营销的可能性和有效性。因此，企业到某地投资或从事国际市场营销必须了解该地的自然资源状况。如果该地对本企业产品需求大，但缺乏必要的生产资源，那么，企业就适合向该地销售产品。但是如果该地有丰富的生产资源，企业就可以在该地投资建厂，在当地生产，就地销售。可见，一个国家或地区的自然资源状况往往是吸引外国企业前来投资建厂的重要因素。

2. 自然环境影响消费者的行为

不同地理区域的国家或地区具有不同的地域亚文化，对国际市场营销活动的影响也相当大。地域亚文化是指某一社会文化按地理位置条件进行细分，其不同地理位置会形成不同的文化特征，从而导致消费需求和消费行为的差别。消费者很多消费习惯的形成都与当地的自然地理条件有关。例如，在中国，北方人一般偏好口味较浓厚的食物，而南方人则偏爱口味清淡的食物。同一产品在销往不同区域的市场时，需要充分考虑消费者消费行为的差异性。

3. 自然环境影响产品的供求

气候条件、地形地貌、自然资源状况等因素对产品的供求有极大的影响，其影响最大的是农产品，所以随着自然环境条件的改变，国际市场上农产品的供求、价格等也会变化，这些变化又会导致一连串的反应。例如，某地区发生自然灾害导致水果产量下降，那么水果罐头的产量也会随之下降，而作为包装材料的马口铁的需求量也会减少，出现供过于求的状况。

4. 自然环境影响营销产品的选择

不同的国家或地区由于其资源种类和数量差异较大，其生产的产品也呈现出很大的差异性，特别是与资源密切相关的产品。企业开展国际市场营销时，选择的产品应该是目标市场国所缺乏的产品，或者是有竞争力的产品，从而提高营销的成功率。例如，加拿大的森林资源丰富，生产的纸张原料好、价格低、质量高，如果向加拿大出口纸张，则不易获得竞争优势。有些国家地域辽阔、南北跨度大，地形地貌复杂，气候多变，企业必须根据各地的自然地理条件生产与之相适应的产品，才能适应市场的需要。

5. 自然环境影响营销产品的改进

一个国家的地形地貌和气候等地理因素是企业进入该国市场必须考虑的重要因素。如一个国家的海拔、湿度和温度变化可能影响产品的使用和性能，在温带地区运转良好的产品到了热带地区有可能性能不佳。即使是同一国家内，各地气候也可能有很大的差异，也需要对产品进行重大改进。例如，销往美国北部和东北部市场的冬装面料要比销往南部和西部市场的厚一些。经度、纬度、海拔、温度、湿度等自然条件都会影响产品的使用和性能。在本国适用的产品，到了目标市场国不一定适用，因此需要对产品的设计和制造等进行调整，否则将影响使用和销售。

6. 自然环境影响营销时机的选择

由于地理位置不同，世界各地的气候变化不是同步的，不同国家或地区在同一时期的气候会表现出很大的差异性，即使同一国家或地区也可能存在较大的气候差异，产品的生产和供求在一年内可能会有一定的波动，而消费者在不同的季节对有些产品的需求量和需求类型也有所变化，尤其时令产品的营销要特别注意当地的气候情况。国际市场营销人员应充分考虑不同国家或地区的自然环境差异所导致的营销时机的选择问题。

4.3.3 国际市场营销与生态环境保护

从早期的环保运动到现在的绿色浪潮，环境问题已成为世界各国普遍关注的热点问题和经济、政治、社会、法律等各个领域的重要议题。各国政府对环境问题从一般关心到积极参与，制定了一系列环保法规和政策，民间出现了环保组织，消费者价值观念发生了显著变化，消费需求发生了重大改变。与环保密切相关的新事物、新观念不断涌现，环保问题渗透到社会生活的各个领域。

20 世纪 90 年代被誉为“环境年代”。许多国家、企业及个人都形成了这样的共识：环境污染已不是某个国家的问题而是国际性的问题，对整个人类构成了威胁。环境保护是营销过程不可忽视的部分。许多国际企业也开始行动起来，在营销与管理的各个方面贯彻环境保护的理念。国际市场营销活动中贯彻的环保理念，具体内容可概括为“无污染、省资源、护生物”，即减少和消除环境污染，节省资源，保护动植物物种的多样性，维护生态平衡。

环境保护主义运动和可持续发展战略的开展，使得许多国家消费者开始关注自己赖以生存的环境，关注自己的消费行为是否造成环境污染，自觉使用以可再生资源生产的产品，使用带有环保标志的绿色产品。同时，各国政府也采取积极措施，制定各种严格的环保政策，并强制企业购买环保设施和采取措施解决环境问题。因此，在开展国际市场营销活动时，必须密切关注当地政府和消费者对环境保护的关注程度；否则，再好的产品如不符合消费者的环保意识，也可能导致产品营销活动的失败。一般说来，西方发达国家消费者环保意识非常强，对其开展营销活动时要特意宣传产品使用了多少再生资源，而且要强调对环境污染非常小，以迎合消费者的环保观念。更重要的是，进行国际市场营销活动时，必须了解和遵循当地有关环保的法律法规，否则可能遭到封存产品和禁止销售的处罚。企业在进行国际市场营销时，必须针对特定市场，对产品进行适当的包装、改造，避免引起环保问题争议。在对西方国家开展营销活动时，产品最好能通过 ISO 14000 环保认证，有该环保标志的产品可以在全球市场免除与环境相关的检查。这样既可以节省时间，也可以树立企业的环保品牌形象。

生态环境恶化的严峻现实使人们开始认识到，以破坏生态环境为代价而取得的经济增长并不是生活质量提高和社会进步的标志，建立在资源耗费和环境滥用基础上的经济增长最终将阻碍经济发展和社会进步。生态环境的巨大压力使人们的环保意识开始觉醒，国际社会逐渐认识到，单纯依靠某一方面的努力是解决不了日趋复杂和广泛的环境问题的，只有按照生态可持续性发展和经济可持续性发展的要求，改变传统的单纯追求经济增长的战略和政策，对传统的经济增长模式和资源利用方式，包括生产和消费模式做出重大变革，才有可能从根本上防止生态环境的进一步恶化。

1980 年，联合国向各国发出呼吁："必须研究自然的、社会的、生态的、经济的及自然资源利用过程中的基本关系，确保全球持续发展。"1987 年，世界环境与发展委员会把历经 4 年研究论证的报告——《我们共同的未来》提交给联合国大会，报告中正式提出了可持续发展的模式。报告指出，当代存在的发展危机、能源危机、环境危机都不是孤立发生的，而是传统发展战略造成的。要解决人类面临的各种危机，只有改变传统的发展方式，实施可持续发展战略。1992 年联合国环境与发展大会把可持续发展战略列为全球发展战略，制订了具有划时代意义的行动计划——《21 世纪议程》，使这一战略思想被世界各国所接受。

可持续发展是从环境与自然资源角度提出的关于人类长期发展的战略模式，它强调的是环境与自然资源的长期承载力对发展的重要性及发展对改善生活质量的重要性。其核心思想就是经济的健康发展应该建立在生态持续能力、社会公正和人民积极参与自身发展决策的基础之上。它的目标是不仅满足人类的各种需求，使人尽其才、物尽其用、地尽其利，还要关注各种经济活动的生态合理性，保护生态资源，不对后代人的生存和发展构成威胁。在发展指标上与传统发展模式有所不同的是，不再把 GDP 作为衡量发展的唯一指标，而是用社会、经济、文化、环境、生活等方面的指标来衡量发展。

企业作为微观经济行为主体，也受到环境问题的巨大压力和环保思潮、环保运动的影响。环境问题通过影响道德观念、法律规范、消费需求、生产成本、生产技术、竞争环境等因素而影响企业的生存与发展，迫使企业认识到传统的营销理论和观念必须进行修正和发展，才能适应环保时代经济与环境持续发展的要求。20 世纪 70 年代末，随着国际社会对环保的日益关注，绿色营销率先在工业发达国家萌芽并逐渐发展起来。

绿色营销是可持续发展在企业生产经营活动中的集中反映，是实施可持续发展战略的重要组成部分，也是实现社会经济可持续发展的首要途径。在市场经济条件下，经济的可持续发展是通过市场来实现的，而且所有的环保举措也只有真正落实到市场经济行为中才能获得长期的效果。企业是社会经济最基本的细胞，因而是实现社会可持续发展战略最基本、最关键的因素。绿色营销把环境保护引入营销，通过营销过程的"绿化"达到经济与环境的和谐统一。

本章小结

国际市场营销活动处于不断发展变化的全球经济环境之中，三大重要的国际经济组织——世贸组织、国际货币基金组织和世界银行，对全球经济、贸易和金融发展具有重要影响。全球经济体系主要分为市场经济体制和计划经济体制，大部分国家的经济体制实质上是兼有这两种体制的特点。不同经济发展阶段的国家的市场具有不同的特点。对于全球金融环境和外汇市场的变化对国际市场营销活动可能造成的风险，需要积极主动防范。目标市场国的人口状况决定了市场需求规模，是判别一国市场潜力的重要因素。在国际市场营销活动中，自然地理因素对营销会产生制约作用，国际市场营销人员需要深入把握自然环境对国际市场营销活动的影响。

案例分析

新兴经济体表现突出　政策制定面临挑战

普华永道公布的一份研究报告指出，到2050年，全球经济力量从传统先进经济体向新兴经济体转移的趋势将会持续，从长期来看，新兴市场国家将会持续增加在全球国内生产总值（GDP）中所占的比重。这份名为《长远前景：2050年全球经济排名将会如何演变?》的报告，预测了全球最大的32个经济体（占全球GDP约85%）从现在到2050年的增长前景。报告预测到2042年，全球经济总量将会翻一番，2016—2050年的年均经济增长率为2.5%。

新兴经济体表现突出

报告认为，全球经济的增长动力大部分源于新兴市场及发展中国家。未来30多年，七大新兴市场国家（E7），即中国、巴西、印度、印度尼西亚、墨西哥、俄罗斯、土耳其的年均经济增长率将达3.5%，但七大工业国（G7），即美国、英国、加拿大、法国、德国、意大利及日本，在这期间的年均经济增长率将只有1.6%。

参与撰写报告的普华永道首席经济师霍克斯沃思表示："我们将会看到经济力量由传统先进经济体向亚洲及其他地区的新兴市场转移。到2050年，E7国家经济总量将占全球GDP近一半，而G7国家的占比将缩减至20%。"

报告指出，若以市场汇率计算GDP，全球经济力量格局则没有重大的转变，但预期中国仍然会在2030年前成为全球最大经济体，印度则有望于2050年前成为全球第三大经济体。

大众的关注点将会是新兴市场的后来者逐渐登上全球经济大舞台。预计到2050年，印度尼西亚及墨西哥的经济规模将会大于日本、德国、英国或法国，而土耳其经济规模将会超越意大利。以增长率计算，越南、印度及孟加拉从现在到2050年将会成为增速最快的经济体，其年均增长率将超过5%。

尼日利亚的经济规模到2050年有望提升8位跃至全球第14位，但前提条件是其需要改变严重依赖石油而实现经济多元化，并增强其管治水平及基础建设。

哥伦比亚和波兰同样具有巨大的潜力，报告预测这两个国家将分别是拉美及欧盟地区经济增速最快的国家。若把欧洲的定义进一步扩大，土耳其的经济增速应该会是最高的。

政策制定面临挑战

报告认为，新兴市场若要完全发挥其潜能，当地政府必须持续并有效地对教育、基建及科技进行投资。油价于2014年年中至2016年年初下跌，凸显出新兴市场经济需要实现多元化，才能保持长远且可持续的增长。要实现这个目标，新兴市场政府就要在政治、经济、法律及社会监管上进行改善，以鼓励创新及企业发展，构建安全及稳定的营商环境。

霍克斯沃思指出，很多新兴经济体的增长动力都是源于较快的人口增长，因而刺激本地需求及劳动力人口的增加。但是，这些国家需要投资教育及改善宏观经济的基础，以确保其有足够多的职位来满足不断增加的年轻劳动力。

霍克斯沃思称："要实现我们报告所预测的长远可持续的经济增长，全球的政策制定者将面临多项挑战。结构性发展，如人口老化和气候变化，都需要具备前瞻性的政策，让大众持续地对社会做出贡献并提倡低碳技术应用。某些国家的全球贸易增长放缓、收入差距扩大，加上全球地缘政治不稳，都需要我们创造多元化经济，为不同行业的人创造更多的发展机会。"

新兴市场的发展将会为企业创造很多营商机会，从而令国家兴起，发展新产业、参与全球市场，将会使相对年轻一代富裕起来，继而使城市更具魅力，吸引人们前来营商及居住，带动投资及汇聚人才。

新兴市场经济体的特点是发展迅速但相对波动，企业若要在这些市场获得成功，就需要具备弹性及耐性的经营策略。普华永道报告中的个案研究显示，企业应调整它们的品牌和市场定位来满足不同及更微妙的地方偏好。深入了解本地市场和消费者非常重要，往往需要与本地合作伙伴的合作。

霍克斯沃思认为："新兴市场在发展并过渡至成熟经济体的进程中，将不可避免地出现政治和经济的短期动荡，企业要耐心地面对并应对这些情况。企业若无法参与新兴市场的发展，则将错失从现在到 2050 年全球可预见的经济增长机遇。"

（资料来源：李高超．新兴经济体表现突出　成为全球经济主要动力［N］．国际商报，2017－02－15.）

讨论与分析：

1. 面对新兴经济体的发展，企业国际市场营销有哪些机会？
2. 企业在开拓新兴经济体市场时要注意哪些问题？

课后习题

一、单选题

1. 与全球贸易活动最为紧密的国际经济组织是（　　）。
   A. 经济合作开发组织　　B. 世界贸易组织
   C. 国际货币基金组织　　D. 世界银行
2. 经济政策和谐统一的国际区域经济一体化组织是（　　）。
   A. 自由贸易区　　B. 关税同盟　　C. 共同市场　　D. 经济同盟
3. 在外汇风险中，由于外汇汇率发生意外波动而引起企业未来收益发生变化的潜在风险是指（　　）。
   A. 储备风险　　B. 折算风险　　C. 经济风险　　D. 交易风险
4. 在实际经济活动中，生产者或消费者的活动给其他生产者或消费者带来的非市场性的影响，称为（　　）。
   A. 外部性　　B. 内生性
   C. 与环境有关的外部性　　D. 生产的外部不经济性
5. 气候条件、地形地貌、自然资源状况等因素对产品的供求会产生极大的影响，其中受影响最大的是（　　）。
   A. 农产品　　B. 工业产品　　C. 初级产品　　D. 半成品
6. 1999 年 1 月 1 日，欧洲经济与货币联盟第三阶段的正式启动，标志着（　　）的欧元开始正式使用。
   A. 欧洲经济一体化　　B. 欧洲联盟
   C. 欧洲货币一体化　　D. 欧洲经济同盟

7. 以下体现了气候条件对产品包装的影响的是（　　）。
   A. 多灰尘条件下运行机器需要特别的防尘保护
   B. 高湿度下易变质的货物需要特别的防潮包装
   C. 寒冷天气下，烟厂将卷烟的过滤嘴加长
   D. 热带气候条件下内燃机需要额外的冷却性能来抵御过高的气温
8. 20 世纪 60 年代以后，在中东地区一跃成为支柱产业的是（　　）。
   A. 煤矿开采　　B. 石油开采　　C. 核能利用　　D. 水能利用
9. 绿色营销的概念最早提出于（　　）。
   A. 20 世纪 70 年代　　B. 20 世纪 80 年代　　C. 20 世纪 90 年代　　D. 21 世纪初
10. 为我国企业国际市场营销活动打下坚实基础的是我国的（　　）。
   A. 国际政治地位提高　　B. 经济增长
   C. 军事力量增强　　D. 文化底蕴深厚

二、多选题

1. 全球气候变化可能导致的影响大致包括（　　）。
   A. 对人体健康的影响　　B. 对水资源的影响
   C. 对森林的影响　　D. 对沿海地区的影响
   E. 对生物物种的影响
2. 在分析市场时，人口因素的指标有（　　）。
   A. 人口总数　　B. 人口增长率　　C. 人口分布　　D. 人口结构
   E. 人口收入水平
3. 自然资源是指自然界中能够被人类利用的物质和能量的总和，可分为不可再生资源和可再生资源。其中前者包括（　　）。
   A. 金属　　B. 煤　　C. 石油
   D. 矿石　　E. 天然气
4. 关于人民币升值，下列说法正确的有（　　）。
   A. 我国企业出口产品的外币价格上涨　　B. 我国企业出口产品的竞争力下降
   C. 我国企业进口产品的价格将上升　　D. 我国企业进口产品的量将增加
   E. 我国贸易顺差将变大
5. 外汇风险防范的方法主要有（　　）。
   A. 价格调整法　　B. 易货贸易　　C. 划拨清算法
   D. 出口信贷　　E. 保值条款法

三、名词解释

1. 外汇风险
2. 全球经济环境
3. 国际自然环境
4. 绿色营销
5. 经济周期

第 5 章

国际市场营销的科技环境

★学习目标

1. 了解当前科学技术发展的主要特征，掌握科技发展对国际市场营销的影响。
2. 了解现代信息技术的发展，掌握网络营销的基本方法。
3. 理解电子商务对企业国际市场营销的影响，掌握电子商务对企业开展国际市场营销的要求。

科学技术深刻影响着人类社会的发展，国际科技环境是国际市场营销面临的重要营销环境。21 世纪是知识经济时代，技术革命已成为经济发展的主要推动力。在开展国际市场营销活动中，如果不能了解科技发展动态、把握技术发展脉搏，企业很可能在日益激烈的技术竞争中被淘汰。技术革命带来了技术创新，改变了企业生产、经营和管理组合模式，同时改变了市场运行模式和机制。近年来，信息技术革命带来了全球经济一体化，推动了互联网和电子商务的快速发展，改变了传统工业经济时代的营销模式和竞争策略。

5.1 科技发展环境概述

科学技术的进步是推动世界经济和社会发展的强大动力，是衡量一个国家综合国力的重要标志，尤其是当代技术革命对人们的思想观念、生存条件、工作方式等产生了深刻影响。因此，世界科学技术的发展趋势，不但是世界各国最为关注的问题，也是企业在国际市场营销中必须重点考量的因素。

5.1.1 科学技术的主要特征

科学技术环境主要是指企业目标市场国的科技发展水平及运用程度、科学技术对社会经济文化各方面的影响、相关产品的技术水平及目标市场消费者对产品技术的接受能力等。第二次世界大战以后，新科技革命蓬勃兴起，形成了科学技术生产体系，科学技术在现代生产中起着领头和主导作用。工业发达国家科技进步因素在国民生产总值中所占比重已从20世纪初的5%～20%，提高到了现在的80%以上。科学技术的发展对于社会的进步、经济的增长和人类社会生活方式的变革都起着巨大的推动作用。现代科学技术是社会生产力中最活跃和起决定性作用的因素，它作为重要的营销环境因素，不仅直接影响企业内部的生产和经营，还与其他环境因素相互依赖、相互作用，影响着企业的国际市场营销活动。概括起来，当前世界范围内的科学技术主要呈现如下特征：

1. 科学技术创新、转化和产业化的速度不断加快

现今，人类基因组、超导、纳米材料等本属于基础研究的成果，有些早在研究阶段就申请了专利，很多科学研究的成果迅速转化为产品，走进人们的生活；原始科学创新、关键技术创新和系统集成的作用日益突出，竞争已前移到原始创新阶段，原始创新能力、关键技术创新和系统集成能力已经成为国家间科技竞争的核心，成为决定国际产业分工地位和全球经济格局的基础条件。

2. 科学技术发展呈现出群体突破的态势

尽管当代各门科学技术的构成不同、功能各异，但是它们都基于不同层次的理论与方法，它们相互联系，彼此渗透交叉，整个科技群体构成了协同发展的复杂体系。科技在向微观和宏观层面深入的同时，也越来越关注复杂系统的研究。而对社会系统、经济系统、生命系统、生态系统、网络系统的研究，将对经济、社会、人与自然的协调发展以及科技进步本身产生重大影响。

3. 学科交叉融合加快，新兴学科不断涌现

20世纪以来，特别是第二次世界大战以后，科技发展的跨学科性日益明显，现在的一些举世瞩目的重大科学问题，几乎都是跨学科问题；科学和技术的融合成为当今科技发展的重要特征，许多学科之间的边界将变得更加模糊，未来重大创新更多地出现在学科交叉领域，学科之间、科学与技术之间的相互融合、相互作用和相互转化更加迅速，逐步形成统一的科学技术体系。

4. 科学技术与经济、社会、教育、文化的关系日益紧密

现在的一些经济社会发展中的重大科技问题，已不再单纯是自然科学与技术问题，比如温室效应，臭氧层破坏，资源环境，艾滋病等流行性疾病的预防、控制与治疗。如何实现人与自然的和谐发展，如何实现经济社会全面协调可持续发展等，这些问题不仅涉及自然科学的认知和技术支撑，同时涉及经济、政治、法律、社会发展、文化和教育等。这些问题的解决超出了自然科学技术能力的范围，必须综合运用自然科学、技术手段和人文社会科学研究协同解决。

5. 国际科学技术交流与合作日益广泛

科学没有国界，技术的发展也必须着眼于全球竞争与合作，在经济全球化时代，任何一个国家都不能长期独享一项科学技术成果，也不可能独自封闭发展并保持科技先进水平。随着经济全球化的迅速发展，人们面临的许多问题也越来越表现出明显的全球特征，如全球环境问题、食品安全、生物多样性保护和传染病的防治，以及反恐、维护世界和平与稳定、保

障国家安全等问题，都需要全球的交流与合作。

5.1.2　科学技术的发展趋势

1. 信息技术将成为国际竞争的关键

目前人类已进入信息化社会，人们已开始认识到信息是比物质和能源更为重要的可以再生的资源。信息既可压缩、扩散，也可以以光速传播，并渗透到各个方面。它在时间和空间上，使世界变小、科学变大，为人类共享精神财富创造了客观条件。信息技术把传统产业从扩大外延推向增加内涵的发展道路；同时，以数字革命为先导，以信息高速公路为主要内容的信息技术将引发一场世界性的经济竞争。因此，信息技术将成为各国竞争的关键领域。随着互联网的高速发展，科学家们可利用网络进行合作研究开发，创造出更加丰硕的成果；学生们可以学习分布在各地的优秀教师的课程；病人可通过远程的名医会诊和遥控治疗，得到最好的医疗服务。信息技术将为人们提供一个方便、多样、舒适、协调的生存环境。

2. 先进材料技术成为科学技术发展的突破口

人类历史发展证明，先进材料是人类文明的阶梯，时代的发展需要新材料，而新材料又推动着时代的进一步发展。因此，人们把材料视为时代文明的支柱之一，先进材料技术已成为世界各国科技竞争的焦点。新材料中最具活力的是信息功能材料，高温、高比强度、高比刚度的结构材料，超导材料，纳米材料，能源材料和生物材料等。信息功能材料是指用于信息的获取、传输、存储、显示及处理有关的材料，其品种繁多、涉及面广。其中，由于单晶硅片直径越来越大、线宽度小、转化率高、性能好、价格低，成为发展最快的先进信息材料。新型结构材料（如高温超导体、纳米材料等）具有很多异乎寻常的特点，纳米技术已成为先进材料的前沿技术，用于诊断、治疗、修复人体器官或组织更换的生物材料和称为绿色材料的环保材料等，都将成为有发展前景的新材料。

3. 现代生物技术将成为革命性技术

现代生物技术又称生物工程，它是利用生物有机体或其组成部分发展新产品或新工艺的一种技术体系。它将同信息技术、先进材料技术并列，成为决定未来的三大最重要的高技术。现代生物技术之所以成为起主导作用的高技术，不仅在于依据其建立起的涉及工程、农业、医药、食品、能源和环保等诸多方面的产业群，还将创造出数千亿乃至上万亿美元的巨大产值，带动经济的发展。更重要的还在于当今人类面临的许多难题的解决途径非现代生物技术莫属，将使人类的生命和生活发生一系列革命性变化。生物技术的发展将会使产业结构、工艺方法、产品结构发生一系列的变化。科学家断言，21 世纪将是以生物工程为代表的生命科学的世纪。

4. 先进制造技术将是工业现代化的保障

机械制造是现代工业工艺装备的基础条件，它的发展和先进程度标志着一个国家或地区工业现代化的水平。先进制造技术是在传统制造技术的基础上，将计算机等多种现代科学技术综合集成地应用于制造，实现优质、高效、低耗、清洁、文明生产。因此，研究开发和推广应用先进制造技术已成为现代经济发展的重要任务，也是各国工业现代化追求的目标。先进制造技术将是 21 世纪信息、材料和生物技术等发展和产业化的保障。从信息技术发展实践看，这一历程实际上主要是微加工技术的进步史。因此，微加工技术的进步成为计算机、通信和网络等信息产业发展的主要推动力，使得信息技术渗透到工厂、商业、金融、国防、机关、学校等方面成为可能，并使信息产业成为全球产值最高的产业。

5.1.3 科学技术对企业国际市场营销的影响

科技革命带来了技术创新，改变着企业生产、经营和管理的模式，同时改变了市场运行模式和机制，信息技术革命带来全球经济一体化，推动了知识经济的发展，改变了传统工业经济时代的营销模式和竞争策略。因此，企业在制定国际市场营销策略时，必须注意到技术革命特别是信息技术发展带来的变化。由于各国科学技术发展水平及其应用程度存在较大的差异，科技力量对于各国社会经济生活领域的影响也不尽相同，因而使得企业的国际市场营销活动一般都面临着复杂的科技环境。科技环境对企业国际市场营销的影响主要体现在以下几个方面：

1. 科学技术的发展直接影响企业的经济活动

现代生产力水平的提高，主要依靠设备的技术开发（包括原有设备的革新、改装及设计、研制效率更高的现代化设备），创造新的生产工艺、新的生产流程。同时，技术开发也扩大和提高了劳动对象的利用广度和深度，并不断创造新的原材料和能源。这些不可避免地影响到企业的管理程序和市场营销活动。科学技术既为市场营销提供了科学理论和方法，又为市场营销提供了物质手段。新的科学技术的出现使得企业的跨国经营成为可能，各种新型的通信技术和沟通渠道极大地拓展了企业的经营视野，也为企业提高国际市场营销的效率提供了物质基础。

2. 科学技术的发展和应用影响企业的国际市场营销决策

科学技术进步所产生的效果，往往借助消费者和市场环境的变化间接影响企业市场营销活动的组织。因此，国际市场营销人员进行决策时，必须考虑科技环境带来的影响。随着科学技术的发展，知识经济、电子商务、网络营销、数据库营销、客户关系管理等新型的营销方式和理念层出不穷，为了在激烈的国际市场竞争中生存，企业必须跟上现代科学技术发展的步伐，不断创新，提高产品的附加值。

对国际产品策略的影响。科学技术的发展使新原理、新工艺、新材料等不断涌现，每天都有新品种、新款式、新功能的产品在国际市场上推出，产品更新换代速度加快，产品的生命周期缩短。国际市场上的产品日新月异也不断给企业带来机会和威胁。以往在生产和经营中只注重产品商业性的企业，现在开始关注产品的技术性，很多企业的生产和经营从以物质价值为核心要素转变为以知识、技术含量为核心要素。这种情况要求企业不断地进行技术革新，赶上技术进步的浪潮；否则，企业的产品跟不上更新换代的步伐，跟不上技术发展和消费需求的变化，就会被市场淘汰。在产品的设计与生产中，技术因素使产品投入初期的成本有所上升，但随着技术的普及和不断应用，企业规模经济逐渐形成，由技术的运用而形成的竞争优势会显现出来。

对国际分销策略的影响。新的交通运输工具的发明或旧的交通运输工具的技术改进，缩短了产品的在途时间，使国际货物运输的效率大大提高，替代了部分体力和脑力劳动，新的物流方式和技术使得产品分销效率得到极大提高。EPOS、JIT、SCM、ERP 等新的经营管理方式引发了企业分销领域新的变革。

对国际价格策略的影响。企业必须能够运用科学的方法准确预测市场中目标用户的需求和对价格的认同标准，并配合柔性的产品设计和生产方案，提供灵活的价格标准让用户选择。在产品的设计之初，技术因素使初期成本增加，但随着技术的普及和不断运用，企业规模经济逐步形成，由技术应用而形成的成本优势就会显现出来。

对国际促销策略的影响。新的科学技术促进了促销方式的多样化。比如广告策略，由于新技术不断涌现，广告设计、广告调查等决策可利用计算机、电子扫描仪等新型工具；广告媒体日益丰富，电视、电话、手机、传真、网络等现代信息传媒层出不穷。现代计算机技术和手段的发明运用，可使企业及时对消费者的消费需求及动向进行有效的了解，从而使企业国际营销活动更加切合消费者需求的实际情况。

对国际市场营销竞争战略的影响。科学技术的发展使企业改变了以往的竞争模式。国际企业在获取利润的同时，需要承担更大的风险，尤其是采用高技术开拓国际市场的企业，一般都注重与相关企业建立战略合作联盟，因而由传统的单纯竞争形式变成了既是竞争对手又是合作伙伴，相互依赖、相互竞争的形式。例如，美国的英特尔公司在开拓存储器市场时就与日本的富士通公司联合开发研制，共同享受成果。同时，由于知识经济的发展，国际市场的竞争由传统的对资本等低层次资源占有的竞争转变为对知识的生产、占有和利用能力的竞争。

3. 科学技术的发明和应用为企业创造了更多机会

科学技术的发明和应用可以造就一些新的行业、新的市场，使落后产业逐渐被淘汰、被改造，这为企业创造了更多机会。例如，太阳能、核能等技术的发明应用，使得传统的水力和火力发电受到冲击；晶体管取代电子管，后又被集成电路所取代；复印机工业打击复写纸工业；化纤工业对传统棉纺业造成了冲击；微电子技术、海洋生物技术、信息产业、光导通信、机器人、激光技术、遗传工程等新的科学技术和新兴产业对传统产业产生了巨大冲击，使经济和产业结构发生重大改变。伴随着科学技术的进步，新行业替代、排挤旧行业，这虽然对新行业技术拥有者是一个机会，但对旧行业却是一种威胁。新的竞争法则对企业的技术创新能力提出了更高的要求。

4. 科学技术进步引起新一轮消费革命

新技术的应用必然导致新的产业部门和新的市场出现，使产品品种不断增加、范围不断扩大，消费结构发生变化。例如，电子计算机技术的发展使人们改变了传统的笔算和珠算，甚至在日常生活中也逐渐离不开计算机的应用。消费者的购买动机也在悄然发生变化。从追求物质需求到主张精神享受，对产品的个性化需求越来越普遍。自动售货、网上购物、无人商店等新的购买方式成为新宠。生活方式和消费方式的变革使企业深刻认识到，谁先主动采取与之相适应的营销策略，谁就能抢占先机。因此，企业在组织国际市场营销时必须深刻认识和把握由于科学技术发展而引起的社会生活与消费的变化，看准营销机会，积极采取行动，并且要尽量避免科技发展给企业造成的威胁。

5. 科学技术发展为提高国际市场营销效率提供了物质条件

科学技术的发展为企业提高生产效率提供了物质条件，使企业产品的开发与设计水平迈上了一个新台阶。计算机辅助设计、柔性制造、敏捷制造等生产技术大大提高了生产效率。电子商务的兴起和互联网的普及使世界范围内的网上贸易额和交易量飞速增长，促进了企业实现市场网络建设的低成本扩张。企业与消费者之间的沟通、企业与企业之间的沟通变得方便快捷。新技术促进了企业组织形式和经营模式的重大变革。传统的国际市场营销受制于地理位置和时间，一般采用松散型的管理，对不同市场必须设立相应的机构和配套组织，所以开拓市场的成本很高。而信息技术革命使全球通信便捷，使远程办公、远程会议和远程管理成为可能，而且随着信息成本不断下降，这种现代化的管理模式和方式越来越易于操作，大幅度地压缩了旅行费用和额外开支。

6. 科学技术发展改变了企业的经营理念

企业国际市场营销的迅猛发展与技术革命是紧密相连的。知识经济的兴起，促使企业从传统的侧重机构组织等硬管理向教育、培训和提高员工的归属感等软管理转变，而培养国际员工的归属感和提高其素质成为企业国际市场营销战略的一个重要组成部分。

总之，科学技术的进步和发展，必将给社会经济、政治、军事及社会生活的各个方面带来深刻变化，这些变化也必将深刻地影响企业的国际市场营销活动，给企业造成有利或不利的局面，甚至关系到企业的生存和发展。因此，企业应特别重视科学技术这一重要的环境因素对国际市场营销活动的影响，尽可能地抓住机会，避免风险，在国际市场上求得生存和发展。

5.2 互联网与国际市场营销

5.2.1 互联网与网络营销

随着现代科学技术和通信技术的发展，互联网正全面进入人们的生活，这就为企业创造了一个全新的营销信息环境——网络营销环境。国际市场网络营销环境是指对企业跨国网络营销活动产生直接或间接影响的各种内部和外部因素的集合。企业网络营销活动能否取得预期的经济效益，关键在于所制定的网络营销目标和各项策略能否正确反映不断变化的外部环境所施加给企业的影响，以及企业是否调动了内部的各种因素来迎接外部环境对企业网络营销提出的各种挑战，并进一步研究企业网络营销的目标策略在实施后对社会及公众的影响。

国际互联网是在网络技术、信息技术等高新技术的基础上发展起来的，现代通信技术使互联网形成了一种辐射面广、交互性强的新型媒体。网络营销则是以互联网为媒体，以新的方式、方法和理念实施营销活动，能更有效地促成个人和组织交易活动的实现。因此，科学技术的发展是网络营销迅速发展的前提和基础。网络营销的发展是21世纪企业营销的发展趋势。企业的生产能力、销售能力、服务能力和管理能力的提高都依赖网络设备和网络技术的开发与应用，科学技术既为企业网络营销提供科学理论和方法，又为企业网络营销提供物质手段。

网络技术的迅速发展使社会进入了信息网络时代，消费者和经营者时刻都在接受着信息和科学技术快速发展的冲击。消费者承受着扑面而来的各种信息，面对成千上万的新品种、新款式、新功能、新材料的商品推向市场，这既增加了消费者对商品的可选择性，也增加了选择的难度；同时，科技的发展给企业带来了发展机会，也伴随着风险和隐患，企业经营者面临着如何选择信息和市场机会以做出正确的经营决策的问题。

5.2.2　国际市场网络营销策略

互联网作为一种全新的信息沟通与产品销售渠道，使传统的市场营销环境发生了根本性的变革。网络营销所面对的顾客群、虚拟的市场空间和竞争对手与传统市场有着本质的不同，企业将在一个全新的营销环境下生存，因此必须根据网络营销环境的现状和变化趋势制定有效的营销策略。

1. 网络营销目标市场的选择

网络营销目标市场，也称为网络营销目标消费群体，是指企业计划为其提供产品和服务的网络顾客群。企业只有在深入分析和研究网络营销环境的基础上，依据网络消费者的需求、购买动机、习惯与爱好等的差异性，把网络市场划分成不同类型的消费群体，才能准确地选择自己的服务对象，发挥自身的优势和展现自身的特色，从而制定有效的网络营销策略。

一个良好的网络营销目标市场必须具有一定的购买力，有足够的市场容量。

企业的网络营销方式要能满足购买需求，并具备通过互联网进行企业营销活动的相关技术和管理水平，还要具有满足该网络营销目标市场需求的能力，具有开拓该网络营销目标市场的能力，具备创建、维护网络营销网站或网页的技术实力，并能形成一定的竞争优势。企业确定了网络营销目标市场后，还必须进行市场定位，主要是根据产品品质、性能、外观、颜色、包装、网站或网页的特色、价格、消费者需求状况等因素体现企业产品鲜明的营销特色和个性，树立企业产品良好的市场形象。

2. 企业选择网络营销的方式

企业加入互联网的主要目的是在互联网上建立自己的营销网络通道，开展产品的宣传和推广，实现直接和快速的网络交易。企业进入互联网一般有五种方式可供选择。

（1）申请电子邮件地址。电子邮件地址就像公司的电话号码，是企业必不可少的贸易工具，通常可分为免费电子邮件地址、收费电子邮件地址和企业电子邮件地址三种形式。

（2）建立自己的网页。网页是互联网的组成部分，可以用网页浏览器查看，它多用 HIML 语言编写，可以包含文本、图片、动画、声音等元素。企业可以在网页上发布产品实物照片、包装图片、文字资料，供网络顾客浏览。

（3）建立独立的网站。网站分为企业内部网站与企业外部网站。企业内部网站可以让企业各部门及员工搜集和发布信息，从而加强各部门之间的沟通与协调，增强员工对公司的认同感，帮助企业提高管理效率；企业外部网站则可以帮助企业树立形象，宣传企业的产品，增加企业产品的销售机会，为顾客提供服务等。企业建立自己独立的网站可以通过自行架设或选择虚拟主机的形式实现。

（4）建立企业的互联网商务系统。通过互联网商务系统推广企业的产品和服务有利于企业主动寻找顾客，即通过对市场的分析调查，找出真正的潜在顾客，从而制定有效的营销推广策略，以达到事半功倍的效果。

（5）进行搜索引擎注册与排名和交换链接。搜索引擎是顾客发现新网站的基本工具，企业必须在主要的搜索引擎上注册并获得最理想的排名，以引导顾客以最快的速度在最短的时间内发现企业的营销网站或网页。交换链接，也称互惠链接，是具有一定互补优势的网站之间的简单合作形式，即合作双方分别在自己的网站上标示对方的网站 LOGO 或网站名称并设置对方网站的超级链接，使顾客可以从合作网站上发现本企业的网站，从而达到互相推广和宣传的目的。

新技术革命带来了竞争更加激烈的市场环境。传统的市场壁垒随着互联网的出现和经济全球化进程的加快被逐渐打破，互联网已超越了时空概念将全球连为一体。信息的公开化则在某种程度上突破了传统行业以往的界限，把现代企业统统置于国际竞争环境中，国内和国际市场营销的界限日益模糊。竞争的国际化改变了人们传统的竞争观念，也使竞争条件、竞争规则发生了许多变化，有力地推动了全社会的专业化分工协作、资源共享、优势互补。电子商务时代的到来，对传统商业领域是一场新的革命。企业必须认清形势，抓住机遇，尽早“触网”，积极开展网络营销并加入“虚拟社会”，建立速度优势，争取网上消费者。

5.2.3 电子商务与国际市场营销

电子商务是以信息技术、网络技术、通信技术为基础，以商品交换为中心的商务活动。电子商务过程就是利用各种电子工具和电子技术从事各种商务活动的过程。它的产生和迅速发展对国际市场营销产生了深刻而重要的影响。正确认识这些影响，对于企业适应新环境，更好地细分市场，采用先进的营销手段和方法满足消费需求具有重要的意义。

1. 电子商务的兴起

20 世纪 90 年代以来，随着互联网及相关技术的日益发展，电子商务在社会经济领域得到了广泛的应用，推动了商业、贸易、营销、金融、运输、教育等领域的创新，并因此形成了一些新产业。

电子商务作为 21 世纪崭新的商务模式，具有无限广阔的发展前景。近几年电子商务在我国得到了迅猛发展，企业、政府部门、研究机构、高校纷纷参与电子商务的研究和实践活动，几乎每天都有各类电子商务网站、网上商店、网上拍卖出现。从成立之初的只能提供信息收集与发布、合同处理、财务结算、系统维护等服务，到现在的电子购物、网上贸易、电子银行、电子政务等网上行为，电子商务以其无可比拟的优势彻底改变了传统的商务活动方式、企业的经营方式、组织结构及人们的生活方式与消费习惯。

在电子商务的发展热潮中，企业做出了积极的反应，纷纷加入电子商务。从 1999 年起，中国企业开始建立网站，开展网上营销与网上服务，努力探索网上支付、实物配送及信用体系的改革方案并取得了突破性进展。随着电子商务企业日益增加，不少企业已开始探索借鉴国外先进管理经验，吸纳国外高级管理人才，开拓国外市场。

2. 电子商务对国际市场营销的影响

（1）电子商务提高了国际市场营销的效率。与传统商务活动相比，电子商务具有高效率、个性化、费用低、全天候和全球性等特点，它扩大了企业的销售范围，改变了企业传统的营销方式及消费者的消费方式，从而大大地提高了国际市场营销的效率。电子商务使交易直接进行，交易环节减少，交易费用大大降低，消费者直接受益；企业更加有效地控制库存，减少甚至取消库存，从而可以减少库存占用资金的比例，大大降低了企业的成本，减轻了消费者的负担；网上销售、网上采购、交易电子化大大方便了企业和消费者；电子商务为企业和消费者实现准确、有效、快捷的沟通创造了良好的条件。电子商务以一种快捷方便的方式，全天候提供企业及产品信息和客户所需的服务，并且交互方式不受地域的限制。例如，在传统营销活动中要想取得用户的反馈信息需要耗费大量的人力、物力，而在电子商务时代，用户可以自由地选择自己所偏好的方式与企业进行沟通，方便地将他们的意见和想法告诉销售商。

（2）电子商务改变了企业国际市场营销的方式。电子商务需要依托互联网，互联网的开放性、连续性、及时性、虚拟性等特征使企业经济活动逐渐脱离了国界限制，从而使市场迅速成为全球性市场，这就为企业发现和进入广阔的潜在市场提供了物质和技术手段。过去由于地域和时空的限制，企业很难在短时间内熟悉目标市场的各种情况，电子商务克服了这一局限，使企业迅速拓展全球市场成为可能。同时，全球化市场要求提供一种快速全球化的市场营销手段，即通过网络进行营销。

（3）电子商务使交易和支付手段发生了变化。在电子商务环境下，企业通过网络直接进行产品销售，这时就可通过电子货币进行支付，顾客订购商品和支付货款比其他商业模式更加节省成本，实现了实务操作的无纸化和支付过程的无现金化，大大方便了交易的进行。

（4）电子商务使信息传播和沟通渠道变成双向，而且及时。电子商务环境下的信息沟通是双向沟通，既有信息源向受众的信息传播，又有受众向信息源的信息反馈，从而一改往日的单向信息传播模式。网上信息沟通不仅可以是一对一双向交互，而且可以是一对无数和无数对无数的交互。可见，电子商务作为一种商业工具，为众多企业参与市场信息沟通提供了无与伦比的巨大优势。

（5）电子商务引起消费者及其行为的变化。电子商务不仅影响企业的国际市场营销方式和效率，而且影响企业的目标市场。这种影响具体体现在消费者及其行为的变化上，电子商务打破了地域分割，缩短了流通时间，降低了物流、资金流及信息流传输处理成本，使生产和消费更为贴近，使客户有极大的商品选择空间和余地，而且此时消费者的消费表现出明显的“个性化”特征。网络环境下的消费者易于接受新奇的思想和事物，善于利用各种信息查询和沟通手段，在产品消费上求新求异。各类搜索引擎让消费者足不出户就可“货比三家”。消费者通过网络来满足自己的个性化需求，与企业实现“零距离”交流，获得个性化服务。消费者更加在意产品的独特性、交付的准时性和服务的预期满意度。这一状况既给国际营销企业创造了机会，也带来了更大的压力。如何为消费者量身定做产品，如何加快物流速度，如何提高服务水平成为企业的当务之急。

（6）电子商务引发企业营销理念的变化。在电子商务背景下，企业面对无限扩大的客户群，网络时代的虚拟性又给企业的经营带来了许多不确定的因素，今天的顾客可能明天就会流失，企业只能以“客户”为导向，“客户满意度”“客户忠诚度”成为企业发展的最重要指标。企业能否快速响应客户的个性化需求，决定了企业在激烈的国际市场竞争中能否生存和发展。电子商务对于企业来讲不仅是一种新技术，更是一种全新的经营方式和经营理念。它不单单是网上销售和支付，更需要企业为此做出业务流程、组织架构、经营机制、管理理念等诸多方面的变革。这种变革首要的就是改变以往单纯以利己为目的的营销理念，转向整合、合作、共赢的理念，体现出营销是一个由生产者、经营者、消费者、政府和社会共同参与的过程，在这个过程中通过各个有机组成因素的共同努力，各方都能从中获益。在全球经营视野下，企业必须奉行“合作的竞争主义”，把“以人为本、真诚地帮助顾客与合作伙伴”作为经营理念之一。国际市场营销企业制定国际市场营销策略时有必要综合考虑各方面的利益，密切注意顾客的动向，更好地识别和把握市场机会。

（7）电子商务使企业营销管理重心发生了变化。电子商务的产生和发展导致企业营销理念发生了变化，促使企业营销的重心由“推销已有产品”转变为“满足客户需求”，由“以产品为中心”转向“以客户为中心”，由此导致企业的营销管理重心由传统的“4P”，即产品、价格、渠道和促销转变为“4C”，即客户、成本、方便、沟通。电子商务首先使营销产品发生变化，通过网络营销可以提供所有能够数字化、信息化的产品或服务项目，由大量销售产品转向定做销售产品，转向个性化的“一对一”网络整合营销。电子商务由于对市场供需具有强大的匹配能力以及市场信息充分公开，竞争者之间的价格明朗化，致使企业之间的价格竞争更加激烈，对企业的价格策略提出了更高的要求。电子商务通过网络直销改变了传统的分销模式，实现了零库存、无分销商的高效运作。电子商务的产生使市场营销增加了一种全新的、效果较佳的广告和公关工具，即在互联网上进行广告和公关。企业营销更强调“体验”和“注意力”所产生的效果，企业必须注重“客户关怀”和“客户满意”才能维系客户。

3. 电子商务对国际市场营销的要求

对于电子商务在世界范围内的兴起，企业应该有一个全面、客观、深刻的认识。一方面，要深刻理解电子商务的积极意义，勇于接受电子商务所带来的机遇和挑战，充分利用企业现有资源，运用电子商务拓展市场规模，在向消费者提供及时、全面、优质服务的基础上节省营销和管理成本，提高经济效益，增强市场竞争力。另一方面，要加强风险防范，不能因为片面地追求大项目而忽视了企业自身实力的加强以及对消费者需求的关注与满足。

（1）电子商务要求企业转变营销观念。电子商务时代要求企业更加注重“客户关怀”和“客户满意”，一切以客户为中心。“客户关怀”贯穿市场营销的所有环节，可为企业带来更多利益。“客户关怀”包括：客户服务（向客户提供产品信息和服务建议等），产品质量（应符合有关标准、适合客户使用、保证安全可靠），服务质量（指与企业接触过程中客户的体验），售后服务（售后的查询和投诉及维护和修理）。在所有营销变量中，“客户关怀”的注意力要放在交易的不同阶段，营造出友好、激励、高效的氛围，以使客户对企业产生更高的忠诚度。

“客户满意”是指客户通过对一个产品或服务的可感知的效果与他期望值相比较后所形成的满意或失望的感觉状态。在网络时代，消费者能够方便地了解关于企业和产品的信息，一旦发现更好或者更便宜的产品后，会很快地更换产品供应商。所以，企业不应只停留在消费者的一般满意水平上，只有那些高度满意的客户才不会更换供应商。因此，企业必须加强与客户的联系，提高客户满意度和客户忠诚度。提高客户忠诚度重要的一点是关注客户流失率，并采取措施有效地降低流失率。吸引一个新客户所耗费的成本大概相当于保持一个现有客户的 5 倍。一个企业如果将其客户流失率降低 5%，其利润就能增加 25% ~85%。因此，企业应该在保持现有客户、实现现有客户重复购买的基础上开拓新市场、吸引新客户。

（2）电子商务要求企业加强协作，实现共赢。电子商务是一项复杂的系统工程，需要有关部门的协同作业。企业在开展电子商务的过程中应加强与工商、税务、银行、运输、商检、外汇、保险、电信、认证等各个部门的协作；同时，企业还要运用科学先进的管理方法，处理好与供应商、中间商、客户、竞争者及社会公众的关系，使企业价值链中的每一个环节都能充分发挥其价值。近年来跨境电子商务的迅速发展正是各类交易平台建设和各部门分工协作的结果。

（3）电子商务要求企业改变经营模式。电子商务要求企业加快经营方式和管理方法的改革与创新，为实施电子商务做好准备。首先，要打好信息化基础，提高生产、销售、财务、人事、管理等方面的自动化程度，加强通信基础设施的建设，建立完善、快捷的物流配送体系，启动物流一体化和专业化第三方物流。其次，要加快企业管理体制的改革与创新，建立科学的公司治理结构，形成适应互联网和电子商务发展的管理体制和管理文化。最后，要积极推进技术创新和电子商务模式创新，探索符合社会经济发展的电子商务组织体制和商业模式，使电子商务成为企业商业竞争的有力手段。

（4）电子商务要求企业加强技术创新。电子商务使企业营销管理的技术支持手段发生了变化。信息技术的发展为新的市场营销管理思想的普及和应用开辟了广阔的前景。客户关系管理（CRM）作为市场营销的一种新的技术支持手段，集合了多种信息技术（包括互联网和电子商务、多媒体技术、数据仓库和数据挖掘、专家系统和人工智能等）手段的运用，其基本功能包括客户管理、联系人管理、时间管理、潜在客户管理、销售管理、电话销售、营销管理、客户服务，甚至还包括呼叫中心、合作伙伴关系管理、商业智能、知识管理、电子商务等。

（5）电子商务要求企业的国际市场营销具有“互动”的特点。在电子商务和网络经济时代，唯一能够把企业与竞争对手区别开来的既不是技术，也不是产品，而是客户关系。企业除非和客户建立了良好的关系，否则在网络经济的激烈竞争中是不可能取胜的。网络电子商务本身就是大量客户信息的来源。由于电子商务的主渠道是通过网络交易，因此每封电子邮件、Web 站点上的每次点击、自助设备上的每次交易或查询，对于企业来说都是非常珍贵的潜在信息资源，都可以用来服务客户或发现客户。电子商务要求企业在国际市场营销管理中突出整合优势，实现实时响应与快速沟通。一方面，电子商务时代客户对企业从产品信息、实物提供到服务回应的要求都希望以最快的速度实现；另一方面，客户通过互联网极为快速地接收大量信息，其偏好和需求都在不断地改变。企业必须把每一个客户都作为一个差异个体，不断地观察其消费行为和需求的变化，及时制定应对措施，才能掌握先机，赢得客户。

总之，随着全球经济一体化进程的加快，IT 技术的发展特别是互联网技术的广泛应用，人类社会将从过去的工业经济时代进入电子商务时代。电子商务时代是一个以客户为中心的时代，它要求企业的市场营销工作必须围绕这个中心进行。一个致力于提高客户满意率和客户忠诚度，体现对客户的关怀并实现对客户个性化需求快速响应的企业才是这个时代最具有活力、最具有发展前途的企业。

本章小结

新技术革命带来了竞争更加激烈的市场环境。传统的市场壁垒随着互联网的出现和经济全球化进程的加快被逐渐打破，互联网已超越了时空概念将全球连为一体。信息的公开化则在某种程度上突破了传统行业以往的界限，把现代企业统统置于国际竞争环境中，国内和国际市场营销的界限日益模糊。竞争的国际化改变了人们传统的竞争观念，也使竞争条件、竞争规则发生了许多变化，有力地推动了全社会的专业化分工协作、资源共享、优势互补。电子商务时代的到来，需要国际市场营销企业充分认识电子商务发展对企业营销活动的影响，企业在国际市场营销中需要积极主动地运用网络营销的策略，顺应电子商务发展对企业营销活动的要求。

案例分析

为什么说 VR 对营销很重要

2014—2016 年，虚拟现实产业持续升温。大到谷歌、苹果等巨头依托自身硬件、系统平台等优势展开激烈角逐，小到房地产、汽车、教育、医疗等行业的诸多初创企业，也开拓出了各式 VR 服务。

随着技术的发展，虚拟现实开始从小众化走向大众化，并且正在以“VR +”的形式不断渗透到各行各业。时时刻刻都需要走在行业前沿的营销也早已率先展开探索。如何将传统的营销与当前热门的 VR 技术相结合，并通过彼此的互相碰撞与融合来改写营销行业的未来模式是营销行业探索的重点。

虚拟现实行业应用分析

在行业应用层面，从 VR 行业未来发展走向看，企业将沿着娱乐和消费两大领域的渗透和服务布局自身业务。娱乐领域的渗透方向和已经开始出现市场需求的方向主要为游戏、赛事演出直播、电影视频、旅游等。消费领域主要包括购物以及一些大宗商品交易，如地产、汽车的营销服务等。

1. VR + 娱乐应用

VR 产业在娱乐方向的应用主要通过以下途径改变现有行业的应用现状：一方面，VR 增强了在线服务的体验，让网络直播等服务的体验更加优化，提升了观众的“沉浸式”体验。另一方面，VR 增强了线下服务的体验，让旅游景区和主题公园通过 VR 设备提升了游客的“沉浸式”体验。VR 与行业应用的结合，必将带来感官的无限延伸。

（1）VR + 直播。VR + 直播不仅能通过向所有用户开放解决现场座位受限的问题，其 360°的视角和沉浸感的特征还可帮助用户实现“完全在场”的体验。最重要的是，由于现场观看有着不可替代的优势，因此 VR 在这一领域的应用不仅不太可能蚕食现有门票收入，反而有可能产生千亿元级的市场规模。

VR + 直播优化了传统在线直播，提供了更好的临场感和全景观看体验。虚拟现实技术通过视觉模拟，结合 360°全景拍摄，以及后期画质拼接合成，解决了传统 2D 直播画面呆板和用户无法全角度观看的问题。虚拟现实技术在现场录制和后期计算机仿真中加入环绕立体声，过滤掉现场杂音，将“音效、场景、人物”融为一体，给用户带来真正的“沉浸式”体验。

（2）VR + 旅游。VR + 旅游将从场景化社交入手，带来旅游新体验。VR + 旅游并不会代替实际的旅行体验，但是却可以在旅行前的目的地选择和线路规划上为用户提供更好的体验。

在旅游途中，用户还可以基于 VR 设备，实现场景化社交。

我们可以想象这样一个场景，当你带着 VR 设备去世界任何地方旅游的时候，无论去哪儿，你都能通过这个设备看到朋友过去分享的当地信息。你可以与他们互动，把你自己拍摄的图片和评论放上去。如果有很多人去过某个景点，那你可以通过手势在人们分享的图片、视频甚至是评论中滑动切换，而这些游记攻略的产生就会成为宝贵的 UGC（用户原创内容），为下一个用户提供帮助。而旅游内容，也开始从 PGC（专业生产内容）向 UGC 转变。

从旅游产业链的各环节来看，VR 将从内容制作、分销和营销以及用户体验三个方面优化传统旅游。

内容制作：商家可以利用 VR 技术实现景区的逼真化再现，优化宣传内容。

分销和营销：商家可以基于线上的 VR 平台、线下的 VR 体验店吸引用户，达到最优的“沉浸式”体验。

用户体验：VR + 旅游产品可以帮助用户高效、快速地选择目的地和旅游线路，并且在整个旅途中，用户可以借助 VR 实现场景化社交，打造全新的场景消费新体验。

2. VR + 消费应用

在线购物改变了线下零售在时间、空间上的种种限制，VR 的出现提升了在线购物的体验感。同时，VR 为很多传统的线下产业提供了优化服务的空间，如房地产和汽车产业。

VR 对于线下产业的服务优化目前首先是在相对重资产的方向，因为只有足够大的客单价和对消费者足够大宗的商品，企业才愿意为体验付出更多的资源和精力。

在房地产行业，样板间、园林规划、景区规划等项目，开始通过 VR 解决成本问题、解决多地同时展示问题等。

在汽车产业，4S 店的展示空间相对有限，而通过 VR 技术，消费者可以试乘品牌旗下所有的车型，对于品牌企业来说，成本也相对降低。

在消费领域，互联网时代和 VR 时代对用户消费体验迭代优化，自下而上，消费者的体验感和临场感将越来越好。

（1）VR + 在线购物。当前的在线购物仍存在一些痛点亟待解决。比如，网站的图片不直观，服装类产品的“买家秀”和“卖家秀”问题层出不穷等，这些都会降低用户的消费体验。在线购物中，会有 30% 左右的退货率，而服装则占了 7 成。色差、尺码不合适等问题高居退货原因前列。而 VR 购物的出现可以解决这些痛点。VR 将从产品展示、虚拟购物、智能支付三个环节对在线购物进行迭代优化。

产品展示：虚拟现实通过对产品进行 3D 渲染，最大限度地将真实情况呈现给消费者，方便消费者在短时间内更直观地查看所需产品，这将极大提升用户的消费体验。

虚拟购物：用户可以浏览 VR 设备里的数字商店，并根据实时评价反馈选择进店参观、试衣。

智能支付：用户可直接利用头显内置的支付系统进行眼球追踪下单和语音识别支付。整个流程将会极大地优化用户购物体验，提升交易效率。

（2）VR+房地产。传统的房屋租售场景存在诸多痛点，导致供求双方效率低下。从开发商的角度讲，建造传统样板房耗时耗力，受预算约束，又不能体现出不同户型、楼层、光照和装修风格的差异。从房屋中介的角度讲，中介公司需要培训大量员工，引导客户看房，增加了大量人工成本。从看房者的角度讲，需要在不同楼盘或房屋间实地查看，项目对比不直观，甚至还存在着异地看房的障碍。

VR+房地产通过计算机仿真模拟高效还原房屋真实场景，增强用户体验，提升看房、购房效率。

（3）VR+汽车营销。VR在消费领域的第三个应用是与汽车营销的结合。在传统汽车营销中，汽车厂商为了展示更多车型，需要不断扩充4S店规模，同时又需要增加导购，这就增加了运营成本，导致运营效率低下。用户在购买汽车时，往往需要实地察看、亲身试驾、反复比较，奔波中需要耗费大量的时间成本，导致用户体验差。用户在试驾过程中需面临排队、导购不断游说的情况，这些降低了试车体验好感。VR+汽车营销通过优化售前和售后流程，可为车主提供更便捷、更直观的用车体验，提升交易效率。

在汽车营销前的市场上，厂商可以利用虚拟现实技术向消费者展示汽车生产流程，进行汽车产品功能演示，通过虚拟现实带来的新体验让汽车品牌建立起与消费者的情感链接。

在汽车营销后的市场上，厂商还可以开发虚拟驾驶技能培训等增值服务，帮助车主花更少的时间成本完美体验汽车后市场服务。而消费者可以利用虚拟现实试驾技术，个性化体验汽车外观和性能。这将直接刺激消费者的行动欲望，提升销售转化率。

3. VR未来在行业应用中的演进方向

VR在娱乐和消费领域的演进方向将是“娱乐场景化、消费体验化和VR社交化”。在行业拓展层面，教育、医疗方向的教学和实验，也将可以通过VR展开。目前，部分实验室、院校，开始通过VR技术为学生提供模拟实验环境、手术环境，等等。

品牌与虚拟现实结合的主要方式

1. 品牌定制版虚拟现实TVC或H5

品牌定制版虚拟现实TVC或H5，经过精心的策划和打造，带给消费者强烈的感官震撼。例如，奔驰是实验虚拟现实营销的先锋品牌，在多次尝试后，推出了非常炫酷的VR科幻片《极智逃生Escape》，片中不仅有外星侵袭还有背影男神，充分传递了其品牌个性和产品性能。

亿滋国际为新进中国市场的妙卡品牌打造的《失物招领》，利用VR技术带领消费者进入纯净的阿尔卑斯世界去亲自发现和体验妙卡的细腻柔情。

2. 根据产品卖点，主打虚拟现实体验的VR应用

通过精巧的互动环节设计和产品卖点的融入，提升消费者的交互和体验，在沉浸中深入浅出地了解品牌和产品。例如，奥地利户外品牌NORTHLAND，借助2016秋冬季新款旅行冲锋衣上市的契机，不仅发布首个VR户外旅行视频，还通过NORTHLAND全国门店展开互动VR观影体验，开创了“边购物，边旅行”沉浸式体验的场景营销模式。对于户外品牌的客户来说，产品售卖的根本是功能或体验，在这方面VR技术恰恰可以发挥其重要作用。对

于 NORTHLAND 来说，VR 解决了户外旅行场景这一问题，让用户融入旅行场景之中，从而让场景体验更接近于产品功能的全方位展示，让消费者完成了从“我要去旅行”到“我要穿 NORTHLAND 去旅行”的升华。

如今不少厂商已开始重视以虚拟现实体验进行营销。不少汽车公司推出展厅式 VR 体验，消费者能在虚拟空间行走，观看各款汽车，甚至能够进行试驾。在电影和游戏行业的产品预售阶段，厂商经常推出虚拟现实的应用来让消费者提前感受到产品的震撼效果。例如，为了配合电影《云端行走》的宣传，索尼影业也推出了 VR 应用，带用户体验在两栋世贸大厦中间走钢丝的感觉。

3. 品牌跨界推出定制版 VR 设备

Dior 推出属于自己品牌的 VR 设备 Dior Eyes。佩戴者通过 Dior Eyes，可以体验到贵宾般的待遇，直击最新的 Ready - to - wear 服装秀，甚至还可以亲眼看见即将上场的名模和化妆师、造型师们在后台的互动。除了 Dior，Massimo Dutti 在推出虚拟现实商店之际，也同步推出自己的 VR 眼镜。这些尝试也让老牌的时尚界巨头们纷纷焕发了新的生命力。

为了庆祝开心乐园套餐在瑞典推出 30 周年，麦当劳推出了一款由开心乐园套餐的餐盒改造而成的 VR 头戴设备 Happy Goggles。Happy Goggles 只需要把餐盒进行折叠穿孔后，插入虚拟现实镜片，通过将手机下载的相应 APP 放入其中，就能身临其境地感受到麦当劳打造的 VR 世界了。不仅如此，麦当劳还推出了一款可与 Happy Goggles 搭配使用的滑雪主题 VR 游戏 Slope Stars，游戏的灵感来源于瑞典国家滑雪队。

可见研究消费者的行为，与消费者用最有效的形式进行沟通，是营销的一大课程。虚拟现实具有的强沉浸性和强交互性，可以很好地提升产品与消费者的沟通效果。一方面，虚拟现实可以通过其超强的沉浸感和炫目的视觉效果，来传达品牌概念和产品品质，给予消费者最理想的体验，调动消费者情绪。另一方面，虚拟现实可以通过其强大的交互性，更直接地实现与消费者的沟通和信息收集，更方便地实现对用户行为、消费习惯的研究和掌控。

现阶段，虚拟现实营销更多地体现在虚拟现实内容的输出上，如拍摄成本动辄数十万或数百万的虚拟现实广告，与传统广告相比从创意策划到拍摄制作都会更加精良。而预计已经有 400 万名虚拟现实活跃用户和几亿名潜在用户也为虚拟现实营销提供了非常深厚的基础。

对于品牌而言，虚拟现实的出现正让营销这一传统行业激发出无限的可能。在可以预见的未来，任何领域的品牌和产品，都可以找到适合自己的形式进行虚拟现实营销。

（资料来源：http：//www. vrzy. com/vr/61417. html）

讨论与分析：

1. 谈谈新技术发展与市场开发的关系。

2. 请归纳 VR 技术对企业开展市场营销活动的重要意义。

课后习题

一、单选题

1. 社会生产力中最活跃的、具有决定性的因素是（　　）。

A. 现代科学技术　B. 人力资源　C. 资金　D. 市场营销

2. 网络营销产生的现实基础是（　　）竞争的日益激烈化。

A. 商业　B. 人才　C. 国家　D. 实力

3. 在网络营销中，（　　）是沟通企业与消费者的重要内容和手段，是整个信息系统的基础，也是网络营销市场调研定量分析工作的基础。

A. 数据　B. 信息　C. 数据库　D. 数据库系统

4. 电子商务的中心是（　　）。

A. 通过网络降低成本　B. 通过网络扩展销售网

C. 加强沟通　D. 商品交换

5. 电子商务要求企业必须注重（　　）。

A. 利润最大化　B. 顾客就是上帝

C. 以人为本　D. 股东利益至上

6. 电子商务的主渠道是（　　）。

A. 电话交易　B. 网络交易　C. 约见客户交易　D. 拍卖

7. 网络营销的方法不包括（　　）。

A. 交换链接　B. 网络广告　C. 信息发布　D. 上门服务

8. 网络营销的发展是伴随（　　）的发展而发展的。

A. 互联网　B. 信息技术　C. 生产力　D. 人才竞争

9. 建立企业内部网需考虑（　　）。

A. 企业的生产　B. 建网的投资费用分析

C. 网络人才的培养与招聘　D. 企业内部网的建立必须有明确的目标

10. 网络营销企业竞争力的焦点是（　　）。

A. 顾客　B. 产品　C. 市场　D. 服务

二、多选题

1. 电子商务与传统的商务活动相比，具有的特点包括（　　）。

A. 效率更高　B. 个性化　C. 费用低

D. 全天候　E. 全球性

2. 下列关于科学技术对国际价格策略的影响的描述中，正确的有（　　）。

A. 企业要提供柔性的产品设计和生产方案

B. 企业要提供灵活的价格标准

C. 随着技术的运用，形成成本优势

D. 企业的形成规模不经济

E. 技术因素使产品投入初期的成本有所上升

3. 网络营销的目标市场，应（　　）。

A. 有足够的市场容量

B. 网络营销方式能满足消费者的需要

C. 企业具备开拓该市场的能力

D. 具有差异性

E. 市场具有稳定性

4. 互联网上的促销是（　　）。

A. 一对一的　　B. 理性的

C. 商家主导的　　D. 循序渐进式的

E. 消费者主导的

5. 网络营销对传统营销中的定价策略的影响包括（　　）。

A. 减少了营销的中间环节　　B. 节约了时间

C. 降低了销售成本　　D. 降低了时间成本

E. 使商品具有强大的价格优势

三、名词解释

1. 电子商务
2. 网络营销
3. 科学技术环境
4. 互联网
5. 客户满意

第6章

国际市场分析

★学习目标

1. 熟悉全球主要市场的特点。
2. 掌握国际市场营销中消费者购买行为模式，掌握影响国际消费者行为的主要因素。
3. 了解国际市场营销中组织市场的特点，掌握影响组织购买者行为的因素。

从狭义上说，市场是商品或服务交换的场所；从广义上说，市场是一系列交换关系的总和。国际市场是在各国国内市场的基础上形成的，但它并不是各国国内市场的简单叠加，两者既密不可分，又相互区别。国际市场对开展国际市场营销业务意义重大，企业的一切营销活动都必须围绕国际市场展开。因此，对国际市场做出正确的分析和判断是国际市场营销活动成功的关键。国际市场营销企业主要的服务对象是消费者和组织购买者，由于购买者处于不同的国家和地区，其消费者行为和组织行为有很大的差异性，因而，了解和掌握不同国家和地区的消费者行为和组织购买者行为对国际市场营销企业的决策至关重要。

6.1 全球主要国家与地区的市场特点

6.1.1 北美市场

北美市场由地处于北美洲的美国、加拿大和墨西哥三国市场组成，这三个国家是北美自由贸易区成员。美国是当今世界经济技术最发达的国家，也是世界经济体系的核心和世界上最大的消费市场。加拿大是西方七大工业国之一，是经济合作与发展组织（OECD）的成员。墨西哥是一个发展中大国。

1. 北美自由贸易区

美国和加拿大于1965年签订了双边汽车协定，对两国间的小汽车、卡车、公共汽车和汽车零部件贸易完全实行免税，1986 年 5 月双方就签订《美加自由贸易协定》开始进行正式谈判，1988 年双方签署了该协定并从次年开始正式生效。该协定不仅涉及关税减让问题，也对非关税壁垒的撤除、服务贸易自由化、投资、能源、知识产权和争端解决机制等都做了规定。美加自由贸易协定的签订与顺利实施，使得美国与墨西哥产生了开展双边自由贸易的愿望，双方于 1990 年就签订自由贸易协定问题进行正式接触，之后加拿大提出要求参加美墨谈判，三边谈判于 1991 年 6 月正式开始，并于 1992 年 8 月达成协定。协定于 1994 年 1 月 1 日生效，北美自由贸易区（NAFTA）正式成立。该协定在一定程度上是美加自由贸易协定的继承和发展。

2. 美国市场的主要特点

美国位于北美洲的南部，全国分为 50 个州，其中 48 个州在本土，2 个州在本土以外。美国的人口密度较低，相对而言，东北部人口较为稠密。美国的城市化率很高，城镇人口占总人口的 73.5%。美国的教育非常发达，对 16 岁以下公民实行全日制义务教育。

美国是一个资源大国，水、土地、农业、森林和矿产等资源都非常丰富，它们为美国的经济发展提供了雄厚的物质基础。美国农业用地约为 4.3 亿公顷，占全球全部农业用地的 10% 左右，粮食产量占世界总产量的 20%。美国森林面积约 2.98 亿公顷，用材林储量为 200 多亿立方米，居世界第四位。美国矿产资源不仅丰富而且品种齐全，现代工业所需的原料，如铁矿石、煤炭、天然气、银、铝、铜、锌、铀等储量都居于世界前列。

美国是世界上经济实力最强大的国家，国内工业体系完整，其生产规模、出口能力、科技水平和产品质量均居世界领先地位。美国同时拥有发达的农业体系，是世界上最大的农产品出口国。现在，美国经济以知识密集型产业和服务业为主。美国经济的跨国性很强。

美国市场的主要特征：

（1）市场容量大。美国是世界上最大的消费品市场，也是市场容量最大的市场。究其原因有以下几点：

第一，美国人口众多、经济发达、消费能力强。

第二，美国人消费意识强、储蓄率低，且奉行超前消费，信用卡文化盛行。

第三，美国人对消费品的更新快，往往不是因为商品旧了而买新的，而是因为“喜新厌旧”，新鲜时髦的商品或节假日商品打折都会引发他们的购买意愿。美国劳动力成本高，因此，美国劳动密集型的消费品生产多已转移到其他国家或地区。美国国内市场上的日用消费品主要依靠进口，而且进口需求量相当大。

（2）需求层次多，进口范围广。在美国人口中，白人占 75%，拉美裔占 12.5%，黑人占 12.3%，亚裔占 3.6%，人口结构的多元化决定了其消费品市场的多样化。美国贫富差距较大，约有 20% 的穷人、20% 的富人，剩下 60% 的人处于中等水平。高中低收入阶层构成了不同层次的消费群体和不同层面的特定市场，而且规模都相当可观，来自世界各地的高中低档产品在美国均有很大的需求。

（3）法规健全，行业协会势力强大。美国的市场经济比较成熟，经济自由化程度高，法律法规非常健全。政府对企业的经营范围与经营方式限制很少，但对各行各业产品的进出口以及批发、零售均有极为详尽的法规与执照要求，而且执法十分严格，尤其在商标、环保、安全、税务、劳工等方面。另外，美国行业协会很发达并且势力强大，往往可以影响政府决策和企业的市场行为。它们为保护本行业利益，游说政府制定有利的政策，为行业发展举办各类研讨会，为开拓市场组织展览、出版杂志、向会员提供市场资讯。美国一些行业性法规也往往都是这些协会提出与起草的，如很多产品的反倾销法案。

（4）重质量，讲品牌。美国市场对产品质量的界定并不局限于一般的产品用途和技术指标，他们还将产品的包装质量、产品使用说明质量，尤其是售后服务质量等都纳入质量的范畴。美国市场竞争十分激烈，经销商还要对其商品承担责任险，商家稍不注意就会吃巨额赔偿官司。所以，在美国市场销售的各种产品的标签、包装、说明等都要符合市场要求。其中最为突出的是安全标准，如电子产品要符合标准，打火机要防止儿童开启以免发生火灾。此外，美国消费者对产品品牌有很高的认可度，因为品牌包含了他们对质量概念的理解，而且也比较准确地表达了自己的消费层次，所以他们较多地购买品牌产品，也愿意为此付更多的钱。

（5）商品销售的季节性强。美国消费品市场对各种商品的需求均有较强的季节性，通常分春季、夏季、秋季和冬季假期。每个季节都有商品换季的销售高潮，如从感恩节（11月底）开始便进入冬季节日购物的季节，特别是圣诞节，是美国商品全年销售旺季，通常要占全年销售额的1/3。美国进口商进口订货均是根据其国内销售季节来组织的，若错过销售季节，畅销品便成为滞销品了，对美国出口必须特别注意销售季节。

3. 加拿大市场的主要特点

加拿大是个联邦制国家，由10个省和3个地区构成，各省有自己独立的立法机关，受中央的统一管理。加拿大是一个多民族、多种族的国家，主要为英、法等欧洲人后裔，40%的加拿大人有英国或爱尔兰血统，27%为法国血统，本土的印第安人和因纽特人仅占3%左右，其余为亚洲、拉丁美洲、非洲人后裔等。英语和法语同为官方语言。居民中信奉天主教的约占45%，信奉基督教新教的约占36%。加拿大政府采取比较宽松的移民政策。

加拿大是西方七大工业国之一。制造业和高科技产业较发达，资源工业、初级制造业和农业也是国民经济的重要支柱。18%的国内生产总值来自制造业，2/3来自服务业，同时农业和林业产品的出口占加拿大全部出口的22%。制造业是加拿大工业中最大的经济部门，主要行业有机械、汽车、化工、电子电器、航空航天、纺织和服装等。服务业是加拿大的首要部门，在经济发展中占有重要地位。

加拿大农业部门的产值和就业人数在本国经济中所占份额相对较小，但是加拿大农业发达，是世界主要农产品生产国和出口国之一。加拿大毗邻北冰洋、大西洋和太平洋，拥有五大湖，是世界上最主要的渔业国之一，其75%的渔产品出口到国外。其森林资源丰富，森林覆盖率高达44%。同时，加拿大是世界上最大的木材、纸浆和新闻纸出口国。加拿大的矿产资源丰富，查明的矿产有60余种，镍、锌、铂、石棉的产量居世界首位，铀、金、镉、铋、石膏居世界第二位，铜、铁、铅、钾、硫黄、钴、铬、钼等产量丰富。原油储量仅次于沙特阿拉伯王国居世界第二，其中97%以油砂形式存在。已探明的油砂原油储量为1 732亿桶，占全球探明油砂储量的81%。

加拿大经济对对外贸易依赖严重，加拿大的商品出口占国内生产总值的40%左右。主要出口汽车及零配件、其他工业制品、林产品、金属和能源产品；主要进口机械设备、汽车及零配件、工业材料、其他消费品及食品。加拿大的主要贸易对象是美国、中国、日本和欧盟国家。

6.1.2　欧盟市场

1. 欧盟概况

欧盟的前身是欧洲共同体，自成立之日起就朝着实现全面经济一体化的目标发展，最终目标是建立一个政治联盟。1991年12月，欧共体马斯特里赫特首脑会议通过了以建立欧洲经济货币联盟和欧洲政治联盟为目标的《欧洲联盟条约》（通称《马斯特里赫特条约》，简称《马约》）。1993年11月，《马约》正式生效，欧共体也正式更名为欧洲联盟，并于1999年1月在实行欧元的欧盟国家中实行统一的货币政策，2002年7月欧元成为欧元区的唯一合法货币。

欧盟历史上曾经六次扩大成员国范围。截至2014年年底，欧盟共有28个成员国，分别为法国、德国、意大利、比利时、荷兰、卢森堡、英国、爱尔兰、丹麦、希腊、西班牙、葡萄牙、瑞典、芬兰、奥地利、塞浦路斯、捷克、爱沙尼亚、匈牙利、拉脱维亚、立陶宛、马耳他、波兰、斯洛伐克、斯洛文尼亚、罗马尼亚、保加利亚和克罗地亚。2016年6月英国经过“脱欧”公投，英国政府已启动脱离欧盟的程序。

2. 欧盟市场的主要特点

（1）市场规模大。欧盟现有28个成员国（英国尚未正式“脱欧”），面积达437.99万平方千米，人口总数为5.05亿，国内生产总值为16.6万亿美元，人均GDP约为3.28万美元。欧盟是世界货物贸易最大的进口方和出口方，是服务贸易第一大供应方。随着欧盟东扩，其市场规模还将不断扩大。另外，欧盟市场的一体化为营销者创造了巨大的市场。

（2）一体化程度高。欧盟市场对内的一体化程度在全球贸易集团中是最高的。经过几十年的发展，欧盟已建立了关税同盟，实行共同的外贸、农业和渔业政策，统一了内部大市场，基本实现了商品、人员、资本和服务的自由流通，建立了经济与货币联盟。

（3）市场自由贸易程度高。欧盟成员国实行自由贸易政策，凡在当地注册登记的贸易公司，哪怕是只有一间小店铺的零售贸易公司，都可以直接经营进出口业务。进口的直接渠道有零售商店、大型零售公司的采购中心、工业企业的贸易公司；进口的间接渠道有传统进口商、传统批发商、独立的专业商店成立的共同采购中心和独立的中间商。

（4）商品分销网络发达。欧盟主要国家的商品分销网络十分发达，批发零售企业星罗棋布，分销网络日益集中；超级市场在各类商品销售中的比例大幅度增加，占零售额的30%以上；商品分销业加快并购，形成了大的销售集团公司。在西欧各国市场中，专门出售高档商品的主要是大百货公司、专业商店，而主要经营中档商品的则是大众商店、超级市场和邮售公司，它们是商业零售的主要渠道，其中以超级市场和邮售公司的业务发展最快。在商业零售渠道中，超级市场、大百货公司、专业商店和邮售公司有一个共同的特点，即仓库小、存货少，一般仅有可供卖几天的货物，所以要求供货单位能持续、稳定供货，同时商品质量比较稳定，包装美观，能吸引顾客。

（5）政府对市场上的商品监督管理严格。欧盟多数国家对市场上各类商品的名称、质量、包装上的文字说明都有严格的规定，并且通过各种立法予以规范。例如，罐头食品、服装及日用消费品的包装说明必须使用当地文字，一般应包括如下内容：商品名称，原产地和生产企业（或进口公司）的名称、地址，商标，数量，成分，生产日期，保存时间与条件，截至消费日期，使用说明，商品性能等。近几年来，由于全球经济低迷，欧盟部分国家陷入债务危机，经济发展趋缓，失业增加，越来越多的企业倒闭，贸易保护倾向日益发展，各国政府相继采取各种措施，加强了对进口商品的监督管理。

6.1.3 日本市场

日本领土由北海道、本州、四国、九州 4 个大岛和其他 7 200 多个小岛组成，因此被称为“千岛之国”。日本陆地面积约 37.79 万平方千米，人口数量为 1.27 亿，人均 GDP 为 3.89 万美元。日本拥有世界一流的制造业，在微电子、半导体、节能、环保等许多高科技领域都处于世界领先地位。日本农业用地面积较少，农业生产集约化程度很高，虽然日本对农业的劳动力投入较高，但是粮食的自给率却很低。日本资源贫乏，矿产资源中除煤、锌有一定储量外，绝大部分依赖进口。主要资源，如煤、石油、天然气、铁矿石、铜、铝矾土、铅矿石、镍矿石等的进口依赖度都超过 95%。日本山地与河流较多，水力资源丰富。日本的专属经济区面积相当于国土的 10 倍，海洋渔业发达，常年捕鱼量在 1 000 万吨以上，位居世界前列。

日本市场的主要特点：

（1）日本市场规模巨大并且很繁荣。日本的 GDP 总量和人均 GDP 在全球都名列前茅。虽然日本国民与西方大多数发达国家国民相比是节俭的，但是他们还是将大部分收入用于消费，对奢侈品、高科技产品、时装、卫生保健品和金融服务产品的需求很大。另外，日本民族单一和移民少的特点使得日本市场具有明显的同质性。日本是老龄化最严重的国家之一，“银发市场”为国际市场营销者提供了广阔的空间。

（2）市场垄断色彩浓厚。由于历史原因，左右日本经济的是一些实力雄厚的巨型企业集团。第一次世界大战后，三井、三菱、住友、安田四大财阀形成巨大的市场势力，是日本经济的轴心。第二次世界大战前及战争期间，又出现了一批新财阀。浅野、古河、大仓、中岛、野村等在第二次世界大战结束时，控制了日本企业总资本的 35.2%、金融资本的 53%、重工业的 49%。1955 年后，垄断资本重新组合，逐渐形成三井、三菱、住友、芙蓉、三和、第一劝业六大企业集团。目前六大企业集团占有日本全国 60% 以上的总资产，55% 以上的总资本，60% 以上的销售额，20% 左右的就业人员，其中资产规模最小的是第一劝业。这些企业集团不但拥有银行、保险公司、综合商社，而且涉足矿产、化工、建筑、运输、机械、电子、钢铁、造纸、纤维、食品、服务等行业，从而形成了具有强大竞争优势和排他性的“企业系列”，使外国企业几乎很难与其展开竞争。

（3）对商品质量要求高。随着日本人民生活水平的提高及文化教育水平的提高，日本消费者对商品质量要求十分苛刻。日本人的耐用消费品淘汰速度更快，并且绝不买二手货。日本消费者选择商品时不仅追求品质优良、款式新颖，而且要求产品外观完美，稍有疵点和污迹，即使并不影响使用，产品也无法进入日本市场。日本消费者是世界上最挑剔的消费者，他们需要最好的产品和售后服务。

（4）市场竞争激烈。日本市场上的竞争与其他西方国家市场相比更为激烈：第一，日本产业发展长期实行“配套主义”，门类齐全，且质量较高；第二，日本与美国、西欧等国家长期存在巨额贸易顺差。所以，美国、西欧及亚洲新兴发展中国家都十分注意扩大对其出口，从而加剧了日本市场上的竞争。

（5）市场分销渠道复杂。在发达的资本主义国家中，日本的分销渠道可以说是最复杂的，并且层次多、流程长。日本的零售店总数超过 160 万个，比美国还多 5%。在日本，平均每 1 万人就有 132 家零售店。日本的批发商和零售商的分类也很细，许多商品的销售要经过多层次的批发环节才能到达消费者手中。

6.1.4　“一带一路”沿线国家和地区

“一带一路”贯穿亚欧非大陆，一头是活跃的东亚经济圈，一头是发达的欧洲经济圈，中间广大腹地国家经济发展潜力巨大。丝绸之路经济带重点方向是中国经中亚、俄罗斯至欧洲（波罗的海），中国经中亚、西亚至波斯湾、地中海，中国至东南亚、南亚、印度洋；21 世纪海上丝绸之路的重点方向是从中国沿海港口经南海到印度洋，延伸至欧洲。推进“一带一路”建设既是中国扩大和深化对外开放的需要，也是加强中国和亚欧非及其他各国互利合作的需要，共建“一带一路”顺应世界多极化、经济全球化、文化多样化、社会信息化的潮流，秉持开放的区域合作精神，有利于维护全球自由贸易体系和开放型世界经济。

2015 年 3 月 28 日中国政府发布了《推动共建丝绸之路经济带和 21 世纪海上丝绸之路的愿景与行动》，积极推进实施“一带一路”倡议。截至 2016 年，中国在“一带一路”沿线国家的直接投资达到 145 亿美元。中国企业已经在沿线 20 多个国家建立了 56 个经贸合作区，累计投资超过 185 亿美元，为东道国增加了近 11 亿美元的税收和 18 万个就业岗位。一批重大基础设施项目正在稳步推进。尤其在“中国制造”“中国服务”领域，中国企业受到许多沿线国家的欢迎。

中国企业在“一带一路”沿线国家的国际化经营中必须了解其主要的经济发展和市场特点。

（1）整体发展方式比较粗放。从总体上看，“一带一路”沿线国家经济发展水平较低。GDP 总量约占世界的 1/3，但人均 GDP 只有世界平均水平的一半左右。在经济结构中，农业和工业增加值比重明显高于世界平均水平，而服务业增加值比重则明显低于世界平均水平。但是“一带一路”沿线国家（以下简称该地区）在过去的 20 多年里保持了快速增长态势，其 GDP 年均增长率约为世界平均增长率的 2 倍，成为世界经济比较有活力的地区。与此同时，该地区经济发展方式比较粗放。单位 GDP 能耗、原木消耗、物质消费和二氧化碳排放量高出世界平均水平一半以上，单位 GDP 钢材消耗、水泥消耗、有色金属消耗、水耗、臭氧层消耗物质是世界平均水平的 2 倍或以上。

（2）既是自然资源集中生产区，又是自然资源集中消费区。“一带一路”沿线既是世界矿产资源的集中生产区，也是世界矿产资源的集中消费区。该地区总体上矿产资源比较丰富，互补性较强。就能源供应和消费而言，该地区提供了世界 57.9% 的石油、54.2% 的天然气和 70.5% 的煤炭、47.9% 的发电量。但是该地区也消费了世界 50.8% 的一次能源，包括 41.1% 的原油、47.1% 的天然气、72.2% 的煤炭、40.1% 的水电。钢铁：该地区生产了世界 71.8% 的粗钢，但消费了世界 70.7% 的粗钢和 70.3% 的成品钢材。水泥：该地区生产量占世界的 81.8%，而消费量则占世界的 83.2%。有色金属：该地区生产了世界 71.1% 的精炼铝、62.8%的精炼铜、59.4%的精炼铅、54.7%的精炼镍、81.4%的精炼锡和63.8%的精炼镉，与之对应的消费比例则分别为65.2%、63.2%、59.9%、61.5%、61.8%和36.3%。另外，该地区分别生产和消费了世界40.3%和43.6%的纸和纸板，50.9%和52.4%的原木。“一带一路”沿线国家耕地资源总量丰富，但人均占有量不足，人地矛盾突出，且谷物出产率低，这些因素威胁着国家粮食安全。同时，人均可利用淡水资源严重短缺，水生产率低，农业用水占用过多水资源。沿线国家逐渐成为世界化石能源的生产、消费与贸易中心，但其能源利用效率低，长期以煤炭消费为主并有增长势头，节能减排压力较大。

（3）市场发展的差距比较大。“一带一路”沿线65个国家之间工业化水平差距较大，涵盖了工业化进程的各个阶段。其中，处于前工业化时期的国家有1个，处于工业化初期的国家有14个，处于工业化中期的国家有16个，“一带一路”沿线国家总体上仍处于工业化进程中，且大多数国家处于工业化中后期，大体呈现“倒梯形”的结构特征。这充分说明了“一带一路”倡议“涵盖面宽”和“包容性强”的重要特征。与中国处于同一工业化阶段的国家有俄罗斯，中东欧的克罗地亚、塞尔维亚及罗马尼亚，西亚、中东的巴林和约旦。有14个国家的工业化水平高于中国，有44个国家的工业化水平低于中国，中国在沿线国家中工业化水平处于上游。若从各大板块来看“一带一路”沿线国家工业化水平的特征，可以发现中亚五国分布在工业化初期和工业化后期，东南亚和南亚的国家大部分处于工业化初期，而中东欧和西亚、中东的国家大部分处于工业化后期，只有1个国家处于工业化初期。经济发展水平较高的国家大多具备丰富的能源储备，拥有较高的开放度和教育水平，并积累了较多的国民储蓄。同时，“一带一路”沿线国家在经济发展过程中同样面临很多问题，如经济发展模式单一，主要依赖能源或一些传统支柱产业；低收入国家陷入高消费、低储蓄、低投资的贫困陷阱；中等收入国家金融波动频发等。

（4）市场的不确定性因素较多。“一带一路”沿线国家文化多元化特征明显、地区冲突不断、地缘政治不稳定使经贸合作存在一定风险。目前，“一带一路”沿线某些地区仍存在地区冲突，地缘政治不稳定，政权更迭、文化鸿沟、宗教冲突、种族歧视、经济差异等使得一些国家尚未建立稳定的发展环境，其市场风险处于较高水平。

因此，尽管“一带一路”沿线国家的市场潜力巨大，但企业在进入该地区市场时应尽可能进行严格的风险评估，减少地区政治形势的不稳定对贸易和投资产生的负面影响，通过建立完善的风险评估机制，对相关国家及周边区域的政治风险、军事风险等进行全面、客观的评估和判定，在风险因子萌芽时期联合预警，及时防范，减少冲突，规避风险。

6.2 国际市场营销的消费者市场和行为分析

6.2.1 消费者市场与国际消费者行为

消费者市场又称消费品市场、最终产品市场或生活资料市场，是指为满足生活需要而购买产品和服务的一切个人和家庭所构成的市场。由于生活资料的消费是产品和服务流通的终点，因而消费者市场是市场体系的基础，其他市场和它有极强的关联性。不管是生产者市场、中间商市场，还是其他组织市场，由于它们最终的服务对象是消费者，所以在市场营销实践中仍要以最终消费者的需求和偏好作为出发点来制定营销方案。

消费者市场具有以下特点：

第一，购买次数多，一次购买量少。消费者多而分散，由于个人或家庭人口有限，一次购买量少且反复购买，如消费者购买生活日用品时，一般一次购买较少，要反复购买。

第二，需求差异大。影响消费者购买行为的因素有很多，如文化因素、社会因素、个人因素、心理因素等，因而决定了消费者需求的多样化，消费者彼此差异较大。

第三，需求复杂多变。随着生产技术的提高、生活质量的改善、消费水平的提高等，消费者的需求常常是变化的。例如，有的流行性商品的寿命周期特别短。

第四，需求可诱导。消费者产生需求的原因之一是受到外界的刺激，企业可以通过自己的营销努力，如广告宣传、降低价格、改善产品等来刺激和诱导消费者，使其产生购买欲望，进而产生购买行为。

第五，非营利性。与生产者市场、中间商市场相比，消费者市场购买的目的是个人或家庭直接消费或使用产品，以满足个人或家庭的生活需要。

国际消费者行为是指各个国家的消费者为满足个人或家庭的需要而挑选、购买、使用或处置产品、服务所涉及的过程。由于各国之间在经济、社会、文化等方面存在着明显的差异，因而不同国家的消费者行为有着明显不同。

6.2.2 消费者购买行为模式

1. 影响消费者行为的主要因素

消费者购买行为受到文化因素、社会因素、个人因素和心理因素的影响。

（1）文化因素。文化因素包括文化、亚文化、社会阶层。文化是人类欲望和行为最基本的决定因素，会对消费者的消费观念和购买行为产生潜移默化的影响。亚文化、社会阶层等文化因素，对消费者的行为具有最广泛和最深远的影响。在一种文化中，往往还包含着一些亚文化群，亚文化群包括民族亚文化群、宗教亚文化群、宗族亚文化群和地理亚文化群。消费者对各种商品的兴趣受其所属民族、宗教、种族和地理等因素的影响。这些因素影响他们的食物偏好、衣着选择和娱乐方式等。

社会阶层是指在一个社会中具有相对同质性和持久性的群体。在一切社会中都存在社会阶层。同一个社会阶层的人有着相似的价值观、社会地位、经济状况、受教育程度等。因此，同一社会阶层的人有相似的生活方式和消费行为。不同社会阶层会显示出不同的产品偏好和品牌偏好，企业的营销人员应根据不同的社会阶层，采取不同的营销策略。例如，在广告策略中，由于不同的阶层对新闻媒介的偏好是不一样的，中低阶层的消费者平时喜欢看电视剧和娱乐晚会，而高阶层的消费者喜欢各种时尚活动或戏剧等，因而针对不同阶层的消费者，应选择不同的广告媒介进行产品宣传。

（2）社会因素。社会因素包括相关群体、家庭。消费者处在社会环境中，总会受到其他人的影响。相关群体能够直接或间接地影响人们的态度、偏好和行为。家庭也是影响消费者购买行为的重要因素，具体表现在以下几方面：

一是家庭倾向性的影响。例如，一个孩子长期和其父母生活在一起，其父母对某一产品的购买倾向或多或少对孩子以后的消费行为产生影响。

二是家庭成员的态度及参与程度的影响。购买不同的产品，家庭成员的态度和参与的程度是不同的。例如，家庭购买大件物品时，大家共同参与、商量，而日常的生活用品可能就由母亲购买。于是根据家庭成员对购买商品的参与程度与决定作用的不同，可分为丈夫决定型、妻子决定型、子女决定型和共同决定型。

三是家庭的生命周期阶段的影响。消费者家庭生命周期阶段一般可分为单身青年阶段、新婚无子女阶段、子女年幼阶段、子女长大尚未独立阶段、年长夫妻与成年子女同住阶段、夫妻年老而子女独立阶段、单身老人阶段。家庭处在不同的生命周期阶段，其购买行为也是不同的。例如，家庭处在子女年幼阶段时，对玩具、婴儿用品等感兴趣；家庭处在夫妻年老而子女独立阶段时，对保健品、健身用品等感兴趣。

(3) 个人因素。个人因素主要有年龄、性别、职业、受教育程度、经济状况、生活方式等。消费者的购买行为与其个人因素有较密切的联系，如对书的需求，由于年龄、职业、受教育程度等不同，不同的消费者会选择不同的书，儿童会选择卡通书，年轻人会选择流行小说，老年人会选择保健方面的书。

(4) 心理因素。心理因素包括动机、学习、态度、个性等。美国福特汽车公司曾经研发出一款适合年轻人开的跑车，投放市场后，购买的消费者除了一部分年轻人之外，还有一些老年人。通过调查了解到，老年人购买跑车的原因是，开上跑车后仿佛自己年轻了几十岁。由此可见，心理因素也是影响人们购买行为的因素之一。

学习因素是指由经验引起的个人行为的改变。人类行为大都来源于学习。例如，某顾客要购买一台计算机，由于该顾客对计算机不了解，在购买之前就有一个学习的过程。对企业的营销人员来说，要为顾客学习提供方便，要耐心地回答顾客的咨询，主动向顾客介绍、传递有关产品的信息，让顾客了解和熟悉本企业的产品，促使顾客购买本企业的产品。通过学习，人们产生了对产品的态度。所谓态度是指一个人对某些事物或观念长期持有的好或坏的认识、评价、情感上的感受和行为倾向。态度一经形成，一般难以改变。所以，企业的营销人员最好使其产品与顾客的态度相一致，而不要试图去改变人们的态度，当然，如果改变一种态度所耗费的代价能得到补偿，则另当别论。

可见，影响消费者购买行为的因素是很多的，一个人的消费选择是文化、社会、个人和心理因素复杂影响和作用的结果。其中很多因素是营销人员无法改变的，但是，这些因素在识别那些对产品有兴趣的购买者方面颇有用处。

2. 影响消费者购买决策的因素

对营销人员来说，除了了解影响消费者购买行为的主要因素，还必须了解消费者是如何做出购买决策的。

(1) 影响消费者购买的参与者。以个人为单位购买商品，商品的购买者是显而易见的。然而，有些商品的购买决策过程，往往有多人参与，他们组成了一个购买决策单位，分别充当了不同的决策角色。其中的发起者，是指首先提出或有意向购买某一商品的人；影响者，是指其看法或建议对最后决策具有一定影响的人；决策者，是指对是否买、买什么、买多少、为何买、在哪里买等方面的购买决策做出完全或部分最后决定的人；购买者，是指实际进行采购的人；使用者，是指实际消费商品的人。

了解商品的购买参与者在购买中发挥的不同作用，能够帮助营销人员制定切实可行的营销策略。例如，VOLVO 汽车就注意到了所有参与购买者的需要。在它的广告中，不仅有白发的老年夫妇和稳重的中年夫妇形象，而且有充满活力的年轻人和快乐的少年，甚至是婴儿也可悠然地躺在特制的座位里面。

（2）消费者购买行为模式。消费者的行为受心理活动支配。依据心理学的“刺激—反应”理论，人们行为的发生是其内在心理活动的结果。消费者受到某些刺激而产生某种需要，这种需要又导致产生购买某种商品的动机，由购买动机最终产生购买行为，如图 6-1 所示。

图 6-1　购买行为的形成过程

消费者所受到的刺激包括以下两种：一是环境刺激，消费者总是处在一定的环境中，受到有关环境因素的影响，包括政治、经济、社会、技术、文化等环境因素。二是营销刺激，企业为了将产品销售出去，会采取有关的策略，企业采取的产品策略、价格策略、分销策略、促销策略等会对消费者产生影响。消费者受到刺激后会有一个内在的心理活动过程，然后对刺激做出反应，即产生购买行为，也可以观察到消费者的购买反应，如产品选择、品牌选择、供应商选择、购买时间及购买数量等。由于消费者的心理活动过程是看不见、摸不着的，带有一定的神秘色彩，所以称其为“消费者黑箱”。“消费者黑箱”包括两部分内容：一是消费者特性，主要包括影响消费者购买行为的社会、文化、个人、心理等因素。消费者特性会影响消费者对刺激的理解和反应，同一种刺激作用于具有不同特性的消费者，往往会产生不同的反应。二是购买者决策，主要包括唤起需要、搜集信息、比较选择、购买决策、购后评价等过程。消费者的决策过程决定了消费者最终的购买行为。消费者购买行为可以利用“刺激—反应”模式（又称购买行为模式，如图 6-2 所示）。

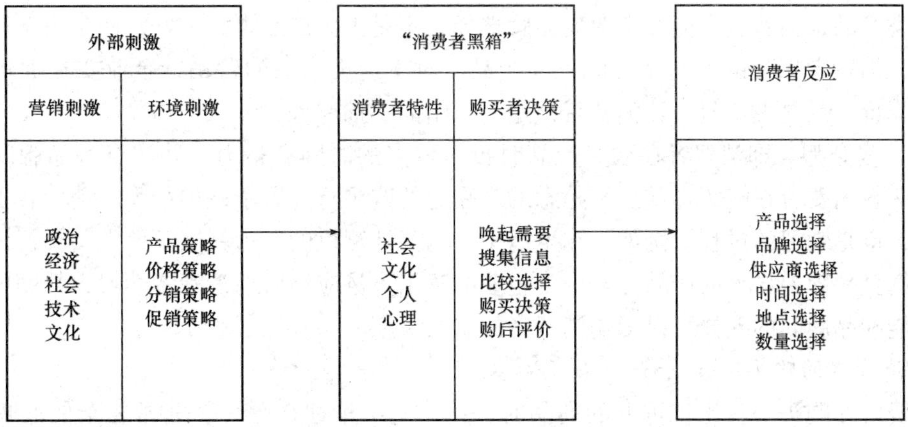

图 6-2　消费者购买行为模式

3. 消费者购买行为的类型

消费者购买决策随其购买行为类型的不同而不同，如购买一般生活日用品与购买生活耐用品之间存在着很大差异，一般消费者对较为复杂的和花钱较多的决策往往会投入较多的精力去反复权衡，而且会有较多的购买决策参与者。根据消费者购买介入程度和品牌间的差异程度，可将消费者购买行为划分为习惯型、求证型、多变型、复杂型（如表6-1所示）。

表6-1 消费者购买行为类型

介入程度 / 品牌差异	低介入度	高介入度
品牌差异小	习惯型	求证型
品牌差异大	多变型	复杂型

（1）习惯型。这种购买行为常常发生在价格低、经常购买且品牌差异不大的产品购买中。消费者往往对这类产品的购买决策不重视，购买时介入的程度很低，主要凭印象、熟悉程度和被动接受的广告信息等。对于这类产品的营销，要在广告上下功夫，企业可做简短的、有特色的广告，反复刺激消费者，突出与品牌联系的视觉标志和形象，以便消费者记忆。

（2）求证型。消费者在购买品牌差异不大的产品时，有时也会持慎重态度，这种购买行为属于求证型。这种购买行为一般发生在价格虽高但品牌差异不大的产品购买中，消费者的购买决策可能取决于价格是否合适、购买是否方便、销售人员是否热情等。针对消费者的这种心理特点，企业应采取必要的营销策略：一是要合理定价，在了解市场上同类产品价格的基础上，结合企业的实际情况，制定出消费者能够接受的价格；二是要向消费者提供细致周到的服务，如选择合适的销售地点以方便消费者购买，选择高素质的销售人员，耐心地回答消费者的问题，向消费者提供有关的信息等，以增强消费者对产品和品牌的信任，进而影响消费者的品牌选择。特别要注意向消费者提供售后服务，以增加其对品牌的信任，增强购后满意度，证明其购买决策的正确性。

（3）多变型。多变型购买行为常常发生在价格低但品牌差异大的产品购买中。例如，在饮料市场中，有不同品牌的不同产品，它们在包装、口感、营养等方面存在较大的差异。对于这类产品，消费者可能经常改变品牌选择，不是因为产品本身不好，而是由于产品品种多样化，消费者想尝试不同品牌的不同产品。对于这类产品的营销，企业要在促销上下功夫，如降价、反复做广告、让消费者试用、送赠品、抽奖等。

（4）复杂型。即消费者在购买产品时投入较多的时间和精力，并注意各品牌间的主要差异。一般消费者在购买贵重、不熟悉的产品时的购买行为属于该类行为，消费者了解产品的过程，也是学习的过程。例如，在生活中，购买计算机的行为就属于该类购买行为。在介入程度高且品牌差异大的产品经营中，企业的营销人员应该协助消费者学习，帮助其了解产品的性能和品牌间的差异，以影响消费者的购买决策。

4. 消费者的购买决策过程

消费者在购买一些比较重要的商品时，其购买决策往往是一个非常复杂的心理活动过程。消费者购买决策过程一般包括唤起需要、搜集信息、比较选择、购买决策和购后评价五个阶段。

（1）唤起需要。消费者的需要往往由于受到内部刺激或外部刺激而引起。内部刺激是由于自身的生理或心理上感到缺少而产生的需要，如饿了要买食品。外部刺激是来自消费者外部的客观因素，如人员推销、广告、降价等的刺激，或由于受到周围人购买行为的影响。

（2）搜集信息。一般来讲，唤起的需要不是马上就能得到满足，消费者需要搜集有关信息。消费者的信息来源主要有四个方面：一是在自己购买和使用产品过程中积累的知识和经验。二是从周围的人，如家庭成员、朋友、同学、同事等处获得的有关产品的信息，即人际来源。三是从展览会、推销员的推销、广告、促销活动中获得的信息。商业信息一般是消费者主要的信息来源。四是从大众传播媒体、消费者评审组织等处获得的信息。

以上这些信息来源的影响随着产品的类别和购买者的特征而发生变化。一方面，就某一产品而言，消费者最多的信息来源是商业来源，即企业营销人员控制的来源；另一方面，最有效的信息来源是人际来源。当然，每一种信息来源对于购买决策的影响会起到某些不同的作用。

（3）比较选择。消费者搜集到大量的信息后，要对信息进行整理、分析和选择，以便做出购买决策，如购买品种、品牌、地点、时间等的决策。不同的消费者在购买不同的产品时，比较选择的方法和标准也各不相同。一般从以下几方面来分析：

第一，产品属性。产品属性，即产品能够满足消费者需要的特性。例如，计算机的储存能力、显示能力等；照相机的体积大小、摄影的便利性、成像的清晰度等。要根据自己的需要和偏好，确定各属性的重要权数，一般越重要的属性赋予的权数越大，需重点考虑。

第二，品牌信念。品牌信念是消费者对某品牌优劣程度的总的看法。由于受到消费者的个人经验、选择性注意、选择性记忆等的影响，其品牌信念可能与产品的真实的属性不一致。消费者根据对品牌的信念，分别给不同的品牌一个评价值。

第三，其他选择因素。其他选择因素主要包括价格、质量、服务项目及水平、交货的及时性、包装、购买的方便性等。

第四，总评。根据各属性的重要性权数及评价值，得出总评价分。由于不同的消费者给予同一商品的各属性的重要程度、评价值的分值是不同的，所以不同的消费者会有不同的选择。

（4）购买决策。消费者经过比较选择后会有两种可能的结果：一是决定不买，即经过比较选择，目前没有找到合适的产品，暂时决定不买。二是形成指向某品牌的购买意向。选择比较后会使消费者对某品牌形成偏好，从而形成购买意向，进而购买其偏好的某品牌。当然，在购买意向变成实际购买行为之前还有一个时间过程，需要具备一定的条件，如消费者有足够的购买力、企业有货等。

（5）购后评价。消费者购买产品后会对产品满足其需求的情况产生一定的感受，如满意或不满意。消费者对购买的产品是否满意，将影响到以后的购买行为，如果对该产品满意，则将继续购买该产品，并向他人宣传该产品的优点；如果消费者对该产品不满意，则在下一次购买时根本不予考虑，甚至本次就要求退货。

6.2.3 国际消费群体间的消费者行为差异

在不同的文化环境、经济模式、政治制度、宗教信仰、生活习惯等因素的影响下，各国消费者的购买行为往往表现出很大的差异性。不同国家的消费者在购买和消费同种商品时会对品种、规格、型号、外观、质量、颜色、服务、价格等提出许多不同的要求。例如，发达国家的消费者往往要求产品的种类齐全、品质高、外观新颖，而一些发展中国家或不发达国家的消费者则更关注价格是否低廉，商品是否实用。下面以亚洲消费者和西方消费者为例分析他们的决策方式与行为模式的差异。

1. 消费者决策方式的差异

亚洲消费者与西方消费者决策方式的差异主要体现在购买决策过程、产品选择标准、对待权威的态度等方面，如表 6-2 所示。

表 6-2　亚洲消费者与西方消费者决策方式的差异

决策方式	亚洲消费者	西方消费者
购买决策过程	社会的自我引导问题识别过程	私人的自我引导问题识别过程
产品选择标准	讲究实用，较少发生冲动性购买行为	往往与情感相联系，较多发生冲动性购买行为
对待权威的态度	较多地体现容忍、尊重权威的态度，名人广告作用往往更为突出	对权威会质疑

2. 消费者行为模式的差异

由于东西方文化的差异，以及不同的社会经济发展背景，亚洲消费者和西方消费者行为模式的差异也较为明显，如表 6-3 所示。

表 6-3　亚洲消费者与西方消费者行为模式的差异

行为模式	亚洲消费者	西方消费者
认识风格	从综合的、具体的、情景导向的角度对事物做出判断和评价	从线性的、抽象的、分析的角度对事物做出判断和评价
形象偏好	非常关注公司形象	强调品牌形象
品牌忠诚度	品牌忠诚度形成的时间长，形成后忠诚度持续的时间长	品牌忠诚度形成的时间相对较短，形成后忠诚度持续时间较短
社会风险敏感性	对社会风险比较敏感	倾向于规避货币和功能性风险，而非社会风险
购后行为	多表现出忍让的态度	关注自身利益，习惯表达不满
与群体的关系	遵循集体主义原则，群体一致性往往导致消费者在决策和行为上采取妥协的态度	遵循个体主义原则，虽然也会参照集体的意见，但主要依据个体的感知做出消费选择

由此可见，企业面对国际消费者时，需要对消费者行为进行研究，通过科学有效的方法发现该消费群体独特的消费行为，掌握影响他们消费行为的主要原因和规律，这样才能更好地满足不同国家和地区消费者的需要。

6.3 国际市场营销的组织市场

6.3.1 组织市场概述

企业的营销对象不仅包括广大消费者，而且包括各类组织。这些组织机构既包括以营利为目的的工商企业，也包括非营利性组织，如政府、医院、学校、社会机构等。这些组织的购买行为与消费者的购买行为不同。与消费者市场相比，组织市场的需求根据组织类型的不同而不同，需求的产品不仅有生活资料，而且有生产资料，需求量相对较大。

6.3.2 组织市场的分类

组织市场包括四种类型，即生产者市场、中间商市场、非营利组织市场和政府市场。

1. 生产者市场

生产者市场又称产业市场、工业品市场或生产资料市场，是指购买者是一些生产企业，它们购买商品是为了制造其他产品，以供出售或出租等。生产者市场主要由农业、林业、水产业、矿业、制造业、建筑业、运输业、通信业、金融保险业、服务业等产业组成。生产者市场的购买对象主要是原材料、零部件、辅助材料、燃料、机器设备、工具等生产经营所需要的资源。生产者市场的交易内容主要是生产资料和各类生产要素。

2. 中间商市场

中间商市场又称转卖者市场，它是由以营利为目的购进商品后再转卖或出租给他人的所有组织和个人所组成的市场。中间商不提供产品形式效用，只提供产品的时间、地点和占有方面的效用。中间商经营的产品种类繁多。事实上，除了少数几类产品，如重型或复杂的机械、定制的产品以及直接邮购或上门推销的产品，由制造商直接卖给最终顾客外，绝大多数产品都是通过销售中间商卖到最终购买者手中的。供应商应把中间商看作其顾客的采购代理商，而不是代表供方的销售代理商。中间商有两种基本类型：批发商和零售商。在地理分布上，中间商市场与生产者市场相比较为分散，但与消费者市场相比较为集中。

3. 非营利组织市场

非营利组织，又称非营利部门，是指所有不以营利为目的而从事社会公益事业的机构、组织和团体，可以是现有的政府事业单位和教育机构、注册的民办科技机构等。非营利组织是组织市场中相当重要且不可忽视的一部分，世界任何一个国家的非营利组织都发挥着十分重要的作用。它们不仅构成一个重要的产业，而且是活跃于现代生活中的一支经济力量，是各国国民经济中一个重要的组成部分。世界各国的非营利组织构成了一个潜力巨大的市场，“现代管理学之父”彼得·德鲁克精辟地指出：“非营利组织不仅在功能上代替政府解决了许多社会问题，同时，因为非营利组织的效能是政府的2倍，也削减了政府的财政赤字。”

4. 政府市场

政府市场是指为了执行政府职能而购买或租用产品的各级政府和下属各部门组成的采购市场。各国政府通过税收、财政预算掌握了相当部分的国民收入，形成了潜力极大的政府采购市场，成为非营利组织市场的主要组成部分。政府购买的基础是获取那些能实现公众目标所必需的产品和服务。政府采购的产品和服务的范围是惊人的，包括用于国防、公共福利、医疗保健、基础设施建设和自然资源开发，以及公共服务、住房和城市改造的各类物资和设备。政府采购不是为了营利，而是为了执行政府职能，向社会提供公共产品，维护国家安全和社会公众利益。例如，政府参与市场调节，稳定物价和市场；政府的扶贫以及在国际上的人道主义援助等。由于开支决策受到审查，政府组织要做大量的文书工作。在采购获得批准之前必须填制和签发精心制作的表格。

6.3.3 组织市场的特点

1. 购买者少，购买规模大

在消费者市场上，购买者是消费者个人或家庭，购买者必然为数众多，购买规模很小。而在组织市场上，情形正好相反，比如，制鞋机械的购买客户是各个鞋厂，发电设备生产者的客户是各地有限的发电厂，采煤设备生产者的客户是少数大型煤矿，某轮胎厂的命运可能仅仅取决于能否得到某家汽车制造厂的订单。尽管组织市场的客户数量少，但客户的购买量很大。组织市场购买量大主要表现在组织市场在总交易量、客户经营活动的规模和多样性、生产阶段的数量和持续的时间等方面。组织市场还会按照一定的周期重复购买。例如，旅馆对香皂的需求量，比一般家庭的香皂需求量要大得多。有时一位买主就能买下一个企业较长时期内的全部产量，有时一张订单的金额就能达到数千万元甚至数亿元。

2. 组织市场的地理分布相对集中

在国际市场上，石油、橡胶、钢铁等行业显示出相当强的地理区域集中性。在我国，大多数组织购买者集中在北京、天津、上海、武汉、广州、成都、深圳等国内工业较为集中的城市。美国排名前十位的大城市也是组织购买者比较集中的地区，如纽约、芝加哥、巴尔的摩、洛杉矶、费城、波士顿、底特律、达拉斯、匹兹堡和休斯敦。这种地理分布上的集中有助于购买者辨认、比较和顺利开展购买活动。对供应商来说，可以吸引更多的客户。

3. 实行专业购买

组织购买者通常比个人消费者更加专业和系统地购买所需要的产品，其采购过程往往是由具有专门知识的专业人员负责。其采购人员往往经过专门训练。经过专业训练的采购人员具有丰富的产品和购买知识，他们不仅对购买的产品在性能、规格以及技术细节上的要求较为熟悉，而且具有灵活的谈判技巧。可见，为了应对具有专门知识、经过专业训练的采购人员，供应商应十分重视对推销人员的挑选和培训，使之具有良好的专业知识和销售知识，具有较强的人际交往能力。对于技术性较强的产品，推销人员更应具有完备的技术知识。

4. 具有衍生需求，需求波动大

组织市场上的购买需求最终来源于消费者对消费品的需求，企业购买生产资料，归根到底是用来作为劳动对象和劳动资料以生产出消费资料。例如，消费者购买皮包、皮鞋才导致了生产企业需要购买皮革、钉子、切割刀具、缝纫机等生产资料。因此，消费者市场需求的变化将直接影响组织市场的需求。有时消费品需求仅上升10%，就可导致生产这些消费品的企业对有关生产资料的需求增长200%。若需求下降10%，则可导致有关生产资料需求的全面暴跌。这种现象在经济学上被称为“加速原理”。

5. 需求缺乏弹性

组织市场的需求受价格变化的影响不大。皮鞋制造商在皮革价格下降时，不会打算采购大量皮革，同样，皮革价格上升时，他们也不会因此而大量减少对皮革的采购，除非他们发现了某些皮革替代品。需求在短期内无弹性，是因为厂商不能对其生产方式做出许多变动。

6. 购买决策较复杂

组织市场购买者的决策通常比消费者的决策更为复杂，涉及金额大，要面对更为复杂的技术和经济问题，因此往往需要花费更多的时间进行反复论证。组织购买者的决策行为比消费者更为规范，对于大额购买通常要求有详细的产品规格说明、文字购买清单，以及对供应商的调查和严格的审批程序。

6.3.4 影响组织购买行为的主要因素

影响组织购买行为的因素主要有外部环境因素、组织因素、人际因素、个人因素等。

1. 外部环境因素

外部环境主要包括经济环境、市场环境、技术环境、竞争环境等。例如，生产者市场上的购买者需要保持对环境的充分估计和对形势的灵活把握，密切关注当前经济环境状况及企业发展预期，同时监视技术发展和革新、政治法律的调整以及产业和渠道环境等因素，并做出及时准确的应对。

2. 组织因素

组织因素主要包括组织的性质、规模、目标、机构的设置及分工、采购管理制度等。例如，有的国家规定只许买本国货，不允许买进口货；有的规定购买金额超过一定限度就需要上级主管部门审批等。又如，组织内部采购制度的变化也会对采购决策产生很大影响。生产型组织有时会用签订长期合同的方式来确定供应渠道，政府组织则会采用招标的方式来选择供应商。再如，西方发达国家近年来兴起一种“及时生产系统”，即适量、及时进货，零库存，供量100%合格的生产系统，它的兴起大大地影响了组织采购决策。

3. 人际因素

组织购买中通常涉及使用者、影响者、采购者、决定者和信息控制者，这五类人员都参加购买决策过程。一些决策行为会在这些参与者中产生不同的反应，意见是否容易取得一致，参与者之间的关系是否融洽，是否会在某些决策中形成对抗，这些人际因素会对组织市场的营销活动产生很大的影响。营销人员若能掌握这些情况并有的放矢地施加影响，将有助于消除各种不利因素，获得订单。

4. 个人因素

购买决策过程中每一个参与者都带有个人动机、直觉和偏好，这些因素取决于参与者的年龄、收入、受教育程度、专业文化、个性以及风险意识的高低，因此供应商应了解客户采购决策人的个人特点，并处理好与他们的关系，这将有利于营销业务的开展。

总之，组织市场的产品营销不同于消费品营销，组织购买行为的重要特点主要表现为组织与组织之间（B2B）的交易关系，看起来应当比消费者购买行为更为理性，而不涉及个人情感，但实际上并非如此，因为在组织购买过程中的每一个过程都是由具体的人员去完成的，执行组织采购任务的具体人员的个性与情感对于其做出相应的购买决策同样发挥着重要影响。所以注意研究组织购买行为中的个人因素，并有的放矢地开展相关的营销活动是十分重要的。而且组织之间的交易关系一旦建立，就会比较稳定（因为组织购买的信息收集和采购洽谈成本比较高，一般不愿轻易改变供应商），所以长期维护同购买者之间的稳定关系就变得十分重要。因此，“关系营销”的理念对于从事国际市场营销的产品经理们来说显得尤为重要。

本章小结

国际市场是世界各国商品和劳务交换的场所，是在世界范围内通过国际经济活动联系起来的各国（地区）市场以及各国（地区）之间市场的总和。北美市场有世界第一经济大国——美国，还有七国集团中的加拿大。欧盟市场的一体化程度较高，是全球最大的自由贸易和共同市场联合体。东亚市场中有经济实力不可小视的日本。近年来随着新兴经济体的发展，以中国为代表的新兴市场日益受到全球的关注。中国的“一带一路”倡议必将促进全球经济一体化，同时给“一带一路”沿线国家的经济发展带来机遇。

在国际市场研究中要分别关注为消费者服务和为组织服务的两个具体市场，国际消费者市场是指由为满足生活需要而购买产品和服务的一切个人和家庭所组成的市场。消费者购买行为受不同的文化因素、社会因素、个人因素和心理因素的影响。组织市场是一个组织向其他组织推销商品和服务而形成的市场。组织市场不同于消费者市场，其购买行为更加复杂。在企业国际市场营销中只有充分了解组织购买者的行为和特点，才能把握营销中的主动权。

案例分析

如何应对2020年的中国消费者

面向消费者的企业大多认识到，中国是促进它们未来10年成长不可或缺的动力，只有了解影响中国消费者的经济、社会、人口变化及其消费习惯，才能把握住这一趋势。这绝非易事，因为人们的生活形态随着快速发展的经济而发生改变，并且中国幅员辽阔，各地的经济状况与人口特征差异极大。这些差异势必日益显著，对未能掌握个中变化的企业将产生重大影响。麦肯锡公司从2005年开始，每年开展一次中国消费者调研，总共与60多座城市的6万多名受访者进行了访谈，主要研究其收入增长、消费模式转变、消费期望增高（有时与相对应的西方消费者相同，有时则不同），以及对不同消费者群体进行跟踪调研。

人口统计的改变

中国所经历的许多改变其实带有快速工业化的传统特征，如收入增加、城市化、教育水平提高以及流动性增加。日本在20世纪50—60年代也经历了相似的变化，韩国与我国台湾地区在20世纪80年代也是如此。一些中国特有的因素影响着消费者，如计划生育政策以及地区间经济发展不平衡问题。

中国经济的腾飞也将继续是影响消费者行为的最重要因素。诚然，中国人正在快速致富：城市年人均可支配收入将从2010年的约4 000美元上升至2020年的8 000美元左右，与现在韩国水平相近，但仍远低于美国（3.5万美元）和日本（2.6万美元）等一些发达国家的水平。尽管中国消费者的数量在各收入水平组群之间差异会依然存在，但是其分布将会发生巨大的变化。目前人数最多的是“价值”消费群，他们的家庭年均可支配收入在6 000美元到1.6万美元（折合人民币3.7万到10.6万元），能负担得起基本的生活开支。“主流”消费群则生活相对富裕：家庭年均可支配收入在1.6万到3.4万美元（折合人民币10.6万到22.9万元）。但是，目前人数较少，仅有1 400万户家庭，占中国城市人口的6%。另外，家庭年均可支配收入超过3.4万美元的“富裕”消费者仅有426万户家庭，占中国城市人口的2%。直到现在，上述差异仍指导着外国企业在华运营的选择：是将“主流”和“富裕”消费者设定为目标群体，还是延伸品牌以覆盖到“价值”消费群？选择前者的企业或多或少能在不重组、不更新的基础上，沿用和其他国家一样的商业模型和产品组合。但是这么做只是把它们自己限制在面向1 800万户家庭的范围内。那些面向“价值”消费群的企业面对的则是1.84亿户家庭。当然这样的话，企业的产品必须更便宜，商业模式也不得不做出相应的调整，利润也会被降低。这种情况正在逐渐发生改变。收入的快速上升使得许多“价值”消费者会在2020年前加入“主流”消费群。事实上，“主流”消费群届时将会占到中国城市人口的51%。尽管相比其他发达国家，这一消费群的人均收入水平依然较低，但这个群体将拥有1.67亿户家庭（近4亿人口），成为消费市场的中流砥柱，且能负担得起私家车和小奢侈品等消费。能够针对这群新兴的消费群体推出高质量产品的商家将在竞争中脱颖而出，同时获得盈利。尽管“价值”消费群在城镇人口中的占比将从2010年82%降到2020年的36%，但他们依然会是一个拥有1.16亿户家庭（3.07亿人口）的超大群体，是廉价产品的主体客户。“富裕”消费者在中国将仍然是少数精英人群，到2020年也只占人口的6%（在2010年，美国超过一半的消费者家庭年收入已经超过3.4万美元）。但是这6%也意味着有2 100万户家庭或6 000万人口。收入的提高使得中国的一些城市和地区远比其他地方更富裕，但经济发展的不平衡性依然存在，理解经济发展程度上的差异能帮助我们了解哪些产品或服务的消费将会增长得更快，这些增长将会发生在哪些城市或地区。现在，85%的“主流”消费者住在100个最富裕的城市中。还有10%的“主流”消费者住在排名第101到第400的300个富裕城市中。值得一提的是，这个比例会在2020年接近30%。届时，这些城市中的许多家庭都能负担得起大部分的商品和服务消费，如出国旅游，而现在仅仅是最富裕的城市消费者才有这样的消费能力。值得注意的是，尽管有些城市，如广东佛山的GDP绝对数值和人口总数很小，但是富裕人口的占比对于企业的吸引力足以与上海、深圳等一线城市相比。

新消费形态

了解中国腾飞的经济及其对消费者的影响，有助于把握未来10年的消费趋势。中国未来的三大消费趋势：非生活必需品消费的高增长；愿望驱动的消费升级；越来越重要的老年消费群。

第一，非生活必需品消费的高增长。增长的个人收入和一系列刺激消费的政策令消费品行业受益良多，但是获益程度在不同产品品类间存在着差别。非生活必需品的增长将最为强劲，2010—2020年保持13.4%的年平均增长率，受益于可负担这些产品的人群日益增加；

其次为半生活必需品（10.9%）和生活必需品（7.2%）。各个大品类下的品类细分中，有的更偏向于非生活必需品，其增长速度也会更快。例如，外出吃饭就隶属于“食品”大类下的非生活必需品，其未来10年的增长率预计将达到每年10.2%，远高于基本食品7.2%的年增长率。显而易见，富裕消费群体负担得起更多的非生活必需品。然而，相比数量和财富不断增长的其他消费群体，2020年富裕消费群体对这类商品的“贡献”到底能有多大仍有待进一步观察。研究的消费模型显示，2010年，“价值”“主流”和“富裕”家庭的年消费金额分别为2 000美元、4 000美元和1.2万美元。这些数字在2020年将变为3 000美元、6 000美元和2.1万美元。尽管所有家庭都将消费更多，但不同收入群组的差距也在显著扩大，凸显了生活水平的差异。

第二，愿望驱动的消费升级。第二个值得说明的消费趋势就是消费升级。究其原因是消费者改善生活、提高自己社会地位的强烈意愿。和西方消费者一样，许多中国消费者通过所购买的产品来评价别人和自己。对于发展中国家的消费市场来说，初期的强劲增长源于大量消费者的首次购买。随着市场趋于成熟，增长更多地依赖更为频繁或更为大量的消费和消费升级（即购买已有产品的更昂贵“版本”），前面提到过的生活必需品类的增长空间就会有限，因为这些已经是广大消费者的日常用品，很难让消费者再大量增加消费。但是这并不是说市场就不会再增加。以调味品为例，只要有需要，绝大多数中国人都能买得起这类商品。然而中国人对健康关注程度的提升带动了消费升级的商机。橄榄油就是一例：鉴于其比菜籽油更具有健康的特性，橄榄油的销售在接下来的5年里可以达到15%的年平均增长率。消费升级的商机同样适用于半生活必需品类（如服装、医疗保健和家居用品），如更多的消费者有能力在不同场合购买不同的服饰产品，或者购买更多的品牌产品。因此，那些针对大众市场的品牌需要重新定位以吸引消费者日益提升的愿望。新兴的年轻品牌如果能推出高档产品，即使品牌形象和竞争对手类似，它们也能在竞争中更胜一筹。全球性的企业也是一样：鉴于中国市场中巨大的消费升级商机，它们需要重新考虑品牌定位。非生活必需品将会收益颇丰：一些高档消费品的增长速度高于该品类的平均水平。例如，高档面霜在过去10年内平均每年的销售额增加20%，而业界平均年增长率为10%。基本款私家车的年销售量增长能够保持在约10%的水平，而豪华SUV的增长率则会超过20%。2010年，中国已经是全球领先的奢侈品消费大国。

第三，越来越重要的老年消费群。中国的人口老龄化意味着到2020年，65岁以上的人将增加5%，相当于1.265亿人口。这显然是一个重要的消费群体。2020年老年人的消费模式与现在有何不同？据2011年的调查发现，中国老年人不太愿意在旅游、休闲和时装等非生活必需品上花钱，更偏爱储蓄，而到2020年这些特性可能就没有那么显著了。大多数55岁以上的中国人经历过艰苦岁月，这一辈人认为不乱花钱非常重要。在一线城市，55～65岁的消费者近一半的钱花在食品上，仅有很小的一部分用于购买非生活必需品，如花费7%在服装上。相比之下，比他们年轻10岁的一代人在食品上的花费仅占消费的38%，而服装开支占了13%。事实上，对消费者的调查已经显示，如今55～65岁的消费者的消费模式与年轻一代迥然不同，但45～54岁的人（到2020年将成为老年消费者）却与现在34～45岁的中青年人类似。这意味着，企业将不得不重新对老年消费者进行定义。

（资料来源：安宏宇，马思默，李丽华，廖文侃．麦肯锡：“会面”2020中国消费者［EB/OL］.2012-05-02. http：//www.199it.com/archives/37573.html）

讨论与分析：

1. 结合案例，查阅相关资料，对中国消费者市场的未来机会进行评估。
2. 根据中国市场的发展趋势，企业在中国市场如何开展市场营销活动？

课后习题

一、单选题

1. 在下列市场中人口结构呈现多元化特征的是（　　）。
   A. 中国　　B. 美国　　C. 韩国　　D. 日本
2. 美国市场的销售旺季是（　　）。
   A. 春季　　B. 秋季　　C. 夏季　　D. 冬季
3. 加拿大市场使用的语言是（　　）。
   A. 英语和西班牙语　　B. 英语和法语
   C. 英语和葡萄牙语　　D. 只有英语
4. 在进入欧盟市场时，外国企业的主要目标是占领（　　）。
   A. 农村市场　　B. 城市市场
   C. 高端市场　　D. 中端市场
5. 组织市场需求的波动幅度（　　）消费者市场需求的波动幅度。
   A. 小于　　B. 大于
   C. 等于　　D. 以上都不是
6. 消费者购买过程是消费者购买动机转化为（　　）的过程。
   A. 购买心理　　B. 购买意志
   C. 购买行动　　D. 购买意向
7. 消费者对某一品牌评价较差，就会对使用该品牌的所有产品都形成不好的评价，这一特性反映的是态度的（　　）。
   A. 稳定性　　B. 易变性　　C. 伸缩性　　D. 倾向性
8. 体育明星和电影明星是其崇拜者的（　　）。
   A. 成员群体　　B. 参照群体　　C. 厌恶群体　　D. 向往群体
9. 下列哪个因素不是影响消费者购买行为的主要因素？（　　）
   A. 文化因素　　B. 社会因素　　C. 自然因素　　D. 个人因素
10. 消费者对于有些产品品牌差异明显，但消费者不愿花长时间来选择和估价，而是不断变换所购产品的品牌，这种购买行为称为（　　）。
    A. 习惯性的购买行为　　B. 多样性的购买行为
    C. 减少失调感的购买行为　　D. 复杂的购买行为

二、多选题

1. 从市场的角度出发，北美市场主要是指（　　）。
   A. 美国　　B. 加拿大　　C. 格陵兰岛
   D. 墨西哥　　E. 巴拿马

2. 影响组织购买者的因素有（　　）。
A. 环境因素　　B. 组织因素　　C. 人际因素
D. 个人因素　　E. 文化因素
3. 消费者市场的主要特点有（　　）。
A. 购买次数多　　B. 购买决策参与人数多
C. 需求复杂，差异大　　D. 非营利性
E. 需求可诱导
4. 下列属于东方消费者的购买特征的是（　　）。
A. 注重产品的实用性　　B. 容易冲动型购买
C. 特别关注提供产品和服务的公司形象　D. 往往遵循集体主义原则
E. 购后行为习惯表达不满
5. 对“一带一路”沿线国家市场描述正确的有（　　）。
A. 农业和工业增加值比重高于世界平均水平，而服务业增加值比重低于世界平均水平
B. 世界化石能源的生产、消费与贸易中心
C. 发展中国家较多，国家之间工业发展不平衡
D. 大多数国家处于工业化早期阶段
E. GDP 年均增长率高于世界水平

三、名词解释

1. 消费者市场
2. 组织市场
3. 非营利组织
4. 政府市场
5. 消费者黑箱

第7章

国际市场营销调研

★学习目标

1. 了解国际市场营销信息系统的构成。
2. 理解国际市场营销调研的概念、作用和内容。
3. 掌握国际市场营销调研的程序和方法。

国际市场营销环境复杂，国际市场营销战略和策略的规划与制定必须建立在充分了解目标市场国的营销环境和市场具体情况的基础上。信息是营销决策的基础和前提，是制定成功营销策略和避免严重营销失误的关键因素。企业要想在国际市场上获得成功，就必须对国际市场进行认真的调查研究，只有准确地掌握有关市场的详细信息，才能准确选择目标市场，有效地进入市场，并制定有针对性的营销策略。

7.1 国际市场营销调研概述

7.1.1 国际市场营销调研的概念

国际市场营销调研是指从事国际市场营销的企业运用科学的方法，有目的地、系统地搜集、记录一切与国际市场营销活动相关的信息，对所搜集到的信息进行整理和分析，从而把握目标市场的变化规律，为制定国际市场营销决策提供可靠的依据。

国际市场营销调研具有如下特点：

（1）它是营销管理的一种辅助工具。国际市场营销调研活动必须依附具体营销管理问题而存在，并针对所要解决的营销管理问题去设计和实施。

（2）国际市场营销调研是一项复杂且技术性较强的实践活动。它综合运用了经济学、管理学、统计学、社会学、市场营销学等多门类学科知识，采用现代科技手段，对市场状况进行研究和分析。因此，在具体的调研活动中，必须充分运用这些科学方法和技巧，并对调研活动进行合理的组织和安排，以科学的结论来帮助企业做出正确的营销决策。

（3）国际市场营销调研是调查与研究的紧密结合，两者互为表里，缺一不可。在现实的国际市场营销调研活动中，不能局限于汇编有关市场的大量统计数据和有关市场特点，还必须针对所要解决的营销问题，对所获得的市场资料进行整理、分析和判断，进而得出相当具体和明确的市场研究结论。

7.1.2 国际市场营销调研的作用

（1）有助于企业发现国际市场营销机会。通过国际市场营销调研，可使企业了解哪些国际市场存在未满足的需求，以及哪些国际市场已饱和，从中寻求市场营销机会，并根据企业的经营目标及实力寻找和选择有利的目标市场。

（2）为企业制定国际营销决策提供依据。首先，通过国际市场调研，可以了解与把握国际市场消费者的现实与潜在需求的变化，具体了解国际市场消费者对产品品种、规格、型号、功能以及交货期、产品售后服务等的需求，使企业的产品策略更具有针对性。其次，可以了解目标市场同行业竞争者的价格策略，了解目标市场存在哪些销售渠道、哪些商业机构、顾客对何种分销方式及分销机构有兴趣，这将有利于企业制定分销渠道决策。此外，通过国际市场调研，能够了解目标市场国的促销方式，采用哪些形式进行广告宣传更能适应目标市场国的需求，消费者有哪些习惯和偏好等，从而有利于企业对促销方式的选择。

通过营销调研，可以了解和掌握消费者需求的变化、竞争者营销战略与策略的变化、企业自身营销计划的实施状况等，从而促使企业适时地调整营销方案。国际市场调研可以寻找出那些标志着国际市场营销环境异常变化的预兆和非正常现象，从而可对未来市场的变化发展趋势进行预测和估计，有利于企业调整和制订合理的国际营销计划，应付可能出现的市场变化，规避市场风险，以利于企业在国际市场竞争中掌握主动权，立于不败之地。

7.1.3 国际市场营销调研的内容

国际市场营销调研的内容包括了一切与国际市场营销活动有关的直接和间接的信息，调研内容广泛而复杂。这是由于不同国家市场具有不同的特色，在实际调研中要根据不同产品、不同市场以及不同的营销管理决策来设计不同的调研内容。

一般来说，国际市场营销调研的内容主要有国际市场营销环境调研、国际市场营销消费者调研、国际市场营销组合调研和国际市场营销竞争调研。

1. 国际市场营销环境调研

国际市场营销环境调研是为企业寻找国际目标市场服务的，它包括的范围很广，既包括整体市场环境，又包括细分市场环境。具体包括以下几方面：

（1）国际自然环境。国际自然环境包括两方面：一是国际地理条件，如地理位置、国土面积、地形、风土、气候；二是自然资源条件，如农业、林业、矿产资源等。某一特定自然资源条件的优劣与产品的销路有密切关系。自然资源的多少会对一个国家的工业发展形势产生影响，从而又影响到这一国家的最终购买情况。

（2）人口资源。人口资源是形成国际市场规模的一个最基本要素，是国际市场调研的重点。人口资源主要包括人口结构、家庭规模、人口分布与人口密度等。

第一，人口结构。人口结构可以从性别、年龄等角度分析。年龄、性别的结构具有因地而异的显著特征。不同的人口结构具有不同的消费水平及消费倾向。了解人口结构是为了便于企业正确选择产品的投向。

第二，家庭规模。家庭规模不同，所需的商品规格也有明显的不同。不少消费品是以家庭为单位购买或使用的。家庭数量及其规模决定了某些商品的购买数量及对商品的要求。目前，世界上的普遍趋势是家庭规模变小，家庭户数增加，其中发达国家的这种趋势比发展中国家更加明显。

第三，人口分布与人口密度。任何一个国家或地区，其人口分布与密度绝不会是均匀的，人口分布与人口密度对企业来说意味着目标市场的集中与分散程度，进而影响到企业的国际市场营销费用。目前，世界上人口密度高的地区在南亚、东亚以及中欧、西北欧、美国的东北部等，而北纬 60°以北的地区、撒哈拉大沙漠周围区域、南美洲的中部以及澳大利亚等是人口密度比较低的地区。

（3）国民收入。收入是形成国际市场规模的另一个基本要素，企业研究的重点是消费者在除去各种税金及保险后的可支配收入。要分析和预测目标市场的需求规模，必须进一步研究家庭收入和个人收入，特别是研究不同年龄、产业、职业、地区的消费者收入差异。在对国外某一特定市场的具体收入情况难以掌握时，往往可以通过对国民生产总值、国内生产总值、人均国民收入、消费结构、恩格尔系数等指标的研究进行推算。

（4）各国社会和文化。各国社会和文化特性的调研主要包括民族、语言、宗教、教育状况等方面。

第一，民族。世界上的绝大多数国家是由多民族组成的，单一民族的国家为数不多。在多民族组成的国家里，消费者的特征也会呈现出不同的民族倾向，进而表现为多元化。企业要详细了解目标市场的民族构成、比重以及不同民族的特点，尤其是不同民族消费者的需求及其购买行为的特点。

第二，语言。语言直接影响企业进入国际目标市场的产品商标、说明、促销等方面。世界上有很多国家同时使用两种以上语言。例如，印度的官方语言是英语（公用语），但是目前国内通行的语言达 850 种之多，连全国流通的纸币上，也用了 14 种语言来表示。

第三，宗教。从宗教这一途径了解和探索一个国家的文化与消费生活，往往会取得事半功倍的效果。宗教具有特定的崇拜对象与禁忌，对信仰者具有明显的约束力和影响力，进而对消费者的购买也会形成一种强大的制约力量。

第四，教育状况。教育状况主要包含教育制度与教育发展水平两方面。教育制度决定了今后这个国家的教育发展方向及速度。教育发展水平一般以文盲率、义务教育年限、大学升学率等指标来体现。教育状况决定了一个国家消费者的文化素质，不同的消费者文化素质对产品会产生不同的需求，对各种促销活动也会有不同要求。

（5）国际政治环境。国际政治环境主要包括两方面，一方面是政治体制及政治的稳定性。必须了解现政府的结构、执政党的体系、政府现行政策的稳定性和连续性、政府行政效率等，并对此进行评价。另一方面是政治与经济的结合度。政治与经济的结合度是指政治与经济的关系密切程度。经济政策和经济发展计划的实施受政治因素影响的强弱程度在不同的国家是有差别的。在很多国家经济政策的决策中起重要作用的是某些政治家或者领导人，这就需要了解这些主要政治人物的背景。可以通过对其背景的了解来判断其政策决定的程序，推测政策的倾向。

（6）国际经济环境。国际经济环境调研主要包括以下方面：

第一，一般经济指标。一般经济指标具体包括：国民生产总值、国民收入、生产指标、物价指数、工资指数、汇率、国际收支动向、进出口统计、海外投资统计等。

第二，经济政策。经济政策具体包括：经济开发与发展计划的具体内容、国民计划完成状况、经济政策和产业振兴政策、物价的动向等。

第三，产业及行业状况。产业及行业状况具体包括：各产业就业人口，生产总额及动向，生产结构，产业规格，工业、农业、林业、渔业、畜牧业的生产与流通，以及各产业外国资本投资现状等。

第四，贸易。贸易具体包括：不同地区的产品贸易结构，特别是与企业有关的各国的贸易关系、贸易收支、国际收支等资料；进出口的配额、许可证批准状况、进口许可证手续等；外汇管制、外汇市场的动向；信用证的问题、外汇银行的信用度；关税制度、税率和征税方法；特惠关税、非关税壁垒；通商条约、贸易协定、贸易政策及贸易保护的动向；进出口商的资格审查、登记制度；贸易习惯；国际商事仲裁制度；与贸易有关的法规等。

第五，交通。主要调查目标市场国目前使用的主要交通手段，比较各种交通手段的优劣。例如，调查对象国的主要港口及港湾状况，主要航路及停靠港至目的港所需天数、运费率，海上保险条件及费用等。

2. 国际市场营销消费者调研

消费者的数量、结构、偏好、行为等直接影响着市场规模和市场需求结构，因此对消费者的研究是我们进行市场调研的一项重点内容。对消费者的调研包括以下几方面：

（1）消费者人口构成。主要调查下列指标：人口总量、人口分布、人口密度、人口的年龄结构、人口的性别结构、人口的职业结构、人口的民族结构、人口的文化程度结构，以及人口增长与结构变动的一系列指标等。

（2）消费者购买力水平。主要了解消费者人均可支配收入，以及不同收入阶层的状况与结构。

（3）消费者购买行为。主要了解消费者购买什么、为什么购买、谁决定购买、怎样去购买、什么时候以及在什么地方购买等。对上述问题的调查研究，可以帮助企业了解目标国际市场规模和市场需求结构。同时，还要了解工业用户、公司以及其他机构等的购买行为，因为这部分需求更为巨大。

3. 国际市场营销组合调研

国际市场营销企业进入特定市场后必须制定合理的国际市场营销组合策略。而合理的国际市场营销组合策略，只能建立在正确的市场调研的基础上。

（1）国际市场营销的产品调研。产品调研内容主要包括：国际市场和每个细分市场产品的总供求量、供求结构、供求特点及其变化趋势；消费者对产品的各种信息反馈资料；国际市场产品生命周期和产品发展趋势；国际市场上该产品的替代品和互补品情况；国际市场产品的相关需求情况等。

（2）国际市场营销的价格调研。价格调研内容主要包括：国际市场上不同企业同类产品的定价目标和定价方法；国际市场及各细分市场上的价格总水平；国际市场上产品的价格弹性或消费者对产品价格的敏感度；国际市场上替代品和互补品的价格走向；不同细分市场上消费者对价格的反应；产品不同生命周期竞争者的价格策略；国际市场上中间商对价格的调整幅度；国际市场定价的法律法规和惯例等。

（3）国际市场营销的分销渠道调研。分销渠道调研内容主要包括：国际市场产品销售渠道及中间商的种类以及各国的市场惯例；国际市场直接销售、间接销售的种类和特点；国际市场上各类中间商的背景资料；国际市场分销渠道和中间商的发展趋势等。

（4）国际市场营销的促销调研。促销调研内容主要包括：国际市场上促销的各种具体形式、种类及可利用的程度；国际市场的促销成本、优势、障碍；国际市场营销推广的方式、特点和要求，以及中间商、消费者对此的反应；国际市场上广告以及各种促销方式的效果；国际市场促销的法律法规及惯例等。

4. 国际市场营销竞争调研

国际市场营销竞争调研主要包括：国际市场上主要竞争者的识别；竞争者的背景材料；国际市场上各竞争者产品的产量、销售和市场占有率的情况；国际市场上竞争者之间在成本、价格、利润、质量、品种、规格、型号、服务等方面的比较；国际市场上竞争者在关税、贸易运输条件、分销渠道等方面的不同条件和不同策略；国际市场的竞争结构和竞争强度等。

7.2　国际市场营销调研的程序与方法

7.2.1　国际市场营销调研的类型

国际市场调研项目不同的目标决定了国际市场营销调研类型的不同。按照调研目的划分，其类型包括探测性调研、描述性调研、因果性调研和预测性调研。

1. 探测性调研

探测性调研是为探索市场机会，或探索解决营销中某一问题的思路和方法，或探索营销中出现某一问题的原因而进行的调研。例如，企业在进入某国市场之前，寻找该国市场存在哪些市场机会；某目标国市场的文化环境与母国的文化环境存在巨大差异，寻求适应目标国文化环境的思路与办法。

2. 描述性调研

描述性调研是国际市场营销调研的重要部分，即如实反映市场营销客观状况，如本企业的销售增长率、市场占有率、竞争对手的实力等，是各种类型营销调研中最基本、工作量最大的一种调研。它比探索性调研更深入，不仅要占有资料，而且要对资料进行整理和分析。

3. 因果性调研

因果性调研是调查研究某一营销现象产生的原因，并进一步研究分析因果两者之间的关系。例如，调查研究发现本企业产品在市场上销售下降的原因是消费者购买力的下降，然后进一步通过逻辑分析和统计方法找出两者的数量关系。因果性调研又分为定性调研和定量调研，定性调研就是调研问题的性质，定量调研是调研因果之间的作用程度和数量关系，即“因”对“果”到底在多大程度上起作用。

4. 预测性调研

预测性调研是专门为了预测未来一定时期内某一环节因素的变动趋势及其对企业市场营销活动的影响而进行的市场调研。调研的结果就是对事物未来发展变化的一个预测。预测性调研所需的资料主要由描述性调研与因果性调研提供。

7.2.2 国际市场营销调研的程序

国际市场营销调研必须充分了解国际市场营销信息的复杂性。为了提高调研的科学性和准确性，营销人员需要充分了解国际市场营销调研活动的过程。国际市场营销调研可分为以下步骤：

1. 确定调研问题与目标

确定调研问题与目标是国际市场营销调研过程中最基本也是最重要的步骤，它是营销调研的起点。营销人员往往对身边所出现的种种经营问题习以为常，很难将其转化为调研问题及具体的调研目标；或者找不出问题的原因，错误地提出问题，错误地选择了调研目标。在国际市场营销中，陌生的环境使该问题变得难度更大，营销人员往往会忽略异国文化对调研问题及目标的影响；或者不自觉地用本国的思维方式来确定问题及调研目标，以致产生方向性错误。例如，导致销售额下降的真正原因是目标顾客偏好发生变化，而调研人员认为是销售渠道不畅或者广告策略失当等，都会使调研工作事倍功半，并可能给企业带来损失。在该过程中，常犯的另一类错误是把调研问题的范围规定得过窄，无法包括影响市场营销活动的全部因素。由于国外市场的营销环境不同于本国，因此需要收集涉及面尽可能广泛的信息，所确定的问题及营销调研目标要有足够的宽度，要能概括各种答案的可能性。

2. 制订调研计划

在第一步确立了问题及目标之后，接下来就需要制订完善的调研计划，以提高调研的效率和针对性。

（1）确定所需收集的信息。根据企业的调研目标，确定所需信息。如果企业需要调研目标市场新产品的需求情况，就需要调查目标市场消费者的收入水平、消费习惯、购买行为等信息。

（2）确定信息来源。即确定信息是一手资料，还是二手资料。

（3）选择调研方法。如果收集一手资料，则可以运用问卷调查法、访谈法等。

3. 执行调研计划

（1）收集信息资料。在确定了信息来源之后，接下来便是从两个信息源来收集有关信息。这是调研活动花费时间和精力最多的阶段，能否获得所需数据资料是完成调研目标的关键。为了保证调研活动的顺利进行，企业往往需要对调研人员进行严格的监督和管理，以保证资料的质量。

（2）资料的整理分析。收集的信息资料是分散的，所以必须对其进行整理、分类汇总和分析，使其满足调研问题的需要。这时就需要运用一些常用的统计分析方法对各类信息资料进行统计分析。例如，频率分析、回归分析、时间序列分析和相关分析等，使信息系统化。

4. 提交调研报告

调研的最终结果是向营销部门提交调研报告，供决策者参考。调研报告要紧扣调研主题，力求简明扼要，调研报告是对调研结果的解释和说明，不应是简单的数据罗列和堆砌。调研人员应通过汇总表和图表的分析提供必要的结论，对市场的发展状况做出合乎逻辑的判断，以供决策人员参考。在很多情况下，对同一调研资料可能做出不同的解释和推断，因此调研人员要汇总管理人员的最恰当的解释和结论。

撰写调研报告也是调研人员的一项重要的能力，一份调研报告要掌握两个关键因素：一是用读者理解的语言，提供他们需要的一切信息（完备性）；二是要有选择地呈现内容（选择性）。调研报告一般分为三个部分：前言，报告主体，附录。调研的步骤如图 7-1 所示。

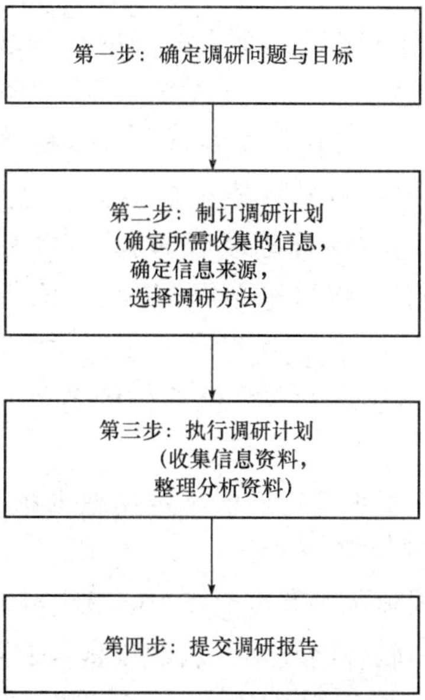

图 7-1　国际市场调研的步骤

7. 2. 3　国际市场营销调研的方法

国际市场营销调研的主要方法有案头调研、实地调研和互联网调研。

1. 案头调研

案头调研又称二手资料调研，是指查询并研究与调研项目有关资料的过程，这些资料是经他人收集整理的，有些是已经发表过的各类资料信息。在国际市场营销中，二手资料调研能够节省时间和调研成本，也可以为实地调研提供必要的背景资料，使实地调研的目标更加明确，为实地调研打下基础。

二手资料的来源主要可以分为内部资料来源和外部资料来源。

（1）内部资料来源。内部资料来源指的是来自所要调查的企业或公司内部的资料。内部来源主要包括三部分。

第一，会计账目和销售记录。每个企业都会保存关于自己的财务状况和销售信息的会计账目，会计账目记录是出口企业或公司用来计划市场营销活动预算的有用信息。除了会计账目外，市场营销调研人员也可从企业的销售记录、顾客名单、销售人员报告、代理商或经销商的信函、消费者的意见以及信访中找到有用的信息。

第二，其他各类报告。其他各类报告包括以前的市场营销调研报告、企业自己做的专项审计报告和为以前的管理问题所购买的调研报告等信息资料。

第三，本企业的营销信息系统和计算机数据库。随着现代企业信息化管理的发展，现在许多大中型企业都建立了以电子计算机为基础的营销信息系统，其中储存了大量有关市场营销的数据资料。这种信息系统的服务对象之一就是营销调研人员，因此是重要的二手资料来源。

（2）外部资料来源。外部资料指的是来自被调查的企业或公司以外的信息资料。这类信息包括来自国内市场的资料和东道国市场的资料。一般来说，有 10 种外部信息资料来源。

第一，政府机构。通过本国政府在外国的官方办事机构（如商务处），可以系统地收集到各国的市场信息。我国的国际贸易促进委员会及各地分会也掌握着大量的国外销售和投资方面的信息。政府机构还包括外国政府的有关部门。许多国家的政府为了帮助发展中国家对其出口，专门设立了“促进进口办公室”，该机构主要负责提供的信息包括：①统计资料；②销售机会；③进口要求和程序；④当地营销技巧和商业习俗；⑤经营某一系列产品的进口商、批发商、代理商（中间机构的名单）；⑥某一类产品的求购者名单及求购数量。

第二，国际组织。许多国际组织都定期或不定期地出版某些刊物，发布大量市场信息。国际组织的一些专门报告和特定信息不公开发表，但用户可以直接与国际组织负责单位联系，获取有用的信息资料。对国际调研有重要作用的组织有世界贸易组织、国际货币基金组织、世界银行、国际贸易中心、联合国及其下属的粮食与农业组织、经济合作与发展组织、联合国贸易和发展会议、联合国经济委员会等，上述部分国际组织提供各种出版物的目录集。然而，它们所编写的许多研究报告和其他资料并不公开出版，在目录集上也找不到，但通常可通过与某组织内部的某一部门直接联系得到。因此，调研人员应熟悉这些重要的国际组织内部结构及其内部各部门的工作内容。

第三，行业协会。许多国家都有行业协会，许多行业协会都定期收集整理一些有关本行业的产销信息，甚至汇集成册出版。行业协会经常发表并保存详细的有关行业销售情况、经营特点、增长模式及类似的信息资料。

第四，专门调研机构。这里的调研机构主要指各国的咨询公司、市场调研公司，它们经验丰富，收集的资料很有价值，但一般收费较高。

第五，联合服务公司。这也是一种收费的信息来源，它们由许多公司联合协作，定期收集对营销活动有用的资料，并采用订购的方式向客户出售信息。它们定期提供四种基本的信息资料：经批发商流通的产品信息、经零售商流通的产品信息、消费者对营销组合各因素反馈的信息，以及有关消费者态度和生活方式的信息。

第六，其他大众传播媒介。电视、广播、报纸、广告、期刊、书籍、论文和专利文献等传播媒介，不仅含有技术情报，也含有丰富的经济信息，对预测市场、开发新产品、进行海外投资具有重要的参考价值。

第七，商会。商会通常能为市场营销调研人员提供的信息有商会成员的名单、当地商业状况和贸易条例的信息、有关成员的资信以及贸易习惯等。大的商会通常还拥有对会员开放的商业图书馆，非会员也可前去阅览。

第八，银行。银行是市场信息的重要来源，尤其是国际性大银行的分行，一般能提供下列信息和服务：①世界上大多数国家的经济趋势、政策及前景，重要产业及外贸发展等方面的信息；②某一外国公司的有关商业资信状况的报告；③各国信贷期限、支付方式、外汇汇率等方面的最新情报；④介绍外商并帮助安排访问。

第九，消费者组织。许多国家都有以保护消费者利益为宗旨的消费者组织，这些组织的众多任务之一就是监督和评估各企业的产品以及与产品有关的其他营销情况，并向公众报告评估结果。这些信息对调研者来说具有很大的参考价值。

第十，官方和民间信息机构。许多国家政府经常在本国商务代表的协助下，提供贸易信息服务以答复某些特定的资料查询。另外各国的一些大公司延伸自己的业务范围，把自己从事投资贸易等活动所获得的信息以各种方式提供给其他企业，如日本三井物产公司的“三井环球通讯网”，日本贸易振兴会的“海外市场调查会”等。我国的官方和民间信息机构主要有国家经济信息中心、国际经济信息中心、中国银行信息中心、新华社信息部、国家统计局、中国贸促会经济信息部，以及各有关咨询公司、广告公司等。

2. 实地调研

实地调研指由调研人员亲自收集原始资料的过程。当市场调研人员得不到足够的二手资料时，就必须收集原始资料。相对二手资料调研而言，实地调研的成本高、费时长，而且实地调研的质量受到访问者背景，访问时间、过程、地点等多方面因素影响。目前，多数企业将此业务外包给专业的市场调研公司，委托其进行实地调研。实地调研的主要方法通常包括访问法、观察法和实验法。

（1）访问法。访问法即直接向被调查人提出问题，并以所得到的回答作为调查结果。通常需要预先准备调查内容，最好能设计一套精确的调查表格。访问法是最常见和最广泛采用的方法，主要包括以下几种类型。

第一，面谈访问。以访问的方式派调研人员直接向被调查者提出问题。无论是工业品市场还是消费品市场，面谈是获得信息的最可靠方法。在有深度要求和准确度要求的调研活动中，面谈访问是必不可少的。但这种访问一般费用高、时间长，容易受到调研人员情绪和看法的影响，使资料带有偏见。它适用于调查对象范围小、问题相对集中，或者调查的问题较复杂、需要深入探讨，以及临时性调查任务、没有事先拟定问卷等情况。

第二，电话调查。由调研人员根据事先确定的原则抽取样本，通过电话向被调查者询问。这种方法费用较低、完成快，并可听取用户询问或提出调查提纲以外的问题，取得额外的信息。电话普及率高，有完整的电话簿可查阅利用，对调查非常有利。其不足之处是电话调查只限于简单问题，无法利用图表。

第三，邮寄调查。这种方法是将拟好的调查表邮寄给用户，由他们填写寄回。此方法比面谈费用低，但主要缺点是回收率低、时间长，调查仅限于简单明了的问题。

第四，计算机访问。国外有些调研公司利用互联网的网络终端接口向愿意接收系统提出的问题的消费者提出问题，供其回答，由计算后台收集信息进行整理。

（2）观察法。观察法指调研人员通过直接观察和记录被调查者的言行来收集资料的方法，即调研人员直接到调查现场，耳闻目睹顾客对市场的反应或公开言行，或者利用照相机、录音机、监视器等现代化手段间接地观察以收集资料。观察法可根据不同的调查目的，采取多种形式。

第一，观察现场。调研人员参加各种展销会、展览会、订货会，观察记录产品销售情况，同类产品的发展情况，各种产品的性能、式样、价格、包装。也可统计购买人次，观察客流量和客流规律。

第二，观察顾客。在设计新产品时，应当研究如何陈列才能吸引顾客。调研人员可以观察类似的产品，或用录像拍摄下顾客在类似产品中的活动，作为设计新产品的参考。

（3）实验法。实验法是从影响调查对象的若干因素中选出一个或几个作为实验因素，在其他因素不发生变化的条件下，了解实验因素变化对调查对象的影响。

第一，新产品销售实验。在试销中听取意见，改进设计，提高质量，定型生产经营。

第二，产品展销会实验。调研人员可通过分析展出产品的销售情况并实地观察顾客的意见，来预测产品的发展情况和销售量。

3. 互联网调研

互联网调研是利用互联网手段进行的市场调研，它具有更快捷、更方便、成本更低的特点。使用互联网进行数据管理和数据挖掘，进行在线调研，对国际市场营销调研而言，既意味着挑战，更意味着机遇。由于新产品、新概念和广告文字可以在网上进行测试并获得快速反馈，因此，通过互联网来收集有关国家和地区的市场信息、消费者需求信息、企业营销信息等已经越来越普遍。

利用互联网调研主要有以下两种方法。

（1）在线调查法。该方法是传统市场调研中问卷调查在互联网上的延伸。比如，公司可以通过在企业网站或其他合作调查网站上设置调查表，访问者在线填写并提交到网站服务器，之后通过对数据的挖掘和分析，得出调研结果，供公司参考使用。

（2）网上专题讨论法。网上专题讨论法的步骤通常为：确定目标市场；识别目标市场中要加以调查的讨论组；确定具体话题；登录相应的讨论组，通过过滤系统发现有用的信息或创建新话题供用户讨论，从而获取有用信息。因为网络发言的自由性和平等性，网上专题讨论法较容易获得有用的信息。

另外，利用搜索引擎、门户网站，或者利用免费或收费的网上数据库等，都可以较好地达到调研目标。而随着移动互联网的发展和迅速普及，互联网作为调研工具将成为新常态，也将变得更加及时、准确、有效。

7.3　国际市场营销信息系统

7.3.1　国际市场营销信息系统的定义

营销信息系统指由人、机器和程序构成的，系统地收集、整理、储存、检索、分析和说明市场营销数据资料的系统。营销经理为了实施他们的分析、计划、执行和控制的职能，需要营销环境的开发信息。营销信息系统的作用是评估经理的信息需要，搜集所需要的信息，为营销经理适时分配信息。

营销信息系统是随着企业处理信息的增多和计算机技术的发展而逐步发展起来的。国际市场营销信息系统就是为收集、整理、储存、检索和分析信息并据此制定国际市场营销决策而设计的一个持续的系统。这个系统的功能是：①向各业务部门提供准确的营销业务信息，以寻求国际市场机会；②向各业务部门按时、按地点提供管理信息，以监督企业各产品项目在世界各地的经营情况；③为企业决策部门识别、选择和解决营销问题或机会并进行决策提供容易理解和使用的信息；④综合衡量企业在世界各地和各产品细分市场的营销战略及其效果，决定是否进行公司资源的重新分配。

7.3.2　国际市场营销信息系统的构成

国际市场营销信息系统包括企业内部报告系统、营销情报系统、营销调研系统和营销决策支持分析系统。国际市场营销信息系统从信息使用者开始，到信息使用者结束，首先由营销管理者确定所需信息的范围，然后根据需要建立企业内部报告系统、营销情报系统和营销调研系统，再由营销决策支持分析系统对所得到的信息进行整理分析，最后按预期的形式、预期的时间将信息传递给营销管理人员，如图 7-2 所示。

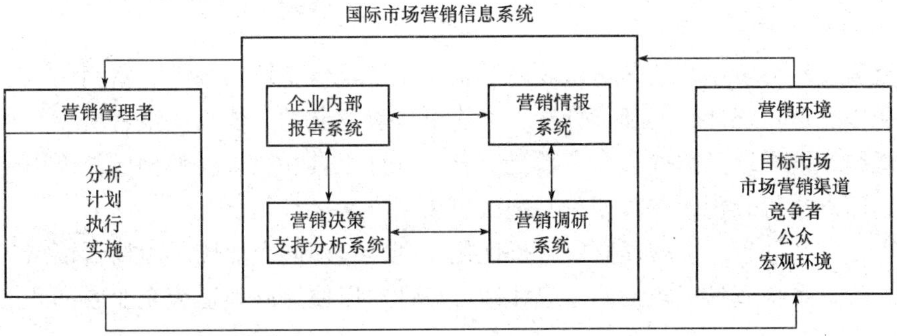

图 7-2　国际市场营销信息系统

（资料来源：［美］菲利普·科特勒．营销管理分析、计划、执行和控制［M］．梅汝和，梅清豪，张桁，译．上海：上海人民出版社，1999.）

1. 企业内部报告系统

企业内部报告系统是营销经理使用的最基本的信息系统。该系统的主要任务是向管理人员提供销售额、订单、价格、库存、应收账款、应付账款等各种反映企业经营现状的信息，又称内部会计系统或订货处理系统。

企业内部有大量的由各部门搜集和储存的各类信息，如会计账目、生产进度、原材料库存、销售记录、客户名单、年度计划等。决策者可以方便快捷地从企业内部各职能部门获得现成的信息。通过分析信息，营销经理能够发现重要的机会和问题。企业内部报告系统至少包括订单收款循环和销售报告系统。

订单收款循环是企业内部报告系统的核心。销售代表、经销商和顾客将订单送交公司；订货部门准备多份发票副本，分送各有关部门：存货不足的项目留待以后交付；需装运的项目则附上运单和账单，同时还要复印多份分送各有关部门。为了更快、更准确和更有效地处理订单收款循环，许多公司采用电子数据互换（EDI）软件。

销售报告系统则向营销经理提供当前销售的最新报告，信息来源于企业营销队伍。

2. 营销情报系统

企业内部报告系统为管理人员提供结果数据，即事后的数据，营销情报系统则为管理人员提供正在发生的，即当前的数据。营销情报是有关企业外部营销环境的信息，企业可以从多种来源收集营销情报。企业自己的科研人员、销售人员以及与企业存在合作关系的供应商、中间商和客户等，都可能提供许多有用的信息。例如，本行业采用的最新技术、顾客对产品的意见、市场的最新动态等。企业还可以系统地收集报刊、书籍、年鉴上的相关信息，或向相关行业和地区信息中心以及一些专业调研咨询机构购买情报。

国际市场营销经理大多数自行收集情报，如通过阅读书籍、报刊和同业公会的出版物，与顾客、供应商、分销商或其他外界人员交谈，同公司内部人员谈话。

3. 营销调研系统

营销调研系统的主要作用是为解决企业面临的某项具体营销问题，而对有关信息进行系统的收集、分析及评价，并对研究结果提出正式的书面报告，供决策部门解决特定问题。它与上述两个系统的本质区别在于它的针对性强，即为了特定的具体问题而从事信息收集、整理和分析。

4. 营销决策支持分析系统

营销决策支持分析系统就是对企业内部报告系统、营销情报系统、营销调研系统提供的大量数据和信息进行统计、处理、分析，最终形成有意义的、能为决策者所接受和理解的结果的一种机制，该系统又被称为专家系统。它由统计工具和决策模型构成，采用先进的技术对市场营销信息进行分析，并对相关问题做出决策方案。

国际市场营销信息系统的建立要坚持优化原则，必须同企业国际市场营销结构和营销管理体系相配套，系统应具有较强的适应性和可靠性，以便更好地适应企业内部环境和国际市场环境。

本章小结

国际市场营销调研是营销企业进行决策的前提，其调研内容十分广泛，主要包括国际市场营销环境调研、国际市场营销消费者调研、国际市场营销组合调研、国际市场营销竞争调研。国际市场营销调研的类型有探测性调研、描述性调研、因果性调研和预测性调研。在进行国际市场调研时要按照科学的调研程序，选择合理的调研方法，主要可运用案头调研、实地调研和互联网调研等方法。在信息化不断发展过程中，企业营销管理者要认识到建立企业营销信息管理系统的重要性，国际市场营销信息系统就是为收集、整理、储存、检索和分析信息并据此制定国际市场营销决策而设计的一个持续的系统。

案例分析

共享单车进军海外市场能不能成功?

共享单车不仅国内市场竞争激烈，“战火”还烧到了海外。以摩拜单车、ofo 等为代表的共享单车品牌也开始组团“骑”进了海外市场。从美国到新加坡，从英国到日本，中国的共享单车正在努力打造一张被全球熟识的“中国智造新名片”。在这个过程中，有英国曼彻斯特、牛津市民的跃跃欲试、网络炫车，也曾在美国、新加坡等地遇冷，可以说喜忧参半。共享单车在国外的火爆能持续多久？会不会出现“水土不服”的现象？

2017 年 3 月，摩拜单车正式在新加坡投入运营，开始实施海外战略。然而，四个多月过去了，实际情况是投放量并不高，还因为在当地乱停乱放出现单车被没收的情况。一位新加坡市民表示：“这里骑共享单车的太少了，一个是天儿太热了，一般人不会去骑车；还有就是公共交通非常发达，也很舒适，不需要骑车。”

除此以外，公开报道显示，新加坡部分区域投放的 ofo 小黄车已经引起了当地企业的不满，指责其单价极低、未缴纳公共场地使用费，涉嫌不公平竞争。与此同时，进军美国旧金山的“小蓝车”也遭到了严重阻击。2017 年年初，旧金山市政部门给小蓝车 CEO 李刚写信，反复提及“公共路权”，并提出包括经营活动不许与现有法律和特许经营协议相冲突等多项要求。

和新加坡、美国的遭遇不同，在英国牛津、曼彻斯特等城市，对于中国共享单车，市民们还是比较友好。英国牛津市议员露易丝·阿普顿认为共享单车模式非常棒，使用共享单车的人越多越好，但是，对于自行车的管理必须到位，共享单车并不是令人讨厌的东西。“我们对此表示欢迎，我们不会拒绝共享单车来到牛津，也不会觉得街边又多了一辆乱放的自行车。”

英国牛津大学科技创新中心负责人亚当·沃克曼则提醒，在今后的推广中，还存在商业模式的磨合问题，“和中国不同，我们没有足够的地方存放自行车，我们更注重自行车普及度高的地区。英国已经有很多自行车，我们不需要再买新的自行车。因为我们没有地方停放它们。英国的共享单车的商业模式和中国有所不同”。

不久前，小白单车进军日本，和日本多所重点大学达成使用合作协议，明确不同大学之间的停车区域还可共享。有日本市民表示：“如果看见了共享单车我会很想利用的，因为我工作的地方离车站比较远。夏天走着去真的很热，很难受。”

2017 年 7 月 6 日，共享单车企业 ofo 宣布完成超过 7 亿美元的新一轮融资，ofo 的目标是 2017 年年底投放 2 000 万辆车，服务全球 200 个城市，进入 20 个国家和地区。此前 5 月，ofo 的单车供应商上海凤凰宣布，初步约定未来一年 ofo 运营方拟提供不少于 500 万辆自行车采购计划，其中 100 万辆将用于投放海外市场。

而摩拜单车在6月宣布获得新一轮6亿美元融资时也称，加速国际化进程是新一轮融资的主要用途之一，计划到2017年年底服务全球200个城市。

《中国民商》执行总编张立栋则提醒，只有投资人、运营方充分考虑和整合当地法规、交通、城市规划等多方面因素，才能在不断更新迭代的技术浪潮中站稳脚跟，才有可能在新的市场竞争中稳步向前。

（资料来源：http：//news. xinhuanet. com/2017－07/16/c_1121327024. htm）

讨论与分析：

1. 共享单车在进军海外市场时，需要进行哪些方面的市场调研？
2. 以案例中提到的某一国家市场为例，制订一份市场调研计划。
3. 你认为共享单车进军他国市场能成功吗？为什么？

课后习题

一、单选题

1. 收入是形成国际市场规模的一个基本要素，企业研究的重点是（　　）。

A. 国民收入　　B. 个人收入

C. 个人可支配收入　　D. 家庭总收入

2. 制定成功的营销策略和避免严重的营销失误的关键因素是（　　）。

A. 正确的决策　　B. 市场调研

C. 信息　　D. 市场定位

3. 国际市场营销调研过程中最基本也是最重要的步骤是（　　）。

A. 确定调研的问题与目标　　B. 制订调研计划

C. 收集信息　　D. 提交调研报告

4. 营销管理人员使用的最基本的信息系统是（　　）。

A. 企业内部报告系统　　B. 营销情报系统

C. 营销调研系统　　D. 营销决策支持分析系统

5. 当企业对所要调研的问题设计的范围不甚清楚和无法确认时，常用来解释“为什么”出现某一营销现象的问题的调研类型是（　　）。

A. 探测性调研　　B. 描述性调研

C. 因果关系调研　　D. 预测性调研

6. 通过调研如实地记录并描述某种产品的市场潜量、顾客态度和偏好等方面的数据资料，我们把这种调研称为（　　）。

A. 探测性调研　　B. 描述性调研

C. 因果关系调研　　D. 预测性调研

7. 某企业组织了一次调研，调研的主题是：“如果产品降价能否使销售额上升？”该调研属于（　　）。

A. 探测性调研　　B. 描述性调研

C. 因果关系调研　　D. 预测性调研

8. 收集、分析并报告与企业面临的特定市场营销状况有关的数据和调查结果，提出解决问题的建议，作为营销决策的依据，我们把它称为（　　）。
   A. 营销情报系统　　B. 营销调研系统
   C. 企业内部报告系统　　D. 营销决策支持分析系统
9. 在国际市场调研中最常用最广泛的实地调研方法是（　　）。
   A. 观察法　　B. 访问法
   C. 实验法　　D. 邮寄调查
10. 以下哪项不是国际市场营销信息系统的组成部分？（　　）
   A. 人员　　B. 机器设备
   C. 市场　　D. 计算机程序

二、多选题

1. 市场营销信息系统由（　　）构成。
   A. 企业内部报告系统　　B. 外部报告系统
   C. 营销情报系统　　D. 营销调研系统
   E. 营销决策支持分析系统
2. 国际市场营销调研的方法有（　　）。
   A. 访问法　　B. 观察法
   C. 实验法　　D. 预测法
   E. 对比法
3. 以下属于企业内部报告系统构成的有（　　）。
   A. 订货信息　　B. 产品销售额
   C. 产品成本　　D. 存货水平
   E. 现金余额
4. 下列属于原始资料收集方法的是（　　）。
   A. 观察法　　B. 访问法
   C. 电话调查　　D. 实验法
   E. 案头调研
5. 二手资料的来源主要有（　　）。
   A. 会计账目　　B. 销售记录
   C. 行业协会　　D. 数据库
   E. 销售展览会

三、名词解释

1. 国际市场营销调研
2. 案头调研
3. 国际市场营销信息系统
4. 因果关系调研
5. 预测性调研

第8章

国际市场细分战略

★学习目标

1. 理解国际市场细分的概念，了解进行国际市场细分的意义，掌握国际市场细分的方法。
2. 掌握国际目标市场战略的含义、基本内容及不同战略的特点。
3. 理解国际市场定位的思想，掌握国际市场定位决策。

现代市场营销理念要求企业根据自身的资源和优势不断适应变化的环境，利用自身优势满足目标市场的需求。但是在通常情况下，由于受到自身实力的限制，任何企业产品都不可能为市场上的全体顾客服务，而只能满足一部分顾客的某种需求，所以企业必须实行目标市场营销，选择最能发挥本企业优势的市场作为自己的目标市场，并针对该目标市场的特点，制定和实施适当的营销组合方案，以满足目标消费者的需求，实现企业目标。市场细分是一种以人为本、以满足人的需求为目标的营销观念。企业通过进行市场细分（Segmenting）、确定目标市场（Targeting）、进行市场定位（Positioning）（也称STP战略），决定营销组合策略，其是决定企业营销成败的关键。

8.1 国际市场细分战略概述

8.1.1 国际市场细分的含义及意义

1. 国际市场细分的含义

市场细分和目标市场的概念，是在20世纪50年代中期，由美国市场营销学家温德尔·斯密（Wendell Smith）提出的，代表了第二次世界大战后市场营销理论的新发展，是买方市场环境下的一种现代市场营销观念。所谓市场细分就是企业根据总体市场的消费者明显不同的需求特征、购买行为和购买习惯，把它们细分为彼此有区别的不同的子市场，每个子市场由需要相同的消费者组成，其需求特点相类似。细分的目的是选择和确定企业的目标市场，然后针对目标市场的需求，从产品计划、分配渠道、价格政策直至促销宣传，采取相应的市场营销策略，使企业经营的产品更符合各国不同消费者阶层和组织的需要，从而在细分市场中提高竞争力，增加销售，提高市场占有率。

国际市场细分是市场细分理论在国际市场营销中的应用和变化，是指企业按照一定的细分标准，将整个国际市场划分为若干个具有不同特征的子市场，其中任何一个子市场中的消费者都具有相同或相似的特征，企业在这些子市场中选择一个或多个作为自己的国际目标市场，它是企业制定国际市场营销策略的必要前提。但由于国际市场营销的特殊性和复杂性，国际市场细分必须分成两步进行。

第一步是宏观细分。根据一定的标准将世界市场细分为若干个子市场，每个子市场均有基本相同的营销环境，企业可以选择一个或几个国家作为自己的宏观目标市场。

第二步是微观细分。企业进入某一个国家的市场以后，针对该国顾客千差万别的需求，再按一定的标准对该国的市场继续进行细分，然后根据自己的条件满足一个或几个市场的需求。例如，宝洁公司在中国市场上推出了五款洗发水：飘柔、海飞丝、潘婷、沙宣和伊卡璐。实际上就是针对不同市场需求进行消费者市场细分，想拥有柔顺秀发的消费者，可以选择飘柔；被头屑困扰的消费者，海飞丝是最佳选择；潘婷是营养专家，为消费者提供秀发、美发；沙宣是美发先锋的首选；部分消费者喜欢纯天然的洗发用品，那么，提取天然植物精华的伊卡璐能够满足消费者要求。

2. 国际市场细分的意义

（1）有利于选择目标市场和制定市场营销策略。市场细分后的子市场比较具体，更便于了解消费者的需求，企业可以根据自己的经营思想、方针及生产技术和营销力量，确定自己的服务对象，即目标市场。针对特定的目标市场，便于制定特殊的营销策略。同时，在细分的市场上，信息容易了解和反馈，一旦消费者的需求发生变化，企业可迅速改变营销策略，制定相应的对策，以适应市场需求的变化，提高企业的应变能力和竞争力。

（2）有利于发现国际市场营销机会，开拓新市场。通过市场细分，企业可以对特定国家及特定的细分市场的购买潜力、满足程度、竞争情况等进行分析对比，探索出有利于国际市场营销企业的市场机会，使企业及时做出投资、销售决策或根据本企业的生产技术条件编制新产品开拓计划，进行必要的产品技术储备，掌握产品更新换代的主动权，开拓新市场，以更好适应市场的需要。

（3）有利于集中企业资源，提升企业竞争力。国际市场非常广阔，任何一个企业的资源都是有限的。通过细分国际市场，选择适合自己的目标市场，企业可以集中资源，去争取局部市场上的优势，然后再占领自己的目标市场。

3. 国际市场细分的条件

（1）可衡量性。用来划分细分市场的大小和购买力的特性程度应是能够测定的，如果设定的细分变量难以衡量，就无法界定市场，最终目标也落空。

（2）差异性。市场细分后，不同细分市场消费者的需求应存在明显区别，各细分市场都有不同于其他细分市场的特征。而在每个细分市场内消费者的需求却具有类似性，有着共同的特征，表现出类似的购买行为，如老年市场和儿童市场是不同的细分市场，两个市场消费者的需求差异很大，但在儿童市场内，每个消费者的需求差别就不大了。

（3）可进入性。细分后的市场是企业可以进入和占领的，市场细分的目的是使企业能够利用自己的资源与力量进入目标市场。因此，在确定细分标志、进行市场细分时要注意结合企业的具体条件，保证企业能够利用现有的人力、物力、财力，发挥企业营销策略的作用，使企业顺利进入目标市场并能有效地开展经营。

（4）营利性。企业要在进入细分市场后有利可图，并获得预期的利润，这就要求细分后确定的目标市场有足够的规模和发展潜力，以保证企业不仅能在短时间内赢利，还能使企业在较长的时间内获得良好的经营效益。如果细分市场规模过小，市场容量有限，就没有开发的价值。

（5）相对稳定性。细分后的市场在一定时期内应保持相对稳定，以使企业能长期而有效地占领市场，这有利于企业制定较长期的营销战略，减少企业经营风险，使企业取得长期稳定的发展。因为企业目标市场的改变必然带来经营设施和营销策略的改变，从而增加企业的投入，如果市场变化过快，变动幅度过大，则将会给企业带来风险和损失。

8.1.2 国际市场宏观细分

国际市场宏观细分是指企业根据影响各国市场需求的宏观因素，将国际市场细分为若干个宏观环境相近，从而市场总体需求相类似的子市场的过程。常用的细分标准有地理、经济、社会文化因素。

1. 地理因素

地理因素是细分国际市场时最经常采用的变量。以地理因素作为细分标准，即企业按照消费者所处的地理位置来细分国际市场，国际市场可分为亚洲市场、欧洲市场、非洲市场、南美洲市场、北美洲市场和大洋洲市场。由于各国在经济政治上有差异，所以其中每一个市场还可以细分为更多的子市场，如根据国家或地区、城镇或乡村、地形地貌、气候状况、人口状况、交通以及通信状况和资源状况等细分。如欧洲市场还可分为西欧市场、北欧市场和东欧市场等，亚洲市场可分为西亚市场、南亚市场、东亚市场、东南亚市场等。按地理位置来细分国际市场是通常的做法，比较简便可行，这种细分具有以下优点：一是由于处于同一地理区域的各国具有相同或相似的自然条件、文化背景、地缘特点，这些国家的消费习惯较为接近，可以当作一个市场来开发；二是把地理位置接近的国家划分为同一市场，便于营销管理；三是随着区域经济一体化的发展，形成了许多经济区域市场，这些区域市场有趋同的经济管理制度，如统一的欧盟市场。

2. 经济因素

按照消费者所在国家的经济状况来细分市场，通常采用的经济变量包括一国经济发展水平、国民生产总值、人均国民生产总值、经济发展阶段、市场化程度、交通和通信等基础设施、通货膨胀率及失业率等指标。其中，国民生产总值最好结合各国人口总量一起分析。有时还结合各国收入的主要来源划分市场，如高收入国家可分为石油输出国和工业化国家；还可以结合知识经济的发展水平划分，如分为后工业化国家与传统工业化国家。采用经济因素划分国际市场的好处是同一个子市场的国家在经济发展水平和经济环境等方面比较接近，有助于企业按照市场规模和收入水平来选择目标市场以及制定不同的营销策略。

3. 社会文化因素

社会文化因素包括价值观、审美观、语言、教育、宗教等因素。其中，任何一个因素都会导致消费需求的变化，因此，它们都可以用来划分国际市场。例如，按照语言标准，国际市场可以细分为英语国家、西班牙语国家、法语国家、阿拉伯语国家等。按消费者的宗教信仰细分国际市场，其可以分为信仰基督教的国家、信仰天主教的国家、信仰佛教的国家和信仰伊斯兰教的国家等。这些细分市场有着不同的消费习惯和消费行为，企业在开展国际市场营销业务时，必须制定差别化的营销策略，以适应当地消费者的消费习惯和需要。

企业在进行国际市场宏观细分时，应注意以下三个方面的问题。

（1）细分没有绝对的标准。因为引起市场需求变化的因素是多种多样，而且是处在经常变化之中的，因此，细分国际市场的标准也不是唯一的和不变的。

（2）细分国际市场并不是把市场划分得越小越好。因为把市场划分得过小，就不能保证有足够的市场容量，即使企业采取相应的营销策略并占领了市场，也有可能造成企业亏损。

（3）对细分后的市场必须进行可行性分析。因为企业开展市场营销活动的目的是获取商业利润，在进行市场细分时，必须考虑到每个子市场的市场回报率。

8.1.3 国际市场微观细分

国际市场微观细分是指在国际市场宏观细分的基础上，企业再按照影响消费需求和购买行为因素将市场进一步细分的过程。针对消费者市场和组织市场的不同行为可进行不同角度的细分。

1. 消费者市场的细分标准

（1）地理标准。按照消费者所处的地理位置、自然环境及气候条件等来细分市场，如根据国家、地区、城市规模、气候、人口密度、地形地貌等方面的差异将整体市场分为不同的小市场。地理之所以作为市场细分的依据，是因为处在不同地理环境下的消费者所表现出的消费观念、价值观念、购买性格特征、流行与时尚倾向都具有明显的不同，他们对企业采取的营销策略与措施会有不同的反应。如由于居住环境的差异，城市居民与农村居民在室内装饰用品的需求上大相径庭。亚洲人喜欢吃热汤面，而美国人没有吃热汤面的饮食习惯，而是喜好“吃面条时干吃面，喝热汤时只喝汤”，很少把面条和热汤混在一起食用。印度人不像中国人一样使用筷子，所以在印度出售的面条长度要短些，口味要更香浓一些，还要用蔬菜代替肉类，因为许多印度人是素食者。

（2）人口标准。人口标准是企业经常采用的细分标准，主要包括消费者的性别、年龄、收入、职业、文化程度、家庭规模和家庭生命周期等。例如，按照性别细分消费者市场，可将市场细分为男性市场和女性市场，这种细分方法在服装、化妆品、杂志等行业较常采用；按年龄细分市场，由于消费者的年龄不同，兴趣、爱好、需求和生活方式等方面也会有很大的差异，因此，可将市场细分为婴幼儿市场、少年市场、青年市场、中年市场、老年市场等；按收入细分市场，不同收入水平的消费者其需求结构和消费行为具有较大的不同，收入因素在住宅、汽车、娱乐和金融等产品和服务领域经常被作为细分市场的依据。按职业细分市场，如工人、农民、教师、医生、律师、自由职业者等。

在利用人口标准细分市场的过程中，要区分不同细分市场的需求，可从不同的细分标准来进行分析，当然企业在利用人文变量来细分市场时，通常采用两个或两个以上的人文统计变量。

①性别。由于生理上的差别，男性与女性在产品需求与偏好上有很大不同，如在服饰、发型、生活必需品等方面均有差别。像美国的一些汽车制造商，过去一直是迎合男性要求设计汽车，现在，随着越来越多的女性参加工作和拥有自己的汽车，这些汽车制造商正研究市场机会，设计适应女性消费者特点的汽车。

②年龄。不同年龄的消费者有不同的需求特点，如青年人对服饰的需求，与老年人的需求差异较大，青年人需要鲜艳、时髦的服装，老年人需要端庄素雅的服饰。

③职业与教育。消费者职业不同、所受教育不同会引起需求差别。比如，农民购买自行车偏好载重自行车，而学生、教师则喜欢轻型的、样式美观的自行车；又如，由于消费者所受教育水平的差异所引起的审美观具有很大的差异，不同消费者对居室装修用品的品种、颜色等会有不同的偏好。

④收入。高收入消费者与低收入消费者在产品选择、休闲时间的安排、社会交际等方面都会有所不同。比如，同是外出旅游，在交通工具以及食宿地点的选择上，高收入者与低收入者会有很大的不同。正因为收入是引起需求差别的一个直接而重要的因素，在诸如服装、化妆品、旅游服务等领域根据收入细分市场相当普遍。

⑤家庭生命周期。一个家庭，按年龄、婚姻和子女状况，可划分为七个阶段。在不同阶段，家庭购买力、家庭成员对商品的兴趣与偏好会有较大差别（如表 8-1 所示）。

表 8-1　不同家庭生命周期阶段的需求

家庭生命周期阶段	需求特点
单身青年阶段	年轻，单身，几乎没有经济负担，新消费观念的带头人，娱乐导向型购买
新婚无子女阶段	年轻夫妻，无子女，经济条件比最近的将来要好。购买力强，对耐用品、大件商品的需求强烈
子女年幼阶段 1	年轻夫妻，有 6 岁以下子女，家庭用品购买的高峰期。不满足现有的经济状况，注意储蓄，购买较多的儿童用品
子女长大 尚未独立阶段 2	年轻夫妻，有 6 岁以上未成年子女。经济状况较好。购买趋向理智型，受广告及其他市场营销刺激的影响相对减少。注重档次较高的商品及子女的教育投资
年长夫妻与 成年子女同住阶段 3	年长的夫妻与尚未独立的成年子女同住。经济状况仍然较好，妻子或子女皆有工作。注重储蓄，购买冷静、理智
夫妻年老 而子女独立阶段	夫妻年老，子女离家独立。前期收入较高。购买力达到高峰期，较多购买老年人用品，如医疗保健品。娱乐及服务性消费支出增加。后期退休收入减少
单身老人阶段	单身老人独居，收入锐减。特别注重情感、关注等需要及安全保障

（3）心理标准。以购买者所处的社会阶层、生活方式、个性特点等心理因素为标准细分市场叫心理细分。消费者在购买、使用及消耗商品或劳务过程中反映出来的心理状态可分

为两类：一类是个体性的消费心理，其决定于消费者的生活方式、个性特征；另一类是社会性的消费心理，直接受社会阶层、相关群体的影响。总之，消费者的欲望、需求、购买动机、购买行为都直接受心理因素的影响。例如，多少年来商家乐此不疲的法宝“打折降价销售、惊爆价”，就是针对庞大的，具有求实、求廉心理动机的中低收入消费群体。

①生活方式。通俗地讲，生活方式是指一个人怎样生活。人们追求的生活方式各不相同，如有的追求新潮时髦，有的追求恬静、简朴；有的追求刺激、冒险，有的追求稳定、安怡。例如，美国时装公司生产妇女服装时，分别设计成“生活朴素型”“时髦型”“有男子气度型”“知识型”“优雅型”等不同款式，提供给不同风格的消费者。

②个性特征。个性是指一个人比较稳定的心理倾向与性格特征，它会导致一个人对其所处环境做出相对一致和持续不断的反应。通常个性会通过自信、自主、支配、顺从、保守、适应等性格特征表现出来。因此，个性可以按这些性格特征进行分类，从而为企业细分市场提供依据。在西方国家，对诸如化妆品、香烟、啤酒、保险之类的产品，有些企业以个性特征为基础进行市场细分并取得了成功。

（4）行为标准。所谓行为标准，是指和消费者购买行为和习惯密切相关的一些因素，包括利益诉求、购买时机、使用者状况、使用频率和消费者对品牌的忠诚度等。根据购买者对产品的了解程度、态度、使用情况及反应等将他们划分成不同的群体。行为标准能更直接地反映消费者的需求差异，因而成为市场细分的最佳起点。行为标准主要包括以下六方面：

①利益诉求。消费者购买某种产品总是为了满足某种需要。企业提供的产品的利益往往并不是单一的，而是多方面的。消费者对这些利益的追求有所侧重，如购买手表有的追求经济实惠、价格低廉，有的追求耐用可靠和使用维修方便，还有的则偏重于显示社会地位等。消费者购买商品最主要的目的，就是追求该商品能够给他带来的利益。

②购买时机。根据消费者提出需要、购买和使用产品的不同时机，可将他们划分成不同的群体。有人按季节规律购物，也有人反季节购物；有的人经常大量使用某产品，而有的人却很少使用。例如，旅游市场上可根据旅游淡旺季来制定不同的营销策略。

③使用频率。根据顾客对产品是否使用和使用程度，通常可将其分为经常购买者、首次购买者、潜在购买者和少量购买者。大公司往往注重将潜在使用者变为实际使用者，较小的公司则注重保持现有使用者，并设法吸引使用竞争对手的产品的顾客转而使用本公司产品。

④使用数量。根据顾客使用某一产品的数量大小，通常可将其分为重度使用者、中度使用者和轻度使用者。重度使用者人数可能并不很多，但他们的消费量在全部消费量中占很大的比重。美国一家公司发现，美国啤酒的 80% 是被 50% 的顾客消费掉的，另外一半顾客的消耗量只占消耗总量的 20%。因此，啤酒公司宁愿吸引重度饮用啤酒者，而放弃轻度饮用啤酒者，并把重度饮用啤酒者作为目标市场。公司还进一步了解到大量喝啤酒的人多是工人，年龄在 25～50 岁，喜欢观看体育节目，每天看电视的时间不少于 3 小时。显然，根据这些信息，企业可以大大改进在定价、广告传播等方面的策略。

⑤品牌忠诚度。企业还可根据消费者对产品的忠诚度细分市场。有些消费者经常变换品牌，另外一些消费者则在较长时期内专注于某一或少数几个品牌。通过了解消费者品牌忠诚情况和品牌忠诚者与品牌转换者的各种行为与心理特征，不仅可为企业细分市场奠定基础，同时也有助于企业了解一些消费者忠诚于本企业产品，而另外一些消费者则忠诚于竞争企业

的产品的原因，从而为企业选择目标市场提供启示。按照消费者对品牌的忠诚度，可以将他们分为四类：一是坚定的品牌忠诚者——非该品牌产品不买；二是不坚定的忠诚者——只忠诚于少数几个可以互相替代的品牌；三是转移者——品牌的偏好时常会转移；四是非忠诚者——无忠诚之品牌。

⑥态度。态度可分为热爱、肯定、冷淡、拒绝和敌意五种类型。针对不同态度的消费者应酌情采取不同的营销策略，如对那些冷淡的消费者，可以通过适当的广告媒体加大产品宣传力度，使他们转变态度，成为肯定的消费者。

总之，消费者市场细分的依据大致有以上几种，但究竟以哪个标准为主，还要根据具体情况灵活运用，以便获得最好的营销机会。几种细分标准对消费者来说往往相互影响，不能截然分开。

2. 组织市场的细分标准

（1）生产者市场的细分标准。生产者市场的细分标准主要有地理位置、用户性质、用户规模、购买特点等。

①地理位置。对某些产品的需求因地区的不同而存在很大差异。

②用户性质。根据用户性质进行市场细分，能使营销人员调整营销组合策略以适应特定类型的组织或产业的特殊需求。

③用户规模。购买力（大量、中量、少量）通常用来作为生产者细分的依据。另一个细分依据是进行购买的组织的规模，它可以影响购买过程、所需要的产品类型和数量以及对不同营销组合的反应。许多企业分别制定有联系和接待大客户与小客户的制度。

④购买特点。工业品的购买决策大多取决于五个购买因素：性能、质量、服务、交货和价格。

根据客户对上述因素的不同选择进行细分，企业可获得较大的市场优势。现代技术发展迅猛、因素复杂，企业应经常对产品进行细分评价，寻找有利的市场机会。

（2）中间商市场的细分标准。中间商市场也称转卖者市场。由于中间商对交货时间和价格比较敏感，非常重视现货交易、广告补贴、折扣、信用保证等因素，所以中间商市场的细分标准主要包括地域、购买中心、购买标准、购买方式等。

（3）政府市场的细分标准。政府购买的特点是产品多种多样，从工业用品到消费品几乎无所不包，且购买数量巨大。政府购买的主要方式是公开招标采购，世界各国政府都是本国货物和劳务的最大买主。政府市场细分的标准主要有地域、国家、产品、购买数量、购买标准等。其中，价格是最重要的因素。在政府市场上，非东道国企业一般缺乏竞争力。在一些市场体系不完善的国家，由于政府购买没有严密的组织、缺乏决策经验和有力的监督机制，贪污受贿和权势介入等“暗箱”操作现象严重。

8.1.4 国际市场细分的步骤

美国营销学者麦卡锡（E. J. McCathy）提出了市场细分的 7 个步骤，对于国际市场细分同样具有指导意义。

1. 选定产品市场范围

产品市场范围应以市场需求而不是产品本身的特征来确定。例如，某房地产公司打算建造一幢简朴的公寓，若只考虑产品特征，如房间面积、装修程度等，则会以低收入家庭为目标客户，但若从市场需求角度出发，那些在市区拥有高档住房，但又追求乡间宁静的高收入家庭也可能是这种公寓的需求者。

2. 分析顾客的基本需求

企业应根据人文、心理、购买行为等因素，对潜在顾客的需求做大致的分析。例如，房地产公司通过调查，了解消费者对上述公寓存在下列需求：遮风避雨、停放车辆、经济、安全、方便生活和工作、设计合理、工程质量合格、外来干扰小、物业管理齐全等。

3. 了解潜在顾客的不同需求

对于上述基本需求，不同的顾客关注的侧重点也不同。例如，房地产公司发现，住宿在校外的大学生认为最重要的是能够遮风避雨、便于停放车辆、经济、方便上课和学习；新婚夫妇则把能够遮风避雨、便于停放车辆、外来干扰小、物业管理齐全作为重点；较大的家庭住户的需求则是能够遮风避雨、便于停放车辆、经济、安全。这样，就把潜在顾客划分为三个不同群体，子市场也初步显现了出来。

4. 过滤掉潜在顾客的共同需求

共同的需求虽然重要，但只能作为策划市场营销组合的参考，不能作为市场细分的标准，而应以特殊需求作为细分标准。

5. 赋予不同的子市场名称

根据潜在顾客基本需求上的差异，将其划分成不同群体或子市场，结合群体特征，赋予每个子市场一个名称。

6. 进一步分析潜在顾客群体的特点

企业要对各个子市场的特征做进一步的调查分析，以便决定对各子市场再度细分或加以合并，使企业能不断适应市场的变化。

7. 测量不同子市场的规模

把每个子市场与人口因素相结合，计算各个子市场中潜在顾客的数量，推断出各个子市场的市场规模和营销潜力，从中选择有利于企业发展的细分市场。对于规模较小，差异不是特别明显的子市场，可以考虑将其合并到与其最相近的一个子市场；对于市场规模较小而差异又很大的子市场，企业要在充分考虑成本收益的基础上再决定是否进入该市场。

8.2 国际目标市场选择战略

企业在细分后要选择一个或几个细分市场作为自己的目标市场，企业在对整体市场进行评估后要根据细分市场的市场潜力、竞争状况、企业资源条件等多种因素决定选择哪一个或哪几个细分市场作为目标市场。为了准确地选择目标市场，企业需对各个细分市场进行全面评估，在评估的基础上选择最优的目标市场，然后根据目标市场特点，制定合适的营销战略。

8.2.1 目标市场及其评估

选择和确定目标市场，是企业制定营销战略的首要内容和基本出发点，不仅直接关系着企业的经营成果以及市场占有率，还直接影响到企业的生存。因此，企业在选择目标市场时，须从市场规模和市场潜力、市场吸引力以及企业的目标和资源等方面，全面分析评估目标市场的营销价值，以及能否以最小的消耗取得最大的营销成果。

1. 市场规模和市场潜力

要评估细分市场是否有适当规模和增长潜力。适当规模是与企业规模和实力相适应的。对于大企业来说，较小的市场不利于充分利用企业生产能力；而小企业不能满足较大市场的有效需求或难以抵御较大市场上的激烈竞争。增长的潜力是要有尚未满足的需求，有充分发展的潜力。选择目标市场时可在现有市场规模和市场年增长率之间进行权衡，如图 8-1 所示。

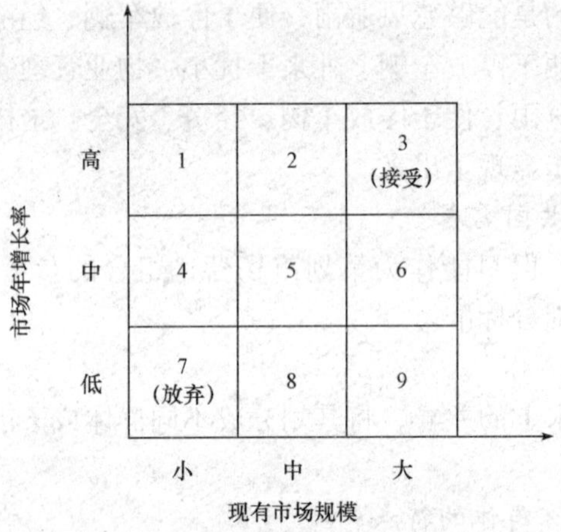

图 8-1　市场规模和市场潜力评估

资料来源：甘碧群，曾伏娥．国际市场营销学［M］．3 版．北京：高等教育出版社，2014.

从图 8-1 中可以看出，区域 3 具有较大的现有市场规模和较高的市场年增长率，是理想的目标市场；区域 7 不仅现有市场规模较小，而且市场年增长率较低，属于淘汰的对象。除这两个区域以外，对其他区域的选择判断较为困难，因为这 7 个区域都是一方面情况较好而另一方面情况较差。对于这些区域的选择主要取决于企业的战略目标。如果企业的战略目标取决于现在的市场规模，那么应该选择靠近区域 9 的国家或地区作为目标市场；如果企业战略目标偏向未来的增长潜力，则应选择靠近区域 1 的国家或地区作为目标市场。

2. 市场吸引力

市场吸引力主要是从获利的角度看市场长期获利率大小。市场可能具有适当规模和增长潜力，但从利润立场来看不一定具有吸引力。决定一个市场或细分市场是否具有长期赢利潜力的因素主要有以下几个方面：

（1）现实的竞争者。如果某个行业市场已经有了众多强大的或者竞争意识强烈的竞争者，那么该细分市场就会失去吸引力。如果该细分市场稳定或者衰退，生产能力不断大幅度扩大，固定成本过高，撤出市场的壁垒过高，竞争者投资很大，那么情况就会更糟。这些情况常常会导致价格战、广告争夺战、新产品推出，公司要参与竞争就必然付出高昂的代价。

（2）新进入竞争者。从行业利润的角度看，最有吸引力的细分市场应该进入的壁垒高、退出的壁垒低；细分市场进入和退出的壁垒都高，利润潜量大，但伴随较大的风险；细分市场进入和退出的壁垒都较低，公司便可以进退自如，然而获得的报酬虽稳定但不高；最坏的情况是进入细分市场的壁垒较低，而退出的壁垒却很高。于是在经济良好时，大家蜂拥而入，但在经济萧条时，却很难退出。其结果是大家都生产能力过剩，收入下降。

（3）替代产品的威胁。如果某个细分市场存在着替代产品或者有潜在替代产品，那么该细分市场就失去吸引力。替代产品会限制细分市场内价格和利润的增长。公司应密切注意替代产品的价格趋向。如果在这些替代产品行业中技术有所发展，或者竞争日趋激烈，这个细分市场的价格和利润就可能会下降。

3. 企业的目标和资源

某些细分市场虽然有较大吸引力，但不能推动企业实现发展目标，甚至分散企业的精力，使之无法完成其主要目标，这样的市场应考虑放弃。另外，还应考虑企业的资源条件是否适合在某一细分市场经营。只有选择那些企业有条件进入、能充分发挥自己资源优势的市场作为目标市场，企业才会立于不败之地。因此企业选择目标市场必须考虑：第一，是否符合企业的长远目标，如果不符合就只能放弃；第二，企业是否具备了在该市场获胜所需的技术和资源，如企业的人力、物力、财力等，如果不具备，也只能放弃。但是仅拥有必备的力量是不够的，还必须具备优于竞争者的技术和资源，具有竞争的优势，才适合进入该细分市场。

8.2.2　目标市场模式选择

企业在对不同细分市场评估后，就必须对进入哪些市场和为多少个细分市场服务做出决策。一般来说可选择的目标市场模式有五种（如图 8-2 所示）。

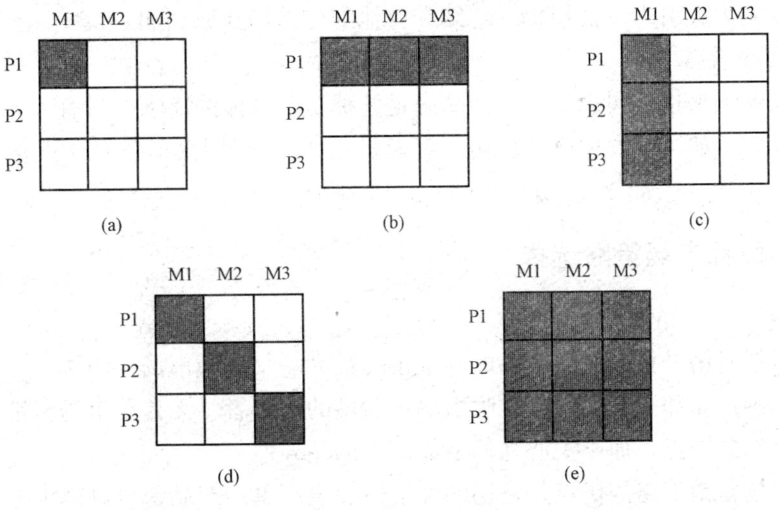

图 8-2　目标市场模式

资料来源：［美］菲利普・科特勒. 营销管理分析、计划、执行和控制［M］. 梅汝和，梅清豪，张桁，译. 上海：上海人民出版社，1999.

1. 单一市场集中化

单一市场集中化是企业在国际市场营销中仅选择一个细分市场作为目标市场，仅为这一个市场提供一种产品。单一市场集中化的模式可以使企业更加了解该细分市场的需要，并树立起特别的声誉，可在该细分市场建立巩固的市场地位。另外，公司通过生产、销售和促销的专业化分工，也可获得许多经济效益。如果细分市场补缺得当，公司的投资便可获得高报酬。但密集市场营销比一般情况风险更大。

2. 产品专门化

产品专门化就是企业集中生产一种产品，向若干国际细分市场开展营销活动。例如，显微镜生产商向大学实验室、政府实验室和工商企业实验室销售显微镜。公司准备向不同的客户群体销售不同种类的显微镜，而不去生产实验室可能需要的其他仪器。公司通过这种战略，在某个产品上树立起很高的声誉。但如果产品（显微镜）被一种全新的显微技术代替，公司就会发生危机。

3. 市场专门化

市场专门化是指专门为满足某个客户群体的各种需要服务。例如公司可为大学实验室提供一系列产品，包括显微镜、示波器、本生灯、化学烧瓶等。公司专门为这个客户群体服务而获得良好的声誉，并成为这个客户群体所需各种新产品的销售代理商。但如果大学实验室突然削减经费预算，它们就会减少从这个市场的专门化公司购买仪器的数量，这就会使公司陷入危机。

4. 选择性专门化

采用此法选择若干个细分市场，其中每个细分市场在客观上都有吸引力，并且符合公司的目标和资源。但在各细分市场之间很少有或者根本没有任何联系，然而每个细分市场都有可能赢利。这种多细分市场目标优于单细分市场目标，因为这样可以分散公司的风险，即使某个细分市场失去吸引力，公司仍可继续在其他细分市场获取利润。

5. 完全市场覆盖

完全市场覆盖是指公司想用各种产品满足各种客户群体的需求。只有大公司才能采用完全市场覆盖模式，如国际商用机器公司（计算机市场）、通用汽车公司（汽车市场）和宝洁公司（日用品市场）。

8.2.3 目标市场策略选择

1. 无差异市场营销

无差异市场营销是指企业将产品的整个市场视为一个目标市场，用单一的营销策略开拓市场，即用一种产品和一套营销组合吸引尽可能多的购买者。无差异市场营销策略只考虑消费者在需求上的共同点，而不关心他们在需求上的差异性。

无差异市场营销策略的优点是营销的经济性。生产单一产品，可以减少生产成本；无差异的广告宣传和其他促销活动可以节省促销费用；这种策略对于需求广泛、市场同质性高且能大量生产、大量销售的产品比较合适。

无差异市场营销策略一般适用于垄断产品、专利产品、新产品的导入期、市场同质性高或供不应求的产品。对于大多数企业、大多数产品来说并不一定适合。首先，消费者需求千差万别并不断变化，一种产品长期为所有消费者和用户所接受非常罕见。其次，当众多企业如法炮制，都采用这一策略时，会导致市场竞争异常激烈，同时在一些小的细分市场上消费者需求得不到满足，这对企业和消费者都是不利的。最后，易于受到竞争企业的攻击。当其他企业针对不同细分市场提供更有特色的产品和服务时，采用无差异市场营销策略的企业可能会发现自己的市场正在遭到蚕食，但又无力有效地予以反击。正由于这些原因，世界上一些曾经长期实行无差异市场营销策略的大企业最后也被迫改弦更张，转而实行差异性市场营销策略。例如，被视为实行无差异市场营销典范的可口可乐公司，面对百事可乐、七喜等企业的强大攻势，也不得不改变原有策略，一方面向非可乐饮料市场进军，另一方面针对顾客的不同需要推出多种类型的新可乐饮品。

2. 差异性市场营销

差异性市场营销策略是将整体市场划分为若干细分市场，针对每一细分市场制定一套独立的营销方案。比如，服装生产企业针对不同性别、不同收入水平的消费者推出不同品牌、不同价格的产品，并采用不同的广告主题来宣传这些产品，就是采用的差异性市场营销策略。

差异性市场营销策略的优点：面向多个细分市场，企业可获得较大的市场覆盖率，增加企业的销售额；针对不同的市场提供不同的产品，使消费者需求更好地得到满足；另外，由于企业是在多个细分市场上经营，一定程度上可以减少经营风险。

差异性市场营销策略的不足之处主要体现在两个方面：一是增加营销成本。由于产品品种多，管理和存货成本激增。企业必须针对不同的细分市场发展独立的营销计划，这会增加企业在市场调研、促销和渠道管理等方面的营销成本。二是分散企业资源，可能使企业的资源配置不能有效集中，顾此失彼，甚至在企业内部出现彼此争夺资源的现象，使拳头产品难以形成优势。

3. 集中性市场营销

实行差异性市场营销策略和无差异市场营销策略，企业均是以整体市场作为营销目标，试图满足所有消费者在某一方面的需要。集中性市场营销策略则是集中力量进入一个或少数几个细分市场，实行专业化生产和销售。实行这一策略，企业不是追求在一个大市场角逐，而是力求在一个或几个子市场占有较大份额。例如，生产空调器的企业不是生产各种型号和款式、面向不同顾客的空调机，而是专门生产安装在汽车内的空调机。在激烈的市场竞争中，一些大企业往往着眼大产品、高利润，追求规模经济效益，对小批量、多品种的产品往往不愿生产或难以涉足，中小企业只要善于寻找市场“缝隙”，就有可能将“缝隙”市场培育成型，并形成有市场竞争力的优势。

集中性市场营销策略特别适合资源能力有限的中小企业。中小企业由于受财力、技术等方面因素制约，在整体市场上可能无力与大企业抗衡，但如果集中资源优势在大企业尚未顾及或尚未建立绝对优势的某个或某几个细分市场进行竞争，成功的可能性更大。

集中性市场营销策略的局限性体现在两个方面：一是市场区域相对较小，企业发展受到限制。二是潜伏着较大的经营风险，一旦目标市场突然发生变化，如消费者趣味发生转移，或强大竞争对手进入，或新的更有吸引力的替代品的出现，都可能使企业因没有回旋余地而陷入困境。实行这一策略目标市场比较狭窄，具有很大的风险，一旦市场情况出现变化，就可能使企业陷入绝境。因此采用该策略时必须密切注意市场动向，做好充分的应变准备。

8.2.4 影响国际目标市场策略选择的因素

1. 企业的资源能力

企业的资源能力主要包括企业的人力、物力、财力等。这是选择目标市场的首要因素。如果企业的资源雄厚，人力、物力、财力充裕，则可采用差异性或无差异市场营销策略。反之，如果企业的资源薄弱，人力、物力、财力不足，则以实行集中性市场营销策略为宜。例如，国内不少企业资源能力相对薄弱，如想在市场上占有一席之地，则可以采用集中性市场营销策略。

2. 产品性差异

这是指产品自然属性的差异和消费者对产品需求选择的程度。一般来说，自然品质差异较小的产品，消费者对其产品特征的感觉相似程度较高，购买时的选择性较低，就可以采取无差异市场营销策略。反之，品质差异性大、选择性强的产品，则宜采用差异性市场营销策略。

3. 产品生命周期

企业应随着产品所处的生命周期阶段的变化采取不同的营销策略。一般来说，企业的新产品处在投放市场的导入期宜采取无差异市场营销策略，或针对某一特定细分市场实行集中性市场营销策略，以便提高产品的知名度，探测市场需求和潜在顾客情况，也有利于节约市场开发费用。当产品进入成长期和成熟期以后，竞争者增多时，应采取差异性市场营销策略，以应付竞争或开拓新的市场，延长产品生命周期。当产品进入衰退期后，企业为了集中力量对付竞争者，则宜采用集中性市场策略。

4. 竞争者的策略

一般说来，企业所采用的营销策略应与竞争对手有所区别。当竞争对手采取无差异市场营销策略时，本企业应实行差异性市场营销策略，而当竞争对手采用差异性市场营销策略时，本企业应考虑实行更深一层的差异性或集中性市场营销策略。当然这只是一般原则，现实中还得根据竞争对手的力量和市场的具体情况而定。

5. 需求特点

需求特点主要是指消费者需求偏好等方面的类似程度。如果某市场消费者的需求偏好大致相同，宜在该市场采用无差异市场营销策略；反之，如果消费者的需求偏好差异较大，则宜采用差异性或集中性市场营销策略。要根据目标市场各个消费者群的需求特点，分别设计几种不同的或特定的产品与营销组合。

8.3 国际市场定位

目标市场确定后，企业为了能与竞争产品有所区别，开拓和抢占目标市场，取得产品在目标市场上的竞争地位和优势，更好地为目标市场服务，就需要在目标市场上为本企业的产品做出市场定位决策。

8.3.1 国际市场定位的含义

市场定位就是企业树立产品在目标顾客心目中的形象，使企业所提供的产品具有一定特色，以适应消费者心目中某一特定地位，并与竞争者的产品有所区别。目前市场上商品越来越丰富，与竞争者雷同的产品通常无法吸引消费者的注意。因此，企业应该根据竞争者现有产品的特色以及在市场上所处的地位，针对顾客对产品特征或属性的重视程度，强有力地塑造本企业产品与众不同的、形象鲜明的个性或特征，并将这种个性或特征生动地传递给顾客。正如西方营销专家指出的："定位并不是你对一件产品本身做什么，而是你在有可能成为你的顾客的人的心目中做些什么。也就是说，你得给你的产品在他们的心中定一个适当的位置。"从这个意义上来说，目标市场定位是一种竞争性定位。

市场定位的实质是差异化，差异化有助于企业确立产品在顾客心目中与竞争对手有不同的印象，以便吸引更多的顾客。因此，市场定位是市场营销战略体系中的重要组成部分，它对于确定企业及产品的鲜明特色，满足顾客的需求偏好，提高企业竞争实力具有重要的意义。

8.3.2 国际市场定位的程序

1. 明确潜在的竞争优势

企业在进行市场定位时，要了解在市场上顾客最关心的产品的属性和价格；了解顾客对其购买的产品的最大偏好和愿望，以及他们对产品优劣的评价标准，以此作为定位的依据。企业的竞争优势产生于企业为顾客创造的价值，顾客愿意购买的就是价值。竞争优势有两种基本类型，即成本优势和产品差异化，前者指在同样条件下比竞争者定价低，后者指能提供更多特色以满足顾客的特定需要。

2. 选择相对的竞争优势

经过分析，企业会发现许多潜在的优势，然而并不是每一种优势都是企业能够利用的，企业要善于发现并利用自身存在或创造出来的相对竞争优势。相对竞争优势是企业能够比竞争者做得更好的工作或在某方面胜过竞争者的能力，选择相对竞争优势可以采用比较方法，据此进行本企业的市场定位。

3. 表达独特的竞争优势

选定的竞争优势不会自动地在市场上显示出来，企业要进行一系列活动，使自己独特的竞争优势进入目标顾客的视野。企业应通过理念识别系统、行为识别系统和视觉识别系统，向顾客表明自己的市场定位。要做到这一点必须进行创新策划，强化本企业及产品与其他企业及产品的差异性。

8.3.3 国际市场定位的策略

1. 对抗定位

对抗定位策略又称"针锋相对"定位策略，指企业选择在目标市场上与现有的竞争者靠近或重合的市场定位，与竞争对手争夺同一目标市场的消费者。例如，美国可口可乐与百事可乐是两家以生产销售碳酸型饮料为主的大型企业。可口可乐自 1886 年创建以来，以其独特的味道名扬全球，第二次世界大战后百事可乐采取了针锋相对的策略，专门与可口可乐竞争，这两家公司为争夺市场而展开了激烈竞争，而它们都以相互间的激烈竞争作为促进自身发展的动力。实行这种定位策略的企业，必须具备三个条件：一是能比竞争者生产出更好的产品；二是该市场容量足以吸纳两个或两个以上竞争者的产品；三是这种定位要比竞争者有更多的资源和更强的实力。

2. 避强定位

避强定位策略，指企业尽量避免与实力较强的其他企业直接发生竞争，寻找新的尚未被占领的，但又为许多消费所重视的市场进行定位。通常在两种情况下适用这种策略：一是这部分潜在市场即营销机会没有被发现，在这种情况下，企业容易取得成功；二是许多企业发现了这部分潜在市场，但无力去占领，这就需要有足够的实力才能取得成功。在金融业兴旺发达的香港，银行众多，各家银行使出浑身解数，走出了一条利用定位策略突出各自优势的道路，这使香港的金融业呈现出一派繁荣景象。汇丰银行定位于分行最多、实力最强、全港最大的银行，是实力展示式的诉求。20 世纪 90 年代以来，为拉近与顾客的情感距离，其新的定位立足于“患难与共、伴同成长”，旨在与顾客建立同舟共济、共谋发展的亲密朋友关系。恒生银行定位于充满人情味、服务态度最佳的银行，通过走感性路线赢得顾客的心，突出服务这一卖点也使它有别于其他银行。渣打银行定位于历史悠久、安全可靠的英资银行，这一定位树立了可信赖的“老大哥”形象，传达了让顾客放心的信息。中国银行定位于有强大后盾的中资银行，这一定位直接针对有民族情结、信赖中资的目标顾客群。

3. 反向定位

当企业意识到自己无力与强大的竞争者相抗衡，而不能获得绝对优势地位时，可根据自己的条件取得相对优势，即突出宣传自己与众不同的特色，在某些有价值的产品属性上取得领先地位，如美国七喜汽水突出宣传自己不含咖啡因的特点，成为非可乐型饮料的领先者。

4. 重新定位

企业对已经上市的产品实施再定位就是重新定位策略。采用这种策略的企业必须改变目标消费者对其原有的印象，使目标消费者对其建立新的认识。一般情况下，这种定位目的在于摆脱困境，重新获得增长与活力。例如，自行车原来是传统的代步工具，重新定位为健身休闲用品，增加了品种类型和花色。

8.3.4 产品定位方法

1. 特色定位法

特色定位法，即根据特定的产品属性来定位。产品属性包括制造该产品时采用的技术、设备、生产流程以及产品的功能等，也包括与该产品有关的原料、产地、历史等因素。如龙井茶、瑞士表等都是以产地及相关因素定位，而一些名贵中成药的定位则充分体现了原料、秘方和特种工艺的综合。

2. 利益定位法

利益定位法，即根据需要满足的需求或所提供的利益来定位。这里的利益包括顾客购买产品时追求的利益和购买企业产品时能获得的附加利益，产品本身的属性及消费者获得的利益能使人们体会到它的定位。如大众汽车“气派”，丰田汽车“经济可靠”，沃尔沃汽车“耐用”，而奔驰是“高贵、王者、显赫、至尊”的象征。这种定位关键是要突出本企业产品的优势和特点，以及它对目标顾客有吸引力的因素，从而在竞争者中突出自己的形象。

3. 用途定位法

用途定位法，即根据产品使用场合及用途来定位。例如，“金嗓子喉宝”专门用来保护嗓子，“丹参地丸”专门用来防治心脏疾病。为老产品找到一种新用途，是为该产品创造定位的好方法。尼龙从军用到民用，便是一个最好的用途定位例证。小苏打一度被广泛用作家庭的刷牙剂、除臭剂和烘烤配料等，现在国外开始把它作为冰箱除臭剂、调味汁和肉卤的配料、夏令饮料的原料等。各种品牌的香水，在定位上也往往不同，有的定位于雅致、富有、时髦的妇女，有的定位于生活方式活跃的青年人。如防晒霜定位于防止紫外线将皮肤晒黑晒伤，而保持和补充水分的润肤霜则定位于防止皮肤干燥。

4. 使用者定位法

使用者定位法，即根据使用者的类型来定位。企业常常试图把某些产品指引给适当的使用者，即某个细分市场，以便根据该细分市场的看法塑造恰当的形象。如手机厂商针对老年人使用手机的特点，推出按键大、声音响、操作简便的老年手机。

5. 档次定位法

不同的产品在消费者心目中按价值高低有不同的档次，对关心产品质量和价格的消费者来说，选择在质量和价格上的定位也是突出本企业形象的好方法。企业可以采用“优质高价”“优质优价”定位和“优质低价”定位。劳力士表价格高达几万元人民币，是众多手表中的至尊，也是财富与地位的象征。拥有它，无异于暗示自己是一名成功的人士或上流社会的一员。

6. 消费者关联定位法

消费者关联定位法，即按照产品与某类消费者的生活形态和生活方式的关联来定位。如劳斯莱斯定位于“皇家贵族间的坐骑”，金利来代表着“充满魅力的男人”。

7. 感情定位法

感情定位法，即运用产品直接或间接地冲击消费者的感情体验而进行定位。1996 年，当哈根达斯在上海开第一家店的时候，一句“爱她，就带她去哈根达斯”的广告词瞬间在年轻群体中引发情感共鸣。

8. 文化定位法

将某种文化内涵注入产品之中，形成文化上的品牌差异，称为文化定位。文化定位可以使品牌形象独具特色。万宝路象征的美国牛仔精神、奔驰代表的尊贵享受、宝马推崇的驾驶乐趣无一不是品牌文化的最好诠释，加多宝凉茶定位于“正宗”，成功领跑中国凉茶品类市场。

本章小结

开展国际市场营销的企业需要对国际市场进行合理细分，根据企业的国际市场营销的目标和相关条件，审慎选择国际目标市场，以实施有效的国际市场定位。国际市场细分是针对国际市场的不同消费需求、购买行为和购买习惯，把它们细分为彼此有区别的不同的子市场的过程，一般包括宏观细分与微观细分。企业进行国际市场细分要对细分的子市场进行有效评估，在此基础上选择目标市场，制定相应的营销组合策略。但由于在某一细分市场，同样的需求有许多企业会提供相同或相似的产品，这时对企业来说就需要进行有效的国际市场定位，市场定位的实质是通过差异化来取得竞争优势，是企业在市场上寻求和创造竞争优势的手段，要根据企业及产品的特点、竞争者及目标市场消费需求特征加以选择。

案例分析

全球实体零售市场趋向细分化和个性化

在美国，11 月份和 12 月份被称作年末购物季，其整体零售额可以占到美国全年零售额的 20%。2015 年的美国“黑色星期五”——传统的购物狂欢节，对实体店和电商来说，呈现出“一半是海水一半是火焰”的不同境遇。实体店的境遇更加不堪，在饱受电商冲击的情况下，实体店的销售额大降 10% 左右。

零售业研究公司 ShopperTrak 发布的最新数据显示，2015 年“黑色星期五”，美国实体店销售额为 104 亿美元，低于 2014 年同期的 116 亿美元。而感恩节的实体店销售额则从 20 亿美元下降至 18 亿美元。实体店销售额的下降，主要原因为电商的兴起。如今，越来越多的美国消费者通过智能手机、平板电脑和 PC 去搜索更便宜的商品。其实，不仅仅是在美国，就全球范围来看，电子商务的迅速发展，对传统零售业带来的冲击正一波大过一波。当然，除了电子商务，全球零售业在越来越多的领域呈现出细分化和个性化特征。

国际知名的零售咨询企业达曼国际发布报告说，受高端及低端零售业竞争日趋激烈以及商业模式创新等因素影响，全球零售业可能呈现出七大趋势，包括：低端食品工业将不再是零售企业经营重心，零售企业会将更多精力投入为消费者提供更加健康、便利以及个性化的服务方面；平衡将成为零售企业的重要经营策略；企业将大规模介入手机应用控制、可触摸电器、3D 打印、联动厨房等技术；零售商将致力于产品多元化，根据不同年龄段消费者的喜好为他们提供不同产品；可追溯产品将更受欢迎；零售商还将引入更多互动手段，为消费者提供更佳购物体验；折扣店继续加速扩张，越来越多的消费者将把折扣店作为购物首选等。达曼国际首席执行官吉姆·霍尔布鲁克认为：“在当前经营环境瞬息万变的零售行业，预判行业发展趋势并适时调整策略，对零售企业发展至关重要。”

南非购物中心理事会的首席执行官 Amanda Stops 曾经给出了 2015 年的零售业发展趋势，和 2016 年的趋势对比，仍具有相当的参考意义。

在 Amanda Stops 的观点中，顾客体验排在首位。她认为，今天的购物不再是顾客对于产品的需求，而是对于“体验”的需求。当下的零售市场，顾客是名副其实的上帝：购物中心和零售门店正在从纯粹的“空间”向提供多项服务的“地方”转变，因此消费者“舒适度会更高，停留时间更长，购买力更强”。排在第二位的是技术。对于零售业来说，得益于科学技术的发展，现实世界和数字世界的高度结合所带来的影响日益巨大，全世界都在体验着实体零售和线上零售的相互依存。实际上，过去几年，全球的零售业都已经意识到了一个共同问题：实体店如果没有线上渠道，那它们就面临死亡；而纯线上的零售店如果没有实体店作为支撑，那它们就如同少了一只翅膀。二者的统一或者说是妥协，就催生出了“实体线上化”的概念——实体店和网店的结合。这是一种“点击取货（网上订货，实体取货）”现象，这样可以使客户不用待在家里等待快递。

许多国家的人口结构变化导致了消费能力和习惯的变化，技术的变革也使零售商得以更迅速地进入市场。观察全球零售业的发展，我们还是可以发现这一趋势留下的烙印——可能是一个企业的决策者，也可能是一个地区的商业模式。

美国一家商业网站刊登的一份研究报告显示，东京已经成为当下世界零售业扩张最为迅猛的市场。这个到处都是穿着Hello Kitty和动漫图案服装的年轻女性的城市，2014年已吸引63个新品牌入驻。要知道，这一业绩，是在日本经济动荡、消费税上调8%的情况下取得的。而在北美，多伦多成了最火的零售市场，有多达25家国际品牌在此开设新店。实际上，正是在这些具有示范作用的地区的带领之下，全球的零售业尽管遭遇了电商冲击、经济下滑等诸多不利因素，但仍可以保持相对的活跃。这当中，美国零售商在进军新的全球市场方面一直是最活跃而无畏的。2014年，26%的跨境扩张业务都由美国零售商承担，其中41%扩张到亚洲，33%扩张到欧洲，12%扩张到中东和非洲。第二活跃的是意大利零售商，完成了14%的跨境扩张业务；其次是英国零售商，完成了11%；法国零售商则完成了10%。在全球范围内，42%的零售商选择扩张到欧洲，其次扩张到亚洲，占39%，而到中东和非洲的零售商占10%，到北美的零售商则仅占3%。

全球范围内，中档时尚品零售商在扩张行为上最为活跃，占比21%；其后是奢侈品零售商，占比20%；专业服饰零售商占比16%；而咖啡店也在继续其扩张步伐，扩张行为占比16%。在美国，奢侈品行业扩张行为占比26%；其次是中档时尚品，占比20%；而专业服饰占比14%。对此，CBRE高级董事、总经理Brandon Famous指出，全球化、技术和人口结构的变化对零售业产生了巨大的影响。许多国家的人口结构变化导致了消费能力和习惯的变化，技术的变革也使零售商得以更迅速地进入市场。

在欧洲，国际商业地产代理顾问公司高纬环球（Cushman & Wakefield）的一份研究报告显示：2015年的前9个月，欧洲零售业投资高达515亿欧元，比上年同期显著增长59%。根据这一增长比例，专家判断2015年欧洲零售业的投资将创历史新高。在过去3年中，欧洲的零售投资额都实现了增长，截至2015年9月底的最近12个月更创下670亿欧元的新纪录。这意味着欧洲零售业投资市场在2年内已实现翻番。据美国网站fashionmag. com的报道称，按国别看，作为投资标的，德国超越英国获最多投资，但斯堪的纳维亚、比利时、波兰、土耳其以及冰岛等地区已成为新的投资标的。相应地，零售业投资的增长显著，使购物商场当仁不让地成为最抢手的投资资产类型：投资金额高达267亿欧元，超零售业投资总额一半。而在欧洲的商业版图中，巴黎是不得不提上一笔的地方。在短短的一年时间内，巴黎零售业超越伦敦，完成逆袭。对此，Savills零售运营总监Christian Nehmé在接受法国报纸*Le Figaro*采访时表示，巴黎更擅长打造城市形象。作为欧洲旅游之都，这座城市吸引着大量的中国游客，这些游客出手大方，自然是巴黎的财神爷。不过，他担心的是，如果英国政府下调中国游客的签证费用，那么在两三年内伦敦仍能再度反超巴黎。佐证Christian Nehmé观点的是，房地产顾问公司Savills的调查显示，过去的一段时间，高档零售商争相入驻法国首都巴黎，目前有29家零售商已入驻或准备入驻巴黎，其中包括美国腕表品牌Nixon、中国成衣品牌S. Deer、法国小众珠宝品牌APM Monaco。相比之下，2015年入驻伦敦的零售商为26家，包括意大利品牌Dsquared 2、美国设计师品牌Alexander Wang等。而2014年，伦敦曾以33家新入驻零售商领先于巴黎的24家。

（资料来源：http：//www. askci. com/news/chanye/2015/12/21/1359206el4. shtml）

讨论与分析：

1. 根据案例介绍，未来消费者需求会呈现哪些新的特点？

2. 零售业如何根据新的需求来细分消费者市场？

3. 从全球零售业发展趋势看，面对电商的冲击，实体零售商可以通过什么样的定位来参与竞争？

课后习题

一、单选题

1. 下列属于细分变量中心理变量的是（　　）。
   A. 气候　　B. 家庭规模
   C. 生活方式　　D. 使用者方式
2. 下列属于细分变量中行为变量的是（　　）。
   A. 气候　　B. 家庭规模
   C. 生活方式　　D. 使用者方式
3. 差异性市场营销策略相对于无差异市场营销策略最大的优点在于（　　）。
   A. 生产成本更低　　B. 市场覆盖范围广
   C. 满足不同市场的个性化需求　　D. 企业的投入少
4. 在选择目标市场的策略中，不追求在整体市场上占据最大市场份额的策略为（　　）。
   A. 无差异市场营销策略　　B. 差异性市场营销策略
   C. 集中性市场营销策略　　D. 分散性市场营销策略
5. 某工程机械公司专门向建筑业用户供应推土机、打桩机、起重机、水泥搅拌机等建筑工程中所需要的机械设备，这种目标市场模式为（　　）。
   A. 市场集中化　　B. 市场专门化
   C. 全面市场覆盖　　D. 产品专业化
6. 采用无差异市场营销策略的最大优点是（　　）。
   A. 市场占有率高　　B. 成本的经济性
   C. 市场适应性强　　D. 需求满足程度高
7. 重新定位，是对销路少、市场反应差的产品进行的（　　）定位。
   A. 避强　　B. 对抗性　　C. 竞争性　　D. 二次
8. 国际市场细分的根本依据是（　　）。
   A. 消费需求的共同性　　B. 消费需求的差异性
   C. 产品的共同性　　D. 产品的差异性
9. 某跨国集团将其目标市场划分为欧盟、北美、东盟等，其划分依据属于（　　）。
   A. 地理细分　　B. 人口细分
   C. 心理细分　　D. 行为细分
10. 属于生产者市场的细分标准的是（　　）。
   A. 职业　　B. 生活方式
   C. 收入　　D. 采购方法

二、多选题

1. 营销管理中消费者市场细分的标准有（　　）。

A. 地理变量　　B. 人口变量

C. 心理变量　　D. 行为变量

E. 性别变量

2. 国际市场细分原则有（　　）。

A. 可衡量性　　B. 可进入性

C. 差异性　　D. 稳定性

E. 可退出性

3. 评价细分市场主要包括（　　）。

A. 市场规模与增长率　　B. 营销价值

C. 企业的目标与资源　　D. 市场竞争力

E. 顾客影响力

4. 目标市场选择因素包括（　　）。

A. 企业的资源与实力　　B. 产品特征

C. 需求特点　　D. 商品生命周期阶段

E. 市场竞争情况

5. 企业在市场定位过程中（　　）。

A. 要了解竞争产品的市场定位

B. 要研究目标顾客对该产品各种属性的重视程度

C. 要选定本企业产品的特色和独特形象

D. 要避开竞争者的市场定位

E. 要充分强调本企业产品的质量优势

三、名词解释

1. 国际市场细分
2. 国际市场定位
3. 产品专门化
4. 市场专门化
5. 无差异市场营销
6. 集中性市场营销
7. 差异性市场营销

第 9 章

国际市场进入战略

★学习目标

1. 了解国际市场进入模式的不同类型，掌握各种国际市场进入模式的基本内容。
2. 了解各种国际市场进入模式的优缺点。
3. 掌握影响国际市场进入模式选择的因素，能合理选择国际市场进入模式。

随着世界经济一体化进程的深入推进和跨国公司在国际经济中主导地位的日益加强，世界各国企业已经不可避免地被卷入国际竞争与合作的潮流中。企业积极地开拓国际市场，在更广泛的空间内寻求市场机会，无疑是每一个企业生存和发展的必然选择。进入国际市场有不同的模式，企业必须根据自身的资源和条件来选择。

9.1 国际市场进入模式策划

所谓国际市场进入模式策划，是指国际市场营销策划人员对进入外国市场的产品、技术、工艺、管理诀窍或其他资源进行的系统规划。国际市场进入模式的选择是企业最关键的战略决策之一，它直接影响到企业进入外国市场以后的营销活动以及一定数量资源的投入。选择得当，会有助于企业顺利绕过进入国际市场的障碍；选择不当，就会造成损失。企业如果从一种模式转换到另一种模式需要付出转换成本，有时候这种成本还会相当高昂。因此，企业在选择进入国际市场的模式时，必须权衡利弊，选择最佳的进入模式。

9.1.1 出口进入模式

出口是企业进入国际市场最简单易行的方式，因此被许多企业所采用。通过出口，企业一方面可以实现国内集中生产而在若干国家分散销售，达到规模经营的目的；另一方面可以逐步向国际市场渗透，积累国际市场营销经验。

出口进入模式的优点在于：第一，由于出口面临的政治风险最小，它常被生产型企业作为进入国际市场的初始方式；第二，当对外国市场的潜量未能准确探知时，出口方式可以起到投石问路的作用，使企业以很小的启动成本迅速在国际市场销售其产品，在固定资产方面不需要或只需要少量的投资，因而风险较小；第三，在最初的试探性出口后，在先前成功的基础上，当企业发现目标市场具有吸引力时，可以利用出口为将来直接投资积累经验；第四，当目标市场的政治、经济状况恶化时，可以以极低的成本终止与这一市场的业务关系。因此，出口使企业可以采用一种试探性的方法进行国际化，去获得一些关于国际市场的知识，并检验企业在国际市场的竞争力。

出口进入模式也有一些缺点。例如，出口意味着运输成本加大，汇率的波动和政府贸易政策的变动也会给出口企业的收益带来负面效果。外国政府强加在进口市场上的一些关税、配额、许可证及其他一些非关税壁垒，会限制企业的出口机会，有时这些限制非常严格，以至于一些企业无法进行出口，而只能选用另外的进入模式，或者完全放弃进入该市场的想法。除此之外，出口企业也常常会发现难以对目标市场的变动做出迅速的反应，对营销活动的控制也较差。

按照是否经过国内中间商，出口可分为间接出口和直接出口。

1. 间接出口

间接出口是指企业本身并不直接参与国际市场任何活动，而是通过国内中间商将产品销往国外市场的出口方式。企业产品以间接出口方式进入国际市场，其好处在于：可以利用本国出口贸易机构的渠道和经验，将企业的产品顺利销往国外市场；企业不需要亲自完成市场选择、市场调研、产品定价等出口业务，不必建立专门的销售网点及配备专门的人员，不必自己签订出口合同，因而所需投资较少；企业不直接同国际市场联系，不承担国际市场销售的风险，有较大的灵活性。因此，间接出口对于刚刚走向国际市场经营的企业而言是有价值的。此外，对那些潜力不大的市场也可采取间接出口的方式。

但是，由于企业并没有真正从事国际市场营销活动，缺少市场信息反馈，不利于产品及整个营销战略的改进，也使企业不能获得国际市场营销的直接经验；企业通过本国中间商进行国际市场销售，最终销售渠道不由自身控制，极易丧失市场份额；企业将产品出售给本国中间商即算完成出口，所得利润往往较低。故间接出口是进入国际市场最脆弱的一种方式，多为无力在国际市场上建立销售网络的中小企业所采用。

出口企业所能找到的国内出口中间商的类型有：

（1）国内出口商。这种中间商购买制造商的产品，自行向国外销售。

（2）国内的出口代理商。出口代理商负责寻找国外的销售机会，并代表制造商与进口商洽谈交易，收取佣金。

（3）合作机构。代表数家制造商并部分地受其管理和控制的合作机构经营出口业务。

（4）出口经营公司。这种中间商负责经营公司的出口业务，收取费用。

2. 直接出口

直接出口是指企业不通过本国中间商，而通过国外中介将产品销往国外市场或自己经营全部出口业务的出口方式。

在直接出口方式下，企业开拓国际市场的一系列重要活动，如调查目标市场、寻找买主、联系分销商、准备海关文件、安排运输与保险等都是由自身完成的。选择直接出口方式进入国际市场，可以使企业摆脱中间商渠道与业务范围的限制，可以对拟进入的国际市场进行选择；企业可以获得较快的市场信息反馈，据以制定更加切实可行的营销策略，并针对市场需求及时修正营销规划，提高企业的国际市场营销业务水平；企业拥有较大的海外营销控制权，可以建立自己的渠道网络；有助于更好地保护本企业的商标、专利、信誉和其他无形资产。

当然，这种方式也有一定的局限性，如：成本比间接出口要高，需要大量的最初投资与持续的间接费用；需要增加专门人才；在海外建立自己的销售网络需要付出艰苦努力；直接出口还需要企业了解一些出口步骤、运输条款和国际支付程序。因此，直接出口比间接出口需要更高的经营成本、更大量的信息并承担更大的风险。

直接出口有以下两种主要形式：

（1）直接通过国外中间商将产品转售给消费者。国外中间商又分为国外代理商、国外经销商。国外代理商是在东道国里代表制造商的独立中间人，它不拥有产品所有权，只是通过为制造商寻求客户、磋商交易合同获得佣金；国外经销商是独立的分销机构，它在取得制造商的产品所有权后，再转售给其他中间商或最终顾客，一般执行较多销售功能。

（2）在国外设立企业自己的销售分支机构。许多企业不是依靠国外中间商而是直接通过自己的国外销售分支机构出口。企业自己的国外销售分支机构有两种：一种是国外分公司，另一种是国外子公司。采用这种出口方式的好处在于，由于直接与市场接触，信息的反馈既直接又迅速；销售分支机构承担产品仓储、产品销售、信用风险等职责，因而实际上起着中间商的作用。通过销售分支机构，企业能够实现其对国外市场上销售活动的直接控制，这种直接控制对那些需要较多营销技巧进行销售的产品尤为重要。

换言之，当出口企业向国外消费者转移的不仅是产品，还包括保证产品销售成功的整体营销方案、营销规划时，采用建立国外销售分支机构进行直接出口的方式具有重要作用。

企业直接出口，是通过国外中间商出口还是自建国外分公司或分支机构需要权衡。建立国外销售分支机构也会为企业开展国际市场营销活动带来运作方式、管理费用等方面的一些新的要求。比如，建立销售分支机构要求在国外市场上投入一定的资金，这些资金包括应收款、存货的垫支，以及管理费用等，公司往往需要在仔细盘算各种可能涉及的费用之后，再决定是否通过建立自己的销售分支机构进行出口。国外中间商通常通过在制造商的产品的销售价格基础上加成来获取销售毛利，这种毛利实质是制造商放弃的一种机会成本。如果制造商从通过中间商进行出口转向通过自己的销售分支机构进行出口，那么制造商也能获得与国外中间商相同的销售毛利。随着销量的增加，出口企业建立自己的分销机构的机会不断增大；相反，如果预期销量很小，则通过国外中间商出口更为合理。

9.1.2 直接投资进入模式

随着经济全球化和各国经济开放的发展，越来越多的企业选择以直接投资的方式进入国际市场。在进入国际市场过程中，如果选择直接投资方式，往往要求企业具备一定的国际市场营销经验。直接投资按母公司对子公司的控制程度分为合资经营和独资经营。

1. 合资经营

合资经营是指企业在目标国选择一个或若干个企业联合投资，共同经营，共同分享股权及管理权，共担风险。联合投资方式可以是外国公司收购当地的部分股权，或当地公司购买外国公司在当地的股权，也可以双方共同出资建立一个新的企业，共享资源，共担风险，按比例分配利润。例如，可口可乐公司与瑞士雀巢公司联手组成 BPW（全球饮料伙伴）公司，在 BPW 公司中，雀巢主要负责产品的研发和品牌支持，而可口可乐则负责产品的分销和生产。

与外国公司建立合资企业是打入外国市场颇为流行的一种方法。最典型的合资企业是一半对一半的企业，即合资双方各拥有 50% 的所有权，并且各自向合资企业派出管理队伍，实行共同经营。然而，在有些合资企业中，有的合资方取得了多数股份，因而对企业有较大的控制权。

合资经营的优点：

（1）与东道国投资者合资经营，可以获得当地政府和合资者的支持与合作。

（2）有利于充分利用当地资源优势，获得当地市场信息及合资方的技术和管理经验。

（3）有利于利用当地的融资渠道、合资方的营销网络、市场信誉和东道国的各种优惠待遇，减少进入障碍和风险。

（4）减少投资方的资金投入，利用合资方的资金。

合资经营的缺点：

（1）不利于进入的企业通过统一协调与控制来实现其长期战略目标，尤其当合资各方利益目标不一致时，会在日常政策和管理上产生冲突；在管理态度和行为上的跨文化差异也会使合资双方因投资决策、市场营销、财务控制等问题发生争端。当合资双方的经营目标随时间的推移而发生变化时，或者当双方对企业的战略有不同的看法时，对所有权的共享会导致投资方由于争夺控制权而产生冲突。这种利益冲突常常会最终导致企业解体。

（2）在产品内外销比例、利润分配、利润流向、转移价格制定、人事任命等方面易产生矛盾，矛盾的激化会影响合资企业的经营效率，甚至导致合资企业解体。

（3）对拥有技术优势的企业而言，容易泄露技术秘密和其他商业秘密。

2. 独资经营

独资经营是指企业独自到目标国去投资建厂，进行产销活动。在外国市场上建立独资公司的方法有两种，企业可以在当地建立新的公司，也可以通过兼并现有企业，并利用兼并的企业来促进在该国市场上的产品销售。独资经营的标准不一定是 100% 的公司所有权，主要是拥有完全的管理权与控制权，一般只需拥有 90% 左右的产权即可。

独资经营的优点：

（1）企业能获得廉价的劳动力或原料供应，能获得外国政府关于投资的奖励，能节省运费等。

（2）由于所开办的工厂能增加东道国的就业机会，所以独资企业能在该国树立更良好的形象。

（3）独资经营加强了企业与东道国政府、顾客、供应商以及经营商的关系，使自己能够按照当地的要求改进产品，更好地适应当地的营销环境。

(4) 独资企业能够完全自主地控制自己的投资，因此也就能够制定最有利于实现长期国际市场营销目标的战略与营销策略。

(5) 独资使企业保证了进入该市场的通路，可防止东道国坚持只能购买本国生产的产品。

独资经营的缺点：

(1) 使企业的大笔投资置于风险之中，如货币不能兑换、货币贬值、市场萎缩，或工厂遭当地接管、没收等。有时候，公司会发现压缩或中止营业的成本太高，因为东道国要求向员工支付高额的遣散费。

(2) 从另一个角度来看，建立独资子公司也是为外国市场提供服务的成本最高的方法，因为企业必须承担建立海外子公司所有的成本和风险。当本企业兼并东道国的另一家企业时，它在一个新的文化环境中进行营销活动的风险将会小一些。然而，兼并会带来其他一些问题，其中包括使不同的企业文化相互融合的问题，这些问题的负面影响有可能超过兼并企业的好处。

采用直接投资进入方式的企业，应首先对选择进入的东道国的投资环境进行评估和权衡。一国的投资环境包括全部环境因素和条件，可大致概括为物质环境与人文社会环境两大因素。物质环境泛指与投资相关的物质条件，主要包括自然地理条件，即地理位置、资源、气候、自然景观和基础设施结构，如交通、能源、供水、供电、厂房、生活居住、文化娱乐、金融、邮电以及其他相配套的服务设施等。人文社会环境则指对投资有重大影响的社会、人文方面的因素，主要包括政治与社会环境、法律制度、政府行政管理水平、办事效率、货币制度、外汇管理、金融、信息服务、物价、企业自主权、市场运行机制、人口的文化教育程度与社会道德修养等。

企业在对外投资时评估东道国的投资环境应具体考虑以下方面的因素。

(1) 政治环境。政治的稳定状况必然引起投资者的强烈关注。投资的信心、利益的追求、权益的保障与此密切相关。

(2) 经济环境。对进行海外经营的企业而言，经济增长状况也是需要考虑的一个重要因素。经济增长快的国家具有较大吸引力，因为它们可以分享经济快速增长的成果，经营风险小；反之，在经济增长缓慢或停滞的国家投资，市场需求可能不足，风险相对较大。海外投资经营另一需关注的因素是物价上升的速度。物价轻微上升有时对市场需求有促进作用；而物价快速上升带来的成本增加，不仅影响利润，还会影响投资计划的实施。因此，稳定的物价有利于国际市场营销企业对海外的投资。

(3) 市场环境。市场规模大的国家对内销取向的企业具有强大的吸引力。同时，当地的分销网点是否广泛也十分重要。分销网点多，对国际经营企业产品销售有利；反之，则影响分销效率。如果国际经营企业的市场并非内销而是区域市场，则投资所在地的区域位置就十分重要。接近各区域市场并与各区域市场有紧密的贸易关系，对以区域市场为营销对象的外资企业有较大的吸引力。

(4) 社会环境。社会环境包括自然资源、人文资源、经济运行机制、科技教育水平、社会是否安定和劳动力的素质及其技能、再教育的条件等。

(5) 基础设施。生产性基础设施的环境因素是大家所熟悉的。如交通、通信、能源、供水、供电、排水设施以及厂房生产条件等所谓的“七通一平”。

（6）优惠政策。东道国优惠的政策环境是外国投资企业经济权益保障与增值获利的最直接因素。它集中地反映于优惠的税制和国家实行的各项鼓励性措施。一般说来，外资企业不希望当地政府有严厉的控制外资的政策。

（7）社会服务。社会服务包括生产、开发、销售、信息方面的生产性服务和文化娱乐、商业性消费、投资保险和社会保险及配套的公共福利设施。尤其是旅游、信息服务和为投资者提供的生活性服务较有吸引力。

（8）法律制度。这是在政治环境基础上建立的外资权益和实施保障的法制系列。其中主要包括国家宪法和各种法律规定对投资者的保障和权益保护范围。尤其是当地的商法是否健全，对外资企业具有重大影响。商法不健全、劳工法过严、缺乏专利权法都会带来较高的风险。另外，更重要的是法律是否彻底执行。有法不依，执法不严，外资企业会感到安全性不足。

（9）行政效率。当地行政机关的办事效率会影响国际投资的决策，政府的官僚拖拉作风往往会降低外国公司的投资兴趣。

（10）文化环境。当地社会是否容易接纳外国企业的做法，当地企业对外国企业信赖的程度，外资企业对当地的社会风俗习惯及价值观念是否容易适应等，都决定了当地的文化环境是否有利于外国公司的投资。

（11）竞争环境。当地市场竞争对手的强弱以及同类进口产品的市场份额，对外国企业的投资效率都会有影响。

9.1.3 契约进入模式

一国企业进入另一国市场，除出口和直接投资这两种基本模式外，还时常采用第三种模式，即契约进入模式，即企业通过与另一国的企业签订其他形式的合约，以达到进入该国市场的目的。契约进入模式是国际化企业与目标国的法人之间长期的非股权联系，前者向后者转让技术或技能，其主要方式包括采用许可证贸易、特许经营、“交钥匙”工程、合同制造、管理合同等。企业进入国际市场时，可以根据具体的条件选择最有利于自己的灵活方式，以降低风险并最大限度地获得利润。

1. 许可证贸易

许可证贸易又称许可协定，是指企业在一定时期内向一外国法人转让其工业产权，如商标、专利、产品配方、公司名称或其他有价值的无形资产使用权，获得提成或其他补偿，它是技术贸易的主要形式。一家公司与另一国的公司签订跨国许可协定有多种目的，如扩大从原有技术专利中所获得的利益，更好地保护专利、商标、公司名称等知识产权，从法律角度确认自己对海外子公司的专利和商标等无形资产的所有权，以及扩展产品的海外市场等。国际市场营销活动的深入发展使得许可证贸易已成为一种被广泛采用的进入模式。作为市场进入的一种方式，它并不是直接输出产品，而是通过输出生产产品的技术秘密、产品配方、专利、商标、公司名称或其他有价值的无形资产等间接地输出产品，获得提成费用或其他补偿。其核心是无形资产使用权的转移，这是它区别于其他跨国经营合约方式的主要特征，特别是当它发生在没有所有权隶属关系的两国企业时，这一特征表现得尤为突出。通过这种方式，企业没有实体投入便可实现其市场进入的目的。

许可证贸易进入方式的策划一般分为以下几个步骤：

（1）比较分析许可经营的获利能力。即在估算预期现金流入和现金流出的基础上计算许可经营的净现金流量（利润贡献）。然后，与其他各种进入国际市场方式的获利能力相比较，以确定许可证贸易是否可以作为进入目标国家市场的基本方式。

（2）选择被许可人。即规定和期望被许可人应具备的条件或特性，寻找潜在的被许可人，对潜在的被许可人进行评估和比较，选择最恰当的被许可人。

（3）许可证贸易谈判。包括确定所转让技术的价格或补偿、技术本身的内容、技术使用条件等。谈判是一种跨文化的交流，因而存在着因文化差异而失败的潜在风险。

（4）制定许可证贸易合同。合同签订标志着谈判结束，许可经营开始。

（5）与被许可人建立工作伙伴关系。即把许可经营看成是双方为追求共同目标而进行的非股权式合作经营，以助许可方在目标国家市场确立自己的地位。

从国际市场营销的角度看，许可证贸易是企业低成本进入市场的一种简单而迅速的方式。其优点在于：

（1）有利于进入目标国的市场。当企业希望进入外国市场而又由于输入方对进口的关税或配额限制而不能如愿时，企业通常利用许可证贸易模式；当目标国货币长期贬值时，企业可由出口进入模式转向许可证贸易模式。

（2）投资少、风险小。在典型的国际许可证贸易中，被许可人将负担用于建造海外营业设施的大部分资本，许可人不必承担用于打开外国市场所需的开发成本和风险。对于那些缺乏开发海外业务所需资本的企业而言，许可证贸易是一个非常有吸引力的选择。在出口因为运输成本太高或进口国竞争太激烈而无利可图时，也可通过许可证贸易降低成本，进入目标国市场并获得收益。另外，当企业拥有某种具有商业用途的无形资产却又不愿意自己开发这些用途的时候，许可证贸易模式也经常被使用。例如，可口可乐公司把自己著名的商标许可给了成衣生产商，后者把这个设计加到他们生产的服装上。同时，企业所许可的不是有形资产，无法剥夺，政治风险小。另外，有些产品需要做较大的适应性变化才能满足国际市场需要，许可证贸易模式可以将这种变化成本转嫁给国外被许可人，避免较高的投资和风险。

然而，许可证贸易模式同时也有许多不利的方面：

（1）企业不一定拥有外国客户感兴趣的专利技术、商标、诀窍或公司名称，因而可能无法采用此种模式。

（2）运用范围受限制。一方面，当签订的是排他性许可协定时，在许可期间输出方一般也不能再以出口或直接投资的方式进入输入方市场。另一方面，在全球市场上竞争的企业需要在不同的国家协调它的战略行动，即把在一个国家所得的利润用来支持在另一个国家的竞争行为。而许可协定却严重地限制了企业在这方面的能力，被许可人不大可能允许一家跨国企业用它的利润去支持另外一个国家的被许可人的经营活动。

（3）在许可协定下，被许可人通常各自建造自己的生产设施，这将严重地限制企业对输入方生产、营销和战略的严密控制，甚至还有可能因为权利、义务问题陷入纠纷、诉讼。

（4）与出口和直接投资相比，从许可协定中获得的收益一般较低，在许可期满后也不能再获益。

（5）通过许可协定，企业可能会迅速失去对技术的控制，并且有可能培养出有力的竞争对手。技术诀窍是许多跨国性企业竞争优势的来源，大多数企业希望控制它们的技术诀窍的使用方式。然而，当输出的是商业秘密或技术秘密时，不能排除输入方泄密的可能性。例如，美国无线电公司曾经把它的彩色电视机技术许可给包括松下公司和索尼公司在内的许多日本企业，这些日本企业迅速消化了这种技术并且对它加以改进，然后利用这项技术打进了美国市场。

为了降低许可证贸易模式带来的这种风险，企业就必须考虑是否需要和外国企业订立交叉许可协定。在交叉许可协定下，企业把它的重要的无形资产许可给外国合作伙伴，除了要求得到合作伙伴的特许权费以外，还要求外国合作伙伴把它的重要的技术诀窍转让给自己。这样的协定被认为能够减少技术许可的风险。这是因为被许可人认识到，如果它违背了许可协定的精神（使用所获得的技术与许可人展开直接竞争），那么许可人就可以以其人之道还治其人之身。交叉许可协定使得企业互相成为对方的“人质”，这样就减少了双方互相采取机会主义的可能性。在高科技产业中，这样的许可协定越来越普遍。

减少许可证贸易模式风险的另一个方法是把技术诀窍的许可协定和建立合资企业联系起来。在合资企业中，许可人和被许可人都拥有重要的股份。这种方法使许可人和被许可人的利益一致，双方都希望保证合资企业成功。由富士公司和施乐公司共同创建的极其成功的富士—施乐公司就是以这种方式组建的。施乐公司把它的复印机技术许可给富士—施乐公司，供后者为亚洲市场生产复印机。由于在合资企业中施乐公司和富士公司都拥有重要股份，因此，富士公司获得施乐公司的技术诀窍后，在全球复印机市场上与施乐直接竞争的可能性就降低了。

当前，单纯使用许可证贸易模式作为一种进入方式的情况越来越少，许可证贸易模式更多地和直接投资结合起来使用：输出方在兴办海外合资或独资子公司的同时，转让专利、商标、技术秘密等无形资产，既获得许可使用费，扩大无形资产的收益，又保持对子公司的控制权，使子公司的行为对自己更为有利，避免输入方在使用无形资产过程中的侵权行为，转移更多的利润。据统计，美国公司近些年所获得的许可使用费中有75%以上来自其海外子公司。有时许可证贸易模式也和进出口结合起来使用：输出方在输出无形资产的同时出口设备和中间产品，并从输入方进口最终产品。

2. 特许经营

特许经营是指企业（特许方）将商业制度及其他产权，如专利、商标、包装、产品配方、公司名称、技术诀窍和管理服务等无形资产许可给独立的企业或个人（被特许方）。这是一种特殊的许可协定。在该协定下，特许方向被特许方提供一套完整的品牌运营和管理系统。作为回报，被特许方将支付一定费用给特许方。如麦当劳、肯德基和安飞士等，通过特许经营，它们的零售观念逐步进入外国市场。许可证贸易一般主要为生产型企业所采用，而特许经营则主要为服务型企业（培训服务、食品、餐厅、时装、时尚标志品、超市、家居、运动用品等产品的经营企业）所采用，而且在特许经营进入方式下，特许方要给予被特许方生产和管理方面的帮助，如提供设备、帮助培训、融通资金、参与一般管理等。如麦当劳对被许可人如何经营餐馆都制定有严格的规则，这些规则涉及对菜单、烹制方法、员工政策以及餐馆的设计和选址等方面的控制。麦当劳还为它的被特许人组织供应商链条并为它们提供管理培训和财务支持。

在出口比较困难（因运输成本较高或进口限制较多）或者存在对直接投资的限制的情况下，特许经营作为一种进入方式，和许可证贸易一样具有明显的优势。在这种方式下，特许方可以免去独自打开外国市场的成本和风险，不需太多的资源支出便可快速进入外国市场并获得可观的收益，而且它对被特许方的经营具有一定的控制权。它有权检查被特许方的经营情况，如果被特许方未能达到协议标准和销售量或有损其产品形象时，特许方有权终止合同。另外，这种模式政治风险较小，且可充分发挥被特许方的积极性，因而它是广受欢迎的一种方式。

特许经营进入方式的缺点：特许方的盈利有限；特许经营有可能把被特许方培养成自己未来强劲的竞争对手。除此之外，特许经营还有一个明显的缺点就是质量控制困难。特许经营的基础在于企业的品牌向消费者传达关于这种产品质量的信息。但是问题在于，外国被特许人有可能不像特许人所期望的那样关心质量，特许方很难保证被特许方按合同所约定的质量来提供产品和服务，这使得特许方很难在各个市场上保证一致的品质形象。由于企业与它们的外国被特许人相距遥远，质量问题就不容易被特许人发现。另外，仅仅是被特许人的庞大数目（麦当劳有数万家被特许人）就足以使质量控制变得困难。

解决这个问题的办法是在企业所扩展的每个国家或地区建立子公司。这个子公司既可以是该企业的独资企业，也可以是与外国公司的合资企业。无论是独资还是合资企业，这家子公司具有在该国或该地区开展特许经营业务的权利和义务。例如，麦当劳在很多国家设立了总经营人，通常总经营人是麦当劳和当地企业的合资公司。空间上的接近加上需要监督的被特许人数量少，使质量控制的难度降低了。另外，由于子公司（或称总经营人）至少部分地为企业所有，因此，企业可以把自己的管理人员安插到子公司中，从而保证子公司对那个国家或地区被特许人的有效监督。这种组织上的安排在实践中的表现是令人满意的。这种方法还被肯德基、希尔顿国际饭店和其他许多公司所采用。

3. “交钥匙”工程

“交钥匙”工程指企业通过与东道国企业签订合同进行项目设计、建造完成某一工程项目，并将该项目交付合同方后提供诸如管理和培训、为对方经营该项目做准备等服务的方式进入东道国市场。“交钥匙”工程除项目的设计、建造外，通常还有另外部分，即承建企业负责向买方提供管理和培训、技术援助等，称为“交钥匙”附加。工程完成后，管理权即移交当地，外国客户将获得可随时完全运作的整个设施的“钥匙”，“交钥匙”工程的名字由此得来。“交钥匙”工程实际上是向其他国家出口工艺技术的一种方法，从某种意义上来说，这是一种高度专业化的出口。在化学工业、制药工业、炼油工业和冶金行业，以及某些大型公共基础设施，如医院、道路、码头等，与外国政府签订的项目建设中，“交钥匙”工程非常普遍。

“交钥匙”工程的优点在于这种模式实际上是出口货物及劳务的混合体，有利于带动出口、增加收益；同时它所签订的合同往往是大型的长期项目，利润颇丰。当东道国政府限制外国直接投资时，这种战略尤其有用。例如，许多富藏石油的国家的政府开始建设它们自己的炼油工业，为了实现这一目标，这些国家的政府限制在石油和炼油领域的外国直接投资。然而由于很多国家缺少炼油技术，它们不得不通过与拥有该技术的外国企业实施“交钥匙”

工程来获得这项技术。对于卖方企业而言，这样的交易非常有吸引力，因为如果没有这些交易，它们将无法在该国从自己有价值的技术诀窍中获得经济回报。

"交钥匙"工程方式的不足之处：

（1）从事"交钥匙"工程项目的企业在客户国家并没有长期利益。在这种情况下，当那个国家后来成为用"交钥匙"工程生产的产品的主要市场时，企业将处于不利局面。解决这一问题的办法是，企业应该在它所建造的"交钥匙"工程中拥有少数股权。

（2）为外国企业建造"交钥匙"工程的企业有可能为自己创造竞争对手。例如，许多曾经向沙特阿拉伯、科威特和其他海湾国家销售炼油技术的西欧企业现在不得不同这些由"交钥匙"工程建立起来的企业在世界石油市场上直接竞争。

（3）如果企业的工艺技术是其竞争优势的来源，那么通过"交钥匙"工程出售这种技术无异于向潜在的或者实际的竞争者转让它的竞争优势。

（4）"交钥匙"工程项目的长期性，使这类项目的不确定性因素增加，如遭遇政治风险等。对企业而言，预期外国政府的变化对项目结果的影响往往是很困难的。

4. 合同制造

合同制造进入方式是指企业向外国企业提供零部件由其组装，或向外国企业提供详细的规格标准由其仿制，企业自身保留营销责任的一种方式。为了得到符合标准要求的产品，企业一般要向当地制造厂商提供援助或转让技术。在不宜于投资、出口受到限制或成本过大的情况下，这是值得选择的一种方式。合同制造有两种主要形式，分别为 OEM 和 ODM。

OEM（Original Equipment Manufacturer）的基本含义是定牌生产合作，俗称"贴牌"。就是生产能力有限，甚至连生产线、厂房都没有的品牌生产者不直接生产产品，为了增加产量和销量，降低上新生产线的风险，甚至为了赢得市场时间，利用自己掌握的关键核心技术负责设计和开发新产品，控制销售渠道，通过合同订购的方式委托其他同类产品厂家生产，所订产品低价买断，并直接贴上自己的品牌商标。这种委托他人生产的合作方式即 OEM，承接加工任务的制造商就被称为 OEM 厂商，其生产的产品就是 OEM 产品。OEM 厂商的特征：技术在外，资本在外，市场在外，只有生产在内。

ODM（Original Design Manufacturer）的含义是原始设计制造，是指一家公司根据另一家公司的规格来设计和生产一种产品。例如，计算机公司可能会就其打算推向市场的一款笔记本电脑提出具体规格要求，具体地列明产品的外观要求，如屏幕的尺寸和技术要求、输入/输出端口、键盘的前倾度、电脑包的外形和颜色、扬声器的位置等，通常还会具体列明对产品的主要内部细节，如 CPU 或视频控制器的规格要求。但是，它并不设计图样，不具体列明电源用的交换晶体管的型号，也不对背光变流器频率加以选择，这些都是 ODM 厂商的工作。ODM 厂商根据计算机公司提出的规格要求来设计和生产笔记本电脑。

利用合同制造方式，企业投入少，能应付进口限制，减少运输成本，回避所有权问题，将生产的工作与责任转移给合同的对方，可以将精力集中在营销上，因而是一种有效的扩展国际市场的方式。

但这种方式同时存在如下缺点：一是有可能把合作伙伴培养成潜在竞争对手，一旦制造合同终止，东道国制造商可能成为国际企业在当地的竞争者；二是有可能失去对产品生产过程的控制；三是有可能因为对方的延期交货导致本企业的营销活动无法按计划进行。

5. 管理合同

这种方式是指管理公司以合同形式承担另一公司的一部分或全部管理任务，以提取管理费、一部分利润或以某一特定价格购买该公司的股票作为报酬。这种模式可以保证企业在合营企业中的经营控制权。

一方面，管理合同进入方式中的经营管理权不涉及改变或决定新的投资、所有权安排以及基本的政策等，而只局限于日常经营，企业可以利用管理技巧而不发生现金流来获取收入，还可以通过管理活动与目标市场国的企业和政府发生接触，为未来的营销活动提供机会。但这种方式具有阶段性，即一旦合同中约定的任务完成，企业就必须离开东道国，除非又有新的管理合同签订。另一方面，使用该模式收益较小、占用管理人才。从进入国际市场的角度看，管理合同不能使国际企业在国外目标市场上为自己的产品确立长期的市场位置。

9.2 影响国际市场进入模式的因素

企业在进入国际市场时有三种主要进入模式，在考虑应当采用何种进入模式的时候，企业必须熟悉各种进入模式的优缺点，加以深入考虑，从而选择合适的国际市场进入模式。除此之外，在选择进入模式时，营销策划人员还必须考虑以下层面的影响因素。

9.2.1 东道国国家因素

在选择进入东道国目标时，主要考虑东道国经济环境、东道国政治因素、东道国市场环境、文化差异、汇率等情况。

1. 东道国经济环境

东道国经济环境主要是指东道国的经济发展水平、市场的完善程度、基础设施状况、经济和物价的稳定程度等。经济发展水平的高低引起的市场结构和投资需求的不同，导致各国对外资利用规模和结构的差异，这影响到跨国公司进入该国的市场战略与产品政策。完善和开放的市场意味着跨国公司面临着较好的投资环境，企业通常会倾向于选择高控制型进入模式。良好的基础设施建设有利于跨国公司进入该国市场进行直接投资。经济和物价的稳定是保证企业生产经营活动正常进行的基本条件之一，所以跨国公司要达到预期的经济效果和利润水平，在进入一国市场时要高度重视该国的经济物价稳定程度。

2. 东道国政治因素

东道国政治因素是指在国际投资中可能给国际投资活动造成影响的东道国政府在政权、政策法律等政治环境方面的变化。政治因素可以分为国家政权、征用或国有化、战争和政策四类。东道国的土地、税收、市场、产业规划等方面具体政策的变化将影响投资者的决策。东道国市场的开放程度以及在投资区域和行业等方面实行的限制或鼓励政策也会影响投资者的收益。东道国政府在国际贸易方面制定的一些限制性进口政策将限制出口进入模式。

3. 东道国市场环境

一般而言，规模比较大的目标市场适于企业直接投资；若目标国投资竞争太激烈，企业也可采用契约进入模式或建立跨国战略联盟；而对于市场潜力小，但却具有高度不确定性需求的市场来说，企业通常会选择契约进入等低资源承诺型模式。

4. 文化差异

文化差异是指东道国与企业母国在语言、传统习惯、价值观、做事方式和市场体系等方面的差异。文化差异会影响企业进入模式选择的倾向性。文化差异的存在增加了企业的管理、组织成本及附加成本，市场进入存在着高度不确定性。因此文化差异越大，企业越倾向于采取高控制进入模式。从交易成本理论可知，文化差异增加了低控制模式下的不确定性，产生了高额的交易成本，此时最理想的选择就是通过决策的集中化及一体化的组织形式来规避交易成本及机会主义。

5. 汇率

企业在跨国经营中会遇到外汇风险即汇率风险。企业十分重视东道国的外汇和外资政策，因为这关系到资本能否自由进出，利润和其他收益能否汇回的问题。因此，企业在进入国际市场时一方面要注意对外汇风险进行预测，洞察汇率的变化趋势；另一方面要对外汇风险进行可控管理，适当运用外汇风险管理方法，如远期外汇市场套期保值、货币市场套期保值、货币互换、提前或延后支付、选择计价货币等。

9.2.2　行业因素

行业因素主要考虑企业在目标国所在行业的产业增长率或市场潜力、产业组织特征（包括产业的市场集中度和规模经济）、资产专用性、母国市场规模与竞争程度等。

1. 产业增长率

一般来说，产业增长率高表明该产业的市场规模或增长潜力大，更可能以高控制模式进入。高增长产业投资中跨国公司偏好新建企业，因为新建企业可以吸收额外生产能力。

2. 产业组织特征

研究表明产业组织特征与进入模式关联性的重点是东道国产业的市场集中度和规模经济程度。一般认为，市场集中度越高，跨国公司越倾向于选择低控制模式；市场集中度越高，高控制模式越有效，反之亦然；市场集中度非常低或者非常高时独资的可能性会很大。规模经济也影响进入模式的选择。规模经济的产业一般存在进入壁垒，相对于新建企业，规模经济的产业更可能偏好以收购或合资的模式将风险最小化。

3. 资产专用性

资产专用性是指支持交易的资产的可转移性或支持交易的专用性投资的程度。相关文献多是研究研发、广告、知识、技术、顾客等无形资产专用性进入模式的影响。根据传统的交易成本理论，资产专用性较高时，跨国公司偏好采取独资这样的高控制模式。拥有专用性资产的公司具备投资于外国市场的优势并试图建立外国子公司。跨国公司通过将自己有价值的资源转移到相对于本土竞争者来说资源匮乏的外方市场，外国子公司也从与跨国公司分享的资源中获得竞争优势。

4. 母国市场规模与竞争程度

如果国内市场规模巨大而且潜力无限，可以促使企业在国际市场上更具创新性和竞争力。如果国内市场规模受到限制，则不利于企业经营能力的提高，企业则侧重于外向发展。

20 世纪末，我国国内局部市场和传统产业部门出现饱和状态，这使得一些企业采取外贸方式进入国际市场，以此释放过量的产能。随着国内经济的发展、国内市场经济利益关系的多元化，国内市场竞争与国际市场竞争相互交织，竞争态势更为错综复杂。基于规模市场和激烈竞争，企业不断提高技术、管理技能、生产能力，增加营销经验等，此时企业则更倾向于采取直接投资进入模式。

9.2.3 企业因素

企业因素主要考虑公司规模、公司经验（分为国际经验、东道国经验和进入模式经验)、公司技术知识和资本密集度等。

1. 公司规模

跨国公司规模影响国际市场进入模式的选择。小规模企业在国际化战略中往往采取合资和联盟的形式以减少风险。大规模企业具有更多资源优势，因而偏好独资模式。因此，在其他条件相同时，公司规模越大越偏好采取高控制模式进入国际市场，反之应以合资、联盟的形式进入国际市场。

2. 公司经验

企业的国际化经营经验关系到企业进入新的国际市场的方式和方法的选择。企业往往倾向于利用过去成功的经验模式来指导和分析将来的国际化战略。因此，企业在考虑进入新市场的时候，需要慎重分析以往经验的适用性与可行性。具有一定国际经营经验、实力较强的企业往往采取以取得海外投资的高控制权以及投资的高收益为目的的进入模式，以此来发挥母公司的资金与技术优势。

3. 公司技术知识

面对激烈的竞争，企业必须拥有一些具有相对优势的技术知识。由于这些技术知识是企业赢得市场空间的关键，企业在进入外国市场时必须保持对这些资源的控制权。从出口进入、契约进入到直接投资进入模式，企业的控制程度是依次增强的。相对出口进入模式，契约进入和直接投资进入模式对技术实力和资本要求较高，在知识产权比较突出的直接投资中，采用独资的形式更易于加强母公司对自身知识产权的控制，避免先进的生产技术或管理技术泄露。

4. 资本密集度

从来源上看，企业资本可分为内部积累型和外部市场融资型。这两个方面都是企业获得资本的主要渠道。二者协调互补构成了企业资本生态位的基本框架。资本密集度反映了跨国公司进入海外市场的有形资本投入的大小。合资方提供的资金可以减少企业跨国经营的资本投入。投资方式进入往往需要投入较多的资本，增加了投资的商业和政治风险，因此出于规避风险的考虑，对于大的投资项目外国投资者将倾向以较小所有权比例模式进入。

本章小结

企业要进入国际市场，就必须考虑通过何种模式进入。不同的进入模式有不同的优点和缺点，因此，国际市场营销策划人员在考虑国际市场的进入模式时必须深入了解各种进入模式以及它们的优点和缺点，并结合各种影响企业选择国际市场进入模式的因素，选取恰当的国际市场进入模式。

案例分析

中国对外直接投资首次突破1万亿元大关

中国2016年对外直接投资实现历史性突破，投资额首次跨过万亿元大关。商务部最新公布的数据显示，2016年，中国境内投资者全年共对全球164个国家和地区的7 961家境外企业进行了非金融类直接投资，累计实现投资11 299.2亿元人民币（折合1 701.1亿美元，同比增长44.1%）。

2016年，中国对外投资和经济合作持续快速增长，三项相关数据同步迈过万亿元门槛：一是对外直接投资累计实现11 299.2亿元人民币，同比增长逾四成；二是对外承包工程全年完成营业额10 589.2亿元人民币（折合1 594.2亿美元，同比增长3.5%）；三是对外承包工程全年新签合同额16 207.9亿元人民币（折合2 440.1亿美元，同比增长16.2%）。

商务部合作司负责人指出，2016年全年中国对外投资合作呈现以下特点：

一是对外投资合作健康有序发展，与“一带一路”沿线国家合作成为亮点。2016年全年，中国企业对“一带一路”沿线国家直接投资145.3亿美元；对外承包工程新签合同额1 260.3亿美元，占同期中国对外承包工程新签合同额的51.6%；完成营业额759.7亿美元，占同期总额的47.7%。截至2016年年底，中国企业在“一带一路”沿线国家建立初具规模的合作区56家，累计投资185.5亿美元，入区企业1 082家，总产值506.9亿美元，上缴东道国税费10.7亿美元，为当地创造就业岗位17.7万个。

二是对外投资行业结构进一步优化，实体经济和新兴产业受到重点关注。2016年全年，中国企业对制造业，信息传输、软件和信息技术服务业以及科学研究和技术服务业的投资分别为310.6亿美元、203.6亿美元和49.5亿美元。其中对制造业投资占对外投资总额的比重从2015年的12.1%上升为18.3%；对信息传输、软件和信息技术服务业投资占对外投资总额的比重从2015年的4.9%上升为12.0%。

三是并购的地位和作用凸显，实施对外投资并购交易1 072亿美元，支持结构调整和转型升级的领域成为热点。2016年全年，中国企业共实施对外投资并购项目742起，实际交易金额1 072亿美元，涉及73个国家和地区的18个行业大类。其中对制造业，信息传输、软件和信息技术服务业分别实施并购项目197起和109起，占我国境外并购总数的26.6%和14.7%。一批有代表性的并购项目对推动中国相关产业转型升级、全球价值链布局起到积极作用。

四是地方企业占据对外投资主导地位，长江经济带沿线省市表现活跃。2016年全年，地方企业对外直接投资1 487.2亿美元，占同期对外直接投资总额的比重从2015年的66.7%增至87.4%。其中长江经济带沿线省市对外直接投资604.6亿美元，占全国对外直接投资总额的35.5%。上海市、浙江省和江苏省对外直接投资分别为251.3亿、131.6亿和109.4亿美元，分别列各省区市对外投资的第一、第五和第七位。

五是对外承包工程新签大项目多，带动出口作用明显。2016年全年，中国对外承包工程新签合同额在 5 000 万美元以上的项目 815 个，较上年同期增加 91 个，累计合同额 2 066.9 亿美元，占新签合同总额的 84.7%。亚吉铁路、中巴经济走廊等一批国际产能合作和基础设施互联互通项目成功实施。2016 年全年对外承包工程项下带动设备材料出口 133 亿美元。

（资料来源：http：//news.xinhuanet.com/fortune/2017－01/17/c_129449807.htm）

讨论与分析：

1. 举例说明，中国企业海外投资呈现的新特点。
2. 你认为中国企业在对外投资中要注意哪些问题？

课后习题

一、单选题

1. 直接出口和间接出口的本质区别在于（　　）。
   A. 直接出口渠道短
   B. 直接出口企业要独立完成出口管理任务
   C. 直接出口成本高
   D. 直接出口对海外营销控制程度高
2. 当一个企业试图进入像日本这一类较复杂的国家，而其本身国际市场营销经验并不丰富，其最理想的国际分销渠道是（　　）。
   A. 直接出口　　B. 间接出口　　C. 直接投资　　D. 间接投资
3. 在某国市场规模比较小时，企业宜使用（　　）方式
   A. 推销员推销　　B. 出口中间商　　C. 直接投资　　D. 间接投资
4. 与许可证贸易具有相似之处的国际市场进入模式是（　　）。
   A. 管理合同　　B. 合同制造　　C. 间接出口　　D. 特许经营
5. 属于直接出口形式的是（　　）。
   A. 与国外企业合资经营　　B. 经本国贸易公司出口
   C. 在国外市场设立销售机构　　D. 授权国外企业使用商标
6. 对于市场规模潜力大的国家应考虑采用哪种进入方式？（　　）。
   A. 间接出口　　B. 许可证贸易　　C. 直接出口　　D. 合同制造
7. 跨国公司在进入国际市场初期时，一般宜采用（　　）。
   A. 独资经营　　B. 与当地企业合资经营
   C. 股份制经营　　D. 特许经营
8. 对外直接投资可以分为独资和合资两种形式，其划分的依据是（　　）。
   A. 母公司对子公司的控制程度　　B. 投资份额
   C. 所有权　　D. 股权
9. 中间商最为关心的问题是（　　）。
   A. 产品成本　　B. 市场占有率
   C. 忠诚度和美誉度　　D. 通过购销差价取得利润

10. 许可证贸易模式的核心是（　　）。
A. 低成本的进入方式　　B. 政治风险小
C. 对国际目标市场营销战略的控制　　D. 无形资产使用权的转移

二、多选题

1. 企业选择进入国际市场时，需考虑的因素有（　　）。
A. 东道国国家因素　　B. 行业因素
C. 企业因素　　D. 本国的经济环境
E. 市场定位

2. 以下哪些属于零售商？（　　）
A. 超级市场　　B. 方便商店
C. 杂货店　　D. 批发商
E. 子公司

3. 合同制造的主要形式包括（　　）。
A. CM　　B. ODM　　C. OEM　　D. BOT
E. BT

4. 特许经营的主要特点是（　　）。
A. 低成本　　B. 低风险
C. 快速扩张　　D. 无形资产使用权的转移
E. 不发生资金的流动

5. 根据企业生产和经营活动进入国际市场的程度及企业的控制程度，国际市场进入模式通常分为（　　）。
A. 出口进入模式　　B. 进口进入模式
C. 契约进入模式　　D. 投资进入模式
E. 合作进入模式

三、名词解释

1. 特许经营
2. 独资经营
3. 合同制造
4. “交钥匙”工程
5. 合资经营

第 10 章

国际市场竞争战略

★学习目标

1. 熟悉产业结构分析模型，掌握国际市场竞争对手分析的主要内容。
2. 掌握国际市场营销的竞争战略。
3. 了解国际战略联盟的含义及类型、优势与风险，熟悉国际战略联盟的建立与管理。

经济全球化的发展使国际竞争迅速扩展至全球范围，企业从国内市场拓展到国际市场，必然面临新的国际市场营销环境和市场格局。生产与贸易的合流趋势、技术创新的发展等因素使国际竞争更加复杂，国际竞争同以往的竞争相比也呈现出新特点，进入国际市场的企业需要正确分析国际竞争环境，并针对国际竞争的特点采取相应的国际竞争战略。此外，经济全球化与经济区域化的发展使全球竞争更加激烈，高科技产业与信息产业方兴未艾，它们推动了国际市场竞争战略——国际战略联盟的产生，国际战略联盟又推动着国际市场竞争的发展。

10.1 国际市场竞争分析

10.1.1 产业结构分析模型

美国著名管理学家迈克尔·波特从产业结构分析入手研究竞争战略，指出“竞争”是企业成败的核心，决定了企业的创新、文化凝聚力、执行效率等与企业整体表现息息相关的各种活动，“竞争战略”则是要使企业在最基本的战场（产业）上找出最有利的竞争位置。因此，竞争战略的目的就在于，针对产业竞争的决定因素建立起能获利、能持久的竞争位置。基于国际竞争具有一般竞争规律的特点，他的理论同样适用于对国际竞争与国际竞争战略的研究。

产业结构深刻地影响着竞争规则的确立及公司的竞争战略。产业内部的竞争状态取决于五种基本竞争作用力，即新进入者的威胁、买方砍价实力、卖方砍价实力、替代品的威胁及产业竞争对手（如图 10-1 所示）。这些作用力汇集起来决定着该产业的最终利润潜力。最终利润潜力会随着这种合力的变化而发生根本变化。而且这些作用力随着产业不同而强度不同。在作用力强度大的产业，诸如钢铁、轮胎等，企业不可能赚取超常收益。而在那些强度相对小的行业，如油田设备及服务设施、化妆品及卫生品等，企业常常可以获取超常收益。

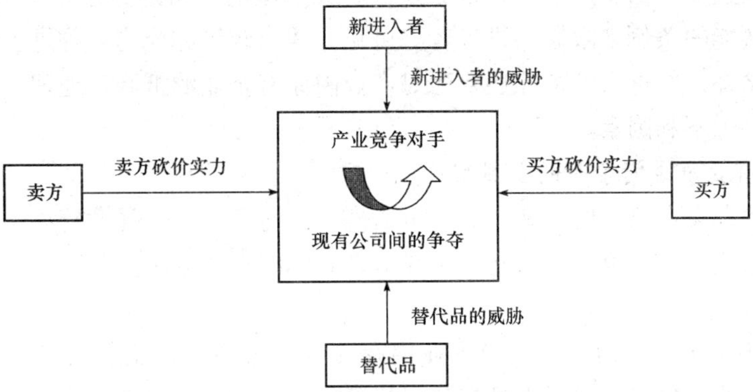

图 10-1　驱动产业竞争的力量

资料来源：[美] 迈克尔·波特. 竞争战略 [M]. 陈小悦，译. 北京：华夏出版社，2005.

1. 新进入者的威胁

除了处于迅速发展阶段的产业之外，任何新企业的进入都会对原有企业形成威胁。利用产业结构分析模型可以了解所在产业阻止新进入者进入的能力。新进入者的进入主要面临以下六种壁垒。

（1）规模经济。大规模的经济性表现为在一定时期内产品单位经济，它的存在阻碍了新企业的进入，因为新进入者需要较长时间才能建立起规模经济的要求，同时新进入者还要遭受原有企业强大阻力。

（2）资本需求。竞争需要大量的投资，从而构成了一种进入壁垒，特别是高风险或投入回报期长的行业，更是一般企业难以进入的。在国际上，像制药业、矿业、计算机、航空业及高科技产业通常都需要很高的初始资本投入量，这是新进入者面临的障碍，因而在某些国家要发展这些行业必须获得政府的支持。

（3）产品的差异化。产品的差异化意味着率先进入该产业的公司由于产品特色、顾客服务及有效的广告而获得了商标信誉及顾客忠诚的优势。产品差异形成了进入壁垒，它迫使进入者耗费大量资金来消除原有公司的顾客忠诚的优势，这导致新进入者冒着进入失败或血本无归的风险。

（4）转换成本。转换成本包括雇员重新培训成本、新的辅助设备成本、检测考核新资源所需的时间和成本，还包括要求供应方提供技术援助及产品重新设计耗费的成本等。如果这些转换成本很高，对新进入者将形成一种进入壁垒。

（5）分销渠道的获得与控制。新进入者需要确保其产品的分销，这一要求也构成进入壁垒。一般地说，理想的分销渠道已被原有公司占有，新进入者要获得分销渠道必须采取压价、协同分担广告费用等办法促使中间商接受其产品，其必然降低利润。同时，由于原有公司通过各种方式控制了分销渠道，某些公司甚至独占了分销渠道，从而对新进入者形成高壁垒。

（6）政府政策。政府的政策能够对新进入者形成壁垒。如政府限制甚至封锁对某些产业的进入，通过采用许可证或限制获取原材料的办法限制进入。明显限制进入的产业主要有汽车运输、铁路运输、信息产品、金融保险等。又如政府还可通过制定空气和水污染标准、产品安全性和效能的条例来限制新进入者。可见，政府政策亦成为一种进入壁垒。

除以上壁垒外，新进入者可能还要面对产业内原有企业的抵制、地理位置劣势和争夺原材料的成本较高等不利因素。

2. 分析现有竞争者间争夺的激烈程度

任何产业都存在竞争，但有些产业竞争激烈，有些产业竞争强度较小。同一产业在不同时期、不同国家或地区竞争强度不同。一般地说，影响产业竞争激烈程度的主要因素有以下几方面。

（1）产业内竞争对手的多寡。当产业内存在众多公司时，竞争的自由度较大，竞争的强度较小。当产业内公司较少，而且在公司规模与获取资源方面相对均衡时，它们之间的竞争较激烈。

（2）产业发展速度也会影响产业竞争强度。当某一产业处于迅速发展阶段时，公司只要保持与产业同步增长便可受益，这时产业竞争强度小些。而当产业发展缓慢时，公司之间为争夺市场份额的竞争就很激烈。

（3）在产业中生产一般产品的企业比生产专用产品的企业面临更大的竞争。因为一般产品的用户比较容易转移，从而对某些产品的需求出现较大的波动，增加了对企业经营预测的难度。

（4）高固定成本或高库存成本。当高固定成本的产业出现剩余生产能力时，必然对所有企业产生巨大压力，为了充分利用生产能力企业往往采取削价竞争行为。当某些产品很难储存或库存成本很高时，各企业为了确保销售往往通过降低价格开展竞争。

（5）高额战略利益。如果在某一产业中取得成功对公司具有很高的战略利益，在那里的竞争会更加激烈和变化多端。某些公司为了树立全球声誉或强化对其技术的信赖，或者为了扩张市场而进行激烈的争夺。

（6）退出壁垒的大小。退出壁垒包括经济、战略以及感情因素。这些因素使公司即使在收益甚微甚至为负的情况下仍然维持在该产业中的存在。当退出壁垒很高时，过剩生产能力便无法释放到该产业之外，结果造成整个产业利润率下降，从而加剧该产业内企业之间的竞争。

3. 分析买方和卖方砍价能力

买方和卖方的砍价能力决定了某一产业中企业与其客户和供应商之间谁处于主导地位。买方的竞争手段是压低价格，要求高质产品和提供更多的服务，这是以产业利润为代价的。买方砍价能力强弱取决于下列因素：

（1）相对于卖方的销售量而言，购买是否以大批量集中进行。如果买方的数量较少，买方较集中，产业中供应商数量较多，买方砍价能力就强。

（2）产业中供应商数量较多且较分散，买方砍价能力就强。

（3）买方从产业中购买的产品占其成本或购买数额的相当大一部分。在此情况下，买方会不惜为获得优惠价格耗费精力进行讨价还价。

（4）买方从产业中购买标准的或非差异的产品，这样买方可较容易选择供应商，因而买方砍价能力较强。

（5）买方采取后向整合的现实威胁。如果买方实行部分整合或存在后向整合的现实威胁，则它们在砍价中便处于迫使对方让步的有利地位。如通用汽车公司和福特汽车公司，通常以使用“自己生产”的零部件为筹码进行砍价。

（6）购买者掌握充分的信息。当买方充分了解市场需求、实际市场价格、供应商的成本等方面的信息时，就能比在信息贫乏的情况下掌握更多砍价的筹码。

卖方的砍价能力的制约因素同买方砍价能力的制约因素刚好相反，不再细述。

10. 1. 2　竞争对手分析

企业在制定国际竞争战略之前，不仅要对东道国的产业结构进行分析，还要具体深入地分析竞争对手。分析竞争对手的目的在于了解每个竞争对手可能采取的战略行为的实质和成功的希望，了解各竞争对手对其他公司的战略行为的反应，各竞争对手可能发生的产业变迁和对更广泛的环境变化可能做出的反应。对竞争对手的分析主要包括四要素：未来目标、假设、现行战略和能力（如图 10-2 所示）。

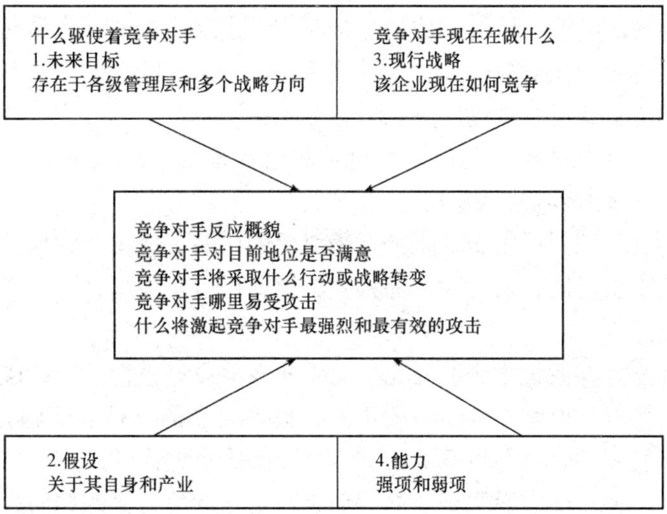

图 10-2　竞争对手分析的内容

资料来源：［美］迈克尔·波特. 竞争战略［M］. 陈小悦，译. 北京：华夏出版社，2005.

1. 国际竞争对手未来目标分析

考察竞争对手的目标是非常重要的，对其目标的了解可以预测每个竞争对手对其目前在国际市场中的地位和财务状况是否满意，它会不会改变竞争战略，它对外部环境及其他公司的战略做何反应及其反应力。竞争者的目标不尽相同，因而对外部环境变化及其他公司战略的反应会十分不同。对竞争者未来目标的考察主要包括对其市场地位、技术地位和社会表现的综合考察，包括对多级管理层，如公司级的、业务单位级的、个别职能部门及主要经理的目标的考察。要特别提出的是，人们关心最多的是竞争对手的财务目标，这里着重就财务目标的核心，即成本进行分析。对竞争对手的成本分析包括以下三个步骤。

（1）找出对成本影响较大的因素。企业经营过程中有些因素对成本的影响较大，其他一些因素对成本的影响相对要小一些。由于这些对成本影响较大的因素将决定企业的长期竞争地位，因此企业只要用它们与竞争对手进行成本分析比较，就可以起到事半功倍的作用。一般来讲，对成本影响较大的因素有产品设计、要素成本、劳动生产率、销售数量、企业的生产能力等。了解企业与竞争对手在这些因素上的差距，企业就可以有针对性地确定竞争战略。

（2）消除成本平均化的作用。企业在计算成本时一般是按产品品种计算的，而实际上产品在不同地区出售给不同的用户，因而忽视了地区、用户上的差别，也就是忽略了影响成本变动的因素。因此，在对竞争对手进行成本分析时，有必要消除成本平均化的作用。通过以下方法基本上可以重现成本的差别。

①分别按用户群计算产品成本。即如果企业的产品同时出售给批发商、零售商和用户，企业就应该分别计算出这三种不同对象的产品成本。

②分别按市场区域计算产品成本。即区分企业在不同市场区域出售产品需提供的不同服务内容及相应的价格，以便计算出同一产品在不同市场区域包括服务费用在内的单位成本。

③消除那些不稳定市场区域对成本的影响。处于特殊发展阶段的市场区域不能真实地反映企业产品的实际成本情况，因此在成本分析时应予剔除。例如，产品在某些发展特别迅速的市场上出售，成本肯定相对较低，如果不剔除这部分市场的影响，无疑会使企业的总体成本水平降低，从而掩盖实际存在的问题。

（3）模拟竞争对手的成本。模拟竞争对手的成本是要发现竞争对手的成本优势究竟在哪些地方。可以从四个方面进行模拟：

①模拟产品种类。即假设本企业生产竞争对手的产品，成本会如何。产品的不同，对技术和生产工艺的要求也不同，通过对产品种类的模拟可以发现本企业与竞争对手之间在技术和生产工艺方面的差别。

②模拟生产地点。即假设本企业在竞争对手所在地设厂进行生产，成本会如何。生产地点不同，企业获得各投入要素的地点也就不同，投入要素的价格和运输费用都会发生变化，因此这一模拟可以发现本企业与竞争对手在生产要素成本方面的差别。

③模拟劳动生产率。即假设本企业的劳动生产率与竞争对手的相同，成本会如何。劳动生产率的不同直接影响产品的单位成本和企业资源的使用效率，因此通过对过去生产率的模拟可以发现本企业与竞争对手的过去生产率的成本差别。

④模拟生产规模。即假设本企业的生产规模与竞争对手相同，成本会有哪些变化。在产业竞争分析中已经分析了生产规模对企业竞争力的影响，这个影响也主要反映在产品的单位成本上。通过生产规模模拟，企业可以发现自己与竞争对手在生产规模上的差别及规模差别

对竞争优势的影响。

2. 识别每个竞争对手的假设

竞争对手的假设一般有两种：一是竞争对手对自己的假设；二是竞争对手对产业及产业中其他公司的假设。

（1）竞争对手对自己的假设。每个公司都对自己的情形进行假设，如有的公司将自己视为知名公司、产业领袖、低成本生产者、具有最优秀销售实力者等。对公司情形的这些定位必然影响其行为方式及对事物的反应方式。竞争对手对本公司情形的假设可能正确，也可能错误，不正确的假设将为其他公司提供有利的契机。例如，某竞争对手相信其产品拥有最高的顾客忠诚度，当市场竞争激烈时拒绝降价，因为它深信自己的行为不会影响市场占有率，这些不正确的假设可以被其他公司利用。

（2）竞争对手对产业及产业中其他公司的假设。竞争对手对产业及产业中其他公司也有一定的假设，这种假设可能正确，也可能不正确，如对竞争对手的实力、资源和技术进行过高或过低的估计，这都会影响公司制定正确的竞争战略。

3. 了解竞争对手的现行战略

企业必须列出竞争对手的现行战略，而在每个产业中，参加竞争的每个公司都有其显式或隐式的竞争战略，或是有计划地以显式提出，或可能通过公司各职能部门的活动以隐式演进。一般地说，显式的战略能产生显著的效益，它能够使职能部门的政策与共同目标相协调。企业了解竞争对手的现行战略，可以有针对性地采取最佳的竞争对策。

4. 对竞争对手的能力进行评估

竞争对手能力的强弱将决定其发起或反击战略行为的能力，以及处理所处环境或产业中事件的能力。对竞争对手能力强弱的评估可从以下两个方面进行。

（1）通过对产业结构分析中的五种关键竞争作用力的分析对竞争对手的地位进行考察。

（2）可对竞争对手在每个关键业务领域中的强项和弱项进行综合分析和评估。诸如对竞争对手的产品、代理商/分销渠道、营销与销售、经营、研究与开发能力、总成本、财务实力、组织机构与管理能力等方面进行评估。

公司对竞争对手的未来目标、假设、现行战略以及能力进行评估后，便可以了解竞争对手的反应战略，如采取攻击战略还是防御战略等，公司则可有针对性地制定竞争战略。

10.2　国际市场竞争战略

10.2.1　波特的一般经营竞争战略

美国著名管理学家迈克尔·波特提出了三种一般经营的竞争战略，它们同样适用于国际市场竞争。

1. 低成本战略

低成本战略是指通过有效的途径，使总成本降低，以建立一种不败的竞争优势。这种战略要求企业努力取得规模经济，严格控制生产成本和间接费用，以使企业的产品总成本降低到最低水平。处于低成本地位的战略经营单位能够防御竞争对手的进攻，因为较低的成本可使其通过削价与对手进行激烈竞争，仍然能够获得盈利，从而在市场竞争中站稳脚跟。例如，我国出口的玩具产品，企业就利用了该产品的劳动力密集型特点，发挥我国廉价劳动力的优势，以低成本占领了美国市场绝对多数的份额。

企业及其所属事业部可以通过各种方式实施低成本战略。常见的低成本战略形式有简化产品、改进设计、节约原材料、降低工资费用、实行生产革新和自动化、降低管理费用等。

低成本战略是一种重要的竞争战略，但是，它也有一定的适用范围。当具备下列条件时，采用低成本战略会更有效力。

（1）市场需求具有价格弹性。

（2）所处行业的企业都生产标准化产品，从而使价格竞争决定企业的市场地位。

（3）实现产品差异化的途径很少。

（4）多数客户以相同的方式使用产品。

（5）用户购物从一个销售商转到另一个销售商时，不会发生转换成本，因而特别倾向于购买价格最优惠的产品。

采用低成本战略也会带来一定的风险。例如，技术变革和技术进步会使以往的投资和效率变得无效；竞争对手通过模仿或向高技术装备进行投资，也可以做到低成本；只注意到生产成本的降低，而忽略服务、技术开发、市场营销等方面的成本，以及忽略产品或市场的变化等。因此，运用低成本战略，一定要考虑技术革新和技术进步的影响，注意竞争对手的战略反应和产品、市场的变化。

2. 差异化战略

所谓差异化战略，是指为使企业产品、服务、企业形象等与竞争对手有明显的区别，以获得竞争优势而采取的战略。这种战略的重点是创造被全行业和顾客都视为独特的产品和服务。实施差异化战略的方法多种多样，如产品差异化、服务差异化和形象差异化等。实现差异化战略，可以培养用户对品牌的忠诚。因此，差异化战略是使企业获得高于同行业平均水平利润的一种有效的竞争战略。

（1）差异化战略的形式与内容。其包括产品质量的差异化战略、产品创新的差异化战略、产品特性的差异化战略、产品名称的差异化战略、服务的差异化战略、形象的差异化战略。不同的事业部和不同的产品，可以同时采用两种或两种以上的差异化战略，但必须注意要对市场进行细分，根据不同的细分市场选用不同的差异化战略。

（2）差异化战略的适用条件。差异化战略适用于下列情况：有多种使产品或服务差异化的途径，而且这些差异化被某些用户认为是有价值的；用户对产品的使用和需求是不同的；实行差异化战略的竞争对手不多。

（3）差异化战略面临的风险：

①可能会丧失部分客户。如果采用低成本战略的竞争对手压低产品价格，使其与实行差异化战略的厂家的产品价格差距拉得很大，在这种情况下，用户为了大量节省费用，只得放弃取得差异的厂家所拥有的产品特征、服务或形象，转而选择物美价廉的产品。

②用户所需的产品差异的因素作用下降。当用户变得越来越成熟，对产品的特征和差别体会不明显时，就可能发生忽略差异的情况。

③大量的模仿缩小了感觉得到的差异。特别是当产品发展到成熟期时，拥有技术实力的厂家很容易通过逼真的模仿，减少产品之间的差异。

3. 重点集中战略

重点集中战略是指企业或事业部将经营重点集中在市场或产品的某一部分。这种战略的重点是瞄准某个特定用户群体、某部分产品线或某个细分市场。由于企业资源有一定限度，很难在其产品市场展开全面的竞争，因而需要瞄准重点，以期产生有效的市场力量。此外，一个企业或事业部所具备的竞争优势，也只能在产品市场的一定范围内发挥作用。因此，采用重点集中战略，能够使企业或事业部专心地为较窄的战略目标提供更好的服务，充分发挥自己的优势，取得比竞争对手更高的效率和效益。

（1）重点集中战略的形式与内容。重点集中战略一般有两种形式：一种是成本重点集中；另一种是差异的重点集中。重点集中战略的内容主要包括：产品线重点集中战略、用户重点集中战略、地区重点集中战略及低占有率重点集中战略。

①产品线重点集中战略。对于产品开发和工艺装备成本偏高的产业，如汽车工业和飞机制造业，通常以产品线的某一部分作为经营重点。

②用户重点集中战略。这是指将经营重点放在不同需求的顾客群上。有的厂商以市场中高收入顾客为重点，产品集中供应那些关注质量，而不计较价格的顾客。如手表业中的劳力士，体育用品业中的阿迪达斯、耐克等产品，都以产品高质高价为基础，对准高收入、高消费的顾客群。此外，有的经销商专以用量庞大的顾客为重点，通过这种集中求得规模经济；有的服装零售点只为满足特体身材顾客的需要而销售特大号服装。这些都是用户重点集中战略的范例。

③地区重点集中战略。这是指某一种产品能够按照特定地区的需要实行重点集中，以获得竞争优势。例如，原天津自行车二厂生产加重自行车，该产品集中对准西亚市场，从设计、耐用性、质量、价格各方面都以该地区特点为依据，在西亚市场十分畅销，被当地人称为“不吃草的小毛驴”。此外，在经营地区有限的情况下，建立地区重点集中战略，也易于取得成本优势。如砖瓦、水泥、板材等建材企业，由于运输成本很高，将经营范围集中在一定地区之内是十分有利的。

④低占有率集中战略。市场占有率低的事业部，通常被公司总部视为“瘦狗”事业部，对这种事业部，或采用放弃战略，或进行彻底的整顿，以提高市场占有率。然而，市场占有率低的事业部，如善于运用重点集中战略，有时也能获得较大的成功。美国哈佛大学教授哈默米什等人对市场占有率低、经营业绩好的美国公司进行了分析研究，结果发现市场占有率低的企业经营成功，主要依靠将经营重点集中在较窄的领域，其特点：一是低市场占有率公司的经营竞争局限于少数细分市场，而且对细分市场的选定十分谨慎。选定的细分市场，多为能发挥公司巨大优势而实力强的竞争对手无能为力的市场。例如，皇冠制罐公司十个规模很小、名不见经传的小型包装容器生产厂商，以金属罐细分市场为重点，专门生产供啤酒、饮料和喷雾罐厂商使用的金属罐。虽然市场占有率低，但公司经营非常成功，令销售额达数十亿美元的美国制罐公司刮目相看。二是低市场占有率公司研究开发效率较高。低市场占有率公司研究开发预算费用少，但能最有效地运用。它们将研究开发目标主要集中在降低成本、满足用户需求方面。虽然没有重大技术突破，但对降低成本、增加销售额颇见实效。三

是低市场占有率公司通常不从事多角化经营，而是立足本行，注重在基本的事业或产品领域进行经营。由此可见，市场占有率低的中小企业或事业部，如果充分发挥自己的优势，将经营重点对准特定的细分市场，有重点地进行研究开发，也能建立不败的竞争优势。

（2）重点集中战略的适用条件及其风险。具备下列四种条件，采用重点集中战略是适宜的。一是具有完全不同的用户群，这些用户或有不同的需求，或以不同的方式使用产品；二是在相同的目标细分市场中，竞争对手不打算实行重点集中战略；三是企业的资源不允许追求广泛的细分市场；四是行业中各细分部门在规模、成长率、获利能力等方面存在很大差异，致使某些细分部门比其他部门更有吸引力。

重点集中战略也包含一些风险，如众多的竞争者可能找到更有效的方式，在服务狭窄的目标市场方面超过实施重点集中战略的企业；用户的需求和偏好从重点集中企业的特定产品转移到一般产品上等。这些都会导致重点集中战略丧失效力。

除以上三种一般性竞争战略外，大规模定制战略在近年来逐渐流行，这种战略是产品差异战略与低成本战略的结合，即企业根据消费者的定制要求，大规模生产原材料或成品的各部分零件并按照消费者的需求组装，向消费者提供能满足其个性需求的产品。大规模定制战略体现了营销的4C理论，兼顾了产品差异化和低成本的好处，同时也避开了两者的缺点。当然，这种战略实施之前，要对消费者需求做相关采集和调研，也要求生产流程具有一定的柔性。

10.2.2　企业对竞争战略的选择

企业采用何种市场竞争战略，取决于两方面的因素，即企业所处的产业竞争环境和这种环境下企业的地位和状况。产业竞争环境和企业状况不同，选择的战略也不同。

1. 处于产业领先地位的企业的竞争战略

处于产业领先地位的企业一般拥有很强的竞争能力，这些企业面临的主要竞争战略问题不仅是保持已有的领先地位和经营业绩，更主要的是保持在产业中的竞争地位。为此，处于产业领先地位的企业可采用两种不同的竞争战略。

（1）持续进攻战略。这种战略建立在“最好的防御是有效的进攻”原则基础上，关键的任务是不断创新，使竞争对手无力应付。例如，在欧洲市场上有上千种不同牌子的葡萄酒，在如此众多的品牌竞争态势下，法国葡萄酒要保持在欧洲市场的领先地位，必须在产品设计、名称、生产技术、顾客服务、销售渠道等某一个或几个方面创造独特性或相对优势。

（2）固守战略。固守战略的实质是进行有效的防御，抵御产业竞争对手的侵入和扩大地盘，目的在于通过防御体系保护自己的市场领先地位，维持产业领先的竞争优势。具体如增加广告费用，完善用户服务体系，利用生产能力，建立阻止竞争者进入屏障；扩大产品系列，开发更多品牌的产品，不给竞争者可乘之机，或者与竞争者可能打进的产品相抗衡；保持价格合理，质量具有吸引力；对中间商施加压力，令其不销售竞争对手的产品。

2. 处于新兴产业的企业竞争战略

随着技术和市场的发展，一些新兴产业不断产生和发展。处于新兴产业的企业通常面临两个关键问题：一是如何获得支持企业快速成长的资源条件；二是在市场竞争激烈的条件下，企业准备进入哪个细分市场。为了解决这两个问题，可以采取下列方针：

（1）主动承担风险。敢冒风险的企业可以首创竞争规则，获得先发制人的优势，占据产业领先地位。

（2）努力提高产品质量，开发有吸引力的产品特性和功能。

（3）抓住机会增加产品种类，改变产品款式，尽早开发技术，保证原材料供应，运用经验曲线和新的分销渠道。

（4）寻找新的顾客群，进入新地区，满足消费者的新需求。

（5）将广告重点逐渐从培养产品知名度转到增加产品使用频率和创名牌、培养用户忠诚上来。

（6）对新技术做出快捷反应，并力图成为“主导技术设计”的先锋。

（7）利用降价吸引对价格敏感的消费者进入市场。

3. 向成熟产业过渡的企业竞争战略

当某个产业向成熟期过渡时，产业竞争环境会发生根本变化。例如，消费者需求增长缓慢造成对市场份额的竞争；顾客变得更加老练，要求降低价格，提高服务质量；产业利润下降；产业竞争加剧，一些公司退出产业或被兼并。这些特点要求企业重新检查经营战略，实现战略转移。具体内容包括以下五个方面：

（1）减少产品线。产业处于成熟时期，市场竞争激烈，企业可以集中精力生产利润较高的产品，形成产品竞争优势。

（2）注重降低成本。降低成本的途径很多，如要求供应商给予更优惠的价格，转用低价格的零部件，采用更经济的产品设计，强调生产及销售效率，削减管理费用等。

（3）注重工艺创新。市场成熟会加剧价格竞争，这就要求企业更加注重技术创新及工艺创新，以提高竞争优势。

（4）增加对现有顾客的销售。在成熟的市场中，增加对现有客户的销售，可以利用拓宽服务的方式，包括从初级产品到辅助产品的服务，增加售前和售后的服务。

（5）实行国际化经营。随着国内市场的成熟，企业可以开拓国际市场。

4. 处于衰退产业的企业竞争战略

在衰退产业中，企业除了采取收获战略、清偿战略外，还可以考虑采取以下三种途径，获得战略优势。

（1）通过确定、创造和拓展产业中成长的细分市场，推行重点集中战略。在衰退产业，仍有某些细分市场快速成长。企业可以将经营中心集中在最有吸引力的细分市场上，挖掘、利用市场机会，为目标市场提供独特的产品和服务，改善销售和利润停滞的状况。

（2）重视提高质量和实行产品创新。强化产品质量和实行创新，吸引客户，促进市场需求复苏，有利于企业建立独特的竞争优势。

（3）不断提高生产和销售效率。如通过实现专业化和自动化改进生产加工工艺；压缩利用率低的生产设施；增加分销渠道，保证产品快产快销；关闭费用高、销量低的分销点。

5. 危机企业的扭亏为盈战略

当企业因经营不善陷入危机发生亏损时，可以采用扭亏为盈战略。扭亏的首要任务是分析亏损的原因。造成企业亏损的原因可能是定价过低；或生产能力利用不足，固定成本负担过重；或是对新产品的研究开发欠缺，未能提出有效的革新方案；或是战略的更换过于频繁，收效不大；或是主要竞争对手的竞争优势造成的巨大压力等。为了成功地实现扭亏为盈，企业可以采用以下具体的战略。

（1）改进现有战略。企业亏损是由于战略不佳所造成时，重新评估原有战略，并考虑采取下列替代战略方案：采取新的竞争战略，重新建立公司的市场地位；对公司内部经营活动及职能战略进行彻底检查，使之为企业总成本战略提供支持；与产业中实力强的公司进行合并，追随其基本战略；集中力量生产拳头产品，发挥公司的优势。

（2）收入增加战略。这种战略的目的是促进销售收入的增长，以达到或超过损益平衡点。为提高销售量，可以采取降低价格、增加促销活动、扩大销售队伍、完善用户服务、迅速改进产品等措施。如果市场需求对价格变化无弹性，也可以采用提价的方法代替降低价格的方法，以增加销售收入。

（3）成本降低战略。当亏损企业的成本结构富有弹性，亏损的原因又主要是由于成本过高时，成本降低战略能产生良好的效果。降低成本的方式包括强化预算和成本控制，辞退不必要的员工，加速工厂现代化，推迟固定资产投资等。

10.3　国际战略联盟

10.3.1　国际战略联盟的含义

国际战略联盟，又称跨国战略联盟或战略经营同盟，是国际市场竞争的新战略。一般认为，两个以上的企业为了实现优势互补、提高竞争力及扩大国际市场的共同目标而制定的双边或多边长期或短期的合作协议的竞争战略为国际战略联盟。战略伙伴必须坚持平等互惠、共享利益、共担风险的原则。

10.3.2　国际战略联盟的类型

国际战略联盟有多种分类方法，下面介绍常见的几种。

1. 按照联盟各方所从事工作的性质分类

按照联盟各方所从事工作的性质，可以分为水平战略联盟、垂直战略联盟和混合联盟。

（1）水平战略联盟的双方可能是同一市场上的合作企业或潜在竞争者，此类联盟通常重视研究与开发，降低或共担风险，加速新技术的扩散，减少进入市场的障碍，甚至在某些情况下进入对方的市场范围，提高产品竞争力，改进质量，以便更为迅速地适应消费者需求。

（2）垂直战略联盟是由生产、分配过程中处于不同阶段的经营公司所建立的。通过这种联盟进行合作能够减少或防止非对称信息的不利影响，有助于实施产业政策，能够消除供应的不确定性，减少产品价格的市场波动造成的损失。

（3）混合联盟是水平战略联盟与垂直战略联盟动因的混合物，为实现既定协议的有关目标而进行合作。

2. 按照联盟成员之间的依赖程度分类

按照联盟成员之间的依赖程度，可以分为非正式的国际战略联盟、正式的国际战略联盟和股权式战略联盟。

（1）非正式的国际战略联盟是指来自两个或两个以上国家的公司之间不具有法律约束力的协议。

（2）正式的国际战略联盟是来自两个或两个以上国家的公司之间具有法律约束力的协议。

（3）股权式战略联盟是各成员企业作为股东共同创立的联盟，并拥有独立的资产、人事和管理权限。

10.3.3 国际战略联盟的优势与风险

1. 建立国际战略联盟的优势

（1）突破进入壁垒，打入新的市场。例如，20世纪80年代中期，摩托罗拉公司在进入日本移动电话市场时面临各种正式的和非正式的贸易壁垒。为有效克服壁垒，1987年，它与东芝公司结成战略联盟，共同生产微处理器。作为回报，东芝公司为摩托罗拉提供营销方面的帮助，包括向它提供最好的管理人员。摩托罗拉因此从日本政府那里获得了进入日本市场的许可，并且还为本公司的移动通信系统获得了必要的无线电频率，进入日本移动电话市场。

（2）分摊成本，共担风险。战略联盟使企业能够分摊新产品和新工艺开发的固定成本并分担风险。例如，摩托罗拉与东芝结盟的原因之一是为了分摊建造微处理器生产设施的高额固定成本。微处理器制造业是资本高度密集型行业，摩托罗拉与东芝分别投资近10亿美元，几乎没有任何企业可以独自承受这样高的成本与风险。

（3）优势互补，提高竞争能力。企业各有所长，有的具有资金优势，有的则具有技术优势或市场优势。一家企业有时难以独立开发某项技术或某一业务，如果结盟，有利于形成综合优势，提高竞争能力。例如1990年美国电报电话公司（AT & T）和日本电器公司（NEC）协议互换各自的技术，美国电报电话公司为日本电器公司提供计算机辅助设计技术，而日本电器公司则允许美国电报电话公司获得其高级计算机逻辑芯片技术。

（4）有利于企业取得行业领导地位。例如，1992年飞利浦公司和松下公司结成联盟共同生产和营销由飞利浦公司开发的数字唱盘系统。飞利浦公司的用意是通过与松下公司结盟，共同在家用电器领域和录音设备领域建立新的技术标准，因为这时索尼公司开发了一种与其数字唱盘技术相似的技术并获得成功。大公司与大公司联盟，通常希望以此取得行业领导地位。

（5）创造规模经济。小企业不能实现规模经济，通过联盟可扩大规模，产生“1 +1 >2”的协同效应，降低成本，提高效率。

2. 建立国际战略联盟的风险

尽管组建战略联盟可以给企业带来明显的优势，但战略联盟也存在失败的风险。战略联盟常见的风险包括以下几点。

（1）可使企业的竞争者以低成本获得技术和市场。如日本在机床和半导体工业中的成功主要就是通过与美国企业建立战略联盟而获取的。这使得拥有优势的一方逐渐在全球市场上丧失竞争能力，如果企业不够小心，那么它所失去的将多于所得到的。

（2）协作冲突难以避免，合作前景难以预料。战略联盟内在的不稳定性，给管理带来重大挑战。合作伙伴可能无法沟通，相互间可能在如何管理企业上存在分歧，甚至赢利的联盟也有可能因冲突而最终破裂。

10.3.4 国际战略联盟的建立与管理

1. 如何建立有效的战略联盟

由于战略联盟组织上的不稳定性以及管理上的复杂性，一般来说，其成功率只有五成左右。不过需要指出的是，战略联盟完善的企业业绩远胜于未联盟的企业。如何建立有效的适合企业特色的战略联盟，是企业在实施战略联盟时的思考重点。

（1）要选择好合作伙伴。这是建立战略联盟的关键因素。选择的合作伙伴必须能够有助于企业实现其战略目标，并且双方结盟的动机一致。

（2）建立战略联盟必须遵守三条原则：一是对企业熟悉的核心事业，采用并购策略，成功率较高；对非熟悉的业务则采取战略联盟。二是进入新市场宜采用战略联盟。三是战略联盟的作用在于弥补不足，因此要寻求彼此在开发、制造、营销渠道上的互补性或者分担经营成本；并购则适用于扩展既有事业的规模。

（3）制定明确的目标，制定一致性的战略联盟规划，并在此基础上选择合适的联盟对象。研究表明，双方均为优等业绩的企业，或一方优等、一方中上的企业组成的联盟成功率较高。因此合作对象应选择门当户对且业务范围具有互补性的企业。同时，要在企业内部创造“易于合作”的文化。事实上，战略联盟中最难调整与改变的是企业文化冲突，因此，选择的合作伙伴的企业文化应当是能相互兼容及相互契合的。

（4）选择战略联盟的方式。战略联盟可采取供应或购买协定、市场或销售协定、提供技术服务协定、管理合同、专有技术、设计或专利许可证、特许经营、合资企业等方式。无论何种方式，都必须根据企业的实力来选择。双方共建的联盟机构必须强有力且独立，并确保双方的利益不遭受侵蚀。

战略联盟成功与否，在于合作伙伴之间能否实现协同和能否建立可持续的竞争优势。成功的联盟是基于信任、承诺、互相学习、灵活性结合起来的更有力量的团体。我国企业在进军国际市场的过程中，应当顺应经济全球化的发展潮流，以全新的、开放的观点制定适合企业的国际市场竞争战略。首先，在国内组建大集团、大公司，以资本为纽带，通过市场实现跨地区、跨所有制和跨国经营的具有竞争实力的大企业集团；其次，进一步发展国际合作，建立跨国企业战略联盟。

2. 对国际战略联盟的管理

要使战略联盟成功运行，必须对战略联盟实施最有效的管理。战略联盟管理是一个非常复杂的问题，涉及很多因素，涉及不同的法律和商业习惯，还涉及不同的企业文化和社会心态等。要管理好战略联盟，必须做到以下几点。

（1）建立有效的战略联盟管理系统。即在学习和参考外界战略联盟的结盟技巧与管理方式，以及其成功结盟的经验基础上，结合自己结盟的特点，建立自己的运作系统；另外，还要建立系统运作的准则，新的管理系统必须具备广泛、健全的信息反馈网络，能有效地保护联盟各方的技术资产。

（2）建立适合战略联盟的组织机构。建立专司战略联盟管理的机构或类似的权责机构，它们负责有效地建立战略联盟，并将管理系统扩散到整个战略联盟，新的机构必须对市场总需求和竞争条件的变化做出迅速而灵活的反应。事实证明，能否建立适应战略联盟的组织机构，对企业的成效有重大的影响。

（3）善于协调合作各方文化及立法的差异。不同的战略伙伴具有不同的文化背景和立法背景，双方企业文化及立法的差异和矛盾如果处理不当，将成为阻碍合作的重要因素，因此，必须进行双方文化的磨合并彼此尊重对方的核心文化，以及协调双方面临的立法差异的矛盾。

（4）建立战略联盟内部传播与学习系统。建立战略联盟内部传播与学习系统，使战略联盟的能力深植于组织内部。为此，要利用公司网站、期刊、研讨会及相关资料来使广大员工掌握战略联盟准则及外界合作联盟的资讯。联盟各方应以求得在产品开发、生产和营销等领域各方贡献的基本平衡为目标，树立相互学习、相互依存的理念。此外，还要加强员工的训练，加强员工间的联系，提高广大员工的素质，使广大员工积极主动关心及参与战略联盟的建设与发展。

（5）发展多方位的联盟合作关系。多边联盟的形式能最大限度地减少任意两方联盟解体带来的危机，能比单一联盟更广泛地、更好地运用多国企业的综合优势，从而优化技术水平，开拓国际市场。

本章小结

经济全球化使国际市场竞争更加广泛、复杂和激烈。国际市场竞争既具有一般竞争的特点，又具有自身的特点。迈克尔·波特从分析产业结构着手研究竞争战略，他的理论适用于对国际竞争与国际战略的研究。产业内部的竞争状态取决于五种基本竞争作用力，即新进入者的威胁、买方和卖方砍价能力、替代品的威胁、产业竞争对手的竞争。这些作用力决定着该产业的最终利润潜量，从而影响产业竞争程度。对国际竞争对手的分析，主要分析其未来目标、对本身及产业情形的假设、现行战略和评估其能力。国际市场竞争战略可分为低成本战略、差异化战略、重点集中战略，处于不同产业发展阶段及不同市场地位的企业应选择不同的竞争战略。国际战略联盟成为国际市场竞争的新战略，国际战略联盟使加盟企业实现优势互补、共担风险。谨慎地选择合作伙伴以及有效地管理战略联盟，是战略联盟建立与发展的关键。

案例分析

春秋航空 9 元飞机票引发的新闻事件

据 2013 年 11 月 1 日《中国消费者报》报道，2013 年 10 月 27 日，河北省首条省内低成本航线石家庄——唐山航线正式通航。据悉，这一由春秋航空公司执飞的航班全程不到 1 小时，而最低票面价只有 9 元钱（不含机场建设费和燃油附加费）。“白菜价”的机票能让消费者得到真实惠吗？这种超低价格是市场竞争的必然产物吗？

9 元机票秒杀眼球

10 月 29 日，记者以普通消费者身份致电河北机场 96360 热线，春秋航空公司接线员告诉记者，执飞该航线的机型是空客 A320，全机 180 座，可随时接受预订，含税（指机场建设费和燃油附加费、保险费）票价 149 元。每天往返共两班，早晨 7 点 40 分出发，8 点 35 分到唐山三女河机场。不过，9 元票价只能在春秋航空的官网上在线购买，不接受其他购买方式。

10 月 30 日，记者登录春秋航空官网预订次日的机票，发现从 10 月 31 日至 11 月 7 日，均有 9 元机票，但只能选择 P 舱位，同时提示该机票为不得退改签的超低价限量机票。

记者了解到，除 9 元机票舱位外，该航班同时还有 140 元、270 元、330 元等多个价位，该航线的全价票价是 620 元。

与接线员所说的足额供应不同，媒体报道称 9 元机票每班次仅有 10% 的供应量。而春秋航空河北分公司总经理胡庭宝接受本报记者采访时则称，必须保证其他价位机票售出 50% 以上，才有 9 元机票。“9 元票价其实是一种综合考量，强调的是整体收益，看中的是未来市场。”胡庭宝称，虽然春秋航空最低票价仅有 9 元，但由于飞机上座率高，几乎都是满载，同时还有当地政府和机场提供的补偿条件，综合算下来，航空公司的亏空并不是不能承受。另外，虽然从单个项目看可能会赔钱，但可以用其他方面进行弥补，如通过多程联运的方式增加从石家庄机场中转航线的运输量、促进春秋旅游产品开发等。记者发现，除了票价便宜，时间成了这一航线的最大优势。据介绍，该航线全程飞行时间为 50 ~ 55 分钟，石家庄和唐山的机场距离市区均为 20 千米左右，以单程半小时计算，加上安检及候机 1 小时，乘坐飞机的全程时间约为 3 小时。而从石家庄到唐山的 18 趟火车中，运行时间最长的约 10 个半小时，仅有的 1 趟动车全程 3 小时 39 分钟，二等座售价 128.5 元。

可持续性惹怀疑

据介绍，航线开通首日，石家庄飞唐山线上座率达七成，唐山飞石家庄线上座率达 100%。乘客主要为商务旅客、旅游以及石家庄机场中转的旅客。

唐山一家房地产公司的职员李先生说，因为业务需要经常往返于石家庄、唐山之间，但自己开车单程就需要 6 小时，遇到堵车就更没准儿了，同时还要支出 165 元路桥费、500 多元汽油费。现在这种廉价机票天天有，一次能省下 600 元。“最担心的是，这么便宜的票价，不知能坚持多久?”李先生说。和李先生一样，记者发现，不少消费者与业界人士也对 9 元票价的可持续性表示怀疑。一时间，9 元钱票价到底是违反市场规律的搅局之举、是赔本赚吆喝的“秀”，还是充分竞争态势下整合营销的创新？众议纷纷。

北京律协航空法学会常务副会长兼秘书长张起淮认为，春秋航空的廉价航空策略做得一直比较好，堪称业内典范。但 9 元钱的低价票很可能会带来两个方面的问题：一是片面强调、宣传 9 元低价，其实是追求广告效应的噱头。作为一种经营手段，其规范性值得商榷；二是这种严重低于成本的价格是不正常的，按常理也是不可持续的，因此它给市场带来的影响是负面的，而不是正面的。这种压低价格抢占市场的行为采取的是非常规的手段，无论是否具备主观上的故意，一旦这种优惠不能持续，消费者就会有失落感，甚至产生经营者不讲诚信、不负责任的感觉。

市场竞争的产物

中国民航大学经管学院教授李晓津认为，就航空运输而言，只要飞机一起飞成本就会发生。在大部分机票已经售出、成本基本持平的情况下，多一个旅客少一个旅客，其实没有关系，这是低价航空的核心特征。以春秋航空的 320 机型为例，满客情况下大约用油 5 吨，成本 3 万余元。按照上述原则，每张全价票的基本成本应该是 100 元，9 元票面价相当于一折。一方面严格限定低价票的比例，另一方面通过减少餐饮等服务支出等形式控制成本，作为一种类似于特惠、促销的市场行为，9 元机票可以理解。

李晓津还认为，低价机票也是在地面运输压力倍增、航空业竞争日趋激烈的形势下，航空公司的选择。随着飞行出行方式的普及，以及近两年高铁的崛起，在高铁欠发达地区培育新兴市场，是春秋航空这样的低成本航空公司新的发展之路。

河北省消费者协会监督部副主任冯贺认为，石家庄与唐山相距400多千米，两座城市在河北全省的发展中举足轻重。石家庄作为省会城市，是全省发展的核心，而唐山则是河北省经济强市之一，两座城市日常交流频繁，但交通状况并不理想。春秋航空早上起飞晚上返航的低价航线，从便捷出行、减少成本的角度来说，好处不言而喻。但也要注意到，9 元机票每班次供应量是有严格限定的，而现有的宣传大都有意无意忽略了这一点，这有可能给消费者的出行选择带来误导。因此建议春秋航空在票价信息公示、热线值班员咨询等方面尽可能客观翔实，而管理层面也应保证机票调控信息公开全面，不能暗箱操作。

（资料来源：李建．河北9 元机票引发关注［N］．中国消费者报，2013-11-01.）

讨论与分析：

1. 春秋航空9 元机票成功“秒杀”眼球的原因是什么？试分析春秋航空所采取的市场竞争战略。

2. 如果其他航空公司采取与春秋航空相同或相似的竞争战略，你认为春秋航空应该如何应对？

课后习题

一、单选题

1. 日用品行业的宝洁公司因其在行业中的地位可采用的市场竞争战略是（　　）。

   A. 市场追随者战略　　B. 市场补缺者战略

   C. 市场领导者战略　　D. 市场挑战者战略

2. 在竞争中往往容易遭受东道国政府的严厉起诉和管制的手段是（　　）。

   A. 提供优质产品　　B. 降低产品价格

   C. 改善服务　　D. 改进产品包装

3. 企业致力于达到生产成本和销售成本最低化，这样企业就可以低于竞争的价格赢得较大的市场份额。这是公司竞争战略中的（　　）。

   A. 低成本战略　　B. 产品差异化战略

   C. 成本集中化战略　　D. 差别集中化战略

4. 从微观环境来看，在国际市场范围对企业经营行为及绩效最直接的影响者是（　　）。

   A. 供应商　　B. 消费者　　C. 政府　　D. 竞争对手

5. 在经济全球化的条件下，（　　）已经成为跨国企业参与国际竞争的主要手段。

   A. 品牌经营　　B. 技术创新　　C. 人力资源　　D. 产品差异化

6. 与成本领先战略不同的是，产品差异化战略关注（　　）。

   A. 减少成本　　B. 增加收入　　C. 激发消费　　D. 技术创新

7. 迈克尔·波特指出，企业成败的核心是（　　）。

   A. 利润　　B. 收益　　C. 竞争　　D. 文化

8. 企业不断进取创新，提升产品的质量，并不断开发系列产品，使得竞争对手无力招架、无法应对，是指（　　）。

A. 持续进攻战略　B. 固守战略　C. 专一化战略　D. 成本领先战略

9. 关于国际战略联盟的优势，以下表述不正确的为（　　）。

A. 有利于实现企业之间的优势互补，提高规模经济效益

B. 有利于打破贸易壁垒，进入国际市场

C. 有利于与合作方协力扩大市场容量，提高市场占有率

D. 有利于通过提高产品价格引起利润的增加

10. 往往出现在大型垄断企业之间的联合中，可以专门组建第三集团来处理各种具体问题的战略联盟是（　　）。

A. 水平战略联盟　B. 垂直战略联盟

C. 混合联盟　D. 产品生产型战略联盟

二、多选题

1. 迈克尔·波特提出的三种一般经营的竞争战略为（　　）。

A. 低成本战略　B. 差异化战略　C. 重点集中战略　D. 标准化战略

E. 利润最大化战略

2. 企业为了成功实现扭亏为盈，可以具体采取的战略为（　　）。

A. 改进现有战略　B. 降低定价战略　C. 收入增加战略　D. 固守战略

E. 成本降低战略

3. 按照联盟各方所从事工作的性质，国际战略联盟可分为（　　）。

A. 水平战略联盟　B. 垂直战略联盟

C. 股权式战略联盟　D. 混合战略联盟

E. 正式的国际联盟

4. 一般来说，新进入者的进入主要面临的壁垒有（　　）。

A. 规模经济与资本需求　B. 分销渠道的获得与控制

C. 产品的差异化　D. 转换成本

E. 政府政策

5. 要管理好国际战略联盟，必须做到（　　）。

A. 战略联盟的管理要规范化

B. 建立适合战略联盟的组织机构

C. 善于协调合作双方文化及立法的差异

D. 建立战略联盟内部传播与学习系统

E. 发展多方位的联盟合作关系

三、名词解释

1. 低成本战略
2. 差异化战略
3. 重点集中战略
4. 国际战略联盟

第 11 章

国际市场营销的产品策略

★学习目标

1. 掌握国际市场营销产品的基本概念，了解主要的产品组合决策。
2. 熟悉产品生命周期的基本概念，掌握产品生命周期各个阶段的营销策略。
3. 了解国际市场新产品开发的概念，掌握新产品开发的流程。
4. 理解产品品牌、包装、保证策略的含义，掌握品牌、包装、保证策略的内容。

国际市场产品策略是市场营销策略组合的中心策略，直接影响和决定着其他营销策略。只有产品能为顾客所承认和接受，企业才能够在国际市场上站住脚。因此，企业在国际市场上的全部经营活动的出发点和归宿，就是千方百计地使顾客对其产品感到满意。

11.1 产品及其相关概念

11.1.1 产品整体概念

通常理解的产品是指具有某种特定物质形状和用途的物品，是看得见、摸得着的东西。这是一种狭义的定义。市场营销学认为，产品是指人们通过购买而获得的能够满足某种需求和欲望的物品的总和，它既包括具有物质形态的产品实体，也包括非物质形态的利益，这就是“产品整体概念”。

现代市场营销理论认为，产品整体概念包含核心产品、有形产品、附加产品和心理产品四个层次，如图 11-1 所示。产品的整体概念实质上是一种经营思想，了解这四个层次的含义，才能制定出完善的产品策略。

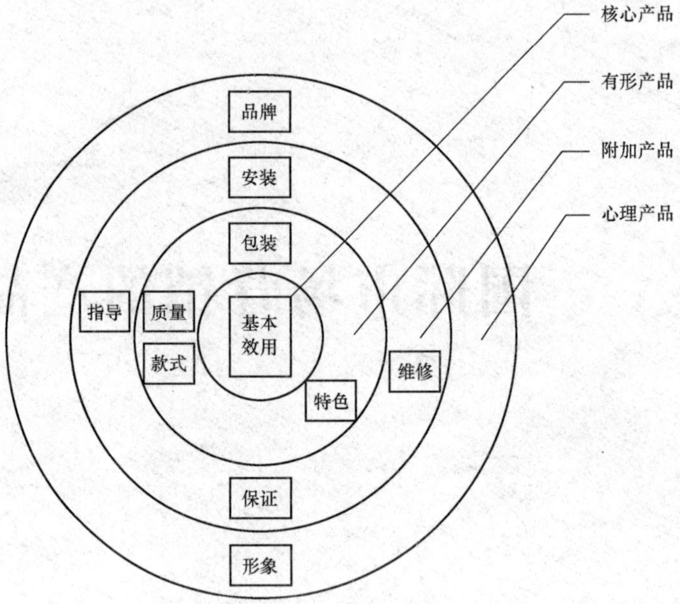

图 11-1　产品整体概念

（1）核心产品。核心产品是产品最基本的层次和最主要的部分，是满足顾客需要的核心内容，是消费者真正购买的基本服务或利益，即顾客真正要购买的实质性的东西。顾客购买某种产品，并不是为了获得这种产品本身，而是为了满足某种需要。但是，核心产品只是一个抽象的概念，要卖给顾客必须通过一定的具体形式。例如，消费者购买洗衣机并不是想要买到一个装有电动机、定时开关、洗衣桶的箱子，而是为了用这种装置代替人洗衣物，满足减轻家务劳动负担的需要。因此，在营销活动中，营销人员必须明确购买者购买某一产品所追求的基本效用和核心利益是什么。

（2）有形产品。有形产品是产品的第二个层次，是核心产品借以实现的形式，即向市场提供的实体形象。因为核心产品只是一个抽象的概念，企业的设计和生产人员必须将核心产品转变为有形的东西才能卖给顾客，在这一层次上的产品就是有形产品，即满足顾客需求的各种具体产品形式。如产品的外观设计、式样、商标、包装等外在形式能满足顾客心理上和精神上的某种需求。随着生活水平的提高和精神生活的丰富，人们对产品的形式不断提出新的要求，在市场上，款式新颖、色彩宜人、包装精良的产品，往往能够引起顾客的购买兴趣。

（3）附加产品。附加产品是产品的第三个层次，指顾客在购买产品时所得到的附加服务或利益，包括提供信贷、免费送货、负责安装、售后服务等。附加产品的概念来源于人们对市场需要的深入认识。因为购买者的目的是满足某种需要，因而他们希望得到与满足该项需要有关的一切。

（4）心理产品。心理产品是产品的第四个层次，是指产品的品牌和形象给予顾客心理上的满足。产品的消费往往是生理消费和心理消费相结合的过程，随着人们生活水平的提高，人们对产品的品牌和形象看得越来越重，因而它也是产品整体概念的重要组成部分。

另外，对于产品整体概念还有核心产品、有形产品和附加产品的三层次分类与核心产品、有形产品、附加产品、扩展产品和潜在产品的五层次分类。

11.1.2　产品组合策略

产品组合是指一个企业提供给市场的全部产品线和产品项目的组合和结构，即企业的生产经营范围。一个企业的产品组合往往包括若干产品线。产品线是指产品组合中的某一产品大类，是同一产品种类中密切相关的产品，其功能相同或相似，而型号规格不同。一条产品线内往往包括一个系列的产品项目。产品项目是指产品线中不同品种、规格、质量和价格的特定产品。例如，公司生产经营家电、轿车和房地产，其中家电、轿车、房地产等产品大类就是产品线，而家电中的冰箱、彩电等具体的品种和品牌则为产品项目。

影响产品组合的因素有四个，即宽度、长度、深度和关联性。产品组合的宽度是指产品组合中所拥有的产品线的总数，即企业有多少产品大类；产品组合的长度是指一个企业的产品组合中所包含的产品项目的总数；产品组合的深度是指一条产品线中所包括产品项目的数量；产品组合的关联性是指企业各条产品线在最终用途、生产条件、分销渠道等方面密切相关的程度。这四大因素影响着企业的产品组合决策。企业在调整和优化产品组合时，可根据企业实际和国际市场状况，选择以下策略。

1. 扩大产品组合策略

该策略主要包括开拓产品组合的宽度和增加产品组合的深度。开拓产品组合的宽度是指增加产品线，扩大产品经营范围；增加产品组合的深度是指在原有的产品线内增加新的产品项目。当企业预测现有产品线的销售额和利润率在未来可能下降时，就应考虑在现有的产品组合中增加新的产品线或加强其中有发展潜力的产品线。当企业打算增加产品特色或占领更细的市场时，应选择有实力、前景好的生产线增加新的产品项目。总之，扩大产品组合可以使企业充分利用人、财、物等资源，促使企业抓住有利机会，分散风险，增强企业的竞争能力。

2. 缩减产品组合策略

当市场繁荣时，较长和较宽的产品组合策略能为企业带来更多的获利机会；但当市场不景气时，企业会缩减产品线，即采取缩减产品组合的策略。缩减产品组合主要是淘汰或缩减利润小或市场前景不好或原材料涨价的产品线或产品项目。企业通过对产品组合的缩减，有利于保持实力，集中力量从事优势产品的生产经营，减少资源的浪费，提高竞争力，促进生产经营的专业化等。

3. 产品线延伸策略

任何企业的产品都有特定的市场定位，根据企业的实力和市场的变化调整企业产品的市场定位是非常必要的。产品线延伸策略就是全部或部分改变原有产品线市场定位的策略。产品线延伸策略一般有三种方式：向上延伸、向下延伸和双向延伸。

（1）向上延伸。这是指原来定位于中低档产品市场的企业，在原有的产品线内增加高档产品项目，使企业进入高档市场。企业实行该策略的目的与原因有：高档产品畅销，具有较高的销售增长率和利润率，企业可以从中获得更好的经济效益；企业的技术设备、营销能力和管理水平已经具备进入高档产品市场的条件，有实力进入高档产品市场；企业根据需要对产品线进行重新定位，认为有必要进入高档产品市场；高档产品市场中的竞争者实力不太强。实行这一策略有利于提高企业的竞争能力，从而提高企业经济效益。要强调的是，实行这一策略要有承担更大风险的心理准备，高档产品生产企业的反攻，会阻碍试图进入高档产品市场的企业向上延伸策略的顺利实施。另外，企业的市场地位与形象并不容易改变，该策略运用不当，还可能影响企业原有的市场地位，可能新的市场没能占领，原有的市场又受到竞争者挤压。一旦落入这种得不偿失的尴尬境地就比较难受。

（2）向下延伸。这是指企业原定位于高档产品市场的产品线，通过增加中、低档产品项目实现向下延伸。实行这一策略的目的是充分利用高档名牌的声誉，占领中、低产品市场，以迅速扩大市场占有率、市场覆盖率，提高销售率，填补产品线的某些空白。企业采取此策略的主要原因包括：原高档产品的市场销售率增长缓慢，需要企业产品线向下延伸；高档产品市场竞争激烈，企业需要另辟蹊径；防御生产中、低档产品的企业向上进攻，为了提高市场覆盖率，填补市场空白等。企业采取向下延伸策略时，也会遇到一些风险：一是影响其高档品牌的形象和企业的声誉；二是引起众多生产中、低档产品的企业的群攻，导致市场竞争的激烈化和两败俱伤；三是在市场占有率和覆盖率提高的同时，利润率提高缓慢，以致得不偿失。因此，企业采取向下延伸策略必须审时度势、有的放矢，以新的品牌占领中、低档产品市场，做到进退有余。

（3）双向延伸。这是原定位于中档产品市场的企业在占据较大的市场优势后，决定向产品线的上下两个方向延伸。一方面增加高档产品项目，提高企业声誉，创建高档名牌；另一方面增加低档产品项目，提高市场占有率，扩大市场阵地。双向延伸策略是改变企业处于市场双重挤压状态的一种策略，风险很大，既可能受到高档产品经营者的反攻，又可能受到低档产品企业的群攻，形成两面受敌的不利局面。因此，实行双向延伸策略也要因势利导，有所侧重。

11.1.3 新产品开发策略

1. 新产品的概念

从不同的角度对新产品有不同的理解，市场营销学中的新产品是针对企业而言的，它与科学技术在某一领域的重大发现所推出的新产品在概念上不同。所谓新产品，是指企业所生产或经营的产品在用途、性能、结构、材料等任何一方面发生了创新、改进或提高，都属于新产品。市场营销学上的新产品是一个广义的概念，具体包括新发明的产品、改进的产品、改型的产品和新的品牌。在生产销售方面，只要产品在功能或形态上发生改变，与原来的产品产生差异，甚至只是产品单纯由原有市场进入新市场，都可视为新产品；对于消费者而言，当地市场首次出现的产品，或者较之当地市场现有产品具有明显不同或差异的产品，则为当地市场的新产品。

2. 新产品的分类

根据新产品对企业和市场的创新程度可分为：

（1）全新产品。指运用新理论、新技术、新结构、新材料制造而成的新产品，也称无可置疑的新产品。这类产品的开发是极为艰难的，往往包含着发明创造，通过科技领域的重大突破才能成功。因此，对于绝大多数企业来说，是很难研制和生产出全新产品的，但一旦开发成功，就会给企业带来巨大的效益。

（2）换代新产品。指在原有产品的基础上，部分采用新材料、新技术而制成的性能有显著提高的新产品，也称为革新产品。如将黑白电视机发展为彩色电视机，将普通电熨斗改为自动调温、蒸汽电熨斗，将普通缝纫机改为电动缝纫机等。这类新产品与原有产品相比，性能有显著改善，因此具有较好的市场潜力，但消费者对这类产品的接受通常需要有一个过程。

（3）改进新产品。指企业采用各种新技术，改进现有产品的性能，提高其质量、增加款式和花色品种而制成的新产品。如普通牙膏到药物牙膏，普通酒到药酒，以及服装款式的更新等。这类产品与原有产品差别不大，容易为市场迅速接受，竞争者易模仿。因此，此类新产品的竞争要比上述两类新产品更为激烈。

（4）仿制新产品。指市场上已有其他牌号的同类产品，企业只是生产出以自己牌号命名的新产品。如市场上大量出现的各种牌号的电视机、电风扇、洗衣机、自行车等。这类产品由于生产技术已公开，有能力的企业均可生产。因此，仿制品的竞争是全方位的，不仅限于产品的质量、价格，而且在售后服务方面竞争也同样激烈，生产仿制品的企业应分析市场供求状况，分析竞争企业的实力，以尽可能减少或避免盲目仿制所带来的市场风险。

根据新产品的地域特征可分为：

（1）国际新产品。指在世界范围内第一次生产和销售的产品。

（2）国内新产品。指国外已有而在国内第一次生产和销售的产品。

（3）地方新产品或企业新产品。是对本地区或本企业而言，第一次生产和销售的产品。

根据新产品技术开发的方式可分为：

（1）独立研制的新产品。指企业自己组织力量研发，不借助外界或很少借助外界力量研制成功的新产品。

（2）联合开发的新产品。指与科研单位、大专院校等进行合作、联合研制开发的新产品。

（3）技术引进新产品。指采用技术引进的方式，通过吸收国外新的科技成果而开发的新产品。

3. 新产品开发流程

开发新产品是一项充满风险和机遇的工作，为了提高开发新产品的成功率，必须按照循序渐进的科学程序进行。国际市场上的新产品开发过程是一个复杂的系统工程，它需要营销、开发、生产等各部门的参与，而且风险较大，因此遵循科学的开发流程十分重要。

（1）市场调查。市场调查是对市场需求信息进行系统的收集与分析，是开发新产品的基础，是新产品开发成功的关键。通过市场调查可了解以下信息：消费者对所需产品的要求及需求量；消费者的收入水平及购买该产品的能力；企业原有老产品的主要缺陷及竞争者产品的主要优点；用于新产品设计与生产的新技术、新材料、新工艺等。

（2）构思方案。构思方案，即在市场调查的基础上提出新产品的设想方案。新产品开发的出发点就是产品的构思，新产品构思方案的来源主要有顾客、竞争者、公司销售人员、经销商、高层管理者、国外消费者和用户对现有产品的反映以及新的需求，公司技术人员及经理人员、国外经销商和海外营销人员、国外科技情报、国外营销调研公司、国际竞争对手的产品、国际产品展销会以及政府出版的行业指导手册等提供的信息。顾客是产品的使用者，顾客的需求是新产品构思的出发点；分析研究竞争对手的产品是构思的一个主要来源，通过分析可以启发新产品的构思；企业的销售人员和经销商直接掌握着顾客需求和意见的第一手资料，他们往往是新产品构思的较好来源；企业高层管理人员是新产品构思的另一个主要来源，他们最清楚公司的发展方向及所需要的产品。

（3）方案筛选。方案筛选指在已经形成雏形的大量构思的基础上，结合企业的发展目标、企业实力对所有的构思进行评价和筛选，选择最适合企业未来发展目标的人力、物力、财力水平的构思方案。在筛选过程中，企业应避免两种错误：一是误舍，轻易放弃一个很有发展潜力的好创意，失去机会；二是误取，对构思方案评价不正确就付诸开发而导致失败，给企业带来重大损失。

新产品构思方案筛选是采用适当的评价系统及科学的评价方法，对各种构思进行分析比较，把最有希望的设想挑选出来的一个过滤过程。在这个过程中，剔除可能亏损大的新产品构思，选出潜在赢利大的新产品构思。构思筛选包括以下两个步骤：一是确定筛选标准；二是确定筛选方法。对构思进行筛选的主要方法是建立一系列的评分模型。评分模型一般包括评价因素、评价等级、权数和评分人员，其中，能否确定合理的评价因素和适当的权数是评分模型是否科学的关键。影响国际市场新产品开发的各主要评价因素可以从企业拓展国外市场目标、技术优势、生产的可能性、产品的国际市场吸引力、产品的赢利能力等方面进行评价，以提高筛选的准确程度。

市场营销系数评价法是一种多因素的新产品构思筛选评价方法。首先将影响新产品成功的各主要因素（即要因）分别简化为具体要素，然后用概率加权的办法还原成复合系数，即市场营销系数，用市场营销系数的大小来判断新产品成功的可能性。

①可销售性。一是企业的国际产品销售能力；二是对现有国际产品销售的影响；三是与现有产品系列的关系；四是与现有销售渠道的关系。

②生产能力。一是生产技术专长；二是必需的生产知识和人员；三是原料来源。

③国际市场吸引力。一是市场容量；二是市场占有率；三是今后 5 年的市场增长率；四是竞争者的威胁；五是进入国际市场的难易程度；六是预计可获得的最终用户。

④获利能力。一是投资回收的可能性；二是今后 5 年的赢利可能性。

根据以上各要素、各等级分别给出相应的权重，判断新产品不同要素的等级，以等级权重乘以要素权值，得到各要素的系数，再加总各要素系数，即得到各要因系数。将各要因系数乘以要因权值，再加总各乘积，即得到该国际市场新产品设想的市场营销系数。在国际市场营销中，企业应根据具体情况列出评价新产品开发的要因、要素及等级的权重。

（4）形成概念与测试。经过构思筛选后，构思方案逐渐成形，具有了较为完整的概念。产品构思是企业从自身的角度对可能向消费者提供的产品的设想；产品概念是企业从消费者角度对这种设想的具体形象的描述，把新产品的构思具体化，用文字或图像描述出来。例如，某厂要生产一种化妆品来满足消费者美容需要，这是一种产品构思；为了形成具体的产品概念，还要解决这样一些问题：该产品由何人、在何地、因何使用等，同时还要对产品的原料、造型、规格、包装等方面进行详细的描述。这就形成了具体的产品概念。当产品概念形成后，企业可以将其在特定的消费者中进行测试，搜集消费者对产品的评价和期望，从而推测出该产品概念是否能够成功。

新产品概念测试主要是调查消费者对新产品概念的反应，测试的内容包括产品概念的可传播性和可信度、消费者对该产品的需求程度、该产品与现有产品的差距、消费者对该产品的认知价值、消费者的购买意图、谁会购买此产品及购买频率。

（5）经营分析。针对需要深入研究的新产品创意，企业应该制订具体的经营计划书。

①确认产品的特色。

②预估市场需求量、竞争情况和产品的赢利能力。

③制订产品的开发计划。

④分派研究产品可行性的工作职责。

经过分析，如果符合企业的既定目标，有足够的赢利，就可以进入新产品的具体开发阶段。在新产品进入具体开发阶段以前，还需对已经形成的产品概念进行商业分析。商业分析的主要内容是对新产品概念进行财务方面的分析，即估计销售额、成本和利润，判断它是否能满足企业开发新产品的目标。

（6）产品研制。新产品经过经营分析判断是有前途的，就可以进入将产品构思转变成实际样品的设计、试制等过程。在此阶段，资金大量注入，所用数额甚为可观，倘若新产品在技术上或商业上不能成立，企业由此而花费的一切投资都会付诸东流。因此，产品研制工作是重任在肩，必须进行细致入微的准备。产品研制出来以后，还必须进行严格的功能试验和消费者试验。新产品的研制是将新产品概念转化为新产品实体的过程，主要解决产品构思能否转化为在技术上和商业上可行的产品这一问题。它是通过对新产品实体的设计、试制、测试和鉴定来完成的。新产品研制过程是对企业技术开发实力的考验，能否在规定时间内，用既定的预算开发出预期的产品，是整个新产品研制过程中最关键的环节。

（7）市场试销。市场试销是对新产品的全面检验，可为新产品是否全面上市提供全面、系统的决策依据，也为新产品的改进和市场营销策略的完善提供启示，但试销也会使企业成本增加。由于产品试销时间一般要 1 年以上，这会给竞争者提供可乘之机，而且试销成功并不意味着市场销售就一定成功，因为各国或各地区消费者的心理不易准确估计，而且竞争复杂多变，因此企业对试销结果的运用应考虑一个误差范围。新产品经过功能试验和消费者试验获得满意效果后，就可以少量生产，并选择几个具有代表性的市场在一定的时间进行市场试销，观察用户的反应。企业对新产品进行试销的目的是保证新产品大规模生产的安全，避免产品投放市场发生失败。

（8）商业性投产。经过试销取得良好效果的新产品，企业就可以组织大批量生产，同时选择适当的时机和地点、理想的目标顾客将新产品投放市场，并针对目标市场的特点制定营销组合策略。在这一阶段，企业应做出以下几项决策。

①上市时机。新产品要选择上市的最佳时机，季节性较强的产品最好是应季上市，以便立即引起消费者的兴趣；如果新产品要取代老产品，应待老产品库存不多时再投放市场。

②上市地点。企业应选择最有吸引力的市场集中投放，并加强促销宣传及服务，当新产品在某一细分市场占有一定的份额、取得立足点后，再向其他地区扩张。

③目标顾客。企业应根据目标顾客有针对性地制订营销计划，目的是利用这些顾客带动

一般顾客，以最快的速度、最少的费用扩大市场占有率，提高产品的销售量。

④营销策略。企业应设计最有利的营销策略把新产品打入市场，针对不同地区、不同市场和不同目标顾客，采取不同的营销策略。

11.2 国际市场产品生命周期

11.2.1 产品的生命周期

随着科学技术的飞速发展和人们生活水平的不断提高，产品的生命周期呈现缩短的趋势。为此，企业管理者有必要深入研究产品生命周期理论，认识产品开发的规律，制定长远的产品开发战略，最大限度地延长产品生命周期。

1. 产品生命周期的含义

产品生命周期理论是美国哈佛大学教授雷蒙德·弗农于1966年在其《产品周期中的国际投资与国际贸易》一文中首次提出的。产品生命周期指的是产品的市场寿命，而并非产品的使用寿命，即产品从投放市场到被市场淘汰退出市场的整个过程。一种产品上市后，营销者都期望它能够赚回成本并为企业赢利，然而，每种产品的销售和利润都有一个由弱到强和由盛转衰的过程，通常包括介绍（导入）期、成长期、成熟期、衰退期四个阶段，并表现出不同的市场特征。

2. 产品生命周期的四个阶段

（1）导入阶段。即研究和开发的新产品引入国内市场阶段。这一阶段，由于产品尚未定型，技术也不完善，因此在本国生产和销售是最佳的选择。产品进入市场后，消费者对产品还不了解，不仅市场销量小，而且增长缓慢，生产成本和营销费用居高不下，利润低下，常常出现亏损。

（2）成长阶段。即市场快速接受新产品和利润快速增长阶段。此时，产品开始为越来越多的消费者所接受，市场销量增长很快，生产成本和营销费用随之降低，利润明显增加，但竞争者也开始出现。随着产品技术日益成熟，生产工艺日趋完善，生产规模迅速扩大，新产品开始大量出口到国外，同时国际市场有越来越多的企业加入竞争。此时，为增强企业竞争力，跨国营销企业应不断寻求改善产品性能和增加产品的新功能，增加对外投资，通过设立国外子公司或分公司来降低成本，打破国际市场上的各种贸易壁垒，保持和扩大国际市场份额。

（3）成熟阶段。产品已为绝大多数消费者所接受，市场销量增长速度减缓并呈下降趋势，竞争者明显增多，竞争程度加剧，营销费用大量增加，利润随之下降。此时产品及其生产技术都已标准化，随着国际贸易和技术贸易的进行，其他国家企业的生产技术提高和生产规模扩大，竞争能力逐步增强，市场进入激烈的竞争阶段。因此，在国外的子公司必须开拓发展中国家市场，以取得规模经营效益。

（4）衰退阶段。即销售额和利润额持续下降阶段。消费者对产品的购买多为更新或替换性质，新顾客减少，市场销量持续减少，竞争者继续减少，利润不断下降，产品终因无利可图而退出市场。

11.2.2　产品生命周期各阶段的营销策略

1. 导入阶段的营销策略

产品刚投放市场，知名度较低，生产批量小、成本高，市场销售量增长缓慢，由于宣传费用较高，企业没有利润，甚至亏损。在此阶段，为了树立新产品的知名度，企业的主要任务是发展和建立市场对产品的需求，需要大力促销、广泛宣传，吸引顾客的关注和使用，争取打通分销渠道、占领市场，使产品迅速进入成长期。通常应将促销重点放在高收入的顾客群，这些顾客最可能是新产品的率先使用者。在这一时期，企业一般采用以下策略。

（1）高价格、高促销策略。以高价和大量的促销费用推出新产品，以期尽快收回投资。这种策略的适用条件是：产品有新特点，具有吸引力，但知名度不高，大多数潜在消费者对此种产品尚无所知，而已经知道这种新产品的消费者又求购心切，目标顾客具有较强的支付能力，愿意出高价，潜在的竞争并不存在。

（2）高价格、低促销策略。以高价和少量的促销费用推出新产品，以尽可能少的费用开支取得最大限度的收益。这种策略的适用条件是：市场规模有限，产品有一定的知名度，继续购买者愿意出高价购买，潜在的竞争并不存在，企业可借此来获取更多的利润。

（3）低价格、高促销策略。以低价和大量的促销费用推出新产品，以争取迅速占领市场，然后再追求产量和销量的扩大，使产品成本降低，取得规模效益。这种策略的使用条件是：市场容量大，消费者尚不熟悉这种产品，对价格的敏感度较高，潜在竞争威胁大，单位成本随着生产规模的扩大和生产经验的积累而大幅度下降。

（4）低价格、低促销策略。以低价和少量的促销费用推出新产品，低价可以扩大销售，少量促销费用可以增加利润。这种策略的使用条件是：市场容量大，顾客已熟知这种产品，并对价格十分敏感，市场上存在大量潜在的竞争者。

2. 成长阶段的营销策略

消费者已逐渐熟悉和接受这种产品，市场销售量迅速增加，生产成本和营销费用降低，利润有了明显的增加，竞争者开始介入。在此阶段，企业应努力提高产品质量，增加新的功能、特色和款式，积极开拓新的细分市场和增加新的分销渠道，将宣传的重点从树立产品知名度转向树立产品形象，逐渐培养消费者对本企业品牌的信任与偏好。

3. 成熟阶段的营销策略

产品进入成熟阶段的标志是销售增长速度缓慢，市场趋于饱和，由于生产成本和促销费用减少，并且产品总销售量不增或略有下降，市场上同类产品增多，竞争十分激烈，因此，在成熟阶段末期，企业利润开始下降。面对这种市场态势，企业可以采取以下策略：

（1）积极开发、寻找新市场，寻找新用户。

（2）发展改进产品，增加产品式样和产品的新用途，提高产品的包装水平，吸引新的顾客，增加顾客的重复购买率，给顾客以更多的选择余地，以便使成熟阶段延长。

（3）运用降价促销、营业推广、增加服务项目等手段来扩大销售。

4. 衰退阶段的营销策略

激烈的竞争造成市场上的商品供大于求。产品进入衰退阶段后，替代品大量涌入市场，消费者对老产品的忠诚程度明显降低，市场销量持续下降，产品出现积压，价格下跌，利润急剧减少。在此阶段，拥有名牌的企业可以采取以下策略：

（1）持续策略。企业继续沿用以往的营销组合策略，在一段时间内保持原有的目标市场和销售渠道。

（2）集中策略。把企业的人、财、物放在几个最有潜力的市场，缩短营销战线，做进一步的促销努力。

（3）转移策略。根据不同地区经济发展水平的差异，将该种产品转移到其他细分市场。

（4）新产品开发策略。开发新产品替代老产品，迅速把新产品投入市场。

由此可见，企业的营销策略应集中在两点：一是促使消费者尽快接受新产品，缩短投入阶段，尽快进入和延长成长、成熟阶段，恰当处理衰退阶段的产品，将损失降到最低；二是企业必须不断地开发新产品，才能占有主动权。

11.2.3 国际市场产品生命周期

当把国内市场扩展到国际市场时，同一产品生命周期各个阶段在不同国家市场上出现的时间是不一致的，由于各国在科技及经济发展水平等方面的差异而形成的同一产品在各国的开发、生产、销售和消费方面的时间差异，称为国际市场产品生命周期。国际市场产品生命周期可以分为新产品阶段、成熟产品阶段和标准化产品阶段。

1. 新产品阶段

在新产品阶段，创新企业利用其拥有的垄断技术优势，开发新产品。由于产品尚未完全成型，技术上不够完善，加之竞争者少，市场竞争不激烈，替代产品少，产品附加值高，国内市场就能满足其获取高额利润的要求，产品极少出口到其他国家，绝大部分产品都在国内销售。例如，某发达国家A的企业耗资巨大开发创造了某种新产品，投放本国市场，并在导入阶段后期，凭借对技术的垄断，以较高价格将该产品出口到具备销售该产品市场条件的其他发达国家，即把新产品导入了国际市场。这是一国出口垄断阶段。

2. 成熟产品阶段

由于产品创新企业的技术垄断和市场寡头地位被打破，竞争者增加，市场竞争激烈，替代产品增多，产品的附加值不断降低。企业越来越重视产品成本的下降，较低的成本使其处于越来越有利的地位。国内和一般发达国家市场开始出现饱和，为降低成本，提高经济效益，抑制国内外竞争者，企业到发展中国家投资建厂，逐步放弃国内生产。

如上例中的产品在其他发达国家销路良好，这些国家的企业也纷纷仿制或研制替代产品，成为A国原创者的竞争者。到了后期，这些竞争者研发的替代产品往往拥有成本、价格优势且更适合本国需要。为了提高市场占有率，A国的跨国公司着手降低成本，在有较大需求的国家和地区设立分厂，转而到发展中国家寻找市场，而其他发达国家的企业也开始向发展中国家出口该产品，推行国际化生产战略，以满足当地消费者的需要，最大限度地获取利润。这是各国生产、出口阶段。

3. 标准化产品阶段

在此阶段，产品的生产技术、生产规模及产品本身已经完全成熟，这时对生产者技能的要求不高，原创新产品企业的垄断技术优势已经消失，成本、价格因素已经成为决定性的因素。这时发展中国家已经具备明显的成本优势，原创国和一般发达国家企业为进一步降低生产成本，开始大量地在发展中国家投资建厂，再将产品远销至第三国市场。

随着生产技术水平提高、生产规模扩大，产品不断完善，形成标准化生产，越来越多的国家包括发展中国家也逐步引进发达国家的技术，以较低的成本生产出标准化产品投放市场。由于技术在各国扩散、普及，原创者的技术优势逐渐丧失，国际市场竞争日益加剧，原创者逐步退出本国已趋于饱和的该产品市场，将资金和精力转移到开发更新的技术和产品上。于是其他发达国家以及发展中国家就相继乘虚而入，向该国出口该产品，而原创者所在国则从最初的出口国变成了进口国，产品原创企业把产品生产交给那些更具有成本优势的企业，实行贴牌生产。这是全球竞争反向出口阶段。对于产品原创者而言，该产品的生命周期至此已告终止，但在其他国家，产品的生命周期仍在继续。

国际产品的生命周期一般呈现以下运行规律：①发达国家率先研制开发某种新产品，并在国内市场销售，然后逐步向较为发达国家、发展中国家出口，并转向对其他新产品的开发，要从其他国家进口原产品来满足国内市场需求。②一些发展中国家则是先引进新产品进行消费，然后引进或开发生产技术进行生产，最后又将产品出口到产品的原创国。

11.3　国际产品标准化与差异化策略

11.3.1　国际产品标准化策略

1. 国际产品标准化策略的含义

国际产品标准化策略是指企业向全世界不同国家的所有市场提供相同的产品。实施产品标准化策略的前提是市场全球化。随着时代的发展，社会、经济和技术的发展使得世界各个国家之间的交往日益频繁，相互之间的依赖性日益增强，消费者需求也具有越来越多的共同性，相似的需求已构成一个统一的世界市场。实行全球营销已经具备充足的条件：首先，国际交通通信的现代化使各国之间在文化上的差距逐步缩小。美国一份研究报告显示，在一个充满密集传播、标准化以及采用类似的决策技术的营销世界里，文化差异似乎逐渐消失，产品供应的全球化过程已经开始。事实上，美国的大众传播所造成的同质化效果，正在逐渐消除曾经存在的许多区域上的差异。其次，经济上的全球化使跨国公司逐步消除国别色彩，汽车、食品、服装、电子等产品的全球化品牌正在不断增加；标准化的跨国连锁经营方式正通行于世界各地，吸引了更多的国际消费者。最后，国际市场的统一化推动全球消费品市场出现趋同现象。生活在不同国家的消费者更乐于接受相同的产品和生活方式。现在世界各地青年对摇滚、快餐、时装、健身用品等的爱好和需求所出现的高度一致性，就是一个很好的例证。即使在许多发展中国家，人们也都开始从全球的视角来看待产品和市场，其原因在于这些国家的居民期望提高生活水平和追求现代化。

2. 产品标准化的优点

（1）可以极大地节约成本。包括产品开发、宣传推广、经营管理等方面的费用都可以大大减少，同时降低了单位产品成本，可取得规模效益。以美国 3M 公司为例，过去它一直在不同国家采用差异化的商品包装、规格、品牌和广告，营销成本激增，最终导致价格上升，使它于20世纪80年代初期在北美、欧洲、日本等主要国际市场上失去竞争能力，市场份额逐步下降。它在实施以产品标准化为基础的全球营销策略后，立即采用全球化品牌“Scotch”，以此象征产品的高质量；无论各国的特性是否一致，都采用一致性的包装；花巨资拍摄了一则全球性广告，展示公司的新标志，同步在目标国家进行宣传。结果，3M公司不仅降低了营销费用，还收复了失去的市场。

（2）可以扩大产品的影响力。相同的产品特色、设计、包装等，可使产品在国际市场上树立统一的全球形象。获得世界认同的品牌名称或公司标志，必将提高产品销售的效率和效果，扩大企业以及产品在全球市场的影响力和知名度。随着卫星传播技术的进步、国际互联网的发展，人们可接受的信息越来越繁杂，这就使统一的全球形象显得越来越重要。

（3）可以加强营销管理与控制。一则全球性的广告在数以百计的国家播放，比用不同风格的广告在多个国家宣传同一产品要简单得多，也容易得多。相同的产品标准、促销手段、包装与品牌，便于使用统一的管理技术、经验，贯彻公司的全球营销战略和执行各项具体政策。

（4）便于在全球市场转移、分享专有技术。即各国子公司利用新技术开发研制的产品可转换为全球产品，如联合利华公司曾成功地推介了两种全球性产品，其一是刺激身体的喷雾器，由南非子公司开发研制；二是可用于清除硬水水垢的清洁剂，由欧洲分公司研制。

当然，各国市场差异的存在，给国际市场产品标准化带来了各种困难。政府的贸易限制、传播媒体的互质性、消费者偏好与反应模式的不同以及文化的差异，都是阻碍标准化的主要原因。同时，竞争对手专为目标国家市场开发的当地产品可能比标准化的产品更具有竞争力。此外，从营销管理角度来看，产品标准化和全球营销的确可以集中权力加强管理，但削弱了设在各国的经理人员的权力，当他们觉得必须拥有更大的权力来处理当地市场的特殊问题时，便会对全球营销标准化产品产生抵触情绪，最终无法实现加强控制和管理的目标。

3. 选择产品标准化的条件

企业应该根据以下几个方面来决定是否选择产品的标准化策略。

（1）产品的需求特点。从全球消费者的角度来看，需求可以分为两大类：一类是全球消费者共同的与国别无关的共性需求；另一类是与各国环境相关的各国消费者的个性需求。在全球范围内销售的标准化产品一定是在全球具有相似需求的产品。消费者对任何一种国际产品的需求，都包括对产品无差别的共性需求和有差别的个性需求这两种成分。企业营销人员应当正确识别消费者在产品需求中究竟是无差别的共性需求占主导地位，还是有差别的个性需求占主导地位。对无差别的共性需求占主导地位的产品，宜采取产品标准化策略。

下列产品的需求特征表现为无差别共性需求成分偏大：大量的工业品，如各种原材料、生产设备、零部件等；某些日常用品，如软饮料、胶卷、洗涤用品、化妆品、保健品、体育用品等；具有地方和民族特色的产品，如中国的丝绸、法国的香水、古巴的雪茄等。

（2）产品的生产特点。从产品生产的角度来看，在研究与开发、采购、制造和分销等方面获得较大规模经济效益的产品适宜标准化。具体表现为：技术标准化的产品，如电视机、录像机、音响等产品。研究开发成本高的技术密集型产品，这类产品必须采取全球标准化，补偿产品研究与开发的巨额投资。

4. 竞争条件

如果在国际目标市场上没有竞争对手出现，或市场竞争不激烈，或者市场竞争虽很激烈，但本公司拥有独特的生产技能，且是其他公司无法效仿的，则可采用标准化产品策略。

5. 成本因素

实施标准化产品策略必须做成本—收入分析，严格根据收益情况来进行决策。产品、包装、品牌名称和促销宣传的标准化无疑都能大幅度降低成本，但只是对有大量需求的标准化产品才有意义。

此外，还应考虑各国的技术标准、法律要求及营销支持系统，即各国为企业从事营销活动提供服务与帮助的机构和职能，如有的国家零售商没有冷藏冷冻设施，新鲜食品就很难在该国销售。尽管产品标准化策略对从事国际市场营销的企业有诸多有利的一面，但缺陷也是非常明显的，即难以满足不同市场消费者不同的需求。

11.3.2　国际产品差异化策略

1. 国际产品差异化策略的含义

国际产品差异化策略是指企业向世界不同国家的市场提供不同的产品，以适应不同国家市场的特殊需求。各国的消费者需求是多样化的，消费者对产品的认识是与其所在国的环境尤其是社会文化状况密切相关的，对产品每一层次的不同需求，是随着营销环境的变化而变化的。产品的某一层次在一种营销环境中可能是重要的，而在另一种营销环境下则可能不重要，故在国际市场营销中产品要适应各国营销环境的要求。

2. 产品差异化策略的适用条件

（1）使用条件和环境差异。许多国家的电压制度不同，如美国是 110 伏，我国是 220 伏，因此，我国出口到美国的一些电子、电器产品均需做出相应的调整和改变。英联邦国家的交通规则规定汽车要靠左行驶，与我国正好相反，因此，出口到这些国家的汽车的方向盘、车门等的设计必须加以修正。不同国家自然条件的差异，如气候、地理和资源等，也可能要求产品做相应改变。例如，欧洲家庭住宅通常没有地下室，厨房也较小，我国出口到欧洲的冰箱、洗衣机、烘干机等家用电器，在规格尺寸上就要比出口到北美的产品相应缩小。

（2）文化倾向差异。各国在语言、宗教、价值观念、风俗习惯等诸多方面均存在明显差异，使产品的标准化受到很大制约。在大多数国家，标签上的内容必须使用官方语言。在加拿大、比利时、瑞士这样的国家，就需要使用多种语言。此外，在全球化浪潮中，世界各国人民的种族意识也变得越来越强烈，他们坚守自己的本土文化，拒绝外来文化的同化，使许多外国企业和产品必须做出改变，以适应当地的文化倾向。

（3）收入水平差异。世界各国由于经济发展水平不同，人均收入水平差别也很大，这种差别不仅直接影响着一国消费品市场的规模大小，而且影响企业进入市场的商品的品种、数量、质量、档次、包装等方方面面。辛格公司在非洲销售的缝纫机简单而便宜，是一种手动式的。通用汽车公司在贫困国家不销售其标准的凯迪拉克汽车，甚至不出售标准的雪佛兰汽车，而为这些市场研制开发了一种“基本运输工具”，便宜，容易操作和维修。

（4）政府政策的影响。几乎每一个国家都有相应的保护其消费者和产品的机构或组织，如食品和药品管理局、环境保护局、健康管理局、进出口商品检验检疫局等，都对产品的规格有发言权，如汽车的排放标准、里程要求、防撞力、安全气囊，机动车的噪声标准，食品中的添加剂，洗衣粉中的磷酸盐等，一般经济发达国家的这些标准或要求明显高于发展中国家。以本国政府有关的政策、法律法规等为依据，有些国家禁止某些产品的进口，有些国家对某些产品的进口提出种种严格要求和限制，这些都对企业的国际市场营销有极大的影响。

（5）竞争态势。激烈的市场竞争往往促使企业改进产品，弱势的竞争地位常常要求企业调整结构，避免与强大的竞争对手正面冲突。

（6）营销中介机构。为企业营销活动提供服务的中介机构，包括零售商、批发商、销售代理、仓储公司、物流企业、金融机构和广告媒体等，这些营销中介机构在不同国家的可获程度、服务效率和成本费用直接影响到企业对国际市场营销产品的选择。例如，在某些发展中国家，零售商缺乏必要的冷藏设备，无法经营冷冻蔬菜，企业不得不转售脱水蔬菜。

11.3.3　国际产品标准化与差异化策略的选择

国际产品的差异化策略与标准化策略并不是独立的，而是相辅相成的，有些原产国产品并不需要很大的变动，只需要改变一下包装或品牌名称便可进入国际市场；而有些原产国产品要想让世界消费者接受则需做较大的改变。由此可见，企业的产品策略通常是产品差异化与产品标准化的一个组合，在这种组合中有时是产品差异化程度偏大，有时是产品标准化程度偏大，企业应根据具体情况来选择产品差异化与产品标准化的组合。在营销实践中，企业往往将产品差异化和产品标准化策略综合运用，许多产品的差异化、多样化主要是体现在外形上，如产品的形式、包装、品牌等方面，而产品的核心部分往往是一样的。

标准化和差异化是相对而言的，即只是标准化的程度高低问题。事实上，绝对标准化营销的适用范围是极其有限的。此外，在国际市场的产品营销方面，标准化与差异化的争论始终在进行，而且将继续进行下去。从国际市场的营销实践上看，产品的标准化和差异化各有其成功的范例：一般美国、韩国、西欧等一些国家的大型跨国企业多实行产品的标准化营销；而日本由于很好地实行了“灵活生产体系”，能够根据市场需求，在同一生产线上生产出小批量、多品种的“系列家族产品”，所以可视为产品差异化营销的成功范例。此外，中国台湾地区的中小型企业在国际市场营销中也较多地采用产品的差异化营销，同样也取得了较大的成功。

11.4　产品品牌、包装和保证策略

11.4.1　产品的品牌策略

1. 品牌的概念及构成

品牌是企业为自己的产品和服务规定的商品名称和标志，是产品的一个重要组成部分，通常由文字、标记、符号、图案、颜色等要素组合而成，用来区别销售商或销售集团的产品

与竞争者产品，以免发生混淆。著名品牌可以提高产品身价，获得稳定的市场。

品牌是一个集合概念，它包含品牌名称、品牌标志和品牌商标等概念。品牌名称是企业给自己的商品或服务起的名称，以使自己生产或出售的商品或服务易于用语言识别，并与竞争者生产或销售的商品或服务相区别。品牌名称是品牌中语言称呼的部分。品牌标志是品牌中不能直接用语言称呼，但可以被识别的部分，如符号、图案、颜色等。品牌商标是一个具有法律意义的名词，是产品品牌名称和品牌标志在政府有关部门依法注册登记后，获得专用权、受到法律保护的品牌的一部分，通常称为注册商标。

2. 品牌的作用

品牌能够给企业带来许多好处，所以大多数企业都致力于建立自己的品牌和商标，实施名牌战略。但是名牌的建立需要大量的人力、物力和财力，因此，企业应该根据自己的实际情况，综合考虑产品性质、企业实力、企业发展战略目标等来进行品牌化决策。品牌的作用主要体现在以下几个方面：

（1）便于消费者识别产品和选购。特定的品牌标志着产品的质量水平和不同特色，起着区别不同企业所生产的产品、代表不同企业所生产产品的质量的作用，便于消费者进行选购，对促进销售具有积极作用。

（2）保护消费者的利益，便于有关部门对产品质量进行监督，当产品在使用过程中出了问题，便于追查生产经营者的责任。

（3）便于生产经营者进行经营管理，在做广告宣传和签订买卖合同时，可以起到简化手续的作用。品牌也是公众监督企业产品质量的重要手段。

（4）保护经营者利益。注册的品牌商标可以起到保护经营者利益，避免受到其他经营者侵权的作用。如果未经许可擅自使用他人商标，要受到法律制裁。

（5）保证质量，促进销售。产品的质量与品牌的信誉是分不开的，品牌起着代表不同企业所生产的产品质量的作用，有利于建立稳定的顾客群，吸引具有品牌忠诚度的顾客。

（6）促进产品质量不断提高。品牌宣传的不断扩大使消费者随时接触品牌形象，加深印象，从而实现认牌购物。为此，经营者对自己的品牌声誉更加重视，更注重质量管理。

（7）激励生产者不断创新，开发新产品。消费者对一些品牌容易形成偏爱，认牌购物已成为趋势，这激励着生产者不断创新与开发新产品。

3. 品牌策略

（1）无品牌策略。无品牌并非“三无”产品，一些国家的法律要求，无品牌产品也要标明厂家名称和地址及产品名称，只是不使用品牌。没有了品牌化的成本，价格优势就显现出来了。其目标市场是一部分低收入群体和对品牌不敏感者。一般认为，在下列几种情况下可以考虑不使用品牌：大多数未经加工的原料产品，如棉花、大豆、矿砂等；不会因生产商不同而形成不同特色的商品，如钢材、大米等；某些生产比较简单、选择性不大的小商品；临时性或一次性生产的商品。

无品牌营销的目的是节省广告和包装费用，以降低成本和售价，加强竞争力，扩大销售。近年来美国的一些日用消费品和药品又出现了无品牌倾向，据估计其超市中提供的无品牌商品的售价低于同类品牌产品 30% ~50%，很受低收入消费者欢迎。但无品牌商品一般质量不高。在外贸实务中，中性包装就是无品牌策略的具体体现。

（2）品牌归属策略。企业在决定使用品牌后，应对使用谁的品牌问题做出决策，企业有三种可供选择的策略：使用制造商品牌（又称全国性品牌）、使用经销商品牌（又称专用品牌或私人品牌）和使用特许品牌。

①使用制造商品牌。在以往的品牌运营实践中，由于产品的设计、质量水平和特色等都取决于制造者，加之市场供求关系对生产企业的压力还不太大，所以品牌几乎都为生产者或制造商所有。可以说，品牌是由制造商设计的制造标记。

②使用经销商品牌。近些年来经销商的品牌日益增多。美国著名的零售连锁店西尔斯销售的产品中90%以上都用自己的品牌，如“顽强”电池、“工匠”工具、“肯摩尔”燃具，这些品牌已获得了用户的忠诚。近几年我国的一些中间商也开始开发自有品牌，如北京的超市发连锁股份有限公司的“超市发”品牌。为什么中间商要煞费苦心来开发自己的品牌呢？这是因为使用自己的品牌可以带来种种利益：第一，可以保证和控制货源。中间商可以找到能提供质量稳定的产品的供应商并对其加以控制（中间商可以用更换供应商来威胁制造商）。第二，可以控制进货价格，以较低的售价提高产品竞争力，获得较高的利润。

③使用特许品牌。实力较弱、产品的市场占有率较低和企业声誉尚待建立的生产企业，可以考虑利用特许形式使用其他制造商的品牌，以促进企业的产品销售，提高市场占有率。生产者同其他品牌制造商签订品牌使用许可协议，在一定期限内支付给对方使用许可费，在自己生产的产品上使用对方已经创立的品牌名称或符号。

（3）品牌统分策略。这是企业确定品牌数量的决策，即企业对所生产的不同种类、规格、质量的产品分别使用不同的品牌，还是全部使用一个品牌。

①个别品牌策略。指企业对不同产品分别使用不同的品牌名称。这种品牌策略的好处是，它没有将企业的声誉系在某一产品品牌的成败之上，企业不会因某一品牌信誉下降而承担较大的风险；它可以使企业为每一新产品寻求最佳的品牌，而不必把高档优质产品的品牌引进较低质量的产品线；每个新的品牌都可以造成新的刺激、建立新的信念，有利于企业产品向多个细节市场渗透。个别品牌策略最大的缺点是加大了产品的促销费用，使企业在竞争中处于不利地位。此外，品牌过多，不利于企业创立名牌。

②统一品牌策略。也称家族品牌，是指企业对所生产的多种产品使用同一品牌。这种品牌策略的主要优点是，企业可以运用多种媒体来集中宣传一个品牌，借助品牌的知名度来显示企业实力，塑造企业形象；有助于新产品进入目标市场，不需要为建立消费者对新品牌的认知和偏好而花费大量的广告费。这种品牌策略的主要缺点是，若某一种产品因某种原因（如质量）出现问题，就可能牵连其他种类产品而影响整个企业的信誉；易相互混淆、难以区分产品质量档次而令消费者不便。因此，采用统一品牌的各种产品应具有相同的质量水平，否则会影响品牌信誉，特别是有损较高质量产品的信誉。

③统一品牌和个别品牌并列策略。一个拥有多条产品线或者具有多种类型的产品的企业可考虑采用此策略。一般是在每一种品牌前冠以公司的商号名称。采用这种策略的出发点是企图兼具以上两种策略的优点，既便于新产品享受企业的声誉，节省广告费用，又可以使各品牌保持自己的特点和相对独立性。

（4）品牌扩展策略。品牌扩展亦称品牌延伸，品牌扩展就是指企业利用其成功品牌的声誉来推出改良产品或新产品。例如，以雀巢咖啡成名的“雀巢”商标，被扩展使用到奶粉、巧克力、饼干等产品上；海尔集团成功推出了海尔冰箱之后，又利用这个品牌及其图形特征，成功地推出了洗衣机、电视机等产品。

品牌扩展策略的显著优点是，一个受人注意的好品牌能使新产品立刻被市场认识和较容易地被接受，如果品牌扩展获得成功，还可进一步扩大原品牌的影响和企业声誉。

值得注意的是，品牌扩展策略是一把双刃剑。若利用已成功的品牌开发并投放市场的新产品不尽如人意，消费者不认可，也会影响该品牌的市场信誉。

(5) 多品牌策略。多品牌策略是指企业在同一类产品中采取两种或更多品牌的策略，目的是建立不同的产品特色以迎合不同的购买动机，这样企业可以使产品向各个不同的市场部分渗透，促进企业销售总额的增长。如在中国市场上，宝洁公司为自己生产的洗发液产品设计了三个品牌：飘柔、海飞丝和潘婷。宝洁公司洗发液产品的多品牌策略在中国市场上获得了令人瞩目的业绩。有时，企业在收购某一竞争对手的过程中继承了不同的品牌名称，因为该竞争对手的品牌有一大批忠实的使用者，收购企业不想失去这些用户或消费者，仍然使用被收购企业的品牌。例如，惠普收购了康柏公司，但继续生产和销售康柏笔记本电脑；宝马公司兼并了劳斯莱斯公司，同样保留了劳斯莱斯这一高贵的品牌。

采用多品牌策略的优点主要有：多种不同的品牌可以在零售商的货架上占用更大的陈列面积，既吸引了消费者更多的注意，同时也增加了零售商对生产企业产品的依赖；提供几种品牌不同的同类产品，可以吸引那些求新好奇的品牌转换者；多种品牌可使产品深入多个不同的细分市场，占领更广大的市场；有助于企业内部多个产品部门之间的竞争，提高效率，增加总销售量。

11.4.2　产品的包装策略

1. 包装的概念

包装就是采用适当的包装材料或包装容器，施以一定的科技手段，将产品包封并加以适当的装潢和标志。一般来说，产品包装包括商标或品牌、形状、颜色、图案和材料等要素。

商标或品牌是包装最主要的构成要素，应在包装整体上占据突出的位置。

适宜的包装形状有利于储运和陈列，也有利于产品销售，因此，形状是包装中不可缺少的组合要素。

颜色是包装最具刺激销售作用的构成要素。突出产品特性的色调组合，不仅能够强化品牌特征，而且对顾客有强烈的感召力。

图案在包装中如同广告中的画面，其重要性、不可或缺性不言而喻。

包装材料的选择不仅影响包装成本，也影响产品的市场竞争力。开发和选用新型材料是包装设计中的一项重要工作。

此外，在产品包装上还有标签。在标签上一般都印有包装内容和产品所包含的主要成分、品牌标志、产品质量等级、生产厂家、生产日期和有效期、使用方法等。有些标签上还印有彩色图案或实物照片，以促进销售。

2. 包装的作用

作为整体产品的组成部分，包装的意义已经远远超越了作为容器保护产品的作用，而逐步成为树立企业形象、促进扩大产品销售的重要因素之一。其作用主要体现在以下几个方面。

（1）保护产品。适当的包装可防止产品在流通过程中遭受各种可能的损坏，起到保护产品使用价值的作用。

（2）提供便利。良好的包装既便于卖方对产品的运输、储存和管理，也便于消费者对产品的识别、购买、携带和使用，方便了整个交易活动。产品经过包装美化以后自然区别于同类竞争产品，能引起消费者对产品的注意和喜爱，促成更多的购买行为。

（3）增加利润。包装不仅能够降低产品在流通中的损耗率，而且能够提高产品的附加值，顾客因此而愿意支付的价格远远高于包装的附加成本，从而大幅度提高企业的利润水平。

3. 包装的策略

国际化经营企业可以在包装设计上采取多种策略，以充分发挥包装的作用。

（1）统一包装策略。即企业生产的各种产品在包装上采用相同或类似的图案、色彩或造型等特征，使顾客容易识别同一家企业的产品。统一包装策略的优势在于节省包装设计成本，强化视觉感受和品牌记忆，提高企业声誉形象，同时还有利于新产品介绍，等等。但是，统一包装可能使优质产品的销售受到质量水平较低的产品的拖累。

（2）配套包装策略。企业在进行国际市场营销时，根据市场消费者的购买习惯，把使用时相关联的多种商品，配套放入一个包装容器内一起出售，方便消费者购买和使用，同时，也可以带动相关产品的销售。如烟酒礼包、家用药箱、工具箱等，既便于消费者使用，也扩大了销路。

（3）再利用包装策略。这种策略指原包装的商品用完后，其包装容器还可作其他用途。如糖果、饼干的包装盒可以装入散装的糖果、饼干继续使用；咖啡包装瓶可作水杯等。这种包装策略可以增加包装本身的价值，能引起顾客的购买兴趣，还可发挥广告的作用。

（4）附赠品包装策略。有些商品，如儿童饼干、糖果等，附赠小玩具、连环画；有的商品包装附有积分赠券，积累若干分数可得到赠品；有些商品包装内则附有奖券，提供获奖机会，中奖后可得到奖品，借以刺激消费者的购买兴趣。这种包装策略目前在市场上比较流行，效果不错。

（5）多样化包装策略。企业可以根据当地市场的不同情况对产品采取多样化包装的策略。有些产品可采用不同等级或不同容量的包装，以适应不同购买力和购买心理的消费者；有的时候，某种产品销路不畅，就改换包装设计，这样可以起到促进销售的作用。即使某一种成功的产品，其包装形式若已使用了较长时间，也应考虑重新进行包装设计，以达到进一步扩大销售的目的。

11.4.3 产品的保证策略

1. 产品保证的概念

产品保证是企业向消费者所提供的有关产品性能或特性方面的承诺，以保证顾客能够得到购买本企业产品所应达到的预期功用，如承诺在产品出现损坏或达不到规定要求时，可以保修或退换。国际市场营销中产品保证会因产品、目标市场国环境等差异而有所不同，但一般包括以下内容：产品功用、使用期限、产品出现问题时进行维修的方法和地点、对产品及其组成部分的保证期限、产品的使用条件与使用方法等。

2. 产品保证策略

（1）标准化策略。标准化策略即对不同市场提供统一的品质保证，这样可以带来规模经济效益。在下面的几种情况中通常采用这一策略：

①某种产品的营销以全球市场为目标市场时，必须提供相同的保证，特别是对于工业设备或耐用品更是如此。例如，当用户是多国企业时，它不会容忍其子公司在不同市场上购买的同一商品拥有不同的保证。

②当产品本身具有移动性时，即产品在某一国市场被购买却在另一国使用时，必须保证产品品质的一致性。

③产品本身的某些特性要求品质保证要一致。有些产品的使用安全性是一种非常重要的因素，出了差错可能会危害人身安全，这类产品必须实行统一的品质保证，如药品。

④生产全球化的企业对其产品必须实行统一的品质保证。如日本索尼的电视机在世界许多国家都有生产，为维护统一的企业形象，应提供统一的品质保证。

（2）产品保证当地化策略。产品保证当地化策略，即根据不同市场的具体情况，提供不同的产品品质保证条款，一般适用于以下几种情况：

①当某些制造商实行生产全球化、营销全球化策略时，由于各地工厂的管理水平差别较大，若提供统一的产品保证将耗资巨大且困难重重，可以采用品质保证当地化策略。

②当世界各国对某种产品的质量标准不统一时，难以提供统一的产品保证，可采用产品保证当地化策略。

③当世界各国的产品使用环境和使用条件不同时，如有的国家气候极热、极潮湿，而有的国家则很冷、很干燥，若实行统一的产品保证是不适宜的。

④当企业自身实力有限，无法提供统一的产品保证时，不应随意承诺，而应根据自身条件，实行产品保证的当地化。

本章小结

国际市场产品策略是国际市场营销策略组合的核心，包括产品的整体概念、产品生命周期、国际产品的标准化与差异化以及产品品牌、包装与保证策略。这些因素是企业生产或销售能够满足国际消费者需要的依据，关系到企业经营的成败。在实践中需要根据各国市场的特点正确运用以上各种理论与方法，来解决企业国际市场营销实践中关于产品方面的各种问题。

案例分析

耐克运动鞋

一个名叫奈特的年轻人，曾在美国一家著名的公司里供职。他在对社会发展趋势做了分析后认为，体育运动将会越来越受到人们的喜爱，体育用品必定风靡世界，从事这方面的生产经营肯定大有作为。于是，奈特辞去了公司的职务，和他的体育老师鲍尔曼一道，推销日本的虎牌运动鞋，开始了其体育用品的经销生涯。他们筹集了1 000美元资金，举办了一个名叫“蓝色飘带”的运动会，将他们购买的日本虎牌运动鞋指定为运动会主要用鞋，然后向各学校推销。在推销中他们进行了市场调查，广泛收集消费者对虎牌运动鞋的各种意见和改进要求。在几年的推销工作中，他们全面了解了虎牌运动鞋的优点和缺点，经过反复研究设计，终于试制成功了独具特色、优点更多的新型运动鞋。他们把这种运动鞋用希腊神话中胜利女神的名字“耐克”加以命名，其寓意为运动员穿上耐克运动鞋，就得到胜利女神的庇佑，无往而不胜。

1972年，德国慕尼黑奥运会前夕，正当日本虎牌运动鞋如日中天的时候，耐克运动鞋以其无法比拟的优点发起了强有力的挑战，并一举击败虎牌运动鞋，成为这届奥运会最受运动员欢迎的运动鞋。

多年来，耐克运动鞋一直受到消费者的欢迎，其最主要的原因是公司的总经理奈特对于产品的研制从来都是不惜巨资，他本人还经常参与鞋子的设计。他有一个习惯，公司一旦出现设计上有问题的鞋，他就将其穿在自己的脚上，体验难受的滋味。他说这是“自作自受”。

今天，耐克公司不仅拥有深受全世界众多体育爱好者欢迎的耐克鞋，还拥有以“耐克”命名的系列体育用品，经营项目不断扩大。继战胜了日本的虎牌运动鞋之后，耐克公司又在许多市场上击败了著名的德国阿迪达斯运动鞋，从而誉满全球。

（资料来源：摘自网络经典市场营销案例）

讨论与分析：

1. 请你谈谈争创世界名牌对企业的重要性。
2. 耐克运动鞋成功的原因是什么？

课后习题

一、单选题

1. 满足顾客需要的核心内容，是顾客所要购买的实质性东西，为顾客提供基本的效用和利益的产品是（　　）。

   A. 有形产品　　B. 核心产品　　C. 附加产品　　D. 扩展产品

2. 一个企业提供给市场的全部产品线和产品项目的组合和结构，即企业的生产经营范围是（　　）。

   A. 产品特色策略　　B. 产品线　　C. 产品组合　　D. 产品服务策略

3. 在原有产品的基础上，部分采用新材料、新技术而制成的性能有显著提高的新产品称为（　　）。

   A. 全新产品　　B. 换代新产品　　C. 改进新产品　　D. 仿制新产品

4. 产品生命周期理论是美国哈佛大学教授（　　）首次提出的。

   A. 雷蒙德·弗农　　B. 库兹涅茨

   C. 杰尔特·霍夫施泰德　　D. 劳特明

5. 产品生命周期分为导入阶段、成长阶段、(　　)、衰退阶段四个阶段。
A. 萌芽阶段　　B. 成熟阶段
C. 初创阶段　　D. 发展阶段
6. 国际产品（　　）是指企业向世界不同国家和地区的市场提供不同的产品，以适应不同国家和地区市场的特殊需求。
A. 多样化策略　　B. 标准化策略
C. 同质化策略　　D. 差异化策略
7.（　　）是企业为自己的产品规定的商品名称和标志，是产品的一个重要组成部分，著名品牌可以提高产品身价，获得稳定的市场。
A. 品质　　B. 商标　　C. 服务　　D. 品牌
8.（　　）就是采用适当的包装材料或包装容器，施以一定的科技手段，将产品包封并加适当的装潢和标志。
A. 颜色　　B. 图案　　C. 包装　　D. 品牌
9. 企业在同一类产品中采取两种或更多品牌的策略，目的是建立不同的产品特色以迎合不同的购买动机，这种策略是（　　）。
A. 统一品牌策略　　B. 多品牌策略
C. 品牌扩展策略　　D. 品牌质量策略
10. 企业可以根据当地市场的不同情况对产品采取（　　）。
A. 统一包装策略　　B. 多样化包装策略
C. 配套包装策略　　D. 附赠品包装策略

二、多选题

1. 现代市场营销理论认为，产品整体概念包含（　　）。
A. 核心产品　　B. 有形产品
C. 心理产品　　D. 附加产品
E. 无形产品
2. 一种产品上市后，营销者都期望它能够赚回成本并为企业赢利，然而每种产品的销售和利润都有一个由弱到强、由盛转衰的过程，通常包括（　　）。
A. 介绍（导入）期　　B. 成长期
C. 成熟期　　D. 衰退期
E. 发展期
3. 国际产品生命周期可以分为（　　）。
A. 衰退产品阶段　　B. 导入产品阶段
C. 新产品阶段　　D. 成熟产品阶段
E. 标准化产品阶段
4. 国际市场营销中品牌策略有（　　）。
A. 品牌归属策略　　B. 品牌统分策略
C. 品牌扩展策略　　D. 多品牌策略
E. 无品牌策略

5. 国际化经营企业可以在产品包装上采取多种策略，以充分发挥包装的作用，具体的策略有（　　）。

A. 统一包装策略　　B. 配套包装策略

C. 再利用包装策略　　D. 附赠品包装策略

E. 多样化包装策略

三、名词解释

1. 产品整体概念
2. 国际产品生命周期
3. 国际产品标准化策略
4. 国际产品差异化策略
5. 产品品牌

第 12 章

国际市场营销的价格策略

★学习目标

1. 了解国际产品价格的构成，掌握影响国际市场营销定价的因素。
2. 熟悉国际市场营销的定价方法，并能够灵活运用定价策略。
3. 了解国际产品价格的发展变动趋势，掌握相应的应对策略。

价格是市场营销组合的一个重要因素，也是企业可控因素中最难以确定的因素。产品价格的高低，直接决定着企业的收益水平，也影响到产品在国际市场上的竞争力。产品定价受到多重因素的影响，无论是出口定价还是外国市场定价，运费、关税、汇率变动、政治形势、消费文化及目标国市场特征等因素都使其增加了难度。因此，国际市场营销中的定价不但需要考虑影响国际产品定价的因素，还要根据市场和消费需求的特点制定合理的价格策略。

12.1 影响国际产品定价的因素

12.1.1 定价目标

定价目标是指企业通过特定水平的价格制定或调整所要达到的预期目标，是指导企业进行价格决策的主要因素。在国际市场上的不同国家的市场特征是不同的，因而企业的定价目标也不可能完全一样。有些企业将国内市场作为主导市场，而将国外市场看作国内市场的延伸和补充，针对国外市场往往采用比较保守的定价策略；有些企业将国外市场看得和国内市场一样重要，甚至把国内市场当作国外市场的一部分，采取的定价策略往往是进取型的。企业针对各个国外市场设定的不同目标，对定价策略也有很大影响。在迅速发展的国外市场上，企业可能更注重市场占有率的增长而暂时降低对利润的要求，采取低价渗透策略。而在低速发展的国外市场上，企业可能更多地考虑投资的回收，而采用高价撇脂策略。与当地厂商合资的企业，在定价上除了考虑自身的目标外，还必须考虑合作伙伴的要求。总之，企业的定价目标多种多样，概括起来主要有以下几种。

1. 利润导向的定价目标

许多企业都把利润作为重要的定价目标，这样的目标主要有两种。

（1）利润最大化目标。利润最大化目标指的是企业期望获取最大限度的销售利润，这几乎是所有企业的共同愿望。很多企业就是在面临严峻的价格竞争时，也还在力争最大利润。小企业，尤其是那些成功地打开销路的中小企业，最常制定这种目标。

追求最大利润并不一定追求最高价格，即使一个企业的产品在市场上处于某种绝对优势地位，但由于市场竞争，企业要想长期维持一个过高的价格必然会面临诸如需求减少、替代品加入、竞争者增多的压力，甚至会引起公众的不满而遭受政府干预等。

（2）利润目标。利润目标，即以预期的利润作为定价目标，是指企业把某项产品或投资的预期利润水平，规定为销售额或投资额的一定百分比，即销售利润或投资利润率。产品定价是在成本的基础上加上利润目标，企业根据实现利润目标的要求，估算产品的销售价格和销售数量，一般来说，预期销售利润率或投资利润率要高于银行存款利率。

以利润目标作为定价目标的企业，应具备两个条件：一是具有较强的实力，竞争力比较强，在行业中处于领导地位；二是产品多为新产品、独家产品以及低价高质量的标准化产品。

2. 保持或扩大市场占有率的目标

市场占有率是企业经营状况和企业产品在市场上的竞争能力的直接反映，对企业的生存和发展具有重要意义。市场占有率一般比最大利润容易测定，也更能体现企业努力的方向。一个企业在一定时期的盈利水平高，可能是由于过去拥有较高的市场占有率的结果；如果市场占有率下降，盈利水平也会随之下降。因此，许多资金雄厚的大企业喜欢以低价渗透的方式来取得一定的市场占有率。中小企业为了在某一细分市场获得一定优势也十分注重扩大市场占有率。

3. 以竞争为导向的定价目标

以竞争为导向的定价目标，指企业主要着眼于在竞争激烈的市场上应付或避免竞争，以此为导向制定的定价目标。在市场竞争中，大多数竞争对手都对价格很敏感，一般要广泛搜集信息，把自己产品的质量、特点和成本与竞争者的产品进行比较，然后制定本企业的产品价格。通常采用的方法有与竞争者同价、高于竞争者的价格和低于竞争者的价格。

当市场存在领导者价格时，新加入者只能采取与竞争者相同的价格，才能把产品打入市场，争得一席之地。当企业为扩大市场份额，或小企业生产销售费用较低时，定价会低于竞争者。当企业拥有诸如资金雄厚、产品质量好、推销服务水平高等优越条件时，其就有可能把价格定得高于竞争者。

企业在遇到同行业的价格竞争时，常常会被迫采取相应对策，如以竞相削价来压倒对方，及时调价，价位对等，提高价格以树立威望。在现代市场竞争中，许多企业经营者认识到，价格战容易使双方两败俱伤，损失较大，所以都悄然地开展非价格竞争，如在产品质量、促销等方面提高竞争力，以巩固和扩大自己的市场份额。

4. 产品质量导向目标

产品质量导向目标，指企业通过在价格上做出相应的反应，而在市场上树立产品质量领先地位的目标。通常情况下，产品的质量和售价是直接相关的，优质优价是一般的市场准则。研究和开发优质产品必然要支付较高的成本，自然要求以高价格得到回报。在完善的市场体系中，高价格的商品自然代表着或反映着商品的质量及其相关的服务质量高。采取这一目标的企业必须具备两个条件：高质的产品和优质的服务。如果企业不具备以上条件而贸然采取高价格策略，那么就会最终失去市场。

5. 生存导向目标

当企业生产能力过剩、在国际市场面临激烈竞争导致销量下滑时，企业为了确保工厂继续开工和使存货售出，必须制定较低的价格，甚至亏本销售，通过明显的价格优势刺激需求和打压竞争者，以求扩大销量。此时，企业需要把维持生存作为主要目标。这种目标只能作为特定时期的过渡性目标，一旦企业出现好转，就要被其他目标所代替。

6. 分销渠道导向目标

分销渠道导向目标，指企业为了保持其分销渠道的畅通，充分考虑中间商的利益来进行产品定价。保持分销渠道的畅通，是保证那些需经中间商推销的企业获得良好经营效果的重要条件之一。为了使分销渠道畅通，企业必须研究价格对中间商的影响，充分考虑中间商的利益，保证中间商有合理的利润，促使中间商有积极性去推销商品。在现代市场经济中，中间商是现代企业营销活动的延伸，对宣传产品、提高企业知名度有十分重要的作用。企业在激烈的市场竞争中，有时为了保住完整的销售渠道，促进销售，不得不让利于中间商。

12.1.2　成本因素

国际营销与国内营销在成本上的差别，一方面体现为相同的成本项目对于两者的重要性不同，如运费、保险费、包装费等在国际营销成本中占有较大比重；另一方面体现为成本的构成要素不同，如关税、报关、文件处理等是国际营销所特有的成本项目。

1. 产品成本

成本核算是定价行为的基础。企业要保证生产经营活动，就必须通过市场销售收回成本，并在此基础上形成盈利。产品成本是企业制定价格的最低界限，即所谓成本价格。低于成本价格出售产品，企业不可避免地要产生亏损，时间一长，企业的营销就难以为继。在市场竞争中，产品成本低的企业就拥有制定价格和调整价格的主动权和较好的经济效益；反之，就会在市场竞争中处于不利地位。

成本是企业能够为其产品设定的底价。企业想设定一种价格，既能够补偿所有生产、分销和直销产品的成本，又能够带来可观的利益和风险收益率。许多企业努力奋斗，为的是成为本行业中的低成本生产商。低成本的企业能设定较低的价格，从而取得较高的销售量和利润额。

企业的成本有两种形式：固定成本和可变成本。固定成本（也称为企业日常管理费），指那些不随生产或销售水平变化的成本。例如，企业必须支付每月的租金、利息、管理人员的薪金，以及其他开支。可变成本直接随生产水平发生变化，例如，每台个人计算机都包括芯片、电线、塑料、包装及其他投入成本，每台计算机上这些成本都趋向于一致。它们被叫作可变成本，是因为其总量会随着生产的计算机数量而变化。总成本是指在任何生产水平下固定成本和可变成本之和。管理部门希望制定的价格至少能够补偿在既定生产水平下的生产总成本。

企业必须审慎地监督好成本。如果企业生产和销售产品的成本大于竞争者，那么企业将不得不设定较高的价格或减少利润，从而使自己处于竞争劣势。

2. 中间环节费用

各个国家的市场分销体系与结构存在着很大的差别。产品从生产者转移到消费者手上，要经历相应的中间环节，其间必然发生相应的费用。中间环节费用包括运输费用和支付给中间商的费用。运输费用主要取决于产品生产地和最终用户之间地理距离的远近以及运输难度的大小，中间商费用则取决于目标市场国家的市场分销体系与结构。由于各国市场分销结构的发展程度相差较大，产品在各国的中间环节费用也相差较大。

3. 关税及其他税负

以出口方式进入国际市场时，关税是当货物从一国进入另一国时所缴纳的费用，它是一种特殊形式的税收。关税是国际贸易最普遍的特点之一，它对进出口货物的价格有直接的影响。征收关税可以增加政府的财政收入，还可以保护本国市场。关税额一般是用关税率来表示，可以按从量、从价或混合方式征收。事实上，产品缴纳的进口签证费、配额管理费等其他管理费用也是一个很大的税额，成为实际上的关税。此外，各国还可能征收消费税、交易税、增值税和零售税等，这些税收也会影响产品的最终售价。

4. 风险成本

在国际市场营销实践中，如果是出口方式，那么从接订单到交货、货款收付等需要比较长的时间，因此也就增加了融资、通货膨胀以及汇率波动等方面的成本。其风险成本主要包括融资、通货膨胀及汇率风险。

12.1.3 市场因素

在定价中，市场需求的影响是不可忽视的。产品的最低价格取决于该产品的成本费用，而最高价格则取决于产品的市场需求状况。各国的社会文化背景、自然环境、经济条件等因素不同，决定着消费者对相同产品的消费偏好不同。在特定市场上，对某一产品感兴趣的消费者的数量和他们的收入水平及其产品的需求弹性系数，对确定产品的最终价格有重要意义。即使是低收入消费群体，对产品的迫切需要也会导致这种产品能够卖出高价。但仅有需求是不够的，还需要有支付能力作后盾。所以企业必须进行深入的市场调研，分析目标市场消费者的需求状况，制定合理的价格，并随时对价格进行调整。

12.1.4 竞争因素

竞争因素对定价的影响主要表现为竞争者产品的价格对企业产品价格水平的约束。在激烈的市场竞争中，价格的最高限受市场需求的约束，最低限受产品成本的约束，在上限与下限之间，企业能把产品价格定多高，则取决于竞争者提供的同种产品的价格水平。企业要在调查研究本企业产品与竞争对手产品在质量、功能、品牌等方面的差异之后，再来确定自己产品的价格水平。根据行业内企业数目、企业规模以及产品是否同质三个条件，国际市场竞争结构可以划分为垄断竞争、完全竞争、寡头竞争和完全垄断四种。在不同结构的市场中，企业的定价策略是不同的，企业不得不针对不同的竞争状况制定不同的定价策略。

12.1.5　政府因素

政府可以从多方面对企业的定价进行干预，如关税、税收、汇率、竞争政策以及行业发展规划等，这些干预措施又因国家的不同而不同。一些国家为保护民族工业而征收较高的关税或设定某些非关税壁垒，这会使进口商品成本增加很多。作为出口企业，不可避免地要遇到各国政府的有关价格规定的限制，政府对进口商品实行的最低限价和最高限价，约束了企业的定价自由。企业出口价格也有可能被进口国认为过高或过低而被拒绝，过低可能被认为是倾销而引发反倾销诉讼，过高又可能被认为浪费进口国的外汇或利用转移定价转移利润。

即使政府对价格的干预很少，企业仍要面临着如何对付国际价格协定的问题。国际价格协定是同行业各企业为了避免恶性竞争，尤其是竞相削价而达成的价格协议。这种协议有时是由政府直接出面，通过国际会议达成的多国协议；有时是在政府支持下，由同一行业中的各企业共同达成的企业间协议。企业必须注意目标市场的价格协议，同时关注各国的公平交易法对价格协定的影响。

政府对本国出口产品实行价格补贴，可以降低出口产品价格，增强产品在国际市场上的竞争力。如美国政府对农产品实行价格补贴，可以提高其农产品的国际市场竞争力；而我国出口产品退税制也是为增强出口产品的竞争力。

12.2　定价方法

12.2.1　以成本为导向的定价

成本导向定价法，是以企业的生产或经营成本作为制定价格依据的一种基本定价方法。按照成本定价的性质不同，又可分为以下几种。

1. 成本加成定价法

成本加成定价法是指以产品成本为基础，加上预期利润，结合销售量等有关情况，确定产品的价格水平。成本加成定价法是企业采用的最基本、最普遍的方法，其基本公式为：

$$单位产品销售价格 = 单位产品成本 \times (1 + 成本加成率)$$

其中单位产品成本除了包括产品的制造成本外，还应考虑许多国际市场营销所特有的成本项目，如关税、保险费、运费、外销中间商的毛利、融资和风险成本等，根据这些费用是由生产厂家负担还是由出口商或进口商负担，决定制定价格时是否将这些成本计算在内。

这一定价方法的关键是加成率的确定。一般来说，加成率的大小与商品的需求弹性和企业的预期盈利有关。需求弹性大的商品，加成率宜低，以求薄利多销；需求弹性小的商品，加成率可以稍高。在实践中，同行业内往往会形成一个为大多数企业所接受的加成率。

这一定价方法的优点是计算简单，资料容易取得，企业定价人员只需根据企业内部的会计记录就能定价。不足是定价时只考虑了卖方利益，而忽略了市场需求和竞争因素的影响，是一种卖方市场条件下的产物。因此企业运用此法定价后，还应根据市场需求、竞争情况等因素的变化做必要的调整。

2. 目标利润定价法

目标利润定价法也叫投资收益率定价法，是根据企业总成本，按投资收益率确定的目标利润、预期销售量来制定产品价格的一种方法。计算时，先求出单位产品的固定成本和可变成本，再加上单位产品目标利润，计算公式为：

单位产品销售价格 =（总成本 + 目标利润）/总销量

使用这一方法需要确定三个因素：一是估计不同产量所产生的总成本；二是预期可能达到的销售量；三是确定目标利润总额。只有在以上因素确定的基础上，才能制定目标利润价格。

目标利润定价法的优点是将产品价格和企业的投资活动联系起来，可以保证企业实现既定的目标利润，一方面强化了企业管理的计划性，另一方面能较好地实现投资回收计划。不足之处在于价格是根据估计的销售量计算的，而实际工作中，价格的高低反过来对销售量有很大的影响。销售量的预计是否准确，对最终市场状况有很大的影响。企业必须在价格和销售量之间寻求平衡，从而确保用所定价格来实现预期销售量的目标。

3. 边际成本定价法

边际成本定价法，又称变动成本定价法，它是以变动成本为基础，不计算固定成本的定价方法。这种方法是在产品供过于求、卖方竞争异常激烈的情况下采取的一种临时性办法。同时，它也适用于企业将价格作为主要市场竞争手段，打击或排斥竞争对手的情况。由于是不计固定成本的不完全成本定价，故售价较低，可以增强产品的市场竞争能力。在企业出口销售时，出口商经常采用这种方法定价，待产品打入目标市场国并占领一定的份额后，再逐步提高价格以期获得更多利润。计算公式为：

单位产品价格 =（总的变动成本 + 总的边际贡献）/预计销量

利用边际成本定价法的基本出发点是，只要边际贡献大于零，企业就有利可图，此时的产品定价临界点是变动成本。此外，边际贡献是对固定成本的补偿和利润的增加所做出的贡献。当所有产品销售后所得的贡献总和超过了企业的固定成本总额时，超出的部分就是利润。

4. 损益平衡定价法

损益平衡定价法，又称保本定价法。它是按照生产某种产品的总收入与总支出维持平衡的原则，来制定产品的价格。在企业定价实务中，可利用此方法进行定价方案的比较与选择。计算公式为：

保本价格 =（固定成本 + 变动成本 × 保本产量）÷ 保本产量

保本产量 = 固定成本 ÷（保本价格 − 变动成本）

这种定价方法通常是在国际市场不景气、企业经营困难时采用的，保本经营总比停业的损失要小得多，而且企业有灵活的回旋余地。另外，国际市场营销企业通常生产多种产品，有些产品可能是高利，有些产品可能是无利，甚至亏损。所以，在某一种产品暂时无法获得利润时，可相应提高其他产品的产量或售价，从而实现企业总体产品赢利。

12.2.2　以需求为导向的定价

需求导向定价法又称顾客导向定价法、市场导向定价法，是指企业根据市场需求状况和消费者的不同反应分别确定产品价格的一种定价方法。这种定价方法的基础是市场可以接受的销售价格水平，具体包括倒推定价法、认知价值定价法和差别定价法三种。

1. 倒推定价法

倒推定价法的主要依据是国外市场的需求，即顾客可以接受的价格，而不是产品的成本。即使产品成本一样，只要需求强度不一样，就可以制定不同的价格。倒推定价法主要是为了兼顾企业应获得的收益以及产品在国际市场上的竞争力。按照这种定价法，企业要先分析国外市场上的供求关系，估算出企业产品在目标市场上的销售价格，然后从这一估算价格中减去中间商的利润、关税、运费等，反推出产品的出厂价格，即 FOB 价。

2. 认知价值定价法

认知价值定价法也称感受价值定价法、理解价值定价法，是指企业根据购买者对产品的认知价值来制定价格的一种方法。这种定价方法认为，某一产品的性能、质量、服务、品牌、包装和价格等，在消费者心目中都已有一定的认知和评价，消费者往往根据他们对产品的认知、感受或理解的价值水平、综合购物经验、对市场行情和同类产品的了解而对价格做出评判。当商品价格水平与消费者对商品价值的理解水平大体一致时，消费者就会接受这种价格，反之，消费者就不会接受这种价格，商品就卖不出去。

认知价值定价法的基本步骤如下：

（1）根据企业产品的性质、用途、质量等因素确定顾客的感受价值，根据顾客的感受价值决定商品的起始定价。

（2）根据市场供需、营销组合策略的运用和初始价格预测可能实现的销售量。

（3）以初始价格为基础，扣除中间商成本、关税、运费和税收等，倒推出产品的出厂价格。

（4）将推算出的出厂价格与实际成本进行比较，如果前者大于后者，即可按最终售价进行销售；如果后者大于前者，企业必须设法降低生产成本，或者放弃生产和营销计划。

3. 差别定价法

差别定价法是指企业以两种或两种以上不同的反映成本费用的比例差异的价格来销售一种产品，即价格的不同并不是基本成本的不同，而是企业为满足不同消费层次的需求而构建的价格结构，差别定价法有以下几种形式。

（1）顾客差别定价。顾客差别定价是指企业以不同的价格把同种产品卖给需求迫切程度或对行业熟悉程度不同的顾客。在国际市场上，由于市场范围大，各国市场的信息对称与否、消费喜好和资源充足程度都不相同，因此对那些需求迫切程度较高、对行业熟悉程度较低的用户可以制定较高的价格，获得撇脂利润，反之则可以适当降低价格。

（2）产品形式差别定价。产品形式差别定价是指对不同规格、型号的产品制定不同的价格，但价格差别并不与它们的成本差别成比例。为了满足顾客不同的心理需要和外观偏好，在生产成本变动不大的前提下，仅对外观进行调整，然后以不同的价格销售给顾客。

（3）时间差别定价。由于时间、季节的不同，消费者对同一产品的需求程度会产生差异，因此，要求价格随季节、时期甚至钟点的变化而变化。普遍的做法是在销售旺季提高价格，销售淡季降低价格以提升销量。

（4）地域差别定价。根据顾客对不同地域甚至同一地域但处在不同位置的产品的需求程度不同而确定不同的价格。如影院、体育场等根据观众对不同位置的偏好制定不同的座位价格。

企业采取差别定价必须满足以下条件：

（1）市场必须是可以细分的，各个细分市场表现出不同的需求程度。

（2）低价格和高价格区域的顾客不会发生窜货。

（3）价格差别不会引起消费者的不满。

（4）用以控制价格差别市场的成本必须小于实行差别定价获取的额外利润。

差别定价法在各国市场上有所限制，企业应依据当地市场的法则灵活运用。

12.2.3 以竞争为导向的定价

竞争导向定价法是企业通过研究竞争对手的生产条件、服务状况、价格水平等因素，依据自身的竞争实力、参考成本和供求状况来确定商品的价格。竞争导向定价主要包括：

1. 随行就市定价法

随行就市定价法，是竞争导向定价法中广为流行的一种，它是以本行业平均定价水平作为企业定价的标准。采取这种定价方法的情况如下：

（1）企业打算与同行和平共处，如果另行定价，很难了解购买者和竞争者对本企业产品价格的反应，这样就可减少竞争的风险。

（2）产品的成本难以估算，随行就市可以集中本行业的定价经验，容易获得合理的收益。

（3）平均价格水平在消费者心中常被认为是合理的价格，易被接受。

2. 主动竞争定价法

与通行的价格定价法相反，主动竞争定价法不是追随竞争者的价格，而是根据本企业产品的实际情况及与竞争对手的产品差异状况来确定价格。一些实力雄厚或产品独具特色的企业，在一定时期的某一市场上，以击败某一个或某些竞争对手为主要目标时，可采用这种定价方法。企业定价时，首先，将市场上竞争产品的价格与企业估算的价格进行比较，分为高于、等于及低于三个价格层次。其次，将本企业产品的性能、质量、成本、款式、产量等与竞争企业进行比较，分析造成价格差异的原因。再次，根据以上综合指标确定本企业产品的特色、优势及市场定位，在此基础上，按定价所要达到的目标确定产品价格。最后，跟踪竞争对手产品的价格变化，及时分析原因，相应调整本企业产品价格，直到击败竞争对手为止。

3. 投标定价法

投标定价法是国际经营企业在参加国际招标或国际招标订货时，预计竞争者的报价，并以比预计竞争者报价更低的价格报价，以便能够中标。一般有密封投标和公开投标两种形式。

投标企业在确定自己的报价时，考虑的首要因素是竞争对手可能报出的价格，而不是本企业的成本，本企业的成本仅作为次要考虑因素。一般来说，报价高，利润大，但中标机会小，如果因价高而致落标，则利润为零；反之，报价低，虽中标机会大，但利润低，其机会成本可能大于其他投资方向。因此，报价就是使预期利润达到最高水平的价格。运用这种方法，最大的困难在于估计中标的概率，这涉及对竞争对手情报的掌握。这种方法主要包括招标、投标和开标等主要程序，在建筑工程、大型设备制造、政府采购等交易中经常采用。

12.3 定价策略

12.3.1 新产品定价策略

1. 撇脂定价策略

撇脂定价法又称高价法或吸脂定价，是指新产品上市初期，将价格定得较高，在竞争者仿制出相似产品之前，尽快地收回投资，并且取得相当的利润。随着时间的推移，再逐步降低价格使新产品进入弹性大的市场。这就像从牛奶中撇取奶油一样，取其精华，称为撇脂定价法。满足以下条件的企业可采用撇脂定价策略：

（1）高新产品，或是专利保护的产品，或是独家经营，别无竞争者。

（2）市场有足够的购买者，他们的需求缺乏弹性，即使把价格定得很高，市场需求也不会大量减少，或高价带来的利益大于高价造成的需求量下降而带来的损失。

（3）商品的价格与其质量应该相符，即高价推出的新产品在消费者心目中应该是优质产品、高档产品。

（4）企业的生产能力有限，通过高价限制消费者的需求量。

这种定价方法的优点是：第一，便于快速收回投资。一些高科技产品、药品等，前期的研发投入比较多，产品上市后在生命周期的引入阶段，同类产品一时难以出现，消费者需求强烈却缺乏价格弹性，厂商利用顾客求新猎奇的购买动机，用偏高价格刺激需求，有助于提高产品声誉，并能够较快地收回投资。第二，便于后期价格调整。撇脂定价具有较大的活动余地，随着产品生命周期的演进，同类产品越来越多，企业可以让高定价逐步回落，由高价到低价是消费者容易接受的变化。第三，便于控制需求。给新产品定较高的上市价，就能够把市场需求控制在一定的范围内，可以保证企业在生产能力方面足以应付市场的需求。

总之，撇脂定价可以使有限的销量取得最大化收益，同时还可以强化消费者对产品高价值的认知。

缺点是不利于扩大市场，会很快招来竞争者，迫使价格下降，好景不长。

2. 渗透定价策略

与撇脂定价策略相反，渗透定价是指企业在新产品打入市场之初，将价格定得很低，这样做的目的是迅速打开销路，争取更多的购买者，提高市场占有率。渗透价格并不意味着绝对便宜，而是相对于价值来讲比较低。

采用渗透定价策略时，应满足以下几个市场条件：

（1）市场价格需求弹性较大，消费者对产品价格敏感，低价确实能起到刺激消费需求的作用。

（2）低价销售企业仍有盈利，不至于引起竞争者的报复和目标市场国反倾销指控。

（3）采用这种策略会使企业难以在短期内收回投资，因而目标市场的宏观营销环境必须是稳定的，使企业有一个稳定的、较长时间的投入产出期。

这种定价策略的优点是能够较快地占领市场，可以有效地阻碍同业竞争者的进入。缺点是不利于尽快收回初期投资，也挤压日后的价格变动空间，在产品生命周期和需求弹性预测不准的条件下，具有一定的风险性。

3. 均匀定价策略

均匀定价策略又称满意定价策略，这是一种中价策略，即在新产品刚进入市场的阶段，将价格定在介于高价和低价之间，力求使买卖双方均感到满意。因此又称为“君子价格”或“温和价格”。

这种定价策略适用于需求价格弹性较小的日用生活必需品和主要的生产资料。这种策略既可以避免撇脂定价因高价而带来的风险，又可消除渗透定价因低价而引起的企业生产经营困难，因而既能使企业获取适当的平均利润，又能兼顾消费者利益。

12.3.2 心理定价策略

心理定价是指根据不同目标市场国的消费者心理需求和特征来实施的不同定价，是企业根据消费者的心理特点，迎合消费者的某些心理需要而采取的一种定价策略。常见的心理定价策略主要有以下几种。

1. 尾数定价策略

尾数定价，也称零头定价或缺额定价，是利用消费者对数字认知的某种心理，在价格上故意添加一个零数结尾的非整数价格。这让消费者感觉到价格是低廉的，并且是经过精心计算的，从而会对定价产生信任感，如0.99元、9.98元等。同时，价格虽离整数仅相差几分或几角钱，但给人一种低一位的感觉，符合消费者求廉的心理。这种策略通常适用于基本生活用品。

2. 整数定价策略

整数定价与尾数定价正好相反，企业有意将产品价格定为整数，以满足消费者的某种心理，显示产品具有一定质量。整数定价多用于价格较贵的耐用品或礼品，以及消费者不太了解的产品，对于价格较贵的高档产品，顾客对质量较为重视。所谓“一分价钱一分货”，顾客往往把价格高低当作衡量产品质量的标准之一，这时采用整数定价策略往往有利于销售。

3. 声望定价策略

声望定价即针对消费者“便宜无好货”“价高质必优”的心理，对在消费者心目中享有一定声望、具有较高信誉的产品制定高价。不少高级名牌产品和稀缺产品，如豪华轿车、高档手表、名牌时装、名人字画、珠宝古董等，在消费者心目中享有极高的声望和地位，价格越高，消费者心理满足的程度也越高。

使商品形成并维持声望价格通常需要适当控制市场拥有量，具体方法主要有高价、限销。供应量和拥有量的控制，使高价的维持反过来限制销量。

4. 习惯定价策略

有些产品在长期的市场交换过程中已经形成了为消费者所适应的价格，称为习惯价格。企业对这类产品定价时要充分考虑消费者的习惯倾向，采用“习惯成自然”的定价策略。对消费者已经习惯了的价格，不宜轻易变动。降低价格会使消费者怀疑产品质量有问题；提高价格会使消费者产生不满情绪，导致购买的转移。在不得不需要提价时，应采取改换包装或品牌等措施，减少抵触心理，并引导消费者逐步形成新的习惯价格。

5. 招徕定价策略

这是适应消费者“求廉”的心理，将产品价格定得低于一般市价，个别的甚至低于成本，以吸引顾客、扩大销售的一种定价策略。采用这种策略，虽然低价产品不赚钱，甚至亏本，但从总的经济效益看，由于低价产品带动了其他产品的销售，企业还是有利可图的。

12.3.3　促销定价策略

企业在营销过程中，为了鼓励顾客购买产品，或为了鼓励顾客增加购买量，经常会采取价格折扣等促销策略，即折扣定价策略。常见的折扣定价策略主要有以下几种。

1. 现金折扣

现金折扣是企业为了加速资金周转，减少坏账损失或收账费用，给现金付款或提前付款的顾客在价格方面的一定优惠。其折扣率的高低，一般由买方提前付款期间利息率的多少、提前付款期限的长短和经营风险的大小来决定。采用现金折扣一般要考虑三个因素：折扣比例、给予折扣的时间限制和付清全部货款的期限。

2. 数量折扣

数量折扣是根据购买数量多少而给予不同程度的价格折扣。它是为了鼓励顾客批量购买或集中购买一家企业的产品而采用的一种减价策略。一般来说，购买的数量或金额越大，给予的折扣也越大。数量折扣有一次折扣和累计折扣两种形式。

运用数量折扣策略的难点是如何确定合适的折扣标准和折扣比例。如果享受折扣的数量标准定得太高、比例太低，则只有很少的顾客才能获得优待，绝大多数顾客将感到失望；购买数量标准过低、比例不合理，又起不到鼓励顾客购买和促进企业销售的作用。因此，企业应结合产品特点、销售目标、成本水平、企业资金利润率、需求规模、购买频率、竞争者手段以及传统的商业惯例等因素来制定科学的折扣标准和比例。

3. 功能性折扣

功能性折扣也称交易折扣，是指企业根据交易对象在产品流通中的不同地位和功能，以及承担的职责给予不同的价格优惠。对买方企业实行何种价格折扣，是以其在产品流通中发挥何种作用为依据的。为鼓励各类经营企业的积极性，各种折扣和差价应补偿其必要的流通费用，并提供合理利润。

4. 季节折扣

季节折扣是指企业对购买非应季产品或劳务用户的一种价格优惠。一些产品常年生产、季节消费，宜采用此策略。目的在于鼓励买方在淡季提前订购和储存产品，减少因存货所造成的资金占用负担和仓储费用，加快资金周转，实现企业均衡生产和经营。

5. 回扣和津贴

回扣是间接折扣的一种形式，它是指购买者在按价格目录将货款全部付给销售者以后，销售者再按一定比例将货款的一部分返还给购买者。津贴是企业为达成特殊目的，对特殊顾客以特定形式给予的价格补贴或其他补贴。比如，当中间商为企业产品提供了包括刊登地方性广告、设置样品陈列窗等在内的各种促销活动时，生产企业给予中间商一定数额的资助或补贴。又如，对于进入成熟期的消费者，开展以旧换新业务，将旧货折算成一定的产品价格，在新产品的价格中扣除，顾客只支付余额，以刺激消费需求，促进产品的更新换代，扩大新一代产品的销售。这也是一种津贴形式。

12.3.4 地理定价策略

地理定价策略是一种根据商品销售的地理位置不同而规定差别价格的策略。企业在国际市场上销售产品，各国地理分布的差异带来了成本费用的差异，因而企业需要对销售于不同地区的产品制定出差异价格，其主要形式有以下几种。

1. 产地交货价格

产地交货价格是卖方按出厂价格交货或将货物送到卖方指定的某种运输工具上交货的价格。在国际贸易术语中，这种价格称为离岸价格或船上价格。交货后的产品所有权归买方所有，运输过程中的一切费用和保险费均由买方承担。产地交货价格对卖方来说较为便利，费用最省，风险最小，但对扩大销售有一定影响。

2. 目的地交货价格

目的地交货价格是由卖方承担从产地到目的地的运费及保险费的价格。在国际贸易术语中，这种价格称为到岸价格或成本加运费和保险费价格，可分为目的地船上交货价格、目的地码头交货价格以及买方指定地点交货价格。目的地交货价格由出厂价格加上产地至目的地的手续费、运费和保险费等构成，虽然手续较烦琐，卖方承担的费用和风险较大，但有利于扩大产品销售。

3. 统一交货价格

统一交货价格也称送货制价格，即卖方将产品送到买方所在地，不分路途远近，价格一样。这种价格类似于到岸价格，其运费按平均运输成本核算，可减轻较远地区顾客的价格负担，使买方认为运送产品是一项免费的附加服务，从而乐意购买产品，有利于扩大市场占有率。同时，能使企业维持一个全国性的广告价格，易于管理。该策略适用于体积小、重量轻、运费低或运费占成本比例较小的产品。

4. 分区运送价格

分区运送价格也称区域价格，指卖方根据顾客所在地距离的远近，将产品覆盖的整个市场分成若干个区域，在每个区域内实行统一价格。这种价格介于产地交货价格和统一交货价格之间。实行这种方法，处于同一价格区域内的顾客就得不到来自卖方的价格优惠，而处于两个价格区域交界地的顾客就得承受不同的价格负担。

5. 运费津贴价格

运费津贴价格是指为弥补产地交货价格策略的不足，减轻买方的运杂费、保险费等负担，由卖方补贴其部分或全部运费的价格。该策略有利于减轻边远地区顾客的运费负担，使企业保持市场占有率，并不断开拓新市场。

12.3.5　转移定价策略

这种定价策略只存在于国际市场营销之中，它是指跨国经营的企业在母子公司之间、各子公司之间相互交易商品与劳务时适用的一种内部交易价格。这种定价服从跨国公司的全球战略目标和谋求最大限度利润的需要，不受市场正常供求关系的约束。国际市场上的转移定价目的一般有四个：

1. 规避关税

关税是国际商品转移的重要成本。为了增加收益，许多跨国经营的企业都会采用转移价格的方法来规避关税。跨国企业利用转移定价调节母公司与子公司、子公司与子公司之间的利润分布，以便利用各国间的税率（主要是所得税和关税）差异减少整体纳税额。通过转移定价使整个公司的税负水平最小化。

世界各国的关税多是从价计征的比例税率，即产品价格越高，应交的关税越多。若一国某类产品的关税税率高时，则母公司在将产品出售给该国的子公司时，易采取较低的价格，以降低关税。另外，跨国公司还可以利用区域性经济同盟的优惠规定，达到降低关税的目的。如欧盟成立了自由贸易区，规定产品若是在欧盟自由贸易区外生产的，由自由贸易区一成员国运往另一成员国时需缴纳关税。跨国公司的母公司可将半成品的售价定得低一些，半成品制造成成品的价值一半以上是在欧盟自由贸易区内的子公司增值，这样该商品在欧盟自由贸易区不同成员国内销售就可免交关税。

2. 规避所得税

世界各国的所得税征收办法不同，税率也相差较大，这就给跨国公司提供了减少税额的办法。

有些国家为了吸引外资，甚至设立了避税港，在避税港内外国公司税率很低，甚至完全免税。这时，跨国公司往往先在避税港设立子公司，然后要求位于其他高税率国家的子公司低价出售产品给位于避税港的子公司，避税港子公司再以高价将产品卖给高税率国家的子公司，这样就将大部分利润转移到了位于避税港的子公司，使跨国公司的整体利润增加。

3. 规避风险

跨国经营的风险要远远大于国内经营。除去自然风险和市场需求风险，还有政治、军事、汇率波动、外汇管制等风险。跨国公司的母公司可以利用转移定价策略有效规避这些风险。

4. 调节利润

跨国公司通过转移价格调节利润主要有两种情况：一是跨国公司通过转移价格使海外子公司账册上显示较少的利润，以防高利润引起当地组织的不满或工人要求提高工资；或者以防在和当地组织合作的情况下，跨国公司投资比例过高导致的分红和税款缴纳较多。二是跨国公司通过转移定价使海外子公司的财务上显示较高的利润，以提高海外子公司的市场形象。

12.4 国际市场定价应注意的问题

12.4.1 统一价格与差别价格

企业在国际市场营销活动中，究竟是不管各个国家的市场特征差别，对同一产品采取同一价格，还是针对各国的不同情况制定不同的价格，不同的企业有不同的选择。

1. 统一价格

统一价格是指跨国企业的同一产品在国际市场上采用同一价格。同一价格是母公司与各国子公司的同一产品出厂价折合为同额的母国货币或等额的可兑换货币。

统一定价的优点是简单易行，企业不需要调查掌握市场竞争等信息，有利于企业和产品在各国市场上保持形象的一致，有利于节约营销成本，同时便于企业总部对整个营销活动的控制，可减少企业内部产品竞争带来的麻烦。

缺点是汇率的波动变化会带来统一价格的定价困难；各个子公司生产的产品出口到其他国家时，因各国的税种、税制、中间商毛利水平等不一致，会使最终价格产生实质性差异，难以实现统一价格的目标；因各国的需求水平、生产成本和竞争程度等不同，统一价格在某些国家可能会因缺乏竞争力而失去获取最大利润的机会。

因此，跨国企业在国际市场营销中，较少采用统一价格策略，只有当产品的竞争力强且竞争地位稳定，或所生产的产品是新产品，或不通过任何中间环节直接销售产品时，企业才可能会采用这一策略。

2. 差别价格

差别价格也称多元价格，是指跨国公司允许在其他国家的子公司对同一产品制定不同的价格。采用这一定价策略时，跨国公司对国外子公司的定价不加干预，不提硬性规定，各个子公司可以根据当地市场环境自行做出相应的价格决策。

差别价格的优点是体现了各国市场的差异性，企业根据各国的历史、文化、经济发展水平、国内资源、政府政策等的不同而导致的各国生产成本、竞争状况、分销渠道及分销成本、供求关系、产品生命周期以及税收的差异，制定不同的价格，这有利于实现利润最大化，也有利于兼顾各个子公司的利益。各个子公司自主定价，能按预定的目标获得自己应得的利益。

缺点是可能会导致平行输入。如英国潘多拉公司在本国市场以较低的价格销售产品，而在美国的子公司的同一产品却以高价出售，结果英国中间商把在英国的产品运到美国市场，即使扣除运费、税收和中间商毛利等，美国零售商从英国进口的潘多拉产品，仍可以低于美国子公司15%~20%的价格进行销售。这种跨国公司内部的价格竞争，不但给相关的子公司带来困难，也损害了跨国公司的整体形象和利益。不过，从众多企业营销实践上看，大多数都采用差别价格策略。

3. 协调定价

协调定价是指跨国公司对同一产品既不采用同一价格，也不完全放手让各个子公司独立定价的策略。采用这一策略的目标是利用统一定价与差别定价的优点，规避其缺点，以跨国公司的价格政策协调各个子公司的定价行为，对同一产品的定价既有计划性又有灵活性，以维护跨国公司的整体利益和各个子公司的特殊利益。这一策略允许多个子公司根据当地的收入水平、生产成本和竞争状况等进行灵活定价，以便提高产品的竞争能力。有时企业会要求某些子公司贯彻总部的政策，如在某国市场实行低价渗透，以便开拓和长期占有该国市场，而在另一国家市场实现高价撇脂，以便在短期内占有这一特殊市场，待该国这一产业成熟后再降低价格或撤出市场。

12.4.2 总部定价与子公司定价

跨国公司在国际市场营销的价格管理方面，经常会面临同一产品在各个国家是由公司总部统一制定价格，还是让子公司独立定价的问题。对此有三种选择：一是由公司总部定价；二是由子公司单独定价；三是由公司总部和子公司共同定价。由于各国的生产、市场和竞争等条件都有所不同，因此由总公司为各国的子公司统一定价的情况还不多见。比较常见的方法是由总公司与子公司联合定价，其具体做法是：由总公司确定一个基价和浮动幅度，子公司可以根据所在国的具体情况，在总公司规定的浮动范围以内，灵活地制定本地区的商品价格。这样，既能使总公司对子公司的定价保持一定的控制，又能使子公司有一定的自主权，使价格适应当地市场的具体情况。

12.4.3 本国货币与外国货币

企业在出口商品时，是使用本国货币还是外国货币？企业一般都选择可兑换的货币和较为稳定的货币。可兑换货币一般是指在国际外汇市场上可自由进行买卖的货币，主要有美元、欧元、英镑、加拿大元、日元等。由于各国汇率不同且汇率波动很大，因此出口商品选择什么样的计价货币就显得十分重要。用本国货币报价的优点是易于管理，便于计算。但是，对于本国货币不能自由兑换的国家的企业来说，只能采用外币报价。无论使用何种货币报价，都不能避免货币币值波动的风险。因为自实行浮动汇率制以来，世界主要货币的币值经常处于波动之中。

计价货币的最终选择，主要靠买卖双方的共同协商。企业应从实际出发，在不影响出口或急需物资进口的前提下，对购买意图、市场竞争状况等诸因素全盘考虑，灵活掌握。每个企业受自身条件的限制，一般很难准确、及时地把握国际金融市场的动态，因此，在选择计价货币时，尤其在选择出口报价的货币时，应及时向国内外的有关机构，如金融等部门进行咨询。一般来说，企业在进口时，应选择汇价有下浮趋势的货币，即所谓的“软货币”；在出口时，应选择汇价有上升趋势的货币，即所谓的“硬货币”。在我国，60%以上的商品采用美元计价结算，同时，有些商品也采用欧元、日元、英镑等货币结算。美元是国际贸易中的“硬货币”，但近些年来，国际金融市场动荡不安。因此，我国的企业在出口时，货币的选择应实行“全方位化”，即应选择多种货币，以便将风险分摊到各种货币上，最大限度地减少损失。

12.4.4 倾销与反倾销

倾销是指一个国家的出口经营者以低于国内市场正常或平均价格，甚至低于成本价格向另一个国家销售其产品的行为，以搞垮竞争对手，夺取市场。一般情况下，倾销可分为偶然性倾销、间歇性倾销、持续性倾销三种。

反倾销是指对外国商品在本国市场上的倾销所采取的抵制措施。一般是对倾销的外国商品除征收一般进口税外，再增收附加税，使其不能廉价销售，此种附加税称为“反倾销税”。但也有一些国家，尤其是一些发达国家，常以反倾销为幌子进行贸易保护，这样既不符合 WTO 的自由贸易精神，也阻碍了正常的国际贸易发展。

12.4.5 价格战

近年，在国际市场上商品的价格战愈演愈烈，国际经营企业在国际市场定价中需注意以下两点：

（1）在采用价格竞争手段的同时，辅之以非价格竞争手段。企业要认识到产品定价不是越低越好。太低的价格不仅会使人怀疑产品的质量，也会影响到消费者对产品质量、包装、服务等各个方面的判断，因此，企业在采用价格竞争手段的同时应辅之以非价格竞争手段。

（2）要努力开辟新的出口市场。从出口营销的角度看，我国企业出口价格较低的一个重要原因是出口市场集中度过高，而进口国的市场容量有限。一些出口企业认为开拓新市场成本高且风险大，不如多花钱或压低价格把现有的外国客商稳住或从别处拉过来，其结果是把目标集中在几个老客户身上，不可避免地出现价格战。企业应该去开辟新的外销渠道，尽管从眼前看成本高且风险大，但其长期的效益远远好过与国内竞争企业打价格战。

本章小结

产品的定价策略是国际市场营销组合策略的重要内容。产品价格的高低直接决定着企业的收益水平，也影响到产品在国际市场上的竞争力。国际市场上产品定价主要受到企业的定价目标、产品成本、市场需求、行业竞争态势及政府政策、法律等的影响和制约，这要求企业必须认真研究国际市场影响定价的相关因素，且需要随时关注目标市场国的产品价格政策和规定的变动。企业在对产品进行定价时，要根据所在国市场情况，灵活运用成本导向定价法、需求导向定价法、竞争导向定价法，结合新产品定价、心理定价、促销定价、地理定价等策略，处理好统一价格与差别价格、总部定价与子公司定价、本国货币与外国货币、倾销与反倾销之间的关系。

案例分析

奇特的价格策略

休布雷公司在美国伏特加酒的市场中，属于营销出色的企业，其生产的“史密诺夫”伏特加酒在伏特加酒的市场占有率达23%。20世纪60年代，另一家公司推出了一种新型伏特加酒，其质量不比“史密诺夫”低，而每瓶酒的价格却比“史密诺夫”低1美元。

按照惯例，休布雷公司面前有三条对策可选：

第一，降低1美元，以保住市场占有率。

第二，维持原价，通过增加广告费用和推销支出与对手竞争。

第三，维持原价，听任市场占有率降低。

由此看来，不论休布雷采取以上哪种策略都很被动，似乎是输定了。但是，该公司的市场营销人员经过深思熟虑后，却采取了令人大吃一惊、意想不到的第四种对策，那就是将“史密诺夫”的价格再提高1美元，同时推出一种与竞争对手的新伏特加价格一样的“瑞色加”和另一种价格更低的“波波”伏特加酒。

（资料来源：摘自网络经典市场营销案例）

讨论与分析：

1. 第四种对策是否恰当？为什么？
2. 这一对策会使公司的目标市场发生怎样的变化？
3. 企业决定价格时，须考虑哪些因素？

课后习题

一、单选题

1. 在商品价格构成因素中，最基本、最主要的因素是（　　）。
   A. 价值　B. 使用价值　C. 交换价值　D. 成本
2. 根据国际市场上竞争对手的产品价格来确定自己的产品价格，称为（　　）。
   A. 市场导向定价法　B. 竞争导向定价法
   C. 标高定价法　D. 边际贡献定价法
3. 企业只着眼于计算变动成本，只要产品定价高于（或等于）单位变动成本，即有边际贡献，对抵偿固定成本有益处，都是可以接受的价格，这种定价方法是（　　）。
   A. 盈亏平衡定价法　B. 目标利润定价法
   C. 平均成本定价法　D. 边际贡献定价法
4. 以减少单位产品销售利润作为代价，争取薄利多销扩大销售量，获得规模效益，赢得市场竞争的定价策略，属于（　　）。
   A. 保本定价法　B. 效率定价法
   C. 整数定价法　D. 薄利多销定价法
5. 根据价格与需求、收入、成本之间的变化关系，确定有利可图的定价区间的定价方法，称为（　　）。
   A. 最优价格定价法　B. 需求弹性定价法
   C. 随行就市定价法　D. 边际成本定价法
6. 某公司准备向市场推出一种新的专利产品，它最有可能采用的定价方法是（　　）。
   A. 渗透定价　B. 统一定价　C. 撇脂定价　D. 差别定价
7. 企业在新产品上市初期，为了有效地抑制竞争者加入，其定价策略宜采用（　　）。
   A. 撇脂定价法　B. 渗透定价法　C. 统一定价法　D. 心理定价法

8. 当本国货币升值时，如果企业的产品本身价格弹性较小，企业应选择的出口定价方法是（　　）。
   A. 保持外币表示的价格　　B. 根据多种因素测定一个中间价
   C. 保持本币表示的价格　　D. 在降低成本的基础上降低售价
9. 一杯饮料在一般饭店里只卖2元钱，而在高级宾馆要卖20元钱，这是因为宾馆采用了（　　）。
   A. 成本加成定价法　　B. 理解价值定价法
   C. 目标利润定价法　　D. 边际成本定价法
10. 企业利用消费者对数字认知的某种心理，在价格上故意添加零头，让消费者感觉到价格低廉的策略是（　　）。
   A. 均匀定价策略　B. 尾数定价策略　C. 整数定价策略　D. 声望定价策略

二、多选题

1. 常见的需求导向定价法有（　　）。
   A. 理解价值定价法　　B. 差别定价法
   C. 倒推定价法　　D. 随行就市定价法
   E. 投标定价法
2. 竞争导向定价法主要有（　　）。
   A. 差别定价法　　B. 随行就市定价法
   C. 主动竞争定价法　　D. 投标定价法
   E. 撇脂定价法
3. 属于新产品定价策略的有（　　）。
   A. 撇脂定价策略　　B. 渗透定价策略
   C. 均匀定价策略　　D. 倒推定价策略
   E. 主动竞争定价策略
4. 需求导向定价法包括（　　）。
   A. 边际贡献定价法　　B. 理解价值定价法
   C. 区分需求定价法　　D. 盈亏临界点定价法
   E. 主动竞争定价法
5. 心理定价策略的主要形式有（　　）。
   A. 尾数定价　B. 整数定价　C. 声望定价　D. 招徕定价
   E. 习惯定价

三、名词解释

1. 国际市场价格
2. 成本导向定价法
3. 需求导向定价法
4. 新产品定价策略
5. 心理定价策略

第 13 章

国际市场营销的分销策略

★学习目标

1. 理解国际市场分销渠道的概念，掌握国际分销渠道的结构。
2. 掌握国际市场分销渠道长度、宽度的含义及选择策略。
3. 了解影响企业选择国际分销渠道的因素，掌握国际市场营销渠道管理的内容。
4. 了解互联网发展背景下的网络分销体系。

在国际市场营销活动中，分销渠道的优劣直接影响到产品的销售速度、企业的利润回收和扩大再生产。由于各国的市场环境和市场体系不同，国际经营企业对分销渠道的管理远比国内市场复杂，所以对于国际经营企业来说，建立合理的国际分销渠道，是国际化经营企业的重要营销决策。

13.1 国际市场分销渠道概述

13.1.1 国际市场分销渠道的概念

国际市场分销渠道是指国际市场营销中商品的流通渠道，是产品从生产者转移到消费者手中所经历的各个环节和途径，也指生产商经过（或不经过）国际中间商将产品转移到最终国外消费者手中的全部市场结构。企业的营销渠道策略所要解决的问题是如何将企业产品的所有权在适当的时间以适当的方式转移到适当的消费者手中，即国际市场分销渠道承担着产品的两种转移：一是通过各种运输工具和运输方式，在适当的时间把产品运送到国际市场的适当地点，实现产品的实体转移；二是通过国际分销渠道，把产品从生产者转移到消费者手中，实现产品所有权在国际市场的转移。

出口企业管理国际市场分销渠道主要有两个目标：一是将产品有效地从生产国转移到销售国市场；二是参加销售国的市场竞争，实现产品的销售，获取利润。为实现这两个目标，一次分销过程要经过三个环节：第一个环节是本国的国内分销渠道，第二个环节是由本国进入进口国的分销渠道，第三个环节是进口国的分销渠道。

13.1.2 国际市场分销渠道的结构

1. 国际市场分销渠道结构的含义

国际市场分销渠道结构，指完成产品由生产者向消费者转移的参与者的构成方式。当国际经营企业采取不同的分销策略进入国际市场时，产品从生产者向消费者的转移会经过不同的营销中介机构，从而形成不同类型的国际市场分销渠道结构。

根据不同的分类标准，国际市场营销中介机构可以分为不同类型。例如，根据各营销中介机构所执行的功能不同，可以分为经销商、代理商和营销辅助机构。营销辅助机构指那些不参与商品交换，但对商品交换的实现提供支持的各种机构，如管理咨询公司、商业银行、物流公司、保险公司等。另外，根据国际市场分销中所使用的营销中介机构所处的国家不同，国际市场营销中介机构可以分为国内营销中介机构和国外营销中介机构。

2. 国际市场分销渠道结构的选择

当企业以出口方式进入国际市场时，产品不仅要经过国内的分销渠道，而且要经过进口国的分销渠道，才能最终到达目标市场国的消费者手中。出口分销系统的结构如图 13-1 所示。

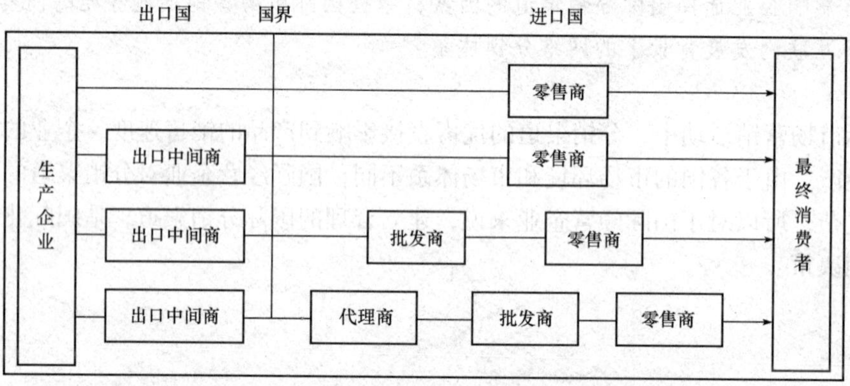

图 13-1 出口分销系统的结构

当国际经营企业在国外设厂生产、就地销售时，产品的分销所需经历的过程和环节，与出口的方式相比则可能要简单一些，最明显的就是在国外生产时不需要经过母公司所在国的国内中间商。

国际市场分销渠道结构的选择对国际经营企业来说是一项重要决策。如何确定国际市场分销渠道的结构，主要取决于企业选择何种进入国际市场的战略。除此之外，企业在选择具体的国际市场分销策略和设计国际市场分销渠道结构时，还必须充分考虑企业自身的资源及其所在行业的特点、竞争者的渠道策略、目标市场特征、目标市场国的法律环境以及消费者的生活方式和购买习惯等。

13.1.3　国际市场分销渠道的成员

1. 出口中间商

出口中间商一般是在生产企业由于资源不足或缺乏国际市场营销经验，或认为没有必要直接介入某个或某些国际市场时被使用。出口中间商根据其是否拥有出口商品的所有权可以分为两大类，即出口经销商和出口代理商。凡对出口商品拥有所有权的，称为出口经销商；凡接受委托，以委托的名义买卖货物，收取佣金，不拥有商品所有权的，称为出口代理商。

（1）出口经销商。大多数出口经销商一般都长期从事一个行业的出口业务，因此比较了解该行业的情况，能向需要出口商品的生产企业提供一定的专业服务。出口经销商经营出口业务有两种形式：一种是“先买后卖”，即先在国内市场采购商品，然后再转售给国外买主；另一种是“先卖后买”，即先接受外国买主的订货，然后根据订货再向国内企业购买。出口经销商主要包括出口公司、出口直运批发商、出口转卖商、外国进口商和国际贸易公司五种类型。

（2）出口代理商。出口代理商并不拥有货物所有权，不以自己的名义向国外买主出口商品，而是接受国内卖主的委托，按照委托协议向国外客商销售商品，收取佣金，风险由委托人承担。利用出口代理商可使生产企业获得以下几种好处：出口代理商可随时向生产企业提供外国市场信息和国际市场营销技术；由于同时经营几种互补产品，出口代理商在远洋运输和海外市场代理方面可以取得规模经济效益而使生产企业受益；利用出口代理商可节省为建立自己的出口部门所耗费的时间和费用；出口代理商也可使生产企业对海外购买者具有较大的控制权。

2. 进口中间商

进口中间商是指从事进口业务的中间商和销售进口商品的中间商。主要有进口经销商和进口代理商两种。凡是对出口商品拥有所有权的，称为进口经销商；凡接受委托、不拥有出口商品所有权，以佣金形式获取报酬的，称为进口代理商。

（1）进口经销商。进口经销商的职能与国内批发商相似，不同之处在于进口经销商的进货对象是国外企业。它是以自己的名义从国外进口货物向国内市场销售，获取商业利润的贸易企业。它拥有货物所有权，因而须承担买卖风险。进口经销商既可以“先买后卖”，也可以“先卖后买”。进口经销商的经营方式主要有两种：一种是根据国内市场要求先进口商品，然后再转售给国内的批发商、零售商或工业用户；另一种是先根据样品与国内买主成交，然后再从国外进货，负责办理一切运输、保险及报关等事务。进口经销商的商品多种多样，但往往倾向于经营利润大、周转快的商品。不少进口经销商除了自己经营进口业务以外，也附带接受国外出口商的委托作为他们在当地市场上的代理商。

（2）进口代理商，一般是接受本国以外卖主的委托代办进口业务，在规定的条件下负责在本国市场安排销售、提供服务、收取佣金，但不承担信用、汇兑和市场风险，不拥有对商品的所有权。其职能主要有三个方面：一是代国内买主办理进口；二是代国外出口商销售寄售的商品；三是以代表身份代理国外制造商或出口商销售商品。进口代理商的主要类型有国外进口代理商、进口佣金商、进口国际经纪人、融资经纪商等。

从国际市场营销的角度来分析，国际市场分销渠道中的中间商，不仅包括以上所述的出口中间商和进口中间商，还包括一些其他类型的中间商。此外，出口国制造商自设出口机构和设在国外的销售机构，也应属于国际市场分销渠道的一部分。

13.1.4 国际市场分销渠道成员的选择

1. 中间商的市场范围

市场是选择中间商最关键的因素。首先要考虑预先选择的中间商的经营范围所包括的地区与产品的预计销售地区是否一致，比如，产品在东北地区，中间商的经营范围就必须包括这个地区。其次，中间商的销售对象是否是生产商所希望的潜在顾客，这是最根本的条件。因为生产商都希望中间商能打入自己已确定的目标市场，并最终说服消费者购买自己的产品。所以国际中间商应对自己的实力和特长有清醒的了解，有固定的服务对象，应与目标市场的顾客建立起良好的关系，国际中间商的销售对象应该与企业的目标市场相一致，这样生产企业才能够利用国际中间商的这一优势，建立高效率的营销服务网络。

2. 中间商的地理区位优势

国际中间商要有地理区位优势，所处的地理位置应该与生产商的产品、服务和覆盖地区一致。具体地说，如果是批发商，其所处的地理位置要交通便利，便于产品的仓储、运输；如果是零售商，其所处的地理位置则应该具有较大的客流量，消费者比较集中，道路交通网络完备，交通工具快捷。

3. 中间商的经营条件

国际中间商应具备良好的经营条件，包括营业场所、营业设备等。例如，零售商营业场所的灯光、柜台等设施应齐全，才能有效地支撑零售商的业务经营。

4. 中间商的经营能力与业务性质

中间商的经营能力指的是中间商的管理能力、推销能力和客户服务能力。国际中间商的经营能力大小是决定销售成功与否的关键因素。中间商的业务性质指的是中间商的经营范围以及对目标市场的覆盖层面和渗透程度。需要对中间商的业务性质进行全面考察。一般来说，专业性的连锁销售公司对那些价值高、技术性强、品牌吸引力大、售后服务较多的商品具有较强的营销能力。各种中小百货商店、杂货商店在经营便利品、中低档次的选购品方面力量很强。

5. 中间商的资信条件

中间商的资信条件指的是中间商的财务状况、经营作风和商业信誉等。对那些资信状况不甚了解的新客户应慎重对待，避免上当受骗。国际中间商应该在顾客中有较高的声望和良好的信誉，能够赢得顾客的信任，能与顾客建立长期稳定的业务关系。具有较高声望和信誉的中间商，往往是目标消费者或二级营销商愿意光顾，甚至愿意在那里出较高价格购买商品的中间商，这样的中间商不但在消费者的心目中具有较好的形象，还能够帮助生产商树立品牌形象。

6. 中间商的合作态度

中间商与生产商合作得好，会积极主动地推销生产企业的产品，对双方都有益处。有些中间商希望生产商也参与促销，以扩大市场需求，并相信这样会获得更高的利润。只有所有成员具有共同愿望、共同抱负，具有合作精神，才有可能真正建立一个有效运转的销售渠道。因此，生产商所选择的中间商应当在经营方向和专业能力方面符合所建立的销售渠道功能的要求，愿意与生产商合作，共同担负一些营销职能，如共同促销等。生产商与中间商良好的合作关系，不单对生产商、消费者有利，对中间商也有利。

7. 中间商的促销政策和技术

采用何种方式推销商品及运用选定的促销手段的能力直接影响销售规模。有些产品广告促销比较合适，而有些产品则适合通过销售人员推销。有的产品需要有效储存，有的则应快速运输。要考虑到中间商是否愿意承担一定的促销费用以及有没有必要的物质、技术基础和相应的人才。选择中间商必须对其所能完成某种产品销售的市场营销政策和技术的现实可能程度做全面评价。

13. 2　国际市场分销渠道的选择

13. 2. 1　分销渠道的长度

分销渠道的长度，指产品从生产领域流转到消费领域所经过的买卖次数，即中间商层次的多少。国际市场分销渠道的长度是指产品从生产者到最终用户所经过的渠道层次数。每个在推动产品及其所有权向最终购买者转移的过程中承担一定职能的中间商是一个渠道层次。以出口方式进入国际市场，产品从本国生产者流转到国外最终消费者手中，不仅要经过本国的分销渠道，还要经过东道国的分销渠道。因此，国际市场分销渠道一般要长于国内市场分销渠道。生产企业在选择分销渠道时，应树立整体渠道的观念，即要考虑产品从生产者流转到消费者的全过程，而不能仅仅关注其中的一个环节。国际市场分销渠道又可分为国际市场直接分销渠道与国际市场间接分销渠道。

1. 国际市场直接分销渠道

国际市场直接分销渠道，指产品在从生产者流向国外最终消费者的过程中，不经过任何中间商，而由生产者将其产品直接销售给国内出口商、国外消费者。国际市场直接分销渠道是两个层次的分销渠道，也是最短的分销渠道。

直接分销是工业品分销的主要方式，因为工业品技术性较强，有的是按用户的特殊要求生产的，售后服务非常重要。另外，这类产品的用户较少，购买批量较大，购买频率低，直接分销方便，有利于节省费用，保证企业信誉，更可以获得较高的利润。

2. 国际市场间接分销渠道

国际市场间接分销渠道，指生产者通过流通领域的中间环节把产品销售给消费者的过程。其基本模式为：生产者→中间商→消费者。中间商的介入，分担了生产者的经营风险；借助于中间环节，可增加产品销售的覆盖面，有利于扩大产品市场占有率。但中间环节太多，会增加产品的经营成本。

国际市场间接分销渠道的优点：企业可以利用国内其他组织机构在国外的分销渠道和营销经验，迅速将产品推向国外市场，取得良好的时间效益；减少了企业所承担的外汇风险及各种出口信贷的风险，对资金的使用有一定的安全性；企业不必设置从事进出口业务的专门机构或专门人员，可以节省人力、物力和财力，集中精力搞好生产。

国际市场间接分销渠道的不足：限制了企业在国外市场上的经营销售能力的扩大；国际市场间接分销渠道主要用于缺乏出口经验和能力、没有海外分销渠道和信息网络的中小生产企业，或面对潜力不大、风险较大的市场，一般适用于消费品。

13.2.2 渠道的宽度

分销渠道宽度是指分销渠道中每个环节所使用的同种类型的中间商数目的多少。企业在进行渠道宽度决策时，会面临以下三种选择：

1. 密集型分销渠道

密集型分销渠道，也称为广泛型分销渠道，就是指生产商在同一渠道层级上选用尽可能多的渠道中间商来经销自己的产品的一种渠道类型。在国际市场上，对价格低廉、购买频率高、一次性购买数量较少的产品，如日用品、食品等，以及高度标准化的产品，如小五金、润滑油等，多采用这种策略。这种策略的主要目的是使国际市场消费者能有更多的机会方便地购买其产品。

2. 选择型分销渠道

选择型分销渠道，指企业在一定时期、特定的市场区域内选择少数中间商来经销自己的产品。选择型分销策略适用于消费品中的选购品及工业品中专业性强、用户较固定的设备和零配件等（如妇女服装、衣料、鞋帽等）和特殊品（如电冰箱、照相机、手表等）。有些产品为了能迅速进入国际市场，在开始时往往采用广泛分销策略，但经过一段时间之后，为了减少费用、保持产品声誉，转而采用选择型分销策略，逐步淘汰那些作用小、效率低的中间商。与密集型分销相比，这种方式渗透力有所减弱，但由于选择了高水平的中间商，提高了效率，降低了费用，增强了企业的知名度。

3. 独家分销渠道

独家分销渠道，指企业在特定的市场区域内，只选择一家中间商来分销其产品。通常双方签订独家经营合同，规定这家中间商不能经营其他竞争性产品，而生产商也不能在该地区直销自己的产品或使用其他中间商分销其产品。消费品中的特殊品，尤其是名优产品，多采用这种分销策略。

在国际市场营销活动中，企业对分销渠道宽度的选择与确定，受到不同国家营销环境的影响。例如，以小型零售商为主的国家，具有一定规模和实力的中间商不多并且难寻，企业可能不得不选用密集型分销策略。又如，有些国家贫富差距悬殊，对企业产品的需求主要来自高收入的消费者，宜采取选择型分销策略。目标市场国的法律法规也可能限制企业对分销渠道宽度的选择。比如，独家分销的做法在美国被认为有碍公平竞争而受到限制。又如，欧洲消费者联合会曾经要求欧盟委员会对几家美国公司的选择型分销做法进行调查，声称这几家公司的选择型分销策略人为地提高产品售价，损害了消费者利益。

13.2.3 影响企业选择国际分销渠道的因素

企业在选择国际分销渠道时一般要考虑六个因素：成本（Cost）、资金（Capital）、控制（Control）、覆盖（Coverage）、特性（Character）和连续性（Continuity），这六个因素被称为分销渠道的“6C”。

1. 成本

成本包括开发分销渠道的投资成本和维持分销渠道的持续成本。在这两种成本中，维持成本是主要的、经常的。它包括维持企业自身销售队伍的直接开支，支付给中间商的佣金，物流中发生的运输、仓储、装卸费用，各种单据和文书的费用，提供给中间商的信用、广告、促销等方面的维持费用，以及业务洽谈、通信等费用。支付分销渠道成本是任何企业都不可避免的，营销决策者必须在成本与效益间做出权衡和选择。如果增加的效益能够补偿增加的成本，渠道策略的选择在经济上就是合理的。较高的分销渠道成本常常是企业开拓国际市场的重要障碍。评价分销渠道成本的基本原则是以最小的成本达到预期的销售目标。

2. 资金

资金是指建立分销渠道的资本要求，如果生产商要建立自己的国际市场分销渠道，使用自己的销售队伍，通常需要大量的投资。如果使用独家中间商，虽可减少现金投资，但有时却需要向中间商提供财务上的支持。通常情况下，资本不是分销渠道设计的关键因素，除非企业的业务正处于不断扩展阶段，或者建立自己投资的国际市场分销渠道，而其他几个因素才是左右分销渠道设计的关键。

3. 控制

企业自己投资建立国际市场分销渠道最有利于对分销渠道的控制，但相应增加了分销渠道成本。如果使用中间商，企业对分销渠道的控制将会相对减弱，而且会受到各中间商愿意接受控制的程度的影响。一般来说，分销渠道越长越宽，企业对价格、促销、顾客服务等的控制就越弱。分销渠道控制与产品性质有一定的关系。对于工业品来说，由于使用它的客户相对较少，分销渠道较短，中间商较依赖生产商对产品的服务，所以生产商对分销渠道控制的能力较强。而消费品则由于消费者人数多、市场分散，分销渠道也较长较宽，生产商对分销渠道的控制能力较弱。

4. 覆盖

分销渠道的市场覆盖面是指企业通过一定的分销渠道所能达到或影响的市场。营销者在考虑市场覆盖时要注意三个要素：一是分销渠道所覆盖的每个市场能否获取最大可能的销售额；二是这一市场覆盖能否确保合理的市场占有率；三是这一市场覆盖能否取得满意的市场渗透率。市场覆盖面并非越广越好，主要看其是否合理有效，能否给企业带来好的效益。国际市场营销者在进行国际市场分销渠道设计时，必须考虑自身的企业特性、产品特性及营销企业的性质，即在考虑市场覆盖时还必须考虑各类、各个中间商的市场覆盖能力。对于大中间商来说，尽管数量不多，但市场覆盖面却非常广；中小中间商虽然为数众多，但单个中间商的市场覆盖面却非常有限。

5. 特性

营销者在进行国际市场分销渠道设计时，必须考虑自身的企业特性、产品特性以及市场特性、环境特性等因素。

（1）企业特性。企业特性涉及企业的规模、财务状况、产品组合、营销政策等。一般来说，企业的规模越大，越容易取得中间商的合作，因此，可选择的分销渠道方案也越多；如果企业的财务状况好、资金实力强，可自设销售机构，少用中间商，反之则主要借助中间商进入国际市场；企业的产品组合种类多、差异大，一般要使用较多的中间商，如果产品组合中产品线少而深，则使用独家分销比较合适。企业的营销政策也对分销渠道的选择产生影响，如果企业奉行的是快速交货的客户政策，就需要选择尽可能短的分销渠道。

（2）产品特性。产品的特性，如标准化程度、易腐性、体积、服务要求等，对分销渠道战略决策和设计具有重要影响。如对鲜活、易腐产品等，应尽量使用较短的分销渠道；单位价值较低的产品、标准化的产品，分销渠道可相应地长一些；技术要求高，需要提供较多客户服务的产品，如汽车、机电产品等，较宜采用直销的方式；原材料、初级产品一般宜于直接销售给进口国的制造商。

（3）市场特性。各国的市场各有其自身的特性，包括市场特征、顾客特性、竞争特性、中间商特性等。市场特征，这里主要分析市场集中程度，即市场与顾客在地理上的集中或分散程度，如果市场集中，可采用短渠道或直销渠道，反之则采用间接或长渠道。顾客特性对分销渠道的设计有重要影响，因为各国顾客的收入、购买习惯及购买频率等千差万别，要求采取不同的分销渠道。从顾客的购买习惯和购买频率来看，日用品一般是就近购买，可采用较广泛的分销渠道。对于特殊品，顾客一般是向专业商店购买，则不宜采用广泛的分销渠道。如果市场中顾客购买某种商品的次数频繁，但每次购买数量不多，宜采用中间商。如果顾客再次购买批量大可采用直接渠道。

在国际市场营销中，必须认真研究东道国的分销渠道体系并与本国和其他国反复比较，选择适宜的中间商。如日本的分销渠道是世界上最长、最复杂的，并且零售商总是期望退货可以被完全接受，还有大量融资和定期送货上门服务。竞争者的分销渠道是渠道决策需考虑的另一重要因素。国际市场营销对付竞争者的分销一般采取两种策略：第一是建立能与竞争对手相抗衡的分销渠道体系。日立公司拥有 1 000 个特许零售商和一支与几百家摩托车商店和其他设备有业务联系的销售队伍。为与其竞争，IBM 公司在公司系统外招聘了 60 多个中间商来销售其产品。第二是采取与竞争对手不同的分销方式，以获得竞争优势。

（4）环境特性。就法律环境而言，东道国的法律和政府规定可能限制某些分销渠道，如美国的克莱顿法律禁止某些实质上减少竞争或造成垄断的分销渠道安排。如一些发展中国家规定某些进出口业务必须由特许企业经办，有些国家规定要对代理商征收代销税。就经济环境而言，当一国经济衰退时，一般可能采用短渠道，以低价格将产品尽快销售给最终消费者。

6. 连续性

保持分销渠道的连续性是营销者的一项重要任务。分销渠道的连续性会受到三个方面力量的冲击：第一是中间商的终止。中间商本身存在一个寿命问题，由于某些中间商机构的领导人及业务人员的更迭而变更经营范围，甚至由于企业经营不善而倒闭等引起寿命缩短。第二是激烈的市场竞争。当竞争激烈及商品销路不畅，或者利润较低时，原来的分销渠道成员可能会退出。第三是随着现代技术尤其是信息技术的不断变革，以及营销商的不断创新，一些新的分销渠道模式可能会出现，而传统的模式因此失去竞争力。因此，企业必须维护分销渠道的连续性。为此需要做好以下方面工作：

（1）要慎重地选择中间商，并采取有效的措施提供支持和服务，同时在消费者中树立品牌信誉，提高中间商的忠诚度。

（2）对已加入本企业分销系统的中间商，只要他们愿意继续经营本企业的产品，而且符合本企业要求，则不宜轻易更换，应努力与之建立良好的长期关系。

（3）对那些可能不再经营本企业产品的中间商，企业应预先做出估计，提前安排好接替者，以保持分销渠道的连续性。

（4）时刻关注竞争者分销渠道策略、现代技术以及消费者购买习惯与购买模式的变化，以保证分销渠道的不断优化。

13.3　国际市场分销渠道管理

13.3.1　国际市场分销渠道管理的含义与目标

1. 国际市场分销渠道管理的含义

国际市场分销渠道管理，指国际企业解决分销渠道中存在的矛盾，提高分销渠道成员的满意度和营销积极性，促进分销渠道的协调和提高效率的行为。国际市场分销渠道的管理包括对中间商的业绩评估、激励、约束及各分销商之间的关系协调的全过程。国际市场分销渠道一般长于国内市场分销渠道，这就增加了企业控制分销渠道的难度。

2. 国际市场分销渠道管理的目标

在开始选择国际市场分销渠道中间商之前，国际市场营销者必须确定特定的目标国际市场，以销售量、市场份额和利润要求的形式明确目标国际市场的营销目标，明确用于开发国际市场分销体系的财力和人力投入，确定对国际市场的控制程度、分销渠道长度、销售条款和分销渠道所有权。一旦这些方面得到落实，就可以选择国际市场分销渠道中间商了。国际市场分销渠道由于市场大小、竞争和可供选择的中间商的不同而各异。

13.3.2　分销渠道中间商的选择标准

国际企业的分销渠道有哪些中间商参与，这实际上是一个双向选择的问题。中间商必须拥有畅销产品，才能立足于市场。因此他们要寻找制造这些畅销产品的生产企业，成为其分销渠道的成员。国际企业要更好地将产品送至用户手中就必须建立相应的分销渠道，分销渠道的效率与中间商素质有很大关系，必须认真选择中间商。选择中间商要广泛收集有关中间商的声誉、市场经验、营销能力、产品知识、合作意愿、市场范围和服务水平方面的信息，确定审核和比较的标准。

选取前必须吸引众多中间商前来“候选”，吸引的条件是国际企业具有很高的声誉，拥有优质畅销产品。中间商的选择是一项艰难的工作，一旦误选后果很难预料。国际企业必须先确定各种中间商应具备的条件，然后从符合这些条件的企业中择优选出所有中间商。选择中间商的一般标准主要有：中间商的经济实力、经营能力、专业知识、商业信誉、合作态度、人员、装备和设施、未来销售增长潜力和提供信息的能力等。

国际企业在选择中间商时，除了考虑上述一般标准外，还应考虑自身的经营目标、产品、市场和竞争等具体情况，拟定更为详细的考察标准，选择真正合格的中间商作为分销渠道成员。

13.3.3 分销渠道成员的管理

国际企业选择了分销渠道方案后，应对中间商加以激励和评估，并随着时间的推移，调整分销渠道方案以适应环境的变化，这就是分销渠道成员的管理过程。分销渠道成员管理得好坏，直接关系分销效率。

1. 对中间商的激励

中间商选择好之后，分销渠道也随之建立，企业必须采用各种措施来充分调动他们经销企业产品的积极性。中间商作为独立的经营者，有自己的营销目标，所以生产企业要注意解决自己的利益与中间商利益不一致而产生的矛盾，更应采取各种措施来调整相互之间的关系。例如，给中间商取得较高利润的机会，提供优惠的供货条件，同时还可以考虑给中间商各种人员培训及广告等促销活动费用上的支持。不少国际企业对中间商采取赏罚分明的策略，来不断地激励他们。

对中间商的激励不仅包括给予丰厚的报酬，还包括人员培训、信息沟通、感情交流、给中间商独家专营权、共同开展促销等。在很多情况下，生产商只注重利益的刺激，如销售利润、折扣、奖赏、销售比赛等，如果这些未能发生作用，往往改用惩罚的办法，甚至中止双方的合作关系。高报酬刺激的方法代价很高又不见得很有成效，生产商应更多地保持与中间商的沟通与联系，努力与其建立长久的合作关系。

2. 对中间商的评估

企业应使分销渠道中的所有中间商明确了解中间商也处于一个优胜劣汰的竞争状态之中。国际企业应经常对中间商加以考查和评估，可以确定一些标准来加以对照衡量，如中间商是否接受配额、销售指标完成情况、是否努力完成既定目标、付款是否及时以及市场覆盖面、促销工作的合作情况等。通过这些指标来分析发现问题，进行诊断和改进。根据已确定的标准进行评估，目的是随时对中间商加以必要的调整。对达不到规定标准的中间商应采取各种措施调动其积极性，或者逐步将其从分销渠道中排除。

3. 对分销渠道进行评估

对分销渠道的评估内容主要有三项：①分销渠道已取得的经济效益是否达到分销渠道设计时的预计经济效益；②企业对分销渠道的控制力是否与设计时企业应有的对分销渠道的控制力相符；③分销渠道的应变能力。

企业对分销渠道进行评估，是为营销决策者在决定继续利用还是废弃原有分销渠道，重新设计并建立新的分销渠道时提供准确依据。有时企业发现竞争对手建立起一个全新的分销系统来与自己展开竞争，而自己这时又处于明显的不利地位，也会做出废弃旧渠道、重建新渠道的决策。无论从何种角度来讲，完全废弃原有分销渠道的现象比较少见，更多的是改造和建立新的分销渠道。随着国际市场环境的变化，企业会更积极地寻找各种适合自己发展的分销渠道及其组织形式，发现开辟新的分销渠道将成为国际企业分销管理的一项重要内容。

4. 调整分销渠道成员

国际市场分销渠道各成员之间既存在合作，又存在着矛盾和竞争，生产企业除了让各中间商了解本企业的目标政策外，还应平衡各成员间的关系，使彼此相互协调、共同受益。国际市场分销渠道的成员的调整方法主要包括增减分销渠道或中间商以及改变整个分销渠道系统。相比较而言，后者的难度更大。

调整分销渠道成员是为了使国际企业的分销渠道成员适合分销的实际需要，因此必须建立在对分销渠道成员评价的基础上。当所有分销渠道成员的业绩欠佳时，通常是生产企业自身营销问题和选择标准发生了偏差，这时应重点调整生产企业的营销或是分销渠道成员的选择标准。对于部分成员业绩优异、部分成员业绩较差的情况，要进行具体分析，首先要看是否有可能帮助他们提高业绩水平，如果断定其不适合作为本公司的分销渠道成员，再终止合作。

13.4　互联网下的国际市场分销渠道

互联网的发展，特别是互联网软件的大量开发运用和移动互联网的普及，改变、颠覆了原有的传统分销模式。一是克服了不同国家市场在时间、空间上的差异，形成了一个真正意义的全球市场；二是基于互联网技术的运用，人们的生活方式和消费习惯正发生改变，原有的实体分销渠道正在弱化，全新的商业思想和商业模式正在产生。因此，企业需要运用互联网思维来建设和发展自己的分销渠道。

13.4.1　互联网对传统企业分销模式的影响

1. 改变着传统的分销渠道结构

互联网将过去诸多环节的传统分销渠道转化为电子化的互动高效的分销渠道系统，在网络渠道中，形成了两种分销渠道类型：一是网络直接销售渠道，传统中间商的职能由过去环节的中间力量变成直接为渠道提供服务的中介机构，使生产者和消费者能直接连接和沟通；二是网络间接销售渠道，传统中间商由于融合了互联网技术，大大提高了交易效率、专门化程度和规模经济水平。

2. 改变着中间商的性质和功能

在网络间接销售渠道中，电子中间商的崛起改变了中间商的性质和功能。在互联网信息技术发展下，传统直销的直接交易比通过电子中间商达成交易的成本高，因此，电子中间商是对传统直销的替代，是中间商职能和功效在新领域的发展和延伸。电子中间商作为一个独立主体，不直接参加交易活动，但提供媒介和场所，提供和传递信息，高效促成生产者和消费者的具体交易的实现，具体的物质、资金交换等实体交易活动则由生产者和消费者直接交换。电子中间商主要进行信息交换，是虚拟交换，可以替代部分不必要的实体交换。

3. 降低分销成本

（1）可以降低采购费用。互联网可以使用户更易于发现最便宜的供应商，而且能降低交易成本。利用网上直销可降低销售交易费用。互联网的信息交换可以跨越时间和空间限制，以低廉的费用实现在任何地点、任何时间的一对一或一对多交流。企业借助网上订货系统，可以自如地组织生产和配送产品。

（2）可以使企业更好地进行供应链管理，有效缩短订货周期和市场反应时间，提高顾客的满意度，利用网上促销的高效性降低促销费用。互联网作为第四类媒介，具有传统媒介无法具有的交互性和多媒体特性，可以实现声音、图像和文字信息的实时传送，同时可以直接为信息发布方和接收方架设沟通的桥梁。

（3）可以使企业更严格地控制库存，减少缺货现象，降低订货费用，迅速增强调整存货的能力，提升公司在全球范围内的运营效率。

（4）可以降低销售管理费用。通过网络信息技术实现各环节的自动化管理和运行，减少了人员需求和各项支出。

4. 提高分销效率

网络分销可以大大减少过去传统分销渠道中的流通环节，提高分销运行效率。对于网上直接销售渠道，生产者可以根据顾客的订单按需生产，实现零库存管理。对于网上间接销售渠道，通过信息化的网络营销中间商，生产商可以进一步扩大规模，实现更大规模的经营，提高专业化水平；通过与生产者的网络连接，网上营销中间商可以提高信息透明度，最大限度控制库存，实现高效的物流运转。

5. 形成高效的订货、结算与配送系统

（1）订货系统。实现网上自动订货、订单自动接收和处理及信息的实时沟通与传递。

（2）结算系统。实现网上直接付款，直接传递信用卡、银行账号信息等，避免了大量的时间耗费，极大地方便了用户。

（3）配送系统。无形产品，如服务、软件、音乐等，可以直接通过网上进行配送。对有形产品的配送，由专业物流配送机构提供的物流服务能使企业顺利解决网上分销的瓶颈。专业物流配送机构建有完善、健全的物流配送网络体系，网络上点与点之间的物流配送活动保持系统性和一致性，可以保证整个物流配送网络具有最优的库存总水平及库存分布，运输与配送快捷灵活。

13.4.2 网络分销的优势

从渠道的作用上来看，网络分销具备传统渠道所不及的大容量信息传递、快捷的产品销售与理想的售后服务“场所”的特点。

（1）在企业的网站上，客户可以找到从企业概况、企业最新动态到企业各个种类、型号、价格的几乎所有产品，甚至企业主动透露的关于其经营状况的全面信息，而这显然是传统渠道难以实现的。

（2）网络分销为客户提供了迄今为止最快捷的、足不出户的产品销售流程，给客户节省了时间、体力、精力等各种成本。

（3）在企业的客户服务部门将各种客户常见问题放到网站上，并成功劝说客户去网站的自助系统寻求答案后，企业网站将成为舒缓售后服务人员工作压力和提高他们工作成就感的有力工具。

13.4.3 网络分销方式

网络分销是用互联网的渠道特性，在网上建立产品分销体系，通过网络把商品分销到目标市场。网络分销可以分为网络代理、网络代销和网络批发等形式。

1. 网络代理

一般面向企业网店，网络供应商建立自己的网络批发商城，展示自己的产品，代理商通过与供应商建立分销关系，也在自己的网店上展示供应商的产品，当顾客在代理商处下单，代理商直接让供应商发货。供应商收取代理费和成本价，而代理商获取差价利润。

2. 网络代销

网络代销一般面向个人网店，网络分销商把自己的货品通过自己创建的网上分销平台展示，分销会员把相中的商品的图片和信息添加到自己开设的网店里，当有顾客需要时，分销会员负责介绍商品并促成交易，然后通知网络分销商代为发货。分销会员主要靠差价获得收入，对个人来说，是一种“零风险”的创业模式。

3. 网络批发

网络批发一般面向个人网商、实体店铺、网上专业店铺等，网络批发与传统的货品批发形式一样，只不过是通过网络的形式，网络分销商把自己的货品通过自己创建的网上分销平台展示，分销会员把相中的商品直接在网上下规定数量的订单，付款拿货或压款经销。

本章小结

在国际市场上，分销渠道是产品能否顺利地从生产者转到消费者手中的重要流通渠道，尤其是在各个国家的文化、消费习惯、法律法规、政策制度等存在差异的背景下，企业要根据自身的特点来选择中间商。了解国际市场营销中的分销渠道管理问题，目的在于帮助企业慎重地选择好的国际中间商，排除国际市场分销渠道建设中的各种障碍，促进企业的国际经营。国际分销渠道随着网络时代的到来正在发生巨大变化，在互联网时代更要注重分销渠道的变革和完善。

案例分析

互联网时代企业分销渠道建设的五个趋势

趋势一：要么全渠道，要么无渠道

传统互联网使信息的流通成本大幅度降低，速度大幅提升，现在企业分布在全球各地的机构的信息都可以实时传送到总部，使企业的决策和反应速度大幅度提升，但它也造成了信息鸿沟，又叫数字鸿沟，即线上的企业及人口发展更快，而线下的企业及人口更加落后，在分销渠道上的结果就是线上线下的割裂和激烈冲突。

新的移动互联网技术借助云计算、O2O、LBS、大数据等有机融合了线上线下。移动互联网在弥合信息鸿沟的同时，还对企业在分销渠道建设方面提出了要求，那就是要么依托这些技术建立一个覆盖线上线下的全新渠道，要么就没有渠道。未来，人们将无法通过分销渠道选择区隔消费者而占领细分市场，因为技术的发展已经削弱了企业的信息占有优势，减小了不同区域市场之间地理空间上的差别，传统的不同类型渠道之间的差异也将大大缩小，最终实现全渠道、同价格、同体验。

借助技术及平台的力量，线上线下完美融合，形成无缝连接的全渠道营销体系，企业与顾客的关系将成为竞争的核心，企业必须将自己通过线上各网店、线下各实体店、各社交网络平台自媒体等与顾客建立起来的关系整合起来。企业必须学会将媒体受众发展成自己的“粉丝”，将“粉丝”转化为客户来购买自己的产品，这个过程中涉及两个核心问题——流量与转化率，即如何获取更多的目标受众、如何获得更多的“粉丝”关注与“赞”，以及如何将他们一步步转化成购买客户，这就是全渠道营销的核心。至于客户最终的购买行为究竟发生在线上还是线下实体店，这已不是重点。

消费者这样随心所欲地在不同类型渠道终端之间切换，前提是企业的终端前台界面必须实现无缝整合。如何整合，我们看看宜家家居是怎么做的。宜家家居在很早之前就开始关注互联网对线下实体店的冲击，但它采取的做法就是线上网站只负责商品展示、推广、宣传，客户如果对某个产品感兴趣，仍然需要到线下实体店购买；APP 移动端功能仅限于查看会员活动、库存信息、购物清单、限时特惠、产品信息等，也不能直接在线购买。这是一种极端的做法，但这有一个前提，宜家家居的产品在消费者心目中具有非常强的独特性和吸引力，并且线下也能给消费者提供其他线下实体店难以比肩的购物体验。但不可否认，线上是宜家品牌推广的主要方式。宜家家居通过对功能的区隔实现了线上与线下的融合。

趋势二：移动互联时代，社交网络成为企业品牌推广和销售实现的枢纽

在移动互联网时代，包括微博、微信、Facebook、Twitter 等在内的社交网络媒体成为企业品牌推广的主阵地，这些社交网络媒体成为消费者获取包括生活、购物、新闻等资讯在内的各类信息的入口，消费者不仅在这里获取各种资讯，还在这里制造、分享各种资讯，包括和品牌、产品有关的消费及体验资讯。企业的各种宣传、推广资讯可通过这些社交网络媒体精准到达“粉丝”及消费者，并与他们进行直接互动。

这些社交网络媒体除了与线上销售渠道相互连接外，还会通过 O2O 的方式在各种新技术的支撑下，与线下销售渠道相互连接，还可将实体店会员卡与消费者的各种线上 ID 账户系统关联起来，并运用大数据技术实现对消费者信息的深度挖掘，实现精准的品牌推广，而且，推广的结果与销售的反馈几乎是同步的，甚至是融合在一起的。正如前面所提到的，企业内部可能分不清哪些人是做市场的，那些人是做销售的。

趋势三：移动端将成为主渠道，不能移动，就销不动

在移动互联网时代，用户不用再被束缚在计算机前，而是可以利用各种碎片化的时间上网获取相关资讯，可以在线下实体店了解体验的同时上网查看。这时，网络入口不再偏向线上渠道，而是真正变成一种线上线下都可利用的工具，原来倾斜的竞争天平现在被扶正了。同时，移动终端因为屏幕的大小、技术系统、浏览习惯等与 PC 端存在较大区别，所以移动购物与传统线上 PC 购物的差异超过传统线上 PC 购物与线下购物的差异，它对传统线上 PC 渠道的冲击要远大于线下实体渠道。

在 4G 时代，一个企业可以没有传统线上 PC 端的电商渠道布局，但不能没有移动端的渠道布局，因为没有移动端，无论是线下实体渠道，还是基于 PC 的传统线上渠道，都没有未来。移动端是未来企业建立渠道的标配，是立足点，是主阵地。

趋势四：智能化再造将使实体店获得新生，找到新的赢利模式

长尾效应、边际成本、实体店各种成本等诸多因素形成线上渠道对于线下实体店的优势，压缩了实体店的发展空间。但移动互联给线下实体店带来了新的契机，线下实体店可以在新技术的支撑下，将其覆盖和服务的范围扩大 3～5 倍，突破现在的商圈概念，这样实体店将在这个基础上实现成本与利润的平衡，找到新的赢利模式和出路。

对于线下渠道商和企业建设渠道的布局而言，实体店的密度必须降低，在新技术及服务平台的支撑下，开好店，全面提升运营能力及服务水平。如果说过去实体店的核心是选址，因为商圈位置非常稀缺，抓好选址这个关键，建立店铺的赢利模式就比较容易，那么在移动互联网时代，好的位置虽然重要，但店铺的产品组合、服务水平、与消费者的关系等才是其赢利模式的核心。

趋势五：把渠道建在云服务平台上，是实体店赢利模式再造的基础

移动互联网时代，线下实体店要获得新生，离开大数据、云计算等新技术和相关的服务平台是做不到的。

在云计算服务平台上，线下实体店可以更了解其覆盖范围内的消费者，包括他们在线上的购买行为和数据，以及他们在社交网络媒体上的各种数据，如浏览、购买过哪些产品，分享过哪些资讯，是哪些品牌的“粉丝”，喜欢什么，甚至家庭成员、经济收入等各种数据都可以获得，当然是在得到消费者的授权后合法地获得。这样，实体店在这些消费者处于自己服务覆盖范围内时就可以非常有针对性地展开销售推广，建立与顾客的紧密联系，提升顾客满意度，并且还可以借助社交网络媒体与消费者互动，即通过 O2O 的方式，实现实体店赢利模式的再造。

但这一切离不开一个技术支撑及服务平台，即真正的 O2O、线上下线有机融合需要通过云计算、大数据等 IT 技术才能实现，这正是 OTO 云营销服务平台的价值所在。通过该平台助力，企业可实现立体化的全渠道快速建设与全网营销。这样的平台，大企业当然可以投巨资自建，但对于中小型企业来说，借助第三方平台是不二之选。

（资料来源：http：//money. 163. com/14/0213/10/9KV62G4A00253G87. html）

讨论与分析：

1. 互联网时代，企业如何建设自己的分销渠道？
2. 在国际经营中如何利用互联网开展营销活动？

课后习题

一、单选题

1. 参与完成商品由生产者向消费者转移的组织或个人的构成方式是（　　）。
   A. 国际市场分销渠道结构　　B. 国际市场分销渠道
   C. 国际市场分销渠道长度　　D. 国际市场分销渠道宽度
2. 生产企业由于资源不足或缺乏国际市场营销经验，或认为没有必要直接介入某个或某些国际市场时一般使用（　　）。
   A. 出口中间商　　B. 进口中间商
   C. 经销代理商　　D. 出口代理商
3. （　　）指从事进口业务的中间商和销售进口商品的中间商。主要有进口经销商和国外进口代理商两种。

A. 出口中间商　B. 进口中间商　C. 经销代理商　D. 出口代理商

4. 产品从生产领域流转到消费领域所经过的买卖次数，即中间商层次的多少是（　）。

A. 分销渠道的宽度　B. 分销渠道的高度

C. 分销渠道的长度　D. 分销渠道的角度

5. 产品在从生产者流向国外最终消费者的过程中，不经过任何中间商，而由生产者将其产品直接销售给国内出口商、国外消费者的营销渠道类型是（　）。

A. 直接营销渠道　B. 间接营销渠道　C. 直接分销渠道　D. 间接分销渠道

6.（　）指生产者通过流通领域的中间环节把商品销售给消费者的渠道。

A. 分销渠道　B. 直接渠道　C. 直营渠道　D. 间接渠道

7. 企业在一定时期、特定的市场区域内选择少数中间商来经销自己的产品的营销渠道类型是（　）。

A. 选择型分销渠道　B. 密集型分销渠道

C. 独家型分销渠道　D. 广泛型分销渠道

8.（　）指国际企业解决分销渠道中存在的矛盾，提高分销渠道成员的满意度和营销积极性，促进分销渠道的协调性和提高效率的行为。

A. 国际市场营销分销渠道管理　B. 国际市场营销直销渠道管理

C. 国际市场营销分销渠道成员　D. 国际市场营销间接营销

9.（　）指企业在特定的市场区域内，只选择一家中间商来分销其产品。

A. 选择型分销渠道　B. 密集型分销渠道　C. 独家分销渠道　D. 广泛型分销渠道

10.（　）就是指制造商在同一渠道层级上选用尽可能多的渠道中间商来经销自己的产品的一种渠道类型。

A. 密集型分销渠道　B. 松散型分销渠道

C. 独家型分销渠道　D. 选择型分销渠道

二、多选题

1. 分销渠道宽度决策要解决分销渠道中有关层次所需中间商数量的问题，企业在进行分销渠道宽度决策时，会面临的三种选择是（　）。

A. 密集型分销渠道　B. 独家型分销渠道

C. 松散型分销渠道　D. 选择型分销渠道

E. 单一型分销渠道

2. 企业在选择国际市场分销渠道时一般考虑的因素有成本和下列哪些因素？（　）

A. 资金　B. 控制　C. 特性　D. 覆盖

E. 连续性

3. 国际市场营销渠道又可分为（　）。

A. 国际市场营销渠道　B. 国际市场间接营销渠道

C. 国际市场代理渠道　D. 国际市场分销渠道

E. 国际市场直营渠道

4. 出口中间商包括（　　）。

A. 出口经销商　B. 出口代理商　C. 进口经销商　D. 进口代理商

E. 国际中间商

5. 进口中间商包括以下哪种类型？（　　）

A. 出口经销商　B. 出口代理商　C. 进口经销商　D. 进口代理商

E. 国际中间商

三、名词解释

1. 国际市场分销渠道
2. 国际市场分销渠道结构
3. 国际市场分销渠道管理
4. 分销渠道的长度
5. 分销渠道的宽度

第 14 章

国际市场营销的促销策略

★学习目标

1. 了解国际市场促销的概念和作用，掌握促销的基本程序。
2. 理解国际广告的内涵，掌握国际市场促销中的广告策略、媒体选择。
3. 了解国际市场人员推销的特点及作用，掌握人员推销的形式与国际市场人员推销的管理。
4. 理解国际营业推广的含义，掌握国际营业推广的主要方法。
5. 了解国际市场中公共关系的主要内容、策略和活动的程序。

企业的国际市场营销策略是一个有机组合，要求国际经营企业不仅要拥有一流的产品、合理的价格、畅通的营销渠道，还需要促销的各个方面的有机配合和协调。因此，国际促销是国际市场营销活动中一项必不可少的基本活动。

14.1 国际促销概述

14.1.1 促销的含义

促销是指企业利用各种有效的方法和手段，使消费者了解和注意企业的产品、激发消费者的购买欲望，并促使其实现最终的购买行为，即刺激消费者的购买欲望、改进零售商或中间商工作的有效性和加强相互之间的合作的营销活动。国际促销是国际市场营销的重要组成部分，是跨国公司在国际市场上以人员或非人员的方式，向客户传递商品或服务的信息，树立品牌和企业形象，刺激海外市场顾客的购买欲望，说服和引导其购买的一种营销活动。

促销主要有推式促销和拉式促销两种方式。推式促销是指把产品推向销售渠道，其作用过程为，企业的推销员把产品或劳务推荐给批发商，再由批发商推荐给零售商，最后由零售商推荐给最终消费者。拉式促销方式是通过广告和公共宣传等措施吸引最终消费者，使消费者对企业的产品或劳务产生兴趣，从而引起需求，主动去购买商品。其作用路线为，企业将消费者引向零售商，将零售商引向批发商，将批发商引向生产企业。

14.1.2　促销的作用

国际市场促销的重要性是由促销的实质所决定的，促销的实质在于，企业与客户之间进行的信息传递过程是企业与客户之间的营销沟通过程。在国际市场营销活动中，由于各国之间存在环境差异，沟通就显得尤为重要。促销活动并不是简单地向消费者推销产品，而是应该以消费者为中心，加强企业与中间商和最终消费者之间的联系，掌握消费者不同层次的需求，尤其是消费者的潜在需求，激发其消费的欲望与兴趣，进而满足其需要，促使其产生购买行为，达到扩大企业销售的目的。

无论是人员推销还是非人员推销，所有的促销活动都有以下作用。

1. 传递产品销售信息

在产品正式进入市场之前，企业必须及时向中间商和消费者传递有关的产品销售情报。通过信息的传递，使社会各方了解产品销售的情况，建立起企业的良好声誉，引起他们的注意和好感，从而为企业产品销售的成功创造前提条件。

2. 创造需求，扩大销售

企业只有针对消费者的心理动机，采取灵活有效的促销活动，诱导或激发消费者某一方面的需求，才能扩大产品的销售量。并且企业要通过促销活动创造需求，发现新的销售市场，从而使市场需求朝着有利于企业销售的方向发展。

3. 突出产品特色，增强市场竞争力

企业通过促销活动，宣传本企业产品较竞争对手产品的不同特点，以及能给消费者带来的特殊利益，使消费者充分了解本企业产品的特色，引起他们的注意和欲望，进而扩大产品的销售，提高企业的市场竞争能力。

4. 反馈信息，提高经济效益

通过有效的促销活动，使更多的消费者或用户了解、熟悉和信任本企业的产品，并通过消费者对促销活动的反馈，及时调整促销决策，使企业生产经营的产品适销对路，扩大企业的市场份额，巩固企业的市场地位，从而提高企业营销的经济效益。

14.1.3　促销组合的含义与决策

1. 促销组合的含义

促销组合是一种组织促销活动的策略思路，主张企业运用广告、人员推销、公关宣传、营业推广四种基本促销方式组合成一个策略系统，使企业的全部促销活动互相配合、协调一致，最大限度地发挥整体效果，从而顺利实现企业目标。在运用促销组合时要注意以下几点。

（1）产品特征与促销组合。在营销过程中，产品的概念不是指产品本身，而是产品整体概念。就产品整体营销而言，广告促销只适合比较简单的产品组合。而对于复杂的产品组合，如结构和使用程序复杂的设备，短短十几秒钟或一定版面的广告难以描述全部营销产品，广告的作用有限。相比较而言，如果应用营业推广，则可以把整个产品组合陈列于营业场所之内，给消费者一个直观而形象的感觉，再结合人员推销，则效果更好。

（2）产品市场类型与促销组合。对于消费品市场和工业品市场，各种促销手段的重要性是不同的。一般来讲，工业品的购买，或许除了标准化产品的重复购买外，是一个远较消费品购买复杂的过程。对于消费品，尤其是那些购买人数众多且分散、产品技术性不高且价格较低的日用消费品而言，广告的作用较大，营业推广次之，人员推销和公共关系则往往是辅助性手段；对于工业品而言，人员推销的作用较明显，营业推广也有较强的适应性，广告和公共关系常作为辅助性手段。应该看到，四种促销手段对消费者和工业品实现促销目标的作用程度是不同的，某一种促销手段适合某一类产品的情况也不是绝对的。营销实践告诉我们，广告在工业品市场上的重要性同样不容忽视，在工业品营销方面，广告和人员推销的结合使用比没有广告的情况要好得多，同样，在消费品营销中，人员推销有时也能够发挥较大的作用。

（3）产品市场生命周期与促销组合。产品在其市场生命周期不同阶段的市场特征是不相同的，消费者对不同促销手段的反应也是有大有小的，营销实践表明，市场生命周期不同阶段促销手段的成本效应是不同的。当产品处于导入阶段时，由于广告、公共关系的辐射面广，对提高产品的市场知名度具有很强的推广作用，具有较高的成本效应，其次是营业推广，因此，促销手段应以广告和宣传报道为主，以迅速为广大消费者所认知。在成长阶段，产品的市场占有率呈现一种快速增长的趋势，这时仍应保持广告和宣传报道的相对优势，辅之以其他促销手段，而在广告和宣传报道的内容和形式上以增强顾客兴趣和取得中间商的信任为重点。在成熟阶段，促销的重点应是强调与竞争对手的产品差异，此时营业推广比广告的成本效应更大，广告的成本效应又比人员推销大，所以应以营业推广为主，以广告和人员推销为辅。产品进入衰退阶段后，营业推广的成本效应还会有所加强，但广告、公共关系及人员推销的成本效益却在下降，尤其是人员推销的成本效应极低，所以应通过强化营业推广手段来维持日益衰退的销售。因此，企业运用不同促销手段的重点应随产品市场生命周期促销成本效应的演变而转移。

2. 促销组合的决策

（1）确认促销对象。通过企业目标市场的研究与市场调研，界定其产品的销售对象是现实购买者还是潜在购买者，是消费者个人、家庭还是社会团体。明确了产品的销售对象，也就确认了促销的目标对象。

（2）确定促销目标。不同时期和不同的市场环境下，企业开展的促销活动都有着特定的促销目标。短期促销目标，宜采用广告促销和营业推广相结合的方式。长期促销目标，公关促销具有决定性意义。须注意企业促销目标的选择必须服从企业营销的总体目标。

（3）促销信息的设计。须重点研究信息内容的设计。企业促销要针对目标对象所要表达的诉求，并以此刺激其反应。诉求一般分为理性诉求、感性诉求和道德诉求三种形式。

（4）选择沟通渠道。传递促销信息的沟通渠道主要有人员沟通渠道与非人员沟通渠道。

人员沟通渠道向目标购买者当面推荐，能得到反馈，可利用良好的口碑来扩大企业及产品的知名度与美誉度。非人员沟通渠道主要指大众媒体沟通。大众媒体沟通与人员沟通有机结合才能发挥更好的效果。

（5）确定促销的具体组合。根据不同的情况，将人员推销、广告、营业推广和公共关系四种促销方式进行适当搭配，使其发挥整体促销效果。应考虑的因素有产品的属性、价格、生命周期、目标市场特点、“推”或“拉”策略。

（6）确定促销预算。企业应从自己的经济实力和宣传期内受干扰程度的大小状况决定促销组合方式。如果企业促销费用宽裕，则可几种促销方式同时使用；反之，则要考虑耗资较少的促销方式。

国际市场营销人员在制定促销组合策略时，应认清各种促销手段的特点，综合考虑各方面的因素，因地制宜，灵活选择组合使用。

14.2　国际广告策略

14.2.1　国际广告的内涵

国际广告是国际企业以支付广告费用的形式，通过电视、广播、报纸、杂志等各种媒体，向国外消费者传播商品与劳务等信息的一种国际促销手段。国际广告不但可用于建立产品的长期形象，也可以用来快速刺激销售。与其他沟通方式相比，国际广告具有以下特点。

（1）广告刊登在大众媒体上，可以消除消费者的顾虑，增加消费者的信任，有利于产品顺利进入目标市场。通过广告可以增加消费者对企业、产品、品牌、商标等的认识，并帮助消费者了解新产品的质量、性能、用途、保养使用方法和购买地点、手续以及各种售后服务情况。成功的广告活动，可以吸引顾客对企业和产品产生偏爱，增加其习惯性购买，保证产品销路，延长产品生命周期。生产者的广告活动还可以增强中间商对产品的信心，密切工商关系。

（2）与一般的新闻报道不同，广告要通过诸如电视、广播、报刊等传播媒体来实现，是一种非个人间的信息传递，不同于人与人之间的口传信息。

（3）广告是一种有计划的信息传播和说服活动，有特定的受众、明确的主题和目标，并在广告设计、时机选择、媒体、效果评估等方面经过周密的策划。广告也是一种艺术，好的广告能给人以美的享受。广告设计选择令人感兴趣的题材，进行艺术加工，形成形式与内容的统一，引人入胜，能收到良好的效果。

（4）商品广告的范围主要包括商品与劳务两大部分。商品与劳务构成市场经济活动的物质基础，广告活动与市场经济紧密结合。通过广告活动，能唤起有关商品与劳务的需求，诱导和促进购买动机的产生。广告有时以树立产品和劳务的观念为目标，最终仍然是为了销售商品与劳务。

14.2.2　国际广告的媒体选择

广告效果的大小在很大程度上取决于广告媒介选择的适当与否。在国际市场广告促销活动中，使用最多的广告媒体是报纸、杂志、广播和电视，网络是新型的广告媒体。

1. 报纸

报纸在许多国家都是首选的广告媒体。在一些国家，报业苦于缺乏竞争，而在另一些国家，却又因为竞争过于激烈而苦苦挣扎。报纸广告传播面广、编排方式多种多样，传递迅速及时、没有阅读时间的限制，而且制作简单、费用低廉。其缺点是效力不持久、不够吸引人。

2. 杂志

国际广告主使用杂志的比例非常低，其原因有很多。杂志保存时间长，但缺点是出版周期长、发行范围小、缺乏灵活性与时效性，见效较慢，而且费用比报纸广告高。

3. 广播和电视

广播的听众遍及各地各阶层，传播范围很广，信息传递迅速、及时、方式灵活多样，声情并茂，吸引力强，且费用相对低廉。广播广告的不足之处，在于听众收听时不够专心，很容易遗忘广告内容，缺乏对产品形象的认识，不易留下深刻印象。

电视广告视听结合，传播范围大，表现手法灵活多样，在目前各种广告媒体中促销效果最好。电视作为广告媒体也有其自身的局限，如广告时间短、易受其他节目的干扰、费用昂贵、观众统计资料难以获得等。许多国家对电视商业广告或多或少有所限制，有的甚至很严格，不仅限制商业广告播出的时间，还限制广告的内容和目标对象。

4. 互联网

互联网已经成为当今全球最大的传播媒体，几乎给各类广告提供了取之不尽、用之不竭的“版面”。互联网具有其他媒体所不具有的优势：速度快、时效性强；具有容量无限和全球联通的传播范围；超文本的检索方式使信息变得生动活泼，易于接受。

5. 新社交媒体

口头广告和同事推荐往往是影响品牌选择的重要因素。不过，互联网的发展改变了口头宣传的速度和影响范围。社交媒体（如社交网络、博客、视频分享等）正成为强有力的营销工具。

6. 其他媒体

企业在国际市场上可以使用的广告媒体还有直接邮寄、户外形式，或者利用交通工具做广告等多种。

14.2.3 影响广告媒体选择的因素

1. 产品性质

工业品和消费品、高技术产品和一般性产品由于其针对的目标顾客不同，顾客获取商品信息的渠道不同，故应选用不同的媒体。一般来说，工业品选择专业期刊广告较多，而消费品则可广泛采用各种媒体。

2. 媒体数量

媒体数量是指媒体的传播与影响的范围，如报纸、杂志的发行量，电台、电视台的覆盖面，电视、幻灯片广告的观众数等。媒体的数量一般与广告传播的效果成正比。媒体的数量也常常取决于各国的经济发达程度及文化背景。

3. 媒体质量

媒体质量是指媒体在社会上的形象，即影响力。广告媒体自身的声誉对广告商品的声誉有着重要影响。媒体的质量因素不能用数量去衡量，对于广告的接收对象来说，质量因素的作用往往比数量因素更为重要。

4. 媒体费用

一般来说，发达国家的媒体价格较高，发展中国家的媒体价格较低。但是从发展趋势上看，发展中国家的媒体价格上涨速度远远高于发达国家。另外，在一些国家还必须将广告税率考虑在内。

5. 媒体的适用性

不同的广告媒体会把广告信息传播给不同的消费者，所以，企业选择的广告媒体应与目标市场消费者接触的广告媒体相一致。

14.2.4　国际市场营销中的广告策略

国际广告策略是国际促销组合的主要组成部分。广告方案制定的目标是以尽量小的耗费发挥出最大的促销作用。国际广告策略的主要内容包括确定广告目标（Mission）、制定广告预算（Money）、确定广告信息（Message）、选择广告媒体（Media）、评估广告效果（Measurement），简称“5M”。

1. 确定广告目标

广告促销决策的第一步是确定广告目标，而广告目标与企业所做出的目标市场定位及营销组合决策紧密相关。这些决策基本上决定了广告促销手段所要完成的任务，即在特定时期内对特定广告对象所要达到的沟通绩效水平。根据产品生命周期不同阶段中广告的作用和目标不同，一般可以把广告分为告知性广告、劝说性广告和提示性广告三大类。

（1）告知性广告。告知性广告主要用于向市场推销新产品、介绍产品的新用途和新功能、宣传产品的价格变动、推广企业新增的服务以及新企业的开张等。告知性广告的主要目标是建立初步需求，是企业在市场开拓阶段为迅速让消费者了解产品的名称、性能、特点等而做的广告，目的是提高产品的知名度，诱导早期购买。

（2）劝说性广告。在产品进入市场成长阶段、市场竞争比较激烈的时候，消费者的需求是选择性需求，此时企业广告的主要目标是促使消费者对本企业的产品产生“偏好”。具体包括劝说顾客购买自己的产品、鼓励竞争对手的顾客转向自己、改变消费者对产品属性的认识，以及使顾客有心理准备乐于接受人员推销等。劝说性广告一般通过现身说法、权威证明、比较等方法说服消费者。

（3）提示性广告。这种广告对成熟的产品或处于衰退期的产品非常重要，目的是提示消费者不要忘记他们曾经购买或消费过的产品，刺激他们继续购买，加深购买者对产品的印象，通常适用于历史悠久的老产品、已经经销多年并处于成熟或衰退阶段的产品、因竞争激烈已由紧销转为滞销的产品。提示性广告的另一种相关形式是强化性广告，目的是让购买者相信他们已经做出了非常正确的选择。

2. 制定广告预算

广告目标确定之后，企业必须制定广告预算。广告预算是否合理对企业是一个至关重要的问题。预算太少，广告目标不能实现；预算太多，又造成浪费，有时甚至决定企业的命运。

制定广告预算的方法主要有量力支出法、销售额百分比法、目标任务法和竞争对等法等。企业在制定广告预算时必须充分考虑以下因素。

(1) 产品生命周期。产品在投放阶段和成长阶段前期的广告预算一般较高，在成熟阶段和衰退阶段的广告预算一般较低。

(2) 市场占有率的高低。市场占有率越高，广告预算的绝对额越高，但面向广大消费者的产品人均广告费用却比较低；反之，市场占有率越低的产品广告预算的绝对额也较低，但人均广告费并不低。

(3) 竞争的激烈程度。广告预算的多少与竞争激烈程度的强弱成正比。

(4) 广告频率的高低。广告频率的高低与广告预算的多少成正比。

(5) 产品的差异性。高度同质性的产品，消费者不管购买哪家企业生产的都一样，广告的效果不明显，广告预算低；高度差异性的产品，因为具有一定的垄断性，不做广告也会取得较好的销售效果。而具有一定的差异，但这种差异又不足以达到垄断地位的产品，因为市场竞争激烈，广告预算应该比较多。

3. 确定广告信息

广告的效果并不主要取决于企业投入的广告经费，关键在于广告的主题和创意。广告主题决定广告表现的内容，广告创意决定广告表现的形式和风格。只有广告内容迎合目标受众的需求，广告表现具有独特性，广告才能引人注意，给目标受众带来美好的联想并促进销售。

在决定广告信息的内容时经常会遇到内容一体化与本土化的问题，国际广告的一体化策略和本土化策略，各有理论基础。一体化策略是以统一的广告主题和内容、统一的创意和表现，在各目标市场的国家实行一体化的信息传播。本土化策略是根据目标市场国家的特点，采用有针对性的广告策略，制作具有不同广告诉求、广告创意和广告表现手法的广告作品。

广告的信息决策一般包括三个步骤：

(1) 确定广告的主题。广告主题是广告所要表达的中心思想。广告主题应当显示产品的主要优点和用途以吸引消费者。对于同一类商品，可以从不同角度提炼不同的广告主题，以满足不同消费者的需要和同一消费者的不同需要。

(2) 广告信息的评估与选择。一个好的广告总是集中于一个中心的促销主题，而不必涉及太多的产品信息。如果广告信息过多过杂，消费者往往不知所云。广告信息的载体是广告文案，对广告文案的评价标准有许多。

(3) 信息的表达。广告信息的效果取决于广告信息的表达，其手段包括语言手段和非语言手段。语言手段在广告中的作用是其他任何手段所不及的，因为语言可以准确、精练、完整、扼要地传达广告信息。非语言手段就是语言以外的、可以传递信息的一切手段，主要包括构图、色彩、音响、体语等。

进行广告表现，要做到图文并茂，善于根据不同产品的不同定位，把语言手段和非语言手段有机地结合起来。任何一个广告信息都可以用不同的表现风格加以表现。

4. 选择广告媒体

广告表现的结果就是广告作品，广告作品只有通过恰当的广告媒体投放才能实现广告传播的目标。

5. 评估广告效果

广告的效果主要体现在三个方面：广告的传播效果、广告的促销效果和广告的社会效果。广告的传播效果是前提和基础，广告的促销效果是广告效果的核心和关键，企业广告活动也不能忽视对社会风气和价值观念的影响。

（1）广告传播效果的评估。主要评估广告是否将信息有效地传递给目标受众，这种评估传播前和传播后都应进行。传播前，既可聘请专家对广告作品进行评定，也可以采用消费者评判法，聘请消费者对广告作品从吸引力、易读性、好感度、认知力、感染力和号召力等方面进行评分。传播后，可再邀请一些目标消费者，了解他们对广告的阅读率或视听率、对广告的回忆状况等。

（2）广告促销效果的评估。促销效果是广告的核心效果。广告的促销效果主要指广告所引起的产品销售额及利润的变化状况。测定广告的促销效果，一般可以采用比较的方法。在其他影响因素一定的情况下，比较广告后和广告前销售额的变化；或者其他条件基本相同的甲和乙两个地区，在甲地做广告而在乙地不做广告，然后比较销售额的差别。

（3）广告社会效果的评估。主要评定广告的合法性以及广告对社会文化价值观念的影响，一般可以通过专家意见法和消费者评判法进行。

14.2.5　影响国际广告策略的因素

1. 法律的限制

世界各国在广告内容、广告产品、广告时间和广告传播方式上都有相应的法律规定。了解各个国家的相关法律规定，适当调整广告策略，对于国际企业尤为重要。

世界上许多国家禁止播放香烟、酒类、打火机的广告，在德国，禁止使用广告比较性术语，如果广告宣传某种肥皂比其他肥皂洗得干净，可能会遭到起诉。在美国，广告时间也有严格的规定，如黄金时间（18：00—24：00）每 60 分钟的节目中，广告时间不得超过 9 分 30 秒，其他时间每 60 分钟的节目中，广告不得超过 16 分钟。

2. 媒体限制

各个国家的传媒产业发展水平不同，经济、文化、教育等方面也存在差异，企业在广告媒体选择上，除了考虑产品因素以外，还应该考虑目标市场国家不同的媒体生态环境和消费者对媒体的选择习惯。

3. 广告受众限制

国际市场营销中的广告策略应该考虑目标市场国的消费者特点。不同国家的消费者有不同的价值观、审美观、宗教信仰和受教育水平，广告设计和传播要符合当地市场的文化价值观、风俗习惯、审美观念和理解能力。

14.3　国际市场人员推销策略

14.3.1　国际市场人员推销的特点与作用

1. 国际市场人员推销的含义

国际市场人员推销是指通过推销人员深入中间商或消费者进行直接的宣传介绍活动，使中间商或消费者采取购买行为的促销方式。在国际市场上，人员推销与国际广告、营业推广、公共关系等其他促销手段相比，所受到国际环境的限制相对较少，此外就产品类别的特性来看，工业品由于其品质及操作方式不容易在大众传播媒体上充分表现，厂商对工业品有专业知识和较高的判别能力，不易受到国际广告宣传的影响，因此较易采用人员推销的策略。

2. 国际市场人员推销的特点

相对于其他促销形式，人员推销具有以下特点：

（1）注重人际关系，与顾客进行长期的情感交流。情感的交流必然使顾客产生惠顾动机，从而与企业建立稳定的购销关系。

（2）具有较强的灵活性。推销人员可以根据各类顾客的特殊需求，设计有针对性的推销策略，容易诱发顾客的购买欲望，促成购买。

（3）具有较强的选择性。推销人员在对顾客调查的基础上，可以直接针对潜在顾客进行推销，从而提高推销效果。

（4）及时促成购买。推销人员在推销产品或劳务时，可以及时观察潜在顾客对产品或劳务的态度，并及时予以反馈，从而迎合潜在消费者的需要，及时促成购买。

（5）营销功能的多样性。推销人员在推销产品的过程中，承担着寻找客户、传递信息、销售产品、提供服务、收集信息、分配货源等多重功能，这是其他促销手段所没有的。

3. 国际市场人员推销的作用

（1）推销人员必须具有一定的开拓能力，能够发现市场机会、发掘市场潜在需求、培养国际市场新客户。

（2）善于接近顾客、推荐商品、说服顾客接受订货、洽谈交易。

（3）搞好销售服务，主要包括免费送货上门安装、提供咨询服务、开展技术协助、及时办理交货事宜、必要时帮助用户和中间商解决财务问题、搞好产品维修等。

（4）传递产品信息，让现有顾客和潜在顾客了解企业的产品和服务，树立形象，提高信誉。

（5）进行市场研究、搜集情报信息、反馈市场信息、制定营销策略。

14.3.2 国际市场人员推销的形式与策略

1. 国际市场人员推销的形式

在国际市场上，人员推销通常包括四种形式：

（1）企业经常派出的外销人员或跨国公司的销售人员的推销。他们在国外专门从事推销和商务谈判业务，或定期到国际市场调研、考察和访问时代为推销。这是国际市场人员推销的一般形式。

（2）企业临时派出的有特殊任务的推销人员和销售服务人员的推销。这种形式一般有三种情况：当国际目标市场出现特殊困难和问题时，其他办法不能解决，必须由企业组织专业推销人员或其他人员前往解决；企业突然发现了一个庞大的值得进入的市场，有必要派出一个专业推销小组，集中推销；企业建立一个后备推销小组和维修服务组织，待命而行，任务一到，出国推销兼做维修工作，或在国际市场做维修工作时，开展推销工作。西方国家的许多公司还特别组织一个专家小组，在国际市场巡回考察、调研、推销，解决与本企业有关的经济、贸易和技术问题。

（3）企业在国外的分支机构（或附属机构）的推销人员的推销。国外许多大公司特别是贸易公司，都在外国有分支机构（或附属机构），这些机构一般都有自己的推销人员，专门负责本公司产品在有关地区的推销工作。这些推销人员不仅有本国人，往往还大量雇用当地人员或熟悉当地市场的第三国人员（比如请第三国某公司在本地分公司的推销人员代为推销）。

（4）利用国际市场的代理商和经销商进行推销。在许多情况下，企业不是自己派员推销，而是请国外中间商代为推销。但是请国外代理推销人员，必须有适当的监督和控制，而不能单听代理推销人员的意见和策略，或者完全交给代理推销人员去做。在必要的时候，企业应该直接了解目标市场顾客的有关情况，或派出专业人员陪同代理推销人员去推销，或企业派自己的推销人员，对这些做法企业须慎重选择。此外，企业还可以在主要市场派出常驻代表，协助代理推销人员在该市场上开展推销工作。

2. 国际市场人员推销策略

国际市场人员推销必须有策略地使用推销员，在适当的时间以适当的方式去拜访适当的顾客，有以下策略可供选择。

（1）推销员面对一个顾客。企业推销人员可通过电话或亲自拜访，和一个现有顾客或潜在客户进行交谈，这通常是推销员主动登门拜访的方式。

（2）推销员面对一群顾客。推销员尽可能多地结识顾客群体中的成员，和一群顾客接触洽谈，回答询问，这有可能促成多笔生意。

（3）推销小组面对顾客群体。当某一地区出现一个较为庞大的值得进入的市场时，国际企业有必要派出一个专业推销小组，集中推销，西方国家的一些大公司还特别组织一个专家小组，在国际市场巡回考察、调研、推销，解决本企业有关的经济、贸易和技术问题。

（4）推销会议。利用订货会、博览会、展销会等会议形式介绍和宣传商品，具有接触面广、成交量大的特点。企业和客户在会议内外都有接触，只要商品对路、价格合理，容易达成大批量交易。

14.3.3　国际市场推销人员的管理

国际市场推销人员的管理主要包括招聘、培训、激励、评估各环节。

1. 国际市场推销人员的招聘

国际市场推销人员的招聘多数是在目标市场国进行。因为当地人对本国的风俗习惯、消费行为和商业惯例更加了解，并与当地政府及工商界人士，或者与消费者或潜在客户有着各种各样的联系。但是，在海外市场招聘当地推销员会受到当地市场人才结构和推销人员的社会地位的限制，在某些国家要寻找合格的推销人选并非易事。因此，企业也可以从国内选派人员出国担任推销工作。企业选派的外销人员，最主要的是要能适应海外目标市场的社会文化环境。

2. 国际市场推销人员的培训

（1）培训的地点与内容。推销人员的培训既可在目标市场国进行，也可以在企业所在地或企业地区培训中心进行。跨国公司的推销人员培训多数是安排在目标市场国，培训内容主要包括产品知识、企业情况、市场知识和推销技巧等方面。若在当地招聘推销人员，培训的重点应是产品知识、企业概况与推销技巧；若从企业现有职员中选派推销人员，培训重点应为派驻国市场营销环境和当地商业习惯等。

(2) 对高科技产品推销人员的培训。可以把推销人员集中起来，在企业培训中心或者地区培训中心进行培训。因为高科技产品市场在各国具有更高的相似性，培训的任务与技术要求也更复杂，需要聘请有关专家或富有经验的业务人员任教。

(3) 对推销人员的短期培训。对于这类性质的培训，企业既可采取组织巡回培训组到各地现场培训的方法，也可将推销人员集中到地区培训中心进行短期集训。

(4) 对海外经销商推销人员的培训。为海外经销商培训推销人员，也是工业品生产厂家常常要承担的任务。对海外经销商推销人员的培训通常是免费的，因为经销商推销人员素质与技能的提高必然会带来海外市场销量的增加，生产厂商与经销商均可从中受益。

3. 国际市场推销人员的激励

对海外推销人员的激励，可分为物质奖励与精神奖励两个方面。物质奖励通常指薪金、佣金或者奖金等直接报酬形式，精神奖励有进修培训、晋级提升或特权授予等多种方式。企业对推销人员的奖励，应综合运用物质奖励和精神奖励等手段，调动海外推销人员的积极性，提高他们的推销业绩。

对海外推销人员的激励，更要考虑到不同社会文化因素的影响。海外推销人员可能来自不同的国家，有着不同的社会文化背景、行为准则与价值观念，因而对同样的激励措施可能会做出不同的反应。

4. 国际市场推销人员业绩的评估

对海外推销人员的激励，建立在对他们推销成绩进行考核与评估的基础上。但是企业对海外推销人员的考核与评估，不仅是为了表彰先进，还要发现推销效果不佳的市场与人员，分析原因，找出问题，加以改进。人员推销效果的考核评估指标可分为两种：一种是直接的推销效果，如所推销的产品数量与价值、推销的成本费用、新客户销量比率等；另一种是间接的推销效果，如访问的顾客人数与频率、产品与企业知名度的增加程度、顾客服务与市场调研任务的完成情况等。

企业在对人员推销效果进行考核与评估时，还应考虑到当地市场的特点以及不同社会文化因素的影响。比如，产品在某些地区可能难以销售，则要相应地降低推销限额或者提高酬金。若企业同时在多个海外市场上进行推销，可按市场特征进行分组，规定小组考核指标，从而更好地分析比较不同市场条件下推销人员的推销成绩。

14.4 国际市场营业推广策略

14.4.1 国际市场营业推广的含义与特点

1. 国际市场营业推广的含义

国际市场营业推广是指在国际目标市场上，为了有效刺激顾客需求而采取的能够迅速产生诱导购买的促销方式。除广告、人员推销和公共关系以外，所有鼓励最终用户购买产品、提高零售商和中间商推销能力并改进其合作态度的市场促销活动，都属于营业推广。

依据促销目标与对象不同，营业推广活动可分为三大类：一是针对消费者的营业推广活动，如赠送样品、发放折价券、降价促销、现金兑换、有奖销售、交易印花、现场示范等；二是针对中间商的营业推广活动，如交易折扣、推广津贴、合作广告、特许经销、经销竞赛、产品展销等；三是针对推销人员的营业推广活动，如推销竞赛、红利分成、推销津贴等。

2. 国际市场营业推广的特点

国际市场营业推广与其他的促销手段相比，有它的独到之处，如国际广告给广大消费者提供了信息，国际市场营业推广有时却能将消费者的感知强化为购买欲望并给以激励；广告能建立长期的消费者忠诚，营业推广具有明显的短期促销效益。一般来说，国际市场营业推广具有以下特点。

（1）直接性。与其他促销方式相比，营业推广现场感最强，国际市场营业推广鼓励零售商在橱窗内陈列本企业产品以扩大影响，它往往能直观地展示产品，可以使广大消费者更直接地接近企业的产品，使他们了解产品，吸引他们购买产品。

（2）刺激性。营业推广方式往往比其他促销方式具有更强的刺激性，诱使直接消费者、中间商和零售商订货。营业推广方式，如请名人现场签名销售等，在发展中国家尤其受欢迎。但必须注意的是，营业推广的某些方式不但在有些国家达不到刺激购买的效果，而且可能带来负面效果。

（3）灵活性。营业推广的方式多种多样，企业既可灵活选择已有的推广方式，也可根据市场特点和产品特点以及消费者喜好，创造一些有效的营业推广方式。

（4）整体性。营业推广必须与其他的促销手段综合运用才能达到预期的效果。如开展营业推广活动时，要培训相应的推销人员，要进行广告宣传。企业还可将营业推广与公共关系活动结合起来。

14.4.2　国际市场营业推广的形式

1. 产品目录推广

国外产品目录是一种可以长期保存的、能够准确介绍与宣传企业和产品的国际促销途径。这种方式适用于国外消费者居住十分分散或不经常光顾商场的情况，它给消费者提供了一个仔细研究和选择商品的机会。

国外产品目录的特点：能够引起顾客的兴趣，激发其阅读的热情；体现厂商的特性；提供购买的信息，便于顾客购买；能激起顾客拥有的欲望；明确联络的方式，以便于与顾客的沟通，让顾客有提建议、提意见的便利渠道。

2. 样品推广

样品宣传带给人们的是有关产品的真实感觉，赠送样品已经成为一些国际知名公司开拓海外市场的重要方式。通过赠送样品，免费使用，能有效地宣传新产品，加快新产品被国际市场接受的速度。

3. 公司的出版物

出版物的散发对象很广泛，可以是消费者，也可以是分销或代理机构。公司的出版物可以宣传产品，更可以宣传企业，发布有关企业的最新信息。公司出版物可以在公司所在国出版，对于大型的跨国公司而言，业务和市场范围涉及许多国家时，结合当地的具体环境，公司出版物可以在目标市场国出版和发行。

4. 交易会和展览

国际性的交易会和展览，又称展销会、博览会，是国际市场营业推广的一种良好方式，它聚集了众多的出口商，提供了推销产品的机会。

按产品划分，可分为综合性展销会和专业性展销会；按参展者国别划分，可分为一国展销会和国际展销会；按时间划分，可分为临时性展销会和永久性展销会；按参观对象划分，可分为对商界开放的展销会和对社会开放的展览会。

5. 各种奖券和优惠券

奖券和优惠券是企业向顾客发送的一种减价证明，持有这一证明，消费者在购买商品时可以得到优惠。奖券和优惠券的发放途径很多，可以随上一次购物发放，鼓励连续购买，也可以随广告或采用其他方式赠送。

国际市场营销中采用奖券和优惠券的方式开展营业推广，要视不同国家的消费者对这一方式的接受程度而定，采用的方式也要有区别。如在美国，奖券可以独立发放；而在加拿大，则要夹在给零售商的广告中散发；在英国，奖券最常见的发放方式是随报纸和杂志赠送；而在许多欧洲国家，较多地采用挨门挨户赠送的方式。

14.4.3 制定国际市场营业推广策略的主要内容

1. 了解各国对营业推广方式的限制和管理规定

许多国家对营业推广方式在当地市场上的应用加以限制。有的国家规定，企业在当地市场上进行营业推广活动，事先须征得政府有关部门的同意；有的国家限制企业营业推广活动的规模，限定免费赠送的物品不得超过消费者所购买商品的一定百分比；有的国家对营业推广的形式进行限制，规定赠送的物品必须与推销的商品有关；有些国家的法律对现金折扣和数量折扣加以限制等。

2. 确定合理的营业推广预算

企业必须正确确定营业推广的规模，一般地讲，单位产品推广费用最低时，营业推广的规模为最佳规模。低于或高于这一规模，都不能充分发挥营业推广费用的效果。

3. 合理选择营业推广的时间

选择营业推广的时间有两层含义：一是确定营业推广活动的起始时间，如是否在新产品一上市就开展推广活动，或者是否在产品的销售淡季搞营业推广活动等。二是确定营业推广活动的时间长度。

企业开展营业推广活动的时间长短应视产品、地区、人口的状况而定，时间过短，许多潜在消费者没有机会购买产品，无法达到预期的推广目的；时间过长，可能给消费者造成不良印象，认为企业急于出货、推销滞销产品。

4. 深入考察目标市场状况

要考察经销商的态度和目标市场的竞争程度，以及竞争对手在促销方面的动向或措施。

14.4.4 国际市场营业推广的影响因素

进行国际市场营业推广时，经常会受到以下因素的影响。

1. 营业推广目标

营业推广目标的确定，就是要明确推广的对象是谁，要达到的目的是什么。企业的营业推广目标可能因促销对象不同而进行相应调整：当促销对象为最终消费者时，营业推广目标可能是提高新产品试用比例、吸引新顾客、增加原有顾客购买数量或购买频率等；若以推销人员为促销对象，目标可能就是推销新产品、开发新客户或获取更多订单等；针对经销商的促销目标则为经营新的产品项目、增加货架空间、鼓励批量购买与提前订货、建立经销商品牌忠诚或者争取经销商的支持与配合等。

2. 经销商的合作态度与市场竞争程度

企业国际市场营业推广活动的成功，需要得到当地经销商或者中间商的支持与协助。对于那些零售商数量多、规模小的国家，企业在当地市场的营业推广活动要想得到零售商的有效支持与合作就要困难得多，因为零售商数量多、分布散、不容易联系，商场规模小，无法提供必要的营业面积或者示范表演场地，加上营业推广经验缺乏，难以收到满意的促销效果。

目标市场的竞争程度，以及竞争对手在促销方面的动向或措施，将会直接影响到企业的营业推广活动。比如，竞争对手推出新的促销举措来吸引顾客争夺市场，企业若不采取相应的对策，就有失去顾客而丧失市场的危险。同样地，企业在海外目标市场的营业推广活动，也可能遭到当地竞争者的反对或阻挠，甚至通过当地商会或政府部门利用法律或法规的形式来加以禁止。

3. 确定营业推广的范围、规模和费用

营业推广的范围与规模要适应营业推广目标的要求。范围过小，促销效果有限，无法达到预定的目标；范围太大，虽能增加产品销量，但成本费用过高，促销效率反而下降。因此，为了保证推广活动的正常进行，国际企业必须确定推广总预算。在确定总预算时，一般要考虑各国的市场特点、企业的预期刺激强度、东道国对推广的幅度要求等，通过相应的成本—效益分析，确定相对应的营业推广范围与规模。

4. 选择推广工具与时机

营业推广的方式方法很多，但如果使用不当，则适得其反。因此，选择合适的推广工具是取得营业推广效果的关键因素。企业一般要根据目标对象的接受习惯和产品特点以及目标市场状况来综合分析，选择推广工具。对营业推广形式与途径的选择，既要服从促销目标与对象，也要考虑促销的规模、促销产品的性质以及诱因大小等方面的因素。

营业推广是一项时间性很强的促销活动，应抓住有利的市场机遇，并与其他促销活动相互配合。营业推广的期限长短要合适，在具体操作中，应根据市场特点和产品特点灵活掌握，以保证有一定数量的促销对象参加。

14.5　国际市场公共关系策略

14.5.1　国际市场公共关系的含义与任务

1. 国际市场公共关系的含义

国际市场公共关系作为一个重要的市场营销工具，是指一个企业通过一系列活动与国际市场上的公众进行信息沟通，使企业与公众相互了解，消除公众与企业之间的隔阂，并在公众中树立良好的企业及其产品形象，以促进企业产品销售的活动。与广告、人员推销、营业推广等促销方式相比，公共关系是一种长期性综合策略，它需要多种促销策略的配合，虽不会产生立竿见影的效果，但对树立良好的企业形象和推动企业的发展起着十分重要的作用。

2. 国际市场公共关系的任务

国际市场公共关系的任务与目标市场所在的国家、企业在国际市场所处的地位、产品性质、经营范围、进出口的复杂程度、市场供求关系和竞争状况、企业面对的外部宏观环境以及本国的对外经济策略等密切相关。其任务主要体现在以下几个方面。

（1）加强与传播媒体的关系。大众传播媒体承担着传播信息、引导舆论等社会职能，传播媒体对企业的报道对公众具有极强的引导作用，因此也在很大程度上影响企业的公众形象。企业必须充分利用传播媒体来为其服务，与之建立良好的合作关系，主动提供信息，使媒体了解企业。同时，积极创造具有新闻价值的事件，争取媒体的主动报道。

（2）改善和消费者的关系。和消费者的关系是国际企业的生命线，国际上任何一家享有信誉的公司几乎都把改善与消费者的关系列为头等重要的问题来处理。运用公共关系同社会沟通，增进了解，使消费者对企业及其产品产生良好感情，对企业的意义十分重大。

（3）调整与政府的关系。与国内企业不同，国际企业面临来自各个国家的各种不同的要求或压力。企业一方面必须随时调整自己的行为以适应政府政策的变化；另一方面又要左右逢源，以协调可能发生的冲突和利益矛盾，这是企业公共关系的一项重要任务。公共关系部门必须加强与东道国政府官员的联系，了解他们的意图，了解所在国的法律，争取相互之间的谅解，以求得企业的生存和发展。为了达到这一目的，企业可以搞些公益活动，如为公共事业捐款，扶持残疾人事业，赞助文化、教育、卫生、环保事业等，树立为目标市场国的社会与经济发展积极做贡献的形象。

14.5.2　国际市场公共关系的主要策略

在实际的营销工作中，企业需根据不同时期具体的主客观条件，确定公共关系的具体目标和策略。

1. 导入型公共关系策略

导入型公共关系策略适用于企业初建时期或新产品投入阶段。这时公共关系的主要目的是尽快提高企业和产品的知名度，形成目标市场公众对企业和产品良好的第一印象。公关工作的重点在于宣传、沟通、向公众介绍企业及其产品，使公众对企业、企业的新产品有所认识、产生兴趣，争取有尽可能多的公众了解、信任、支持企业和企业产品。导入型公关一般可借助开业庆典、开业广告、新产品展销、新服务介绍、免费招待餐、赠送宣传品、折价酬宾、社区活动等形式来进行。

2. 稳定型公共关系策略

稳定型公共关系的目的在于与公众保持长期的、稳定的、良好的相互关系。具体的实施策略有：

（1）通过优惠服务和感情联络来维系与公众的关系。即通过提供各种优惠服务吸引目标公众的再合作。如企业对购买企业产品超过一定数量者免费赠送一定价值的礼品或服务等。这种做法适用于已经建立了业务往来的组织和个人。

（2）保持企业和产品一定的提及率。如定期广告、组织报道、提供新闻片等，以使公众不至于淡忘企业。这种做法不是直接促销产品，而是以低姿态的宣传为主，使公众在不知不觉中了解企业的情况，有利于加深公众对企业及其产品的印象。

（3）参与或组织一些影响较大的公关宣传或活动。如捐资助学、资助文体活动和社会公益活动等，进一步强化企业的良好形象，更好地维系与公众的关系。

在实际操作中，企业可以单独采用一种方法，也可以将不同方法加以组合运用。如可通过某一公关活动，提高企业形象；通过宣传报道，向公众经常提示；通过优惠服务，使公众得到实惠；从自身利益需要出发去主动维持与企业的关系等。

3. 冲突型公共关系策略

冲突型公共关系策略也称危机公关。当企业与公众、企业与环境发生摩擦或冲突事件，进而影响到企业经营或品牌声誉时，企业为挽回不利影响或提升自身形象，必须考虑采取一定的冲突型公关策略加以应对。国外最新研究表明，如果企业未预先制定完善的公关策略，并且未在危机的最初阶段对其态势加以控制的话，危机造成的连锁反应将是一个加速发展的过程——从初始的经济损失，直至苦心经营的品牌形象和企业信誉毁于一旦。

危机公关的策略有四种：

（1）创新。即开拓新的领域，改变企业对环境旧的依赖关系。如采取开发新产品、开拓新市场、组建新的合作关系等方式，吸引新的顾客群，从而摆脱不利因素的影响。

（2）合作。主动交朋友，加入同业协会或举办协作性的交流会议，减少与竞争者的冲突、摩擦。

（3）转移。为避免环境中的消极因素给企业带来的不利影响，企业可以采取迂回策略，转移公众的注意力。

（4）矫正。当冲突或危机的出现对企业和产品形象造成损害时，应及时发现问题，纠正错误，改善不良形象。如可以用实际行动或通过自我批评或借助权威等来矫正形象。

14.5.3　开展国际市场公共关系活动的程序

企业开展国际市场公共关系活动，一般应遵循以下四个程序：相关公众调查研究、拟定公关活动目标、有效沟通信息和公关活动效果评估。

1. 相关公众调查研究

调查研究是做好公共关系工作的基础。企业公共关系工作要做到有的放矢，应先了解与企业及其所实施的政策有关的公众的意见和反映。公共关系要把企业领导层的意图告知公众，也要把公众的意见和要求反映到领导层。因此，公关部门必须收集整理提供信息交流所必需的各种材料。

2. 拟定公关活动目标

在调查分析的基础上明确问题的重要性和紧迫性，进而根据企业总目标的要求和各方面的情况，确定具体的公共关系目标。一般来说，企业公共关系的直接目标是促成企业与公众的相互理解，影响和改变公众的态度和行为，建立良好的企业形象。公关工作是围绕着信息的提供和分享展开的，因而具体的公关目标又分为：传播信息、转变态度、唤起需求。企业不同时期的公关目标，应综合公众对企业理解、信赖的实际状况，确定是以传递公众急切想了解的情况，改变公众的态度，还是以唤起需求、引起购买行为为重点。

3. 有效沟通信息

公关工作是以有说服力的传播去影响公众，因而公关工作过程也是交流信息的过程。企业面对广大的社会公众，与小生产条件下简单的人际关系大不相同。企业必须学会运用大众传媒及其他交流信息的方式，达到理想的公关效果。

4. 公关活动效果评估

应对公共关系活动是否实现了既定目标及时评价。如果把公共关系活动作为单独的促销手段来使用，对其促销效果的衡量还是比较容易的。一旦把这一手段和其他几种促销工具混合使用，就会使这种衡量变得相对困难。而现实中混合使用的情况是经常存在的。衡量公关活动效果的困难还在于对企业社会形象的评价需要一系列标准，而绝非产品销售量这一单一因素。与社会形象有关的评估参数包括以下几方面。

（1）企业级产品名称在外界消费者中的知名度，如公众中知道本企业及企业产品名称的比例。

（2）企业在公众中的信誉，如公众对本企业技术、财务与管理服务等方面的评价。

（3）企业产品在消费者心目中的定位，如产品是优质优价的还是物美价廉的。

（4）企业的长期顾客以及企业产品的品牌忠诚数量占某类消费者总人数的比例。

（5）企业及产品在非商业广告性质的传播媒体中展露的次数与频率，如某一时期内报纸、电台、电视、杂志中出现有助于企业形象宣传的报道数量。

（6）获得相关政府、社会组织以及社区内的某种团体与个人给予企业的荣誉和奖状，企业受表彰的层次与次数。

本章小结

国际市场促销也是国际市场营销组合的一个重要因素，其作用在于通过向国际市场上的个人、群体或机构通报公司的产品，并影响他（它）们接受这些产品，以便直接或间接地促进产品的销售。但由于国际市场营销环境的多变性和复杂性，根据国际市场营销中的主要促销方式和特点，在不同的国际环境中选择最佳的广告、人员推销、营业推广和公共关系促销组合策略，是国际企业在国际市场上营销的重要举措，也是国际企业必须深入研究的问题。

案例分析

宝洁营销数字化转型的阻力

作为全球最大广告主之一的宝洁公司，在数字营销上的大胆革新与纠结反复折射了大部分传统企业营销数字化转型的典型困境——来自内生基因与数字营销环境的冲突。

2008 年前后，伴随着“消费者在哪里，我们就必须在哪里”的豪言壮语，宝洁吹响了全面挺进数字新媒体的号角。但遗憾的是，宝洁当机立断且雄心勃勃的数字化转型却交出了

2015、2016 连续两个财年销售收入下滑的尴尬答卷。面对落败的市场绩效，宝洁不得不开始反思其数字化转型决策，并开始回归传统的电视广告营销模式。

对宝洁营销数字化转型失败原因的分析有很多，大部分观点集中于两大类型：一种观点认为宝洁品牌群所涵盖的产品为消费者卷入度较低的日用品，并不适合以用户生活方式和社群兴趣为聚合模式的新兴社交媒体；另一种观点认为宝洁所秉持的“广播式”营销并不契合以互动和分享为机制的网络传播。

这两类观点均未触及宝洁营销基因和数字营销环境之间的内生冲突，因此对洞察以宝洁为代表的传统企业在数字化营销转型之路上的结构性障碍还缺乏帮助。

对于宝洁来说，自身的品牌战略架构及由此形成的营销经济基础才是阻碍营销数字化转型的内在梗阻。

多品牌吃尽市场规模红利

多品牌战略作为宝洁首创并成功运用的企业级品牌战略，客观上推动了定位理论的产生：宝洁的多品牌战略并非定位理论指导下的成功实践，恰恰相反，却是定位理论得以归纳成型的案例基础。

正因为如此，宝洁多品牌战略一直为其他企业所津津乐道和备受营销专家关注，其焦点在于宝洁旗下品牌群之间的差异化定位及其整体结构，而忽略了这种战略模式为公司带来的营销经济基础。

这种营销经济基础包括多品牌战略实施为企业创造的两个方面的营销经济性。

一是大规模覆盖。多品牌战略凭借多样化的品牌族群为企业覆盖更为广泛的市场面。多品牌战略的实施，为宝洁公司同时满足不同的细分市场和消费需求提供了支撑。宝洁旗下不同品牌以差异化的功能诉求与形象策略针对不同的目标市场，从整体上为宝洁公司创造了一个聚合大规模市场需求的战略结果。可以说，多品牌战略是吃尽市场规模红利的最优手段。

二是大规模复制。在大规模覆盖的基础上，多品牌战略还为宝洁开拓了大规模复制媒体策略与创意策略的机会。众所周知，宝洁的媒体策略一向坚持以电视广告为主，这样一种单一化特征明显的媒体策略大大简化了宝洁旗下多品牌的广告投放成本；同时，宝洁在电视广告上常年坚持的“问题解决型”创意模式也为大规模复制营销活动带来了便利。

比如，企业只需要在战略上解决海飞丝品牌“去除头屑”和飘柔品牌“柔顺头发”的功能定位，便可以方便快捷地导入“有头屑用海飞丝解决”和“头发打结用飘柔解决”这种模式化创意，并通过标准化的电视广告进行大范围、高频次的营销传播。

从理论上讲，大规模覆盖与大规模复制共同创造了宝洁的规模化优势，只要发现并锁定一个市场需求，宝洁便能调动品牌营销来迅速地匹配这一需求。因此，低成本的规模化是宝洁多品牌战略成功的经济学基础。

数字新媒体对多品牌战略的解构

品牌是企业差异化经营的工具，也是消费者的识别工具，这种工具功能的实现归根结底在于消费者对品牌信息的理解和分类模式。数字新媒体建构了新的营销传播环境，重塑了消费者理解和认知品牌的心智模式，从基础上瓦解了宝洁多品牌战略的经济基础。

功能维度：传统的分类逻辑

“分类”是消费者信息处理的基本范式，由分类所构成的认知结构和心智模式决定了品牌的塑造路径和发展结构。

宝洁的多品牌战略正是建立在消费者以产品功能为维度的传统心智分类模式之上。正如“海飞丝”品牌代表去屑、“飘柔”品牌代表柔顺、“潘婷”品牌代表强韧，宝洁旗下的各品牌以分别代表不同功能价值的形象共同组成了一个几乎覆盖所有功能细分市场的品牌群。

在金字塔式“广播”媒体的作用下，宝洁利用大众媒体的“灌输”功能，对消费者进行自上而下的品牌信息灌输，建立了一个以功能为维度的品牌信息认知框架。在这种架构下，功能成了消费者的认知标准，同时也是品牌间的区隔樊篱，消费者依品牌来识别不同功能的产品。

这种以功能作为品牌逻辑结构的战略模型也突出表现在宝洁的品牌延伸上。众所周知，宝洁在其日化品牌群中突出了宝洁母品牌的背书，但在薯片品牌“品客”的传播中却刻意淡化了其与母品牌的关联。这样的操作手法便是为了防止消费者对代表各种清洁功能的日化品牌与代表“美味”功能的食品品牌产生混淆。

情感维度：新兴的分类逻辑

以互联网为基础的新媒体将社会整体的信息流通范式从自上而下的金字塔式传播转向网络化传播。在这一转向中，所有人对所有人的传播结构使得以兴趣为聚合焦点的社交族群开始诞生，传播的动力机制从传统机构化的媒体转向社交驱动，这逐渐重塑了消费者对品牌信息的心智模式。

与传统上将功能作为区分维度的心理认知不同的是，数字化媒体环境下的消费者品牌信息认知开始转向情感维度，即以情感的共鸣和态度的认同作为识别品牌的标签。消费族群以品牌基于情感的价值观和理念作为分别和处理品牌信息的维度。在这种心智模式之下，情感是消费者识别一个品牌的首要维度，而功能差别沦为次要因素，甚至是不再被纳入考虑的因素。

因此，一个品牌若能够在情感上打动消费者，那么其推出符合其“品牌气质”的任何产品都将受到目标消费族群的追捧。

这种情况正发生在几乎所有互联网新贵品牌身上：“Google”品牌的产品从搜索、Wi－Fi、硬件到人工智能等，几乎涵盖了所有与互联网科技相关的领域；“小米”品牌正从手机延伸到非高科技的各种生活用品；“罗辑思维”品牌从上市至今推出的产品也可谓五花八门……

多品牌战略与多产品战略

正是数字新媒体时代消费者心智模式的转变使得宝洁曾经叱咤风云的多品牌战略不再具有经济优势和市场基础。

首先，消费者不再以功能作为品牌信息分类结构的标准，使宝洁以功能结构建立的品牌壁垒和整体架构面临严峻挑战，而这并不能简单通过运用数字媒体得到改变。

其次，在社交媒体时代创建一个品牌需要强大的情感资源，而类似于创始者个人 IP 这样的情感资源往往可遇而不可求。像宝洁一样依靠电视工业大规模复制品牌群的经济基础已然瓦解。

因此，数字媒体时代的原生品牌或成功转型的传统品牌都在采用一个新的品牌与产品架构，即单一品牌下的多产品战略。在这种战略模式下，品牌首先会选择一个能够代表其品牌精神的产品进行“爆款化”打造。

大多数时候，这种爆款承担的核心功能是获得消费族群的情感认同而非赢利，品牌会在获得消费族群情感认同的基础上，再通过产品延伸来实现变现赢利。

在这种新的产品、品牌逻辑下，宝洁传统的多品牌战略便显得尤为过时：既缺乏建立品牌群的丰富情感资源，又不擅长在兴趣社交推动的新传播环境中与消费族群进行情感沟通，这正是宝洁营销数字化转型之困的根本原因。

也许，宝洁应该放弃多品牌战略，选择一个品牌作为数字化转型的实验对象。通过内容来建立品牌，再通过产品线延伸来实现赢利。但这毕竟与宝洁多品牌战略是截然不同的商业模式，似乎需要另外一套组织结构和运营文化作为土壤，或许这就是宝洁数字化转型之困的内生障碍。

（资料来源：高阳．宝洁营销数字化转型的阻力是什么？［J］．销售与市场：管理版，2017（10）：70-72.）

讨论与分析：

1. 宝洁营销数字化转型的阻力是什么？
2. 数字媒体时代，企业如何实现营销传播的转型发展？

课后习题

一、单选题

1. 企业利用各种有效的方法和手段，使消费者了解和注意企业的产品、激发消费者的购买欲望，并促使其实现最终的购买行为称为（　　）。

   A. 促销　　B. 营销　　C. 直销　　D. 分销

2. 促销主要有两种方式，即针对最终用户的拉式促销和针对分销商的（　　）

   A. 直营促销　　B. 推式促销　　C. 间接方式　　D. 直接方式

3. 听众遍及各地各阶层，传播范围很广，信息传递迅速、及时、方式灵活多样，声情并茂，吸引力强，且费用相对低廉；不足之处在于，听众在收听时不够专心，很容易遗忘广告内容，缺乏对产品形象的认识，不易留下深刻印象的是（　　）。

   A. 车体广告　　B. 广播广告　　C. 报纸广告　　D. 电视广告

4. 当今全球最大的传播媒体几乎给各类广告提供了取之不尽、用之不竭的“版面”的是（　　）。

   A. 电视广告　　B. 杂志广告

   C. 互联网广告　　D. 报纸广告

5. 微信、博客、直播、视频分享等可以成为强有力的营销工具的广告方式是（　　）。

   A. 互联网广告　　B. 报纸广告

   C. 杂志广告　　D. 新社交媒体广告

6. （　　）是广告的核心效果。

   A. 促销效果　　B. 分销效果　　C. 直营效果　　D. 代理效果

7. 国际市场推销人员的管理主要包括招聘、培训、（　　）、评估各环节。
A. 奖励　B. 激励　C. 刺激　D. 推广
8. 在国际目标市场上，为了有效刺激顾客需求而采取的能够迅速产生诱导购买的促销方式是（　　）。
A. 人员推销　B. 广告
C. 国际市场营业推广　D. 国际公共关系
9. 一个企业通过一系列活动与国际市场上的公众进行信息沟通，使企业与公众相互了解，消除公众与企业之间的隔阂，并在公众中树立良好的企业及其产品形象，以促进企业产品销售的活动是（　　）。
A. 国际公共关系　B. 国际市场营业推广
C. 人员推销　D. 广告
10. 通过推销人员深入中间商或消费者进行直接的宣传介绍活动，使中间商或消费者采取购买行为的促销方式（　　）。
A. 国际市场人员推销　B. 国际市场营业推广
C. 国际公共关系　D. 广告

二、多选题

1. 在国际市场广告促销活动中，使用最多的广告媒体有（　　）。
A. 报纸　B. 杂志　C. 电视　D. 广播
E. 网络
2. 影响媒体选择的因素主要有（　　）。
A. 产品性质　B. 媒体质量　C. 媒体数量　D. 媒体费用
E. 媒体的适用性
3. 根据产品生命周期不同阶段中广告的作用和目标不同，可以把广告大致分为（　　）。
A. 告知性广告　B. 劝说性广告　C. 诱导性广告　D. 煽动性广告
E. 提示性广告
4. 一般来说，国际市场营业推广具有以下哪些特点？（　　）
A. 直接性　B. 刺激性　C. 灵活性　D. 整体性
E. 局部性
5. 在实际的营销工作中，企业需根据不同时期，具体的主客观条件，确定公共关系的具体策略有（　　）。
A. 导入型公共关系策略　B. 代理型公共关系策略
C. 冲突型公共关系策略　D. 积极型公共关系策略
E. 稳定型公共关系策略

三、名词解释

1. 国际市场人员促销
2. 国际市场广告
3. 国际市场营业推广
4. 国际公共关系

第 15 章

国际市场营销的计划、组织结构和控制

★学习目标

1. 了解国际市场营销计划的含义，掌握国际市场营销计划的程序、常用战略规划的方法。

2. 理解不同类型国际市场营销组织结构的特点。

3. 理解国际市场营销控制的含义，了解国际市场营销控制的主要内容，掌握国际市场营销控制的程序。

国际市场营销环境复杂多变，为了使企业的国际市场营销活动不断适应变化的市场，需要建立适当的组织机构来进行管理，同时需要制订营销战略计划和进行有效的控制。企业的国际市场营销计划将企业的国际战略目标、国际环境、内在条件等要素整合成统一的体系，以便把握营销机会。不同规模和不同发展阶段的企业往往需要不同的组织架构。有效的管理和控制保证了计划的执行和实现。

15.1 国际市场营销计划

15.1.1 国际市场营销计划概述

1. 国际市场营销计划的含义

国际市场营销计划是从事国际市场营销的企业对未来经营活动的设计与决策。计划是一个分析的过程，具体包括企业所处环境分析、未来机会或竞争测定，根据未来环境决定企业目标，从实现目标的备选策略中挑选出最好策略与行动计划。企业通过国际市场营销计划确定预期的营销目标，并在收集、分析资料，预测成本费用的前提下，规划实现其目标的步骤、措施和具体要求。国际市场营销计划在不同的企业居于不同的地位，这是由于不同的企业在经营观念、营销目标、营销战略、组织体制等方面存在差异。企业本身是存在于动态环境中开放的、可改变的社会经济系统。有些企业的营销计划仅是企业整体计划的一个组成部分，而有些企业，尤其是高度贯彻市场导向观念的企业，营销计划本身就是企业的整体计划。

2. 国际市场营销计划的类别

（1）从期限看，国际市场营销计划可分为短期计划和长期计划：短期计划又称经营计划，执行期一般为 1 年；长期计划又称战略规划，执行期短的 3 ~ 5 年，长的达 10 年、20 年。

（2）从制订和执行主体看，国际市场营销计划又可分为母（总）公司计划和子（分）公司计划。一般来说，母公司偏重于战略规划，子公司偏重于经营计划。战略规划与经营计划的区别在于，前者的目的是决定营销目标和基本战略，而后者的作用则在于将这些目标和战略付诸实施。前者是创始性的原则计划，后者是从属于前者的具体计划。如果公司在国际上推行的是标准化的战略，那就须制定出一套统一的营销策略和步骤，然后用以指导各个目标市场的营销活动，如果实行的是差异化的战略，则要针对某个具体国家的目标市场制定市场营销的计划和方案。

战略规划是在最高管理层次上进行的一种战略选择的长期计划，力求将外部不可控因素对公司实力、任务和目标的影响纳入管理的轨道，主要涉及公司的长远目标和近期目标。战术规划（即经营计划）则是规划具体措施和资源分配，借以在特定市场上实现战略规划的目标，主要涉及具体的营销策略和方案。

3. 国际市场营销战略规划

国际市场营销的战略规划主要包括四个方面的具体含义：

（1）战略规划是对未来的决策，考察管理者已做出的以及将做出的决策的一系列原因和结果。

（2）战略规划是一种程序。包括设定组织目标、确定战略及其实现的政策，制订详细计划，保证战略的实施以达到预期的目的。

（3）战略规划是一种哲学。它要求企业行为建立在对未来预期的基础之上，它不仅是对程序、过程、结构或技术的一系列规定，更是一种思想的过程和智力的运用。

（4）战略规划与其他各种计划，如长期实施计划、中期实施计划和短期实施计划相联系。一个企业的战略规划包括四个部分，即环境分析、企业独特的能力与资源、企业领导者的价值和愿望及企业的社会责任。将这些组成部分逐个地进行详细的考察，并将其联系起来考虑，就可制定出一项可行的战略规划。环境分析指明企业所处的发展环境如何；企业独特的能力与资源可以指明企业能够做什么；企业领导者的价值和愿望可以反映企业想做什么；企业的社会责任指明企业应承担的社会责任是什么。战略规划起到衔接企业目标和企业行动计划或程序的作用。在国际市场营销中，由于国际市场竞争的日益加剧，各国市场千变万化及国际企业组织结构的复杂性，国际市场营销战略规划不能仅仅被动地反映和适应环境的变化，而应该在过去趋势、当前情况和未来估计的基础上主动调整。科学的国际市场营销战略规划可以调动各个地区和各个部门的积极性，集中企业国际资源进行优化配置，便于公司总部对企业的国际市场营销活动进行指挥、协调和控制。

4. 国际市场营销经营计划

国际市场营销经营计划是具体实施国际市场营销战略规划的方案。企业国际市场营销经营计划，一般应明确规定干什么、由谁干、如何干、何时干。国际市场营销经营计划通常包括下列具体作业计划。

（1）产品管理计划。产品管理计划主要规定一个特定产品或产品种类的销售目标和指标，由产品经理编制。

（2）品牌管理计划。品牌管理计划规定一个产品类别中某个品牌的销售目标和手段，由品牌经理编制。

（3）细分市场计划。这是为某一地区或细分市场制订的经营销售计划，说明在这一市场公司应采取的战略和战术，由市场经理编制。

（4）分销渠道计划。确定公司在某一市场对分销渠道的选择及扩展方案，分销渠道的长度、宽度，经销或代理或设立销售公司，包括对中间商的选择和培训计划。

（5）国际定价计划。根据公司的竞争战略和市场战略，确定每个市场是采用高价或低价、价格的调整和变化、每个市场价格制定的基础和方法。

（6）国际促销计划。规定促销预算和促销方案，包括广告的预算、广告计划、营业推广计划、人员推销计划等。

15.1.2　国际市场营销计划的制订

1. 确定企业国际市场营销目标

国际市场营销战略规划规定的目标包括两层含义：一是选择特定的国家并确定特定的市场，选择要进入的国家进行分析和筛选，包括对有关国家的市场特性、分销体系、促销体系、法律环境、产业结构、政府政策、资源禀赋等因素进行分析，以决定进入的领域和方式；二是建立特定的经营目标，如销售额和销售量、市场占有率、销售增长率、企业利润率等效益指标体系。国际市场营销计划的制订与实施要以特定的营销目标为依据。

2. 确定具体的营销策略

企业的国际市场营销策略具体包括目标市场策略、营销组合策略、营销费用策略三个部分。

（1）目标市场策略。目标市场是企业决定进入的市场，是企业决定为之服务的顾客群体。在目标市场决策过程中，企业要根据不同的国际细分市场的特点，以及企业自身资源和优势来选择进入市场的具体营销战略，只有合适的目标市场策略才能保证企业市场竞争力，才能保证在充分满足目标市场需求的条件下实现最大化的效益。

（2）营销组合策略。企业针对其选择的国际目标市场，制定营销组合策略。具体包括：

①产品策略。根据各个市场的需求，在设计、性能、包装和商标上适应国际市场需求的特点。

②渠道策略。根据目标市场消费者习惯和要求、中间商的分销网络和组织机构的特点等来制定国际市场分销渠道方案，包括分销渠道宽窄、分销渠道长短设计等。

③定价策略。根据公司的竞争战略、市场战略、成本及市场需求的特性，制定每个国际

目标市场价格的策略，并根据市场变化不断调整和优化该方案。

④促销策略。根据企业的产品、销售技术、国外市场特点来制定促销预算和促销活动的方案，包括广告预算、广告计划、营业推广计划和人员推销计划等。

（3）营销费用策略。其目的在于编制能够带来最佳利润前景的营销费用预算。虽然较高的营销费用支出可以带来较高的销售额，但当销售额达到某一水准时，进一步提高营销费用支出可能无法使利润提高，反而会损害利润，所以有必要仔细研究公司执行各种营销策略所需的最适量的预算。

15.1.3　国际市场营销计划制订常用的方法

1. 产品/市场分析矩阵法

产品/市场分析矩阵法主要用来寻找、发现市场机会。对于企业来说，发现未满足的需要是企业的客观市场机会，能否成为企业的营销机会，还要看是否适合企业的目标和资源。企业在市场营销计划制订的过程中，往往需要对现有的业务进行重新组合，需要发展一些新业务，以代替被淘汰的业务，同时，如果企业在原来的经营框架内无法获得发展，企业需要寻找更好的市场机会。寻找市场机会可用表15-1所示的产品/市场分析矩阵法。

表15-1　产品/市场分析矩阵法

产品 市场	现有产品	新产品
现有市场	1　市场渗透	2　产品开发
新市场	3　市场开发	4　多元化

区域1对应的是现有市场、现有产品，企业分析的重点是消费者对现有产品的需求及现有产品对消费者的满足程度，并由此决定市场渗透的程度。若消费者对现有产品需求较旺，则可对现有市场渗透扩张；反之，可进行适度收缩。

区域2对应的是现有市场、新产品，企业分析的重点是现有市场中是否仍有其他未被满足的相关需求存在。若存在，则说明现有市场中存在机会，企业可以通过开发新产品来满足这种市场需求。

区域3对应的是新市场、现有产品，企业分析的重点是新市场中是否存在对企业现有产品的需求，若存在，则说明新市场中存在机会，企业可以扩大生产满足新市场对产品的需求。

区域4对应的是新市场、新产品，企业分析的重点是新市场中是否存在未被满足的消费者需求，若存在，则采取多元化经营战略。

2. 波士顿矩阵分析法

波士顿矩阵分析法是波士顿咨询公司于1970年提出的一种规划企业产品组合的方法，如图15-1所示。通过此方法可以对企业的战略业务单位或产品进行分类和评估。

在图15-1中，纵坐标“市场成长率”表示该业务的销售量或销售额的年增长率，用数字0～20%表示，并以10%作为市场增长的临界点，市场成长率超过10%就是高速增长。横坐标“相对市场占有率”表示该业务相对于最大竞争对手的市场份额，用于衡量企业在相关市场上的实力，用数字 0.1（该企业销售量是最大竞争对手销售量的 10%）~10（该企业销售量是最大竞争对手销售量的 10 倍）表示，并以相对市场份额 1 为分界点。8 个圆圈代表企业的 8 个业务或产品单位，它们的位置表示这个业务或产品的市场成长和相对市场份额的高低；面积的大小表示各业务的销售额大小。

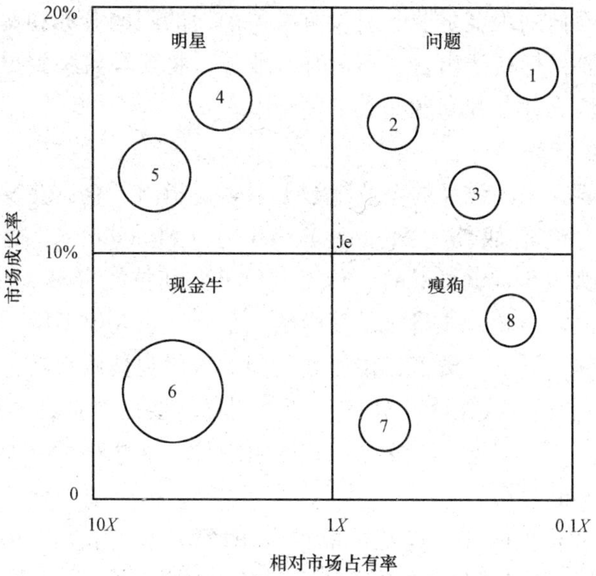

图 15-1　波士顿矩阵模型

波士顿矩阵模型将一个企业的业务分成四种类型：问题业务、明星业务、现金牛业务和瘦狗业务。

第一，问题业务指高市场成长率、低相对市场份额的业务。这往往是一个企业的新业务。为发展问题业务，企业必须建立工厂，增加设备和人员，以便跟上迅速发展的市场，并超过竞争对手。这意味着大量的资金投入。

第二，明星业务指高市场成长率、高相对市场份额的业务。明星业务是由问题业务继续投资发展起来的，可以视为高速成长市场中的领导者，它将成为公司未来的现金牛业务。但这并不意味着明星业务一定可以给企业带来滚滚财源，因为市场还在高速成长，企业必须继续投资，以保持与市场同步增长，并击退竞争对手。

第三，现金牛业务是指低市场成长率、高相对市场份额的业务。现金牛业务是市场中的领导者，是企业现金的来源。由于市场已经成熟，企业不必大量投资来扩展市场规模，同时作为市场中的领导者，该业务享有规模经济和高边际利润的优势，因而能给企业带大量财源。

第四，瘦狗业务是指低市场成长率、低相对市场份额的业务。一般情况下，这类业务常常是微利甚至是亏损的。

在明确了各项业务单位在公司中的不同地位后，就需要进一步明确其战略目标。通常有四种战略目标分别适用于不同的业务。

第一，发展战略。继续大量投资，目的是扩大战略业务单位的市场份额。它主要针对有发展前途的问题业务和明星业务。

第二，维持战略。投资维持现状，目标是保持业务单位现有的市场份额。它主要针对强大稳定的现金牛业务。

第三，收获战略。实质上是一种榨取，目标是在短期内尽可能地得到最大限度的现金收入。它主要针对处境不佳的现金牛业务及没有发展前途的问题业务和瘦狗业务。

第四，放弃战略。目标在于出售和清理某些业务，将资源转移到更有利的领域。这种目标适用于无利可图的瘦狗业务和问题业务。

3. 麦肯锡 7S 战略模型

麦肯锡顾问公司研究中心设计的企业组织七要素，指出了企业在发展过程中必须全面地考虑各方面的情况，包括战略（Strategy）、结构（Structure）、制度（System）、风格（Style）、共同的价值观（Shared Value）、员工（Staff）和技能（Skill）。因为企业还可能会在战略执行过程中失误。因此，战略只是其中的一个要素。在模型中，战略、结构和制度被认为是企业成功的硬件，风格、员工、技能和共同的价值观被认为是企业成功的软件。麦肯锡的 7S 模型提醒全球营销的决策者，软件和硬件同样重要。企业在实施战略过程中需要重视人性，如非理性、固执、直觉、喜欢非正式的组织等，这些都可以加以管理，这与各企业的成败息息相关，绝不能忽略。

（1）战略。是企业根据内外环境及可取得资源的情况，为求得企业生存和长期稳定地发展，对企业发展目标、达到目标的途径和手段的总体谋划，它是企业经营思想的集中体现，是一系列战略决策的结果，同时又是制定企业规划和计划的基础。

（2）结构。战略需要健全的组织结构来保证实施。组织结构是企业的组织意义和组织机制赖以生存的基础，它是企业组织的构成形式，即企业的目标、协同、人员、职位、相互关系、信息等组织要素的有效排列组合方式。就是将企业的目标任务分解到职位，再把职位综合到部门，由众多的部门组成垂直的权力系统和水平分工协作系统的一个有机的整体。组织结构是为战略实施服务的，不同的战略需要不同的组织结构与之对应，组织结构必须与战略相协调。

（3）制度。企业的发展和战略实施需要完善的制度作为保证，而实际上各项制度又是企业精神和战略思想的具体体现。所以，在战略实施过程中，应制定与战略思想相一致的制度体系，要防止制度的不配套、不协调，更要避免背离战略的制度出现。

（4）风格。每个企业都有自己的管理风格，即企业文化。杰出企业都呈现出既中央集权又地方分权的宽严并济的管理风格，它们一方面让生产部门和产品开发部门极端自主，另一方面又固执地遵守着几项流传久远的价值观。

（5）共同的价值观。由于战略是企业发展的指导思想，只有企业的所有员工都领会了这种思想并用其指导实际行动，战略才能得到成功的实施。因此，战略研究不能只停留在企业高层管理者和战略研究人员这一个层次上，而应该让执行战略的所有人员都能够了解企业的整个战略意图。企业成员共同的价值观念具有导向、约束、凝聚、激励及辐射作用，可以激发全体员工的热情，统一企业成员的意志和欲望，齐心协力地为实现企业的战略目标而努力。这就需要企业在准备战略实施时，要通过各种手段进行宣传，使企业的所有成员都能够理解它、掌握它，并用它来指导自己的行动。

（6）员工。战略实施还需要充分的人力准备，有时战略实施的成败确系于有无适合的人员去实施，实践证明，人力准备是战略实施的关键。IBM 的一个重要原则就是尊重个人，并且花很多时间来执行这个原则。因为它坚信员工不论职位高低，都是产生效能的源泉。所以，企业在做好组织设计的同时，应注意配备符合战略思想需要的员工队伍，将他们培训好，分配给他们适当的工作，并加强宣传教育，使企业各层次人员都树立起与企业的战略相适应的思想观念和工作作风。

（7）技能。在执行公司战略时，需要员工掌握一定的技能，这有赖于严格、系统的培训。松下幸之助认为，每个人都要经过严格的训练才能成为优秀的人才，如在运动场上驰骋的健将们大显身手，但他们惊人的体质和技术不是凭空而来的，是长期在生理和精神上严格训练的结果。如果不接受训练，一个人即使有非常好的天赋资质，也可能无从发挥。

15.2　国际市场营销组织结构

15.2.1　国际市场营销组织结构设计的原则

任何企业进行国际市场营销，都会面临应当建立何种组织机构模式的问题。只有建立适应国际市场营销环境的组织结构，才能有效地实施国际市场营销战略、执行营销计划、进行营销控制，从而提高营销效率。国际市场营销管理组织结构设计的首要原则是要与企业的国际化战略相适应。当企业国际化战略发展和变化时，企业组织结构应随之调整。这种组织结构的调整应贯穿企业国际化的整个过程。

企业的不同管理导向决定着企业营销战略的差异，进而决定着企业营销组织结构的差异。实施国际化战略的企业，根据其国际化的程度、目标和倾向，可实行的有四种管理导向：本国中心主义、多中心主义、地区中心主义和全球中心主义。

1. 本国中心主义

实行这种管理导向的企业将国内业务放在首位，而将国际业务放在次要地位，只有国内出现过剩的产品时才会开展国际业务，开拓海外市场。一般来说，实行这种管理导向的企业国际市场营销战略决策权力高度集中于母公司，国际市场营销战略和程序与国内基本相同；在国外营销的产品与营销方式和国内基本一样；母公司组织结构复杂，海外子公司组织结构简单；企业的高级管理人员绝大部分由本国人担任，很少聘用外国人。

2. 多中心主义

企业以多中心主义作为管理导向，就是把海外业务与国内业务看得同样重要，把海外业务看成是企业整个业务不可分割的一部分，企业能充分地认识到不同国家的差异，制定不同的营销战略，有针对性地开展营销活动。在不同的国家的子公司可以独立地开展活动，独自制定相应的营销计划与目标。与采用本国中心主义管理导向的企业相比，母公司在国际市场营销战略的决策权相对弱一些，各个子公司可以在当地聘用高级管理人员，并且采用当地的标准制定子公司的一些制度。

3. 地区中心主义

企业以地区中心主义作为管理导向，就是根据某些地区内各市场具有的共性来开展营销活动，从而以地区为基础将母公司与子公司的利益结合起来。例如，一些美国的公司，它们把营销活动集中于北美自由贸易协定国——美国、加拿大、墨西哥，因为这些国家在文化、经济等领域有许多相似的地方，顾客有相似的消费行为习惯。许多从事多角色经营的国际企业采用这种管理导向，它们认识到某地区的成员国之间有差异，也有相似之处。在这种管理导向下，地区经理有较大的决策权。

4. 全球中心主义

企业以全球中心主义作为管理导向，就是把全球作为自己的市场，从全球的角度通盘考虑，不只着眼于某一个市场。实施全球战略的企业，国际业务的规模化程度很高，内部分工水平也很高，企业组织结构复杂，在管理决策方面要求母公司与海外子公司之间高度合作。这种管理导向只有发达国家的大型跨国公司才采用。

在国际市场营销管理中，奉行本国中心主义的企业是高度集权的企业，奉行多中心主义的企业是地区分权的企业，奉行地区中心主义的企业是地区范围内实行集权和分权相结合的企业。上述不同的中心主义关键区别在于对每一取向的基本假设不同，本国中心主义取向基于母国优越性，多中心主义取向基于各国的文化、经济、市场基本情况的差异性，地区中心主义取向基于某地区的共性，全球中心主义取向基于各国的共性与差异性。不同管理导向将导致企业在国际市场营销中采用不同的组织结构。

15.2.2 影响国际市场营销组织结构的因素

1. 企业规模

开展国际业务的企业在刚开始涉足国际市场时，规模不大，企业的营销重点还在国内市场，它的组织结构应该比较简单。但随着企业规模的扩大，资金实力、管理能力都增强了，这时它的组织结构会变得较为复杂，营销重心会向国际市场偏移。

2. 地理位置

企业设在国外的子公司的地理位置影响着它的国际市场营销组织结构。如果企业的子公司设在文化、经济、政治环境相差不大的地区，那么企业应按地区来构建组织结构，充分放权，进行本土化管理。如果某些国家如加拿大、美国在一些产品的需求上有很大的共性，可以向两国市场提供某一同质产品，而向其他国家提供分类产品，这时企业的组织结构可以按产品来建立。

3. 产品属性

产品属性包括物理性质、化学性质、通用性、普及性等。产品属性也会影响企业的组织结构。如麦当劳采用连锁店的统一管理模式。消费者喜欢麦当劳快餐，这是由其通用性与普及性决定的，但由于该食品的保鲜、运输上的特点，只能在本土加工，公司的组织结构不得不考虑地区的特殊性。

4. 外部环境

外部环境主要指企业的竞争者与消费者、供应商、中间商、公众等。竞争者的情况会影响企业对组织结构的选择与改变。如果竞争者对产品不断创新与发展，会迫使企业增设新产品开发部门或按产品来构建组织结构。消费者的不同文化水平、宗教习惯、经济状况、购买行为习惯也会使企业按地区来构建组织结构。

5. 战略意图

企业的高层管理者制定的公司发展战略不同，企业的组织结构也会不同。企业的产品进入国际市场是采用间接出口、直接出口，还是合同进入或是投资进入模式，会影响企业的组织结构。企业进入国际市场程度的深浅对企业组织结构的复杂程度也会产生影响。

15.2.3　国际市场营销组织结构的类型

1. 出口部结构

企业国际销售业务的发展，需要建立出口部来统一处理其国际业务，出口部与其他国内销售部门同级（如图 15-2 所示）。出口部经理专门管理企业涉外营销业务，如在国外建立销售、服务和仓储设施，开展国际市场调研等。在实践过程中，由于缺乏公司总部和其他职能部门强有力的支持，往往会影响出口部海外业务的扩展。由于此时企业的国际市场营销业务在企业全部业务中所占比重不大，因此公司总部对海外机构很少进行控制，它们之间维持一种较为松散的联系。

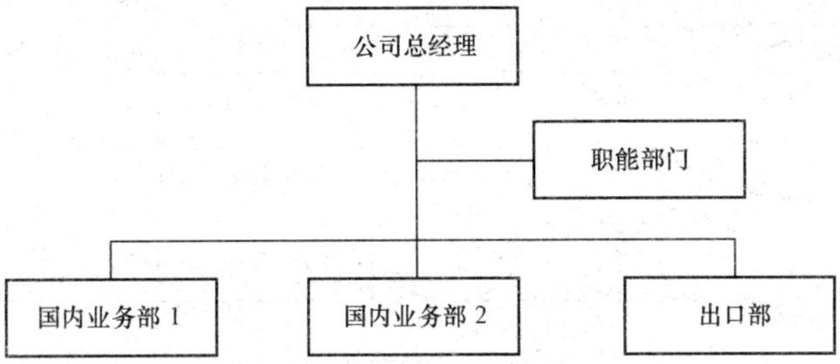

图 15-2　出口部结构

2. 自主子公司结构

海外自主子公司结构是国内企业走向国际化经营时在组织方面的一种过渡形式，它与企业国际化经营早期相对应。这一阶段，企业刚刚建立国外子公司，数量少、规模小，其营销成败对母公司不造成重要影响。由于母公司缺乏国际市场营销经验，对子公司缺乏有效的直接控制，实际上只起控股公司的作用，子公司基本上是独立活动的，子公司的经理们实际上拥有行动和决策的全权（如图 15-3 所示）。在国际市场营销的早期阶段，国际化经营企业母公司和海外子公司之间保持一种松散、非正式的关系。对于多数母公司而言，海外子公司的迅速发展不仅能够为其积累财富，还能帮助其获得大量的国际市场营销经验。但随着海外子公司在整个公司的地位加强，母公司对海外子公司的统一控制和管理成为必要和可能。

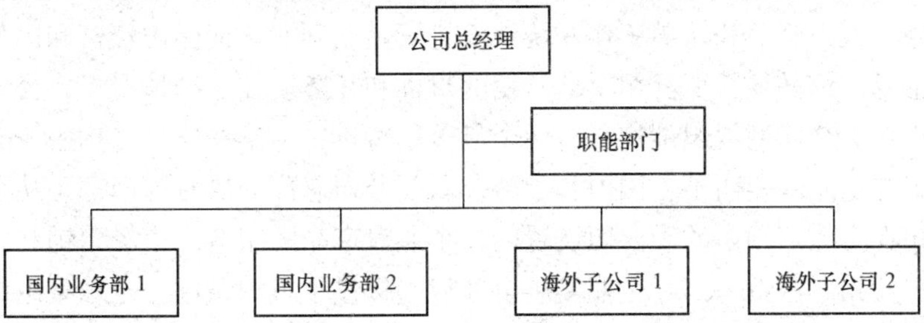

图 15-3　自主子公司结构

3. 国际事业部结构

随着出口业务的不断扩大，企业进入国际市场的方式日趋多样化，导致协调国际市场活动的职责超出了出口部的范围。原有的出口部的职能已不足以解决这些问题，而需要建立一个能统一管理和协调生产、财务等职能部门的机构，这个机构在很多公司被称为国际事业部。在这种结构下，公司销售活动分为两部分：国内部和国际部（如图 15-4 所示）。国际部的主要职责是分管公司在国外的业务活动。国际部与公司其他职能部门平级，能够集中处理所有国外业务，并将相应的人事、计划、资金方面的业务转交给相应的国际部门。

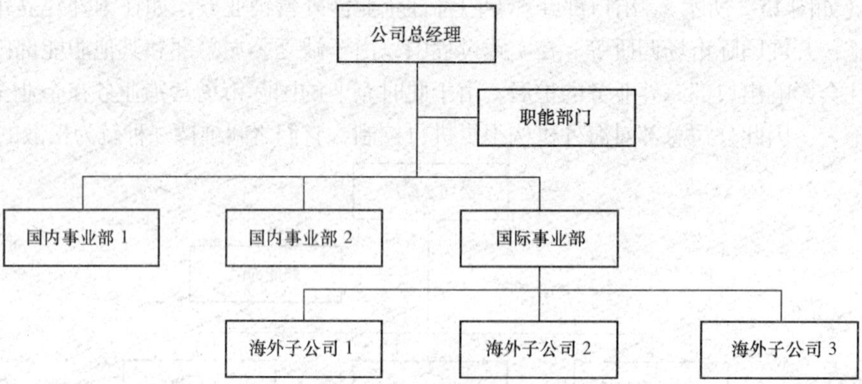

图 15-4 国际事业部结构

与出口部相比，这种组织结构的主要优点是，国际部经理拥有更大的权力，能在更大程度和范围内引导企业拓展国际市场；公司能充分利用自己的资源和能力在国际市场上施展拳脚。国际部的缺点为：首先，国际部仍然是从属于公司的一般业务部门，那些在国内市场占绝对重要地位的企业可能会限制国际部在国外市场的拓展；其次，国际部往往不能参与公司整体战略的制定，这导致国际部得不到足够的资源用于开发特殊产品、实施促销计划和开拓海外市场；再次，随着海外业务的发展，高层经理之间的摩擦也将增加；最后，由于公司的研发以国内市场为导向，海外市场的研发往往沦为简单的产品改良。因此，到一定阶段时，这种组织结构形式就不能适应国际业务进一步发展的需要。

4. 全球型组织结构

随着公司国际业务的日益扩展，公司总部需要从全球的角度来组织和协调整个公司的生产、财务计划，人力资源和营销工作，统一安排资金和利润，使国内经营和国外经营融为一体，强调各个部门都必须服从公司全球营销的目标和任务。在这种情况下，公司会考虑采用全球型组织结构。全球型组织结构具有两个显著的特点：一是在这种结构中，全球范围的经营决策权都集中在总部，而不分国内和国外；二是公司总部的所有部门都是从全球利益角度出发，按公司在全球范围内的需要而设置的，企业对产品的制造、市场营销和资金流动等进行全球性统一规划，这就为国际企业实施全球战略提供了组织条件。全球型组织结构往往是大公司，尤其是跨国公司采用的组织结构。全球型组织结构的目标在于充分发挥国际化经营的优势，既重视国内市场，又重视国际市场。

全球型组织结构可分为产品、地区、职能、混合矩阵四种分部结构。

（1）全球产品型组织结构。采用这一组织结构的国际企业按产品系列划分部门，各产品部的经理负责该产品在全球范围内的各种职能（如图 15-5 所示）。国际企业在总部还另设有地区专职人员，负责协调该地区的各种产品的业务活动。这种组织结构适用于产品种类繁多、市场分布广泛、技术要求较高的国际企业，其特点是国际企业总部首先确定企业的总体目标和发展战略，然后各产品部据此制订出各自的业务发展计划。

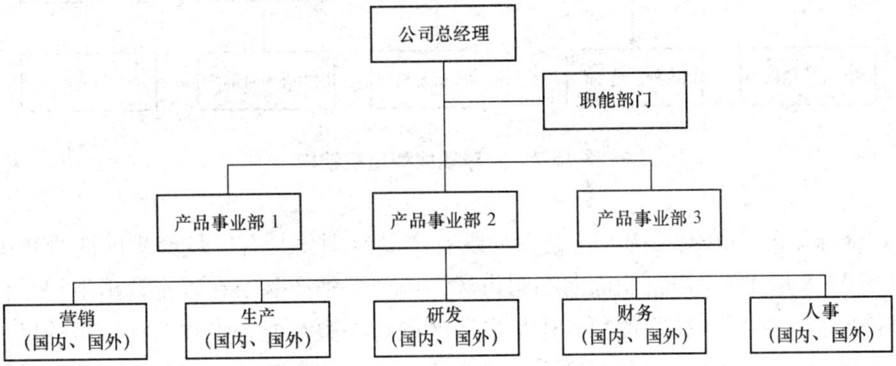

图 15-5　全球产品型组织结构

（2）全球地区型组织结构。采用这种组织结构的国际企业，按地区业务划分部门，其主要经营责任由地区部负责（如图 15-6 所示）。总部及其所属的职能部门则从事全球发展战略的设计和控制，地区部控制和协调该地区的所有职能，这种组织结构一般适用于产品种类较少，市场销售条件、技术基础、生产方式较为接近的国际企业，如一些食品加工、医药和石油企业。

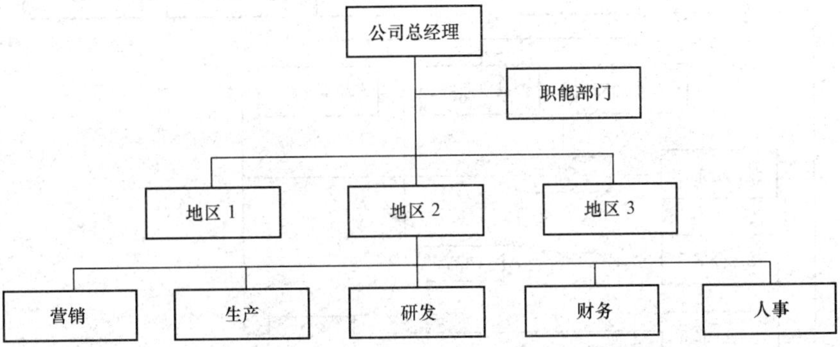

图 15-6　全球地区型组织结构

（3）全球职能型组织结构。采用这种组织结构的国际企业按市场、财务、人力资源、研发及生产等职能分部，分别由一位副总经理负责该部在全球范围的活动（如图 15-7 所示）。这种组织结构适用于产品系列不是很多、企业规模不是很大的国际企业，其特点是对各种职能本身控制很紧，但各种职能之间互不联系。由于采用这种组织形式的企业对其所属的各子公司进行多头控制，因而有些国际企业转而采用按地区划分的组织结构。

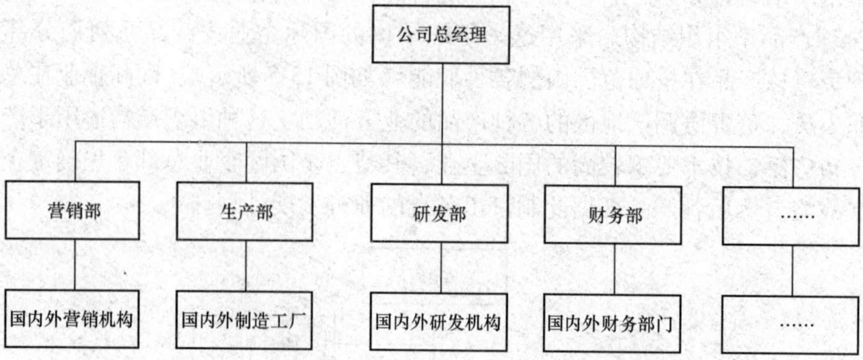

图 15-7　全球职能型组织结构

（4）全球矩阵式组织结构。这是一种既有产品经理，又有区域经理的两维矩阵式组织结构（如图 15-8 所示）。当企业面向不同市场，生产多种产品，在确定营销组织结构时经常面临两难抉择：是采用产品管理型，还是采用区域管理型？能否吸收两种类型的优点，摒弃它们的不足之处？解决这个难题的办法是将两者有机地结合起来。产品经理的主要精力集中在如何改进产品质量，以争取更多的顾客方面；区域经理则主要关心各自市场的需求，考虑以什么营销组合去满足这些市场的需求。

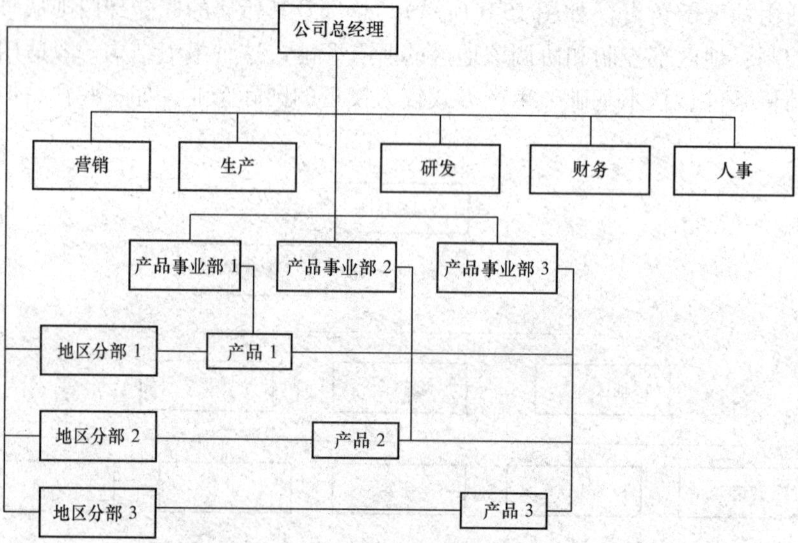

图 15-8　全球矩阵式组织结构

这类营销组织吸收了产品与地区型组织结构的优点，但不可避免地造成组织管理成本过高、易产生矛盾与冲突等新问题。全球矩阵式组织结构要能够有效地运行，关键是不同管理部门间的职权和责任分配必须合理和明确。全球矩阵式组织结构主要适用于那些多元化经营程度较高、产品品种较多，同时经营区域范围较广泛的大型跨国公司。

15.3　国际市场营销控制

15.3.1　国际市场营销控制的含义

国际市场营销控制是指营销管理者采取控制手段，检查实际绩效与计划之间是否存在偏差，并采取改进措施，以确保国际市场营销计划的实现与完成。通过营销控制把国际市场营销活动维持在营销允许的范围内。国际市场营销控制一般包括三个基本的环节：设定控制标准、衡量执行情况、纠正偏差（如图 15-9 所示）。国际市场营销控制是国际市场营销管理的关键职能。

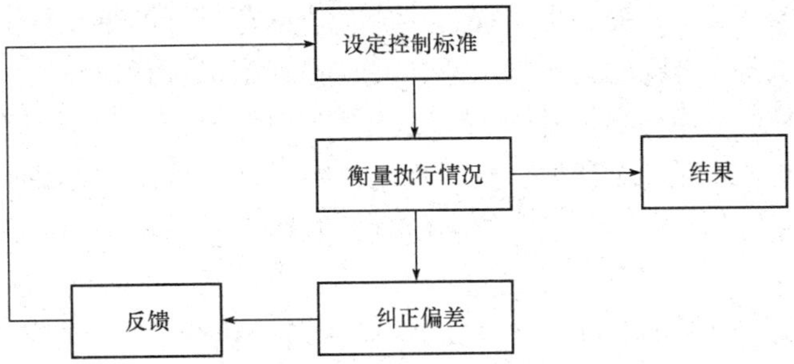

图 15-9　国际市场营销控制环节

15.3.2　国际市场营销控制的主要内容

1. 产品控制

国际市场产品竞争激烈，产品是否拥有高质量、款式是否新颖、售前售后服务是否周到往往决定着企业的生死存亡。国际企业的产品控制主要包括：①建立统一的产品质量标准，要求企业必须严格参照执行；②公司总部及地区总部或产品总部必须设立质量控制部门，定期和不定期地对国内外市场的产品进行质量检验；③监控经销商的服务质量，各特约经销商必须提供完善的售前售后服务，根据需要公司还可增设服务点；④各控制管理部门必须建立完善的信息反馈系统，及时了解消费者对产品的意见。

2. 价格控制

对国际市场产品的价格控制标准较难确定，因此，应主要将注意力集中于控制不同国别市场和销售产品的盈利状况，也可以为各子公司规定一个价格范围，要求各子公司在超出规定范围时向总部报告，确保控制的有效性。为了保证企业利润目标的实现，母公司还要注意各地区差价、各销售环节差价的灵活变动。根据这一标准来定价或变动价格。

3. 促销控制

主要是控制人员的推销目标、广告目标及其他促销形式的目标，以确保各子公司的业务遵循公司统一的国际市场营销目标。具体而言，促销控制包括：①推销人员工作效率控制；②广告效率控制，如能使公众对产品的知晓度上升 10% ~ 20% 的广告投入是值得的，而公众对产品的知晓度上升不足 10% 的广告投入是不值得的；③促销效率控制。

4. 分销渠道控制

主要是对中间商在代理销售、供应订货、售后服务等功能的执行情况，渠道的销售额，售后服务的效率进行控制。

5. 人员控制

国际市场营销的人员控制是指对下属机构的经理人员控制，人员控制主要包括：必须对聘任的经理人员进行严格的考核，必须定期对下属机构的经理的工作进行考核检查，并做出评价。奖惩严明，对工作积极、业绩较好的经理人员应给予奖励，对工作不努力者应给予必要的批评与警告，对不称职者应及时撤换。

6. 销售额控制

由于销售是企业经营活动的中心，销售额的大小反映了企业的经营发展规模，销售额的增长是企业经济效益提高的前提，也是能否达成企业销售目标的重要保证。销售额控制主要是通过将每周、每月或每季度的销售额汇总，并与预期指标进行比较，以判断各种因素对销售额的影响。从销售额差异的分析中，可以找出什么是造成差异的原因；以对症下药。例如，月度控制可以包括月度工作计划、月度计划执行进度、费用、新增顾客、流失顾客、区域或营业点的定期情况、其他专题报告等。年度控制可以对市场计划的执行情况进行全面的监督，及时纠偏。年度计划控制可以通过销售分析、市场份额分析、营销费用与销售额分析、财务分析以及审核分析五种工具有效地检查计划的执行情况。从各国市场的销售差异中，可以辨别出哪些市场对公司的发展有利；从各类产品的不同销售差异中，可以找出公司扩大生产能力的方向。销售额的大小取决于在市场营销方面的努力程度，因此可以从销售额的大小来确定营销开支和推销程度是否与潜在收益相称。有关销售额的详细报告应当列举大量采购的数字和市场份额的信息，从而使管理部门在实施控制时不仅促进本公司的销售，而且也了解本公司相对于竞争对手所处的位置。如果市场份额下降，即使销量增加也说明公司营销不佳。销售额控制可采取两种方法：①总量差额分析，即分析实际销售总量与计划销售总量之间差额的原因；②个别销售分析，即分析具体产品或地区实际销售量与计划销售量差额的原因，其也被称为微观销售分析。

7. 利润控制

利润控制指通过对财务报表和数据的一系列处理，把所获利润分摊到诸如产品、地区、渠道、顾客等各个因素上面，从而衡量每个因素对企业最终盈利的贡献大小和盈利水平。这种分析将帮助企业决定哪些产品或市场该扩展，哪些应该缩减甚至放弃等。国际企业的利润控制有两个方面：首先要控制企业的盈利水平。为此，公司要分析各海外分公司的利润表，以便了解它们的成本支出和经营状况及当前的国外市场形势。其次，作为国际企业（主要是跨国经营企业）必须控制利润的来源国别。按照“责任中心”管理制度的要求，各海外企业分别建立各种中心，如成本中心、销售中心、投资中心、利润中心等。

8. 销售能力控制

主要是对不同产品、不同市场的销量，老客户与新客户的比例，新产品与老产品的比例及市场份额等进行控制。销售能力同时还包含销售效率控制，指企业使用一系列指标对营销各方面的工作进行日常监督和检查。

9. 战略控制

战略控制指在复杂多变的市场环境中，企业制定的各种目标、政策、战略和计划往往会很快过时，因此，每一个企业部应对其进入市场的总体方式进行重新评价。主要市场营销管理者应采取一系列行动，使实际市场营销工作与原规划尽可能一致，在控制中通过不断评审和信息反馈，对战略不断修正。

一般战略控制常用的工具是营销审计。营销审计是对一个公司或一个业务单位的营销环境、目标、战略和活动做全面、系统、独立和定期的检查，其目的在于确定问题的范围和机会，提出行动计划，以提高公司的营销业绩。营销审计的一般步骤可分为：①确定审计的目标、范围；②收集数据。审计中的数据收集工作一般从对被审计公司文件的收集和研究开始；③提出改进意见报告。审计人员分析数据并为公司的管理者提供书面的审计报告，它包括重新陈述审计目标，说明发现的主要问题及提出主要的建议。审计人员提出来的建议应该按照实施的成本、重要性及难易程度排出顺序，以便公司管理人员使用。

15.3.3　国际市场营销控制的程序

国际市场营销控制主要按照七个步骤进行，包括确定控制目标、选择控制方法、确定衡量标准、指定具体负责人员、收集有关资料、评估营销活动的结果和及时纠正偏差。国际市场营销控制是一个动态的运行过程，上述七个步骤按照顺序不断重复进行，当然每次重复都在一个更高层次上进行，都有更新的内容。

1. 确定控制目标

控制目标是指被控制对象应该实现的目标，即在一定时期内企业经营应该达到的目的。一般而言，控制目标就是企业计划的目标，将计划的目标定为控制目标，该目标就应付诸行动。与计划目标相比，控制目标应具有具体性、可操作性、详细性、明确性等特征。国际企业，特别是拥有众多子公司的企业，一般将控制目标制成说明书通知具体的业务单位。目标说明书上清楚阐述企业的总体营销目标和业务目标，使相关人员明确企业的发展前景，了解任务的详细内容和一些具体的指标。

2. 选择控制方法

国际市场营销控制的方法有直接控制和间接控制。直接控制包括合同控制和所有权控制。为了有效地控制国外营销业务，应在正式合同或协议中规定特别的条款，常用的办法是许可和限额等。所有权控制就是指通过股份参与管理。这种方法能够达到更高程度的控制，国际企业可以通过选派地区营销主管或者业务代表参与管理。间接控制包括实力控制、信息交流、业务指导和业务竞赛等。实力控制主要是发挥企业的整体优势，如发挥全球型营销网络、国际著名品牌的支持作用。信息交流是指建立企业的信息交流网络，随时掌握各地的业务及市场情况，加强各地区之间的联系和协作。业务指导是指企业提供技术管理方面的服务。业务竞赛是指企业各地区或者各部门之间开展的营销业绩方面的评比活动。

3. 确定衡量标准

衡量标准就是一系列的控制标准，这些标准可以是定量的，如销售额、市场增长率、市场占有率、成本等；也可以是定性的，如客户满意度。确定国际市场营销控制标准时要注意的问题有三点：一是要金额、数量明确，确定出等级范围；二是要充分考虑企业在国外的经营环境，特别是当地政府的政策、币种及汇率等因素；三是要从企业的战略目标通盘考虑，避免顾此失彼、得不偿失。

4. 指定具体负责人员

无论计划与控制标准制定得多么完善，如果没有人来执行并加以管理，那么一切都是徒劳。因此，分配控制任务并指定责任人至关重要。责任人分为三个层次：公司总经理及各职能部门的负责人；国际事务部、地区部、产品部的副总经理及各职能部门负责人；子公司或者其他下属机构的经理及各职能部门负责人。责任人管理应该遵循责、权、利相结合的原则。

5. 收集有关资料

营销控制负责人进行营销管理过程中需要收集相关资料来实现控制职能，首先，责任人要通过企业的常规信息系统来获取有关资料。常规信息系统包括定时的业务报告、定时的财务会计报表及其分析报告、不定时的某项业务发展情况报告。企业内部常规信息系统应该讲究实效，不能只求数量而不顾质量。其次，责任人要及时处理资料所反映的问题。最后，责任人要顾全大局，不能只顾本部门、本地区而忽略其他部门与其他地区，或者只顾企业内部而不了解竞争对手的情况等。

6. 评估营销活动的结果

评估就是将被控制对象的经营业绩与企业的有关目标进行比较，明确哪些目标如期完成或者超额完成，哪些目标没有完成或完成较差。如果经营业绩与目标之间发生偏差，需要找出具体原因。评估时既要严格依照固定标准来进行，同时又要充分考虑当地的经营环境。例如，当地汇率变动、通货膨胀、政策变动等不可抗拒的外部因素对经营的重大影响。

7. 及时纠正偏差

纠正偏差就是对那些背离了预定营销目标的行为提出纠正意见，采取措施，保证计划的完成。纠正偏差是营销控制的直接目的，是营销控制最关键的环节。当然有时会出现这种情况：企业计划中的目标无法实现，不是因为营销措施的不当，而是因为计划欠妥，目标定得过高或不当。在这种情况下，应该纠正的不是公司的营销措施，而是企业总部的计划。

本章小结

在国际企业的营销管理体系中，合理制定能够指导国际市场营销活动的战略与计划是一项关键内容。企业营销计划包括企业的战略规划和具体的经营计划。制订国际市场营销计划需要先明确计划目标，然后制定具体的营销策略，并付诸实施。企业制定国际营销战略与计划后，需要合理地配置各种战略资源，一个完善、高效的国际市场营销组织对营销计划的实现至关重要。企业的国际市场营销组织结构主要分为四种类型：出口部、自主子公司、国际事业部和全球型组织。每种营销组织都有不同的特点，企业要根据市场、产品及营销职能的实际情况合理选择与调整。企业营销战略与计划能否实现的关键是执行情况，在执行计划过程中由于存在国内外各类不可控因素，有时会使战略计划出现偏差。为了保证国际市场营销计划目标的实现，应对国际市场营销计划的执行进行有效控制，国际市场营销控制是国际市场营销管理的关键职能。

案例分析

互联网时代组织变革新趋势

在互联网时代，如何重构企业的战略，企业的组织应有哪些变化，又在朝着什么样的方向发展，可以通过一些明星企业的实践来判断。

小米和腾讯：组织扁平化、管理极简化

在短短的几年之内，小米能够进入全球手机产量前三名，其中一个重要的原因是公司对互联网时代特征有一个准确的把握，以及在此基础上进行的一系列创新实践。

小米认为，互联网时代要贴近客户、走进客户的心里，企业就必须缩短与消费者之间的距离，和消费者融合到一起，把消费者变为小米的“员工”，让消费者参与小米产品的设计研发，传播和推广小米产品。而要实现这些，组织就要尽量扁平、简约。

小米的组织完全是扁平化的。七个合伙人各管一摊，组织架构基本上就是三级：核心创始人—部门领导—员工，任何决策都是“一竿子插到底”式的执行，能有效保障效率。为了避免团队臃肿，团队一旦达到一定的规模就拆分开，变成项目制的独立团队。

小米的做法反映出互联网时代组织架构设计的一个很重要的理念：简约、速度、极致。

管理要简单，要少制造管理行为，才能把事情做到极致，才能快。在小米，除了七个创始人有职位，其他人全部没有职位，都是工程师。因为没有层级、没有职位，大家也都不用去考虑怎么样才能得到晋升这样的“杂事”，可以专注于为客户提供产品和服务。雷军说，小米从来没有打卡制度，没有考核制度，就是强调员工自我驱动，强调要把别人的事当自己的事，强调责任感。大家是在产品信仰下、责任感驱使下做事，而不是靠管理产生效率。

从这一点上来讲，小米内部完全是激活的，一切围绕市场、围绕客户价值，大家进行自动协同，然后承担各自的任务和责任。这是从小米的实践中看到的互联网时代管理的创新。

腾讯这几年也一直在做组织变革，变革的方向基本也是组织扁平化。腾讯提出，企业大了以后要消除内部的敌人，要破除大企业病，保持小企业的灵活性和创新精神。所以，从2012 年开始，腾讯就在进行组织结构调整，不再以业务模块为中心或者以合伙人为中心，而是强调必须以客户为中心建立事业群。

现在，腾讯已形成了七大事业群，包括网络媒体事业群、社交网络事业群、互动娱乐事业群、技术工程事业群等。各个事业群围绕客户来整合各种资源，真正建立以客户为导向的事业群。事业群里面也不再搞金字塔式的管理，而是基于客户群体形成大项目里套小项目的项目合作制，一个事业群里面有无数个项目组在合作。

腾讯的这种组织变革其实是希望抓住互联网聚焦、快速、灵活的优势，在事业群里面充分发挥民营小公司的灵活性和创新精神。

华为：缩小经营单位，打“班长的战争”

华为最近一两年在组织变革方面做得比较多。任正非提出，“简化组织管理，让组织更轻、更灵活，是我们未来组织的奋斗目标”。华为将从中央集权变成小单位作战，“通过现代化的小单位作战部队，在前方去发现战略机会，再迅速向后方请求强大火力支援，用现代化手段实施精准打击”，这就是“班长的战争”。

为实现这种改革，华为开始建立子公司董事会。过去华为一直是中央集权，因为企业的资源不够，所以得把所有的资源集聚在一起形成强大火力去冲锋。现在，品牌资源、资金资源、客户资源都有了，这时候就需要变阵，要把企业的一些重大经营决策下放到子公司董事会。子公司董事会有一项重要的职责，就是代表资本方实现对经营者的监督。在强调“班长的战争”的同时，任正非提出，“我们既要及时放权，把指挥权交给一线，又要防止一线的人乱打仗，所以监控机制要跟上”。

华为提出，要缩小作战单元，让前方听得见炮火的人指挥战争，提升一线的综合作战能力，5 年以内逐步实现“让前方来呼唤炮火”。要缩减组织层次、缩小组织规模，部门要进行功能整合和合并，总部要变成资源配置和支援的平台，以便于快速响应前方的呼唤。

缩小经营单位，小单位作战，打“班长的战争”，是华为组织变革的一个趋势，也是未来组织变革的一个趋势，因为在互联网时代，要快速捕捉机会、响应市场，组织就必须精简，要使每个人都成为价值创造者，每个人都能有价值地工作。

海尔：自主经营体和员工创客化

海尔近几年来一直在研究作为一个传统工业企业在互联网时代如何实现转型。海尔提出要实现转型升级就必须砸碎旧组织，用互联网思维来做产品和服务，用互联网思维做管理。

2013 年，海尔提倡进行企业平台化、员工创客化、用户个性化的“三化”改革。企业平台化就是总部不再是管控机构，而是一个平台化的资源配置与专业服务组织。并且提出管理无边界、去中心化，后端要实现模块化、专业化，前端强调个性化、创客化。

近几年海尔的一系列创新举措大致如下：

第一，平台化企业与分布式管理。海尔企业总部在向着资源运筹与人才整合的平台转型。企业不再强调集中式的中央管控，而是通过分权、授权体系，把权力下放到最了解市场和客户的地方去。

第二，人单合一自主经营体。以用户为中心的人单合一模式在海尔已经推行了好几年，并且在不断完善中。所谓人单合一双赢模式，就是运用会计核算体系去核算每个员工为公司所创造的价值，依据员工所创造的价值来进行企业价值的分享。这种模式使海尔内部形成了无数个小小的自主经营体，员工自我经营、自我驱动。

第三，员工创客化。海尔内部设立了专门的创业基金，并与专业投资公司合作，支持员工进行内部创业。员工只要有好主意、好点子，公司就可以给资金鼓励他组建队伍去创业，而且员工可持股。

海尔认为，在互联网时代，要充分发掘和发挥员工的创造力。小人物也可以创造大价值，只要给资源、给政策、给支持，普通员工或许就能做成功一个项目或者一个企业。这种做法延续下去，将来海尔有可能变成一个创业集合体、一个企业平台。值得注意的是，现在海尔有很多新型的公司就是员工创业的成果。

第四，倒逼理论与去中心化领导。所谓“倒逼”，就是让消费者成为变革的“信号弹”，让消费者倒逼员工转变观念、提升素质。而“去中心化”，就是企业不再强调“以某某某为核心”，员工只是任务执行者，现在是强调“人人都是 CEO”，人人都成为自主经营体，员工也可以去做 CEO 做的事情。管理者则要从发号施令者转变为资源的提供者和员工的服务者。

第五，利益共同体与超值分享。海尔提出，企业与员工是利益共同体，共创价值，共享利益。员工只要超越了应为公司创造的价值，就可以分享超值的利益。

（资料来源：彭剑锋．互联网时代组织变革新趋势［N］．证券时报，2015－08－27.）

讨论与分析：

1. 现代企业组织结构发展面临怎样的环境？
2. 上述企业组织结构变革具有哪些特征？
3. 影响这些企业组织结构变化的因素有哪些？

课后习题

一、单选题

1. 高市场成长率、高相对市场份额的业务是（　　）。
   A. 明星类业务　　B. 问题类业务
   C. 现金牛业务　　D. 瘦狗类业务
2. 在国际市场营销阶段，企业普遍会采用（　　）。
   A. 出口部结构　　B. 国际事业部结构
   C. 全球型组织结构　　D. 全球产品型组织结构
3. 将国际化经营的责任赋予生产线管理层的生产经理的组织结构是（　　）。
   A. 全球产品型组织结构　　B. 全球地区型组织结构
   C. 全球职能型组织结构　　D. 全球矩阵式组织结构
4. 国际市场营销控制的目的是确保企业的目标、政策、战略和措施与（　　）相适应。
   A. 国际市场营销环境　　B. 国际市场营销计划
   C. 国际推销计划　　D. 管理人员任期
5. 问题类经营单位具有较高市场增长率和（　　）。
   A. 较高占有率　　B. 一般占有率
   C. 较低占有率　　D. 没有占有率
6. 在国际经营的初期，企业一般采用（　　）。
   A. 出口部结构　　B. 国际事业部结构
   C. 全球型组织结构　　D. 全球职能型组织结构
7. 既有产品经理，又有区域经理的组织结构是（　　）。
   A. 全球产品型组织结构　　B. 全球地区型组织结构
   C. 全球职能型组织结构　　D. 全球矩阵式组织结构
8. 战略控制常用的工具是（　　）。
   A. 制订计划　　B. 绩效分析
   C. 纠正偏差　　D. 营销审计
9. 国际市场营销控制的首要环节是（　　）。
   A. 设定控制标准　　B. 衡量执行情况
   C. 纠正偏差　　D. 反馈

10. 按照“责任中心”管理制度的要求，在海外企业分别建立各种中心，如成本中心、销售中心、投资中心、利润中心等进行管理控制，属于（　　）。

A. 销售控制　　B. 利润控制　　C. 销售能力控制　　D. 战略控制

二、多选题

1. 对波士顿矩阵业务中不同的业务类型，采用的战略描述正确的有（　　）。

A. 对有发展前途的问题业务和明星业务采用发展战略

B. 对稳定的现金牛业务采用维持战略

C. 对处境不佳的现金牛业务采用收获战略

D. 对没有发展前途的问题业务和瘦狗业务采用放弃战略

E. 对无利可图的瘦狗业务和问题业务采用放弃战略

2. 属于麦肯锡“7S”战略中硬件因素的有（　　）。

A. 战略　　B. 结构　　C. 制度　　D. 风格和人员

E. 技能

3. 全球组织结构包括（　　）。

A. 全球产品型组织结构　　B. 全球地区型组织结构

C. 全球职能型组织结构　　D. 全球矩阵式组织结构

E. 国际事业部结构

4. 销售额控制可采取两种方法，分别是（　　）。

A. 总量差额分析　　B. 个别销售分析

C. 销售效率分析　　D. 促销效率分析

E. 营销审计

5. 影响国际市场营销组织结构的因素有（　　）。

A. 企业规模　　B. 地理位置　　C. 外部环境　　D. 产品属性

E. 战略意图

三、名词解释

1. 国际营销计划
2. 国际营销控制
3. 营销审计
4. “7S”战略
5. 全球中心主义

参考文献

[1] [美] 菲利普·科特勒. 营销管理分析、计划、执行和控制 [M]. 梅汝和，梅清豪，张桁，译. 上海：上海人民出版社，1999.

[2] 甘碧群，曾伏娥. 国际市场营销学 [M]. 3 版. 北京：高等教育出版社，2014.

[3] [美] 菲利普·R·凯特奥拉. 国际市场营销学 [M]. 15 版. 北京：机械工业出版社，2012.

[4] 逯宇铎，叶娇. 国际市场营销学 [M]. 上海：格致出版社，2012.

[5] 李文陆. 国际市场营销学 [M]. 杭州：浙江大学出版社，2013.

[6] 戴万稳. 国际市场营销学 [M]. 北京：北京大学出版社，2015.

[7] [美] 罗伯特·J·多兰，赫尔曼·西蒙. 定价圣经 [M]. 董俊英，译. 北京：中信出版社，2010.

[8] 王莉，苏盟，林建. 国际市场营销 [M]. 北京：清华大学出版社，2017.

[9] 李威，王大超. 国际市场营销学 [M]. 北京：机械工业出版社，2012.

[10] 聂元昆，吴健安. 国际市场营销学 [M]. 北京：高等教育出版社，2012.

[11] [日] 三浦俊彦，丸谷雄一郎，犬饲知德. グローバル・マーケティング戦略 [M]. 东京：有斐閣，2017.

[12] [日] 诸上茂登. 国際マーケティング講義 [M]. 东京：同文館出版，2013.

[13] [美] 杰弗里·埃德蒙·柯里. 国际营销——向国际市场进军和渗透 [M]. 2 版. 竺彩华，刘宏彦，译. 北京：经济科学出版社，2002.

[14] [美] 艾·里斯，杰克·特劳特. 定位 [M]. 谢伟山，苑爱冬，译. 北京：机械工业出版社，2011.

[15] [英] 罗杰·贝内特，吉姆·布莱斯. 国际营销 [M]. 3 版. 刘勃，译. 北京：华夏出版社，2005.

[16] [美] 查尔斯·拉姆，小约瑟夫·海尔，等. 市场营销学 [M]. 3 版. 徐岚，译. 北京：机械工业出版社，2010.

[17] [美] 罗格·D·布莱克韦尔，等. 消费者行为学 [M]. 吴振阳，译. 北京：机械工业出版社，2003.

[18] [美] 迈克尔·津科特，伊尔卡·郎凯恩. 国际市场营销学 [M]. 陈祝平，译. 北京：电子工业出版社，2004.

[19] [美] 迈克尔·波特. 竞争战略 [M]. 陈小悦，译. 北京：华夏出版社，2005.

[20] [美] 伯特·罗森布洛姆. 营销渠道管理 [M]. 3 版. 李乃和，奚俊芳，译. 北京：机械工业出版社，2003.
[21] [美] 沃伦·J·基根. 全球营销管理 [M]. 7 版. 段志蓉，钱珺，译. 北京：清华大学出版社，2004.
[22] 李爽. 国际市场营销 [M]. 北京：人民邮电出版社，2015.
[23] 袁晓莉，雷银生. 国际市场营销学 [M]. 北京：清华大学出版社，2007.
[24] 秦波. 国际市场营销学 [M]. 北京：对外经济贸易大学出版社，2012.
[25] 李健. 国际市场营销理论与实务 [M]. 大连：东北财经大学出版社，2006.
[26] 杨红涛. 现代市场营销学：超越竞争，为顾客创造价值 [M]. 北京：机械工业出版社，2009.
[27] 陈信康. 市场营销学案例集 [M]. 上海：上海财经大学出版社，2003.
[28] 杨勇. 市场营销：理论、案例与实训 [M]. 北京：中国人民大学出版社，2006.
[29] 李威，王大超. 国际市场营销学 [M]. 2 版. 北京：机械工业出版社，2012.
[30] 马清梅. 市场营销学理论与实务 [M]. 北京：清华大学出版社，2013.
[31] 李世嘉. 国际营销实务 [M]. 北京：北京师范大学出版社，2010.
[32] 杜学森. 国际市场营销 [M]. 北京：对外经济贸易大学出版社，2008.
[33] 谢琼，吴明杰. 国际市场营销 [M]. 北京：北京理工大学出版社，2011.
[34] 吕璐. 国际市场营销 [M]. 北京：对外经贸大学出版社，2013.
[35] 顾春梅，李颖灏. 国际市场营销学 [M]. 北京：人民邮电出版社，2013.